LE
THÉATRE FRANÇAIS
SOUS LOUIS XIV

PAR

EUGÈNE DESPOIS

PARIS
LIBRAIRIE HACHETTE ET Cⁱᵉ
79, BOULEVARD SAINT-GERMAIN, 79

LE

THÉATRE FRANÇAIS

SOUS LOUIS XIV

6203. BOURLOTON. — Imprimeries réunies, A, rue Mignon, 2, Paris.

Théâtre des Comédiens du Marais.

Théâtre des Comédiens de l'Hôtel de Bourgogne.

LE
THÉATRE FRANÇAIS
SOUS LOUIS XIV

PAR

EUGÈNE DESPOIS

TROISIÈME ÉDITION

PARIS
LIBRAIRIE HACHETTE ET Cie
79, BOULEVARD SAINT-GERMAIN, 79

1886

Droits de traduction et de reproduction réservés.

AVANT-PROPOS

Mon point de départ est l'année 1658. Molière vient de s'établir à Paris et d'ajouter une nouvelle troupe aux deux troupes françaises qui existaient déjà. C'est à ce théâtre que Racine donnera ses deux premières pièces. De plus, Mazarin va mourir et Louis XIV régner par lui-même : pour l'histoire politique comme pour celle du théâtre, c'est une époque.

Je n'ai pas prétendu toutefois raconter l'histoire littéraire du théâtre sous Louis XIV. On l'a souvent écrite déjà, et d'habiles critiques la renouvellent encore, soit dans la presse quotidienne, soit dans les livres, soit enfin dans l'enseignement public.

Mais s'est-on assez préoccupé des conditions de toute espèce, matérielles et morales, auxquelles l'art dramatique était, alors comme toujours, nécessairement soumis? Ce sont des difficultés que le génie a pu dominer sans doute, mais il en a tenu compte; et dans l'appréciation de son œuvre, il ne faut pas les oublier.

Ce travail m'eût été impossible si je n'avais pu consulter aux archives du théâtre les documents qu'elles contiennent; ils m'ont été communiqués avec une obligeance dont je sens tout le prix. C'est un devoir ici pour moi d'en remercier la Comédie-Française, et aussi son archiviste, M. Guillard, auquel je suis redevable des plus utiles renseignements.

A M. F. PH. REGNIER

ANCIEN SOCIÉTAIRE DU THÉATRE-FRANÇAIS

PROFESSEUR AU CONSERVATOIRE

E. D.

LE THÉATRE FRANÇAIS
SOUS LOUIS XIV

LIVRE PREMIER.

**EMPLACEMENT
RÉPERTOIRE SPÉCIAL ET DESTINÉE
DE CHACUN DES DIFFÉRENTS THÉATRES
DEPUIS 1658 JUSQU'EN 1715.**

THÉATRES FRANÇAIS.

Avant d'entrer dans les détails nécessaires pour l'histoire particulière des divers théâtres au temps de Louis XIV, nous prions le lecteur de fixer dans sa mémoire quelques faits et quelques dates, indispensables pour l'intelligence de ce qui va suivre.

Dans la première partie du règne, la période la plus brillante pour l'histoire du théâtre, celle qui comprend les dernières œuvres de Corneille, toutes celles de Molière et de Racine[1], il y a d'abord trois troupes de comédiens français à Paris :

L'HOTEL DE BOURGOGNE;
LE THÉATRE DU MARAIS;
LA TROUPE DE MOLIÈRE.

1. Nous ne parlons pas, bien entendu, d'*Esther* et d'*Athalie*,

En 1673, à la mort de Molière, ces deux dernières troupes se réunissent à l'hôtel Guénegaud. Il n'y a plus que deux troupes, jusqu'en 1680.

A cette date où commence, pour la littérature comme pour la politique, une seconde période beaucoup moins brillante que la première, les deux théâtres, de l'hôtel de Bourgogne et de l'hôtel Guénegaud, sont réunis par ordre de Louis XIV. Il n'y a plus désormais pendant les trente-cinq dernières années du règne qu'un seul théâtre, celui des *Comédiens du Roi.*

qui n'étaient pas destinées au public, et qui ne furent jouées sur le Théâtre-Français que sous la Régence.

CHAPITRE PREMIER.

HÔTEL DE BOURGOGNE.

L'hôtel de Bourgogne, situé dans l'angle formé par la rue Mauconseil et la rue Française, appartenait aux confrères de la Passion [1]. Les comédiens qui s'y étaient installés portaient depuis les premières années de Louis XIII le nom de *Troupe royale des comédiens;* ils avaient adressé au roi, vers 1615, une requête pour obtenir de lui tout à la fois d'être assurés de la jouissance *perpétuelle* de la salle, et de n'en plus payer le prix de location aux confrères de la Passion. Cette requête [2], qui avait pour but de déposséder les confrères dont ils disaient beaucoup de mal, s'appuyait sur des considérations morales assez bizarres : elle déclarait la confrérie préjudiciable aux mœurs et au bien des familles, attendu que « pour arriver aux maîtrises de cette confrérie, il faut faire tant de dépenses, de buvettes et de festins, que tous ou la plupart demeurent incommodés le reste de leur vie »; ils contestaient aux confrères le droit de « se qualifier honnêtes gens et bons bourgeois », vu que « leur profession les oblige la plupart de mendier leur vie du ministère de leur

---

[1]. « Il n'en reste plus que le café, au rez-de-chaussée du n° 7 de la rue Française, et les loges d'acteurs aux étages de la même maison et du n° 9. » JULES BONNASSIES, *Notice historique sur les anciens bâtiments de la Comédie-Française,* Paris, Aubry, 1868, p. 5.

[2]. Voir les frères PARFAICT, *Histoire du théâtre français,* t. III, p. 258.

main, au moyen de quoi ils ne peuvent savoir beaucoup d'honneur ni de civilité, comme dit Aristote, par conséquent sont incapables des honneurs et des charges publiques et indignes du titre de bourgeoisie, par la raison des anciens qui faisaient marcher les esclaves de pair avec les artisans ». Quand on pense aux préjugés dont l'état de comédien allait être si longtemps l'objet, et qui existaient dès lors, on est quelque peu surpris de ces dédains, qui, sans être plus justes, se concevraient au moins de la part de la noblesse. La surprise augmente quand on réfléchit à l'objet de la demande. Usurper le bien d'autrui, à l'aide de la faveur royale, le tout au nom de la morale et de *l'honneur*, semblait donc quelque chose de moins malséant que « *de mendier sa vie du ministère de ses mains* », belle expression qui a une valeur toute historique et montre le cas que l'on faisait alors d'un travail honnête. Cette raison, qui sentait son gentilhomme, toucha, à ce qu'il semble, les conseillers du roi; car les comédiens furent désormais assurés de la jouissance de la salle, mais obligés de payer à la confrérie trois livres tournois par jour de représentation. Le procès n'en continua pas moins : dans leurs requêtes répétées [1], les confrères, naturellement entraînés à faire leur propre éloge, déclarent « qu'ils sont au nombre de 150 ou environ, tous bourgeois de Paris, marchands, ou d'honnêtes vacations,... ils ont en leur corps maître Jacques de Fonteny, homme consommé et versé ès meilleures littératures, comme

---

1. *Recueil des principaux titres concernant l'acquisition de l'hôtel de Bourgogne*, 1632 (à la Bibliothèque nationale), p. 63.

plusieurs pièces par lui mises en lumière le font voir, et entre autres les dernières, timbrées des plus heureux et héroïques anagrammes qui aient jamais été excogités à la louange du roi sur ses triomphes et victoires, du très-grand cardinal de Richelieu par l'anagrammatisme du premier verset du premier psaume de David, par lequel ce grand prophète et grand roi a prophétisé que ce très-grand cardinal serait le fidèle Achate de l'Énéas français et corestaurateur de cette invincible monarchie française... »
Toute cette éloquence laudative fut en pure perte. Les procès ne finissaient pas vite au bon temps; et quoique celui-ci n'ait pas duré autant que la lutte judiciaire des fripiers et des tailleurs terminée seulement au bout de deux siècles, et celle des poulaillers et des rôtisseurs qui prit fin au bout de cent vingt ans, le procès des comédiens et des confrères n'eut sa solution qu'en 1677, et c'était celle qu'il était aisé de prévoir : Louis XIV mit les plaideurs d'accord en confisquant les biens de la confrérie au profit de l'hôpital général, et en établissant que les comédiens locataires de la salle en payeraient désormais le loyer au susdit hôpital. C'est le premier établissement régulier (et il devint définitif) du *droit des pauvres*, que l'on étendit ensuite aux diverses troupes, et qui, payé à l'hôpital général, mais détourné parfois de sa destination, servit aussi à rémunérer certains services fort étrangers à toute considération de charité publique, comme on le verra plus loin.

La *Troupe royale* resta en possession de son caractère en quelque sorte officiel sous Louis XIII et Louis XIV. Nous la voyons sous le premier, en 1634, se recruter en s'adjoignant six comédiens de la troupe rivale du Marais, qui reçoivent du roi l'ordre de passer à l'hôtel de Bourgogne. Il est à croire du reste que les comédiens annexés par ordre n'en éprouvaient aucune contrariété[1]; en général, c'était un honneur fort recherché, et il s'y joignait des raisons d'intérêt; la troupe royale, outre ses gains considérables, avait une subvention royale[2], qui, depuis Richelieu, établissait aux yeux de tous sa situation privilégiée. Même après la venue d'une nouvelle troupe, celle de Molière, elle fut toujours, pour le monde officiel, *la Troupe royale*.

Cette situation privilégiée de la *Troupe royale* est constatée par l'affectation que met la *Gazette*, le journal officiel (il ne pouvait y en avoir d'autre), à s'étendre avec complaisance sur le mérite des auteurs et des comédiens appartenant à *l'hôtel de Bourgogne*, qu'elle s'obstine à désigner sous le nom de la SEULE *Troupe royale*, même après que Molière et

1. Selon une lettre de Corneille à l'abbé de Pure (3 novembre 1661), citée par M. Taschereau, *Vie de Corneille*, p. 185, les comédiens du Marais « aspiraient tous à entrer à l'hôtel de Bourgogne ».

2. M. Édouard Fournier, *Théâtre français aux* XVIe et XVIIe *siècles*, p. 282, cite un *état des gages, appointements et pensions* pour 1641, où se trouve cette note : 12,000 livres *pour la bande des comédiens de Bellerôse* (le principal acteur et le chef réel de la Troupe royale à cette date).

« Floridor, dit Tallemant des Réaux, las d'être au Marais avec de méchants comédiens, acheta la place de Bellerose avec ses habits moyennant vingt mille livres; cela ne s'était jamais vu. Le chef ayant part et demie dans la pension que le roi donne aux comédiens de l'hôtel de Bourgogne, c'est ce qui faisait donner cet argent. » T. X, p. 49. Ce fut en 1643 que Floridor passa à l'hôtel de Bourgogne, selon les frères Parfaict.

ses camarades ont obtenu le titre de *Troupe du roi.*
Les Grands Comédiens avaient pour eux la longue
possession d'une attache royale, chose fort appréciée en un temps où le privilége était partout. Ils
reçoivent souvent les visites du roi et de la cour.
De plus, ils avaient joué à l'origine les principales
pièces de Corneille et de ceux qu'on regardait alors
comme ses rivaux. Ils eurent plus tard l'honneur de
jouer toutes les pièces de Racine dans leur nouveauté, sauf les deux premières et les plus faibles.
Leur supériorité pour la tragédie n'était contestée
par personne; et parmi les acteurs comiques, ils en
comptaient plusieurs, qui ont conservé une renommée traditionnelle, Poisson, par exemple, sans
compter les farceurs qui, en 1658, attiraient encore
un certain public à leur théâtre [1]. La troupe de
Molière ne jouait guère que les pièces de son illus-

1. Loret, en racontant le séjour de la reine de Suède, Chris-
tine, à Paris en 1658, dit :

> . . . Sa dite Majesté
> A, trois ou quatre fois, été
> Au fameux Hôtel de Bourgogne;
> Non pas pour voir dame Gigogne,
> Turlupin, Garguille ou Michaud;
> De telles gens il ne lui chaud;
> Ains plutôt les méprise, parce
> Qu'elle n'aime farceur, ni farce;
> Le comique ne lui plaît pas...
> Mais elle aime la tragédie.

Elle venait d'en jouer elle-même une assez sanglante, le 6 novembre précédent, à Fontainebleau. Le mot de Loret, qui paraît
une allusion très-directe au meurtre de Monaldeschi, est cependant noyé dans un article tout élogieux pour la reine. L'allusion
serait bien hardie. La *Gazette*, qui annonçait le 20 octobre 1657
« que la reine de Suède était toujours à Fontainebleau, d'où elle a
envoyé ici (à Paris) le marquis Monaldesque », ne dit rien de la
mort de celui-ci, le mois suivant.

tre chef : non point qu'il écartât celles des autres auteurs; mais les avantages qu'ils trouvaient à être joués par la *Troupe royale* étaient si évidents, qu'à part toute question de jalousie, il était naturel qu'ils portassent de préférence leurs pièces à l'hôtel de Bourgogne. Aussi, depuis l'arrivée de Molière jusqu'à sa mort (1659-1673), son théâtre ne joue guère plus d'une quinzaine de pièces nouvelles composées par d'autres auteurs (les deux premières pièces de Racine entre autres, et deux des pièces les plus faibles de Corneille vieilli, *Tite et Bérénice, Attila*). Les pièces nouvelles, jouées pendant la même période à *l'hôtel de Bourgogne,* sont au nombre de plus de cent, et cette troupe avait de plus son répertoire antérieur, très-riche et très-varié. Elle aurait pu même, du vivant de Molière, y joindre la plupart des pièces du grand comique; car la seule règle de propriété dramatique observée alors était de ne pas jouer les pièces d'un théâtre rival, tant qu'elles n'étaient pas imprimées[1]. Mais l'animosité qui régnait entre les

1. Un auteur dramatique qui imprimait sa pièce se trouvait ainsi nuire aux intérêts des comédiens qui la jouaient : ils n'en avaient plus le privilège. Mayret, *Épître familière au Sieur Corneille*, 1637, reproche aigrement à Corneille de s'être pressé de faire imprimer le *Cid* : « Vous me direz peut-être, ou quelqu'un pour vous, que ce n'est pas tant la démangeaison de vous voir relier en vélin qui vous fit faire ce pas de clerc, comme le dessein de nuire à Messieurs les comédiens, qui d'abord ne reconnurent pas assez largement le bienheureux succès de votre pièce. » Mais Corneille, selon Mayret, a expié cruellement cette noirceur; depuis que sa pièce est imprimée, elle ne fait plus d'illusion à personne, c'est bien fait : « Rodrigue et Chimène tiendraient possible encore assez bonne mine entre les flambeaux du théâtre des Marais, s'ils n'eussent point eu l'effronterie de venir étaler leur blanc d'Espagne au grand jour de la galerie du Palais. » On sait que c'était

deux troupes, et aussi sans doute la supériorité de Molière et de ses camarades dans ses propres pièces, ne permettaient pas aux *grands comédiens* de lui susciter encore cette concurrence. Molière mort, ils oublièrent une haine qui leur eût été trop préjudiciable, et se mirent à jouer ses comédies : il est vrai que plusieurs des meilleurs acteurs de la troupe de Molière, à cette date, s'étaient joints à eux. Aussi l'année même qui suivit la mort de Molière, Chappuzeau peut-il écrire : « C'est aujourd'hui (1674) à qui des deux troupes (troupe royale et troupe du roi) s'acquittera le mieux de la représentation de ses excellentes pièces, où l'on voit courir presque autant de monde que si elles avaient encore l'avantage de la nouveauté[1]. »

Délivré d'une concurrence redoutable, l'hôtel de Bourgogne, avec Baron, avec Mlle de Champmeslé dans tout l'éclat de ses triomphes[2], avec Racine sur-

---

dans la galerie du Palais que se tenaient les principaux libraires.

1. P. 196. On voit aussi le *Mercure galant* citer des pièces de Molière jouées à la cour après sa mort par l'hôtel de Bourgogne.

2. Acteurs de l'hôtel de Bourgogne, par ordre d'ancienneté, en 1674, d'après Chappuzeau :

MM. Hauteroche,	Mlles Beauchasteau,
La Fleur,	Poisson,
Poisson,	D'Ennebaut,
Brécourt,	Brécourt,
Champmeslé,	Champmeslé,
La Tuillerie,	Beauval,
La Thorillière,	La Tuillerie.
Baron et Beauval.	

Comédiens auteurs de la même troupe :

MM. Hauteroche.	MM. La Thorillière,
Poisson,	Devilliers (retiré),
Brécourt et Champmeslé,	Montfleury (mort).

tout, eut une existence brillante et régna sans rivalité sérieuse pendant les premières années, depuis la mort de Molière jusqu'à la jonction des deux troupes. La troupe de l'hôtel Guénegaud est bien rarement appelée à la cour, et seulement pour quelques nouvelles pièces. C'est l'hôtel de Bourgogne qui fait le service ordinaire, et jouit avec l'Opéra et les Italiens d'un honneur qu'au temps de Molière, et aussi du théâtre du Marais, il lui a fallu partager. Toutefois, pendant les deux ou trois dernières années de cette période, la troupe de l'hôtel Guénegaud, qui, privée de son chef, avait assez tristement végété d'abord, eut la chance de trouver quelques succès d'assez mauvais aloi, mais réels; Corneille et Racine n'écrivaient plus pour le théâtre, et l'hôtel de Bourgogne, longtemps en possession de jouer leurs pièces, avait ainsi perdu son plus sérieux avantage. Mlle de Champmeslé, en le quittant (1679), pour passer dans l'ancienne troupe de Molière, y apportait avec elle, outre sa renommée et son talent, le répertoire de Corneille et de Racine. Quand la fusion se fit en 1680 entre les deux théâtres, elle était devenue nécessaire et plus encore pour les *grands comédiens* que pour les rivaux qu'ils avaient si longtemps affecté de dédaigner.

CHAPITRE II.

THÉATRE DU MARAIS.

Le théâtre dit du Marais a subsisté pendant soixante-treize ans, jusqu'à l'époque de la mort de Molière, mais dans des locaux différents et avec des troupes diverses; de plus il a subi plusieurs interruptions pendant la première moitié de son existence. Selon les frères Parfaict, les *comédiens du Marais* s'étaient établis dès 1600 à *l'hôtel d'Argent*, au coin de la rue de la Poterie, près de la Grève, sous la condition de payer une redevance d'un écu tournois aux comédiens de l'hôtel de Bourgogne, pour chaque représentation [1]. Plus tard, en 1632 ou 1633, on voit une troupe, portant encore le titre de *théâtre du Marais*, établie rue Michel-le-Comte, dans le jeu de paume de la Fontaine. Mais les habitants des rues Michel-le-Comte et Grenier-Saint-Lazare se plaignent, et dans une requête au parlement exposent que la première de ces deux rues, étroite et fort passante, est « composée de 24 maisons à portes cochères, habitées par des personnes de qualité et officiers des cours souveraines, qui doivent le service de leurs charges et n'ont pas la liberté d'aller et venir, à cause de l'embarras de carrosses et de chevaux qu'attire, dans cette rue et dans les environs, la comédie. » Le parlement, par arrêt du 22 mars 1633, interdit les représentations [2]. Néanmoins l'année suivante, nous retrouvons cette troupe au Marais. Elle s'établit définitivement en 1635 dans un jeu de paume de la rue Vieille-du-Temple [3]. On voit que ce théâtre, malgré tous ces déplacements, et quoique placé successivement dans des rues assez laides,

1. *Hist. du théâtre français*, tome III, p. 214.
2. Félibien, *Histoire de Paris, Preuves*, tome II, p. 727.
3. A peu près à égale distance de la rue de la Perle et de la rue Culture-Saint-Gervais, côté droit de la rue Vieille-du-Temple, en montant.

n'en restait pas moins toujours voisin du quartier, qui, sous Louis XIII, devint le centre du beau monde, c'est-à-dire du Marais [1].

L'histoire de ce théâtre, mêlée de bien des disgrâces, ne date en réalité que de l'entrée de Mondory, ou plutôt de l'arrivée de sa troupe; car en venant de Rouen, il semble en avoir amené une toute formée. Le cardinal de Richelieu prit ce comédien en grande estime, et ce fut même pour cette raison (des Réaux du moins le suppose) que Louis XIII, en 1634, fit passer six comédiens du Marais à l'hôtel de Bourgogne. C'était de la part du roi un acte de rébellion contre son ministre, un coup d'autorité dans les petites choses, pour se dédommager de n'en oser faire autant dans les grandes : son intention aurait été « de faire dépit au cardinal de Richelieu qui affectionnait Mon-

---

[1] « La troupe des comédiens du Roi, établie au Marais en 1620, s'y est maintenue plus de cinquante ans, et a toujours été pourvue de bons acteurs et d'excellentes actrices, à qui les plus célèbres auteurs ont confié la gloire de leurs ouvrages, et dont les autres troupes ont su profiter en divers temps. Cette troupe n'avait qu'un désavantage, qui était celui du poste qu'elle avait choisi à une extrémité de Paris, et dans un endroit de rue fort incommode. Mais son mérite particulier, la faveur des auteurs qui l'appuyaient, et les grandes pièces de machines, surmontaient aisément le dégoût que l'éloignement du lieu pouvait donner au bourgeois, surtout en hiver, et avant le bel ordre qu'on a apporté pour tenir les rues bien éclairées *jusques à minuit*, et nettes partout et de boue et de filous. Cette troupe allait quelquefois passer l'été à Rouen, étant bien aise de donner cette satisfaction à une des premières villes du royaume. De retour à Paris de cette petite course dans le voisinage, à la première affiche le monde y courait, et elle se voyait de nouveau visitée comme de coutume. » (Chappuzeau, p. 180, *Théâtre français*.)

dory[1] ». Mondory avait du reste d'autres protecteurs : « Le comte de Belin, pour mettre cette troupe en réputation, dit encore des Réaux, pria Mᵐᵉ de Rambouillet de souffrir qu'ils jouassent chez elle la *Virginie* de Mayret (en 1631). Le cardinal de La Valette y était, qui fut si satisfait de Mondory, qu'il lui donna pension. Il en donnait comme cela aux hommes extraordinaires qui lui plaisaient. » Il était, à ce qu'il semble, dans la destinée de ce comédien d'être protégé par les princes de l'Église. Un titre sérieux pour lui auprès de la postérité, ce serait d'avoir amené Corneille à Paris, c'est en tout cas d'avoir facilité ses débuts. Si l'on en croit un écrivain du xviiᵉ siècle, « après que Corneille eut fait *Mélite*, il la donna aux comédiens de Rouen : Mondory, qui en était le chef, connut que cette pièce serait bien reçue à Paris; il y vint avec sa troupe pour la représenter; il s'établit au Marais dans la rue Grenier-Saint-Lazare[2] ». Ce qui prouve au moins que cette troupe de comédiens était nouvelle alors à Paris, et que le théâtre du Marais avait subi vers 1629 une interruption plus ou moins longue, c'est le témoignage même de Corneille dans son examen de *Mélite* : « Le succès de cette pièce fut surprenant; il établit une nouvelle troupe de comédiens à Paris, malgré le mérite de celle qui était en possession de s'y voir l'unique. » Il ne paraît pas toutefois que l'attachement de Corneille pour la scène où il avait débuté, et à laquelle il semble

---

1. T. X, p. 44. — Il y avait, à peu près à la même date, une troisième bande de comédiens au faubourg Saint-Germain (*Gazette*, Janvier 1635, p. 15).

2. MERVEZIN, *Histoire de la poésie française*, 1700.

avoir donné toutes ses premières pièces, le *Cid* même, ait suffi, du moins pendant les premières années, pour assurer la prospérité du nouveau théâtre. Car, en 1634, deux ans avant le *Cid*, la *Gazette* nous parle d'une représentation de la *Sophonisbe* de Mayret, « par Mondory et son ancienne troupe *encore ralliée pour cette fois*[1]. » Le théâtre se soutint néanmoins, grâce à

> L'inimitable Mondory,
> Lequel rime au grand Scudéry[2],

et aussi, grâce aux écrivains de haut renom qui lui apportèrent leurs pièces, le *grand Scudéry* d'abord, et puis aussi Corneille qui, à la fin de sa carrière, revint à ce théâtre, témoin de ses premiers triomphes. Il lui donna quelques-unes de ses dernières pièces et la meilleure de toutes, *Sertorius*.

D'ailleurs le théâtre du Marais, outre plusieurs pièces de Scarron et de Quinault qu'il joua avec succès dans leur nouveauté, obtint, avec le *Timocrate* de Thomas Corneille, le plus grand succès dramatique de tout le siècle[3]; car cette tragédie n'eut pas moins de quatre-vingts représentations de suite. Ce théâtre prend du reste dans ses années dernières un caractère particulier; il joue les pièces

---

1. 1634, p. 584.
2. SCARRON, *Adieu au Marais et à la place Royale*, éd. de 1648, in-4°, p. 13.
3. L'hôtel de Bourgogne joua aussi à son tour *Timocrate*; mais le succès était épuisé, et, malgré la réputation des Grands Comédiens dans la tragédie, ne s'y soutint pas aussi bien que sur une scène plus modeste.

à machines, des espèces d'opéras où la musique ne figure que dans les intermèdes, par exemple, *la Toison d'or* de Pierre Corneille, et *les Amours de Jupiter et de Sémélé* par l'abbé Boyer.

Ce fut même vraiment Boyer qui fut le créateur du genre. Il y avait longtemps qu'il avait fait jouer une pièce à grand spectacle, *Ulysse dans l'île de Circé*, « représenté sur le théâtre des machines du Marais en 1648 », et c'était à son exemple que Corneille deux ans plus tard avait composé *Andromède*, représentée par les comédiens de l'hôtel de Bourgogne, mais non dans leur local habituel peu approprié aux représentations de ce genre : elle avait été jouée dans la salle qu'eut Molière lors de son établissement définitif à Paris, celle du Petit-Bourbon. Mais *les Amours de Jupiter et de Sémélé* paraissent avoir effacé en éclat toutes les pièces du même genre, et émerveillé les contemporains.

Boyer ne nous est connu aujourd'hui que par l'épigramme de Racine. Mais dès les premiers temps de sa longue carrière, en 1663, Chapelain le présentait pour une pension en affirmant que « comme poète de théâtre, il ne le cédait qu'au seul Corneille ». Et sa *Judith* même, qui lui valut en 1695 l'épigramme sur *le pauvre Holopherne*, fut un succès, au moins auprès du beau monde. Entre ces deux dates se place l'éloge que fait de lui Chappuzeau en 1674, quand, énumérant dans son *Théâtre français* les divers auteurs qui soutiennent alors le théâtre, et ajoutant à cette mention quelque compliment quand il les en juge dignes, il nomme « M. Boyer » avec cette note : « tout feu dans ses vers, tout esprit dans ses pensées : *Igneus est ollis vigor et cœlestis origo.* » Il va sans dire qu'il se borne à nommer Racine, sans aucun compliment.

Les Amours de Jupiter et de Sémélé eurent-ils l'honneur d'éveiller chez le jeune roi ce goût particulier et si prononcé plus tard chez lui pour les opéras mythologiques, où devait exceller Quinault? on serait tenté de le croire. Toujours est-il qu'en 1666, *presque avec toute sa cour*, dit le gazetier Robinet, Louis XIV vint admirer au Marais

> Les machines presque divines
> Et les vers de monsieur Boyer,
> Dignes d'un immortel loyer.

La citation suivante permettra au lecteur de juger si en effet la poésie de Boyer était « digne d'un immortel loyer ». Jupiter dit à Sémélé :

> Ici loin de Junon et loin de votre cour,
> Et sans autre témoin que les yeux de l'amour,
> Nous goûterons tous deux ce que dedans les âmes
> Répandent de douceurs les plus heureuses flammes;
> Tout ce que font sentir de joie et de plaisirs
> Le commerce amoureux des yeux et des soupirs;
> Les combats d'amitié, de soins, de déférences;
> Les flatteurs entretiens, les tendres confidences;
> Les beaux emportements de l'esprit et du cœur;
> Les charmes composés de flamme et de langueur;
> Les doux égarements, les aimables faiblesses,
> Les extases d'amour, les transports, les tendresses, etc.

En tout cas, Boyer reçut, cette année même, le *loyer* que méritait cette belle poésie: il fut reçu à l'Académie sept ans avant Racine, et il devait pendant trente ans encore justifier le choix de la compagnie par des vers de la force de ceux-là.

Ce succès encouragea de plus en plus le théâtre dans cette voie de paganisme à grand spectacle, et l'on eut encore, en quatre ans, *la Fête de Vénus*, par l'abbé Boyer, *les Amours de Vénus et d'Adonis*, et *les Amours du Soleil*, par de Visé. Est-il besoin d'ajouter que dans toutes ces pièces on n'épargnait pas les allusions flatteuses pour le roi? Dans la dernière, le Soleil ordonnait aux neuf Muses de chanter « l'heureux monarque des lys ». Ce genre de littérature eut plus tard son pendant dans les peintures de Versailles, où Louis XIV se faisait représenter en dieu de l'Olympe entouré des princes et princesses de sa famille, également transformés en divinités. On peut dire que Boyer et par conséquent le théâtre du Marais ont été vraiment ainsi les inventeurs du genre qui sera l'opéra, — l'opéra du grand siècle du moins. C'est seulement en mars 1671 qu'on représente en public la première tragédie française en musique; et deux ans après, Quinault, unissant son talent facile à celui de Lulli, va commencer cette série de pièces mythologiques et courtisanesques qui plaisaient tant au roi.

Le théâtre du Marais [1], qui a eu le mérite, plus

---

1. Liste des acteurs du Marais, en juin 1673, au moment de la suppression de leur théâtre, selon les frères Parfaict, t. XI, p. 295 :

MM. La Roque,	MM^{mes} Des Urlis,
Verneuil,	Auzillon,
Dupin,	Dupin,
Dauvilliers,	Vallée,
Guérin d'Estriché.	Guyot.

Sur les registres, et dans la liste donnée par Chappuzeau pour le

intéressant pour nous, de produire le premier en public le grand Corneille, a eu aussi celui de mettre en évidence l'actrice qui devait plus tard contribuer au succès des pièces de Racine, M¹¹ᵉ de Champmeslé; elle passa depuis à l'hôtel de Bourgogne, et en 1679 à l'hôtel Guénegaud. C'était changer bien souvent, et il faut croire que ce goût-là était fort prononcé chez elle, même ailleurs qu'en amour. Si, selon le calembour du temps, elle prit *racine* à l'hôtel de Bourgogne, ce ne fut toujours pas pour longtemps.

En 1673, le théâtre fut fermé, et les comédiens de cette troupe se réunirent les uns à ceux de l'hôtel de Bourgogne, les autres à la troupe de Molière, quand celle-ci, après la mort de son chef, s'installa rue Mazarine, à l'hôtel Guénegaud.

CHAPITRE III.

TROUPE DE MOLIÈRE.

On connaît beaucoup mieux l'histoire de cette troupe que celle des deux autres théâtres rivaux. Molière a jeté sur elle un tel éclat, que d'assez bonne heure on s'est enquis avec soin de cette partie de notre histoire dramatique, et heureusement nous avons ici des documents sûrs. D'abord une partie des registres de ses camarades Hubert et la Thorillière; ce sont les seuls qu'aient connus les frères

---

théâtre Guénegaud, Mᵐᵉ Auzillon est nommée *L'oisillon;* est-ce une plaisanterie plus ou moins gracieuse?

Parfaict; puis, ce qui est bien autrement important, le registre du comédien la Grange, qui commence à la date de son entrée dans la troupe, à Pâques 1659, et où il a enregistré jour par jour les pièces, les recettes, et aussi les incidents curieux dont il voulait garder le souvenir; car c'est évidemment pour lui seul que la Grange écrivait ce registre; ceux d'Hubert et de la Thorillière étaient au contraire les registres officiels de la troupe, et s'ils entrent dans des détails plus précis comme il le faut dans un livre de comptes, ils sont loin, même pour la partie qui nous en a été conservée, de présenter ce genre d'intérêt qu'ajoutent, à celui d'une exactitude scrupuleuse, les observations naïves de la Grange, relatant les mariages, les naissances, les morts, qui surviennent dans cette famille dramatique; le tout avec une bonhomie touchante, qui justifie à l'égard de ce comédien l'estime et l'affection de tous ceux qui ont parlé de lui. Mais les passages les plus curieux de ce registre ont été cités par M. Taschereau qui en possède une copie, et ils sont depuis longtemps en circulation. En outre, M. Édouard Thierry va publier ce registre, et les rares connaissances de l'éditeur en feront certainement une histoire détaillée et définitive du théâtre de Molière. Nous ne pouvons donc songer ici à répéter des détails qui sont partout, que cette publication depuis longtemps attendue complétera, sans décourager sans doute l'intérêt de curiosité et le goût des minutieuses rectifications que le nom de Molière éveillera toujours et ne cessera de justifier. Nous ne voulons réunir ici que quelques renseignements précis sur les divers établissements de cette troupe à Paris, sur les pièces qu'elle a jouées, les variations de sa fortune, si prospère quand Molière la soutenait, si ébranlée après sa mort; en un mot sur son existence matérielle depuis 1658, année où elle se fixa à Paris, jusqu'en 1680. Ces détails pour la plupart sont ailleurs, et on ne saurait les renouveler qu'en les approfondissant et en les complétant, ce qui serait un travail spécial auquel nous ne pouvons songer en ce moment [1]. Il nous suffira ici d'indiquer la place que cette troupe occupe dans l'histoire de notre théâtre au xvii° siècle, en face des théâtres ses rivaux.

THÉATRE DU PETIT-BOURBON.

« Un garçon, nommé Molière, fait des pièces où il y a de l'esprit; ce n'est pas un merveilleux acteur, si ce n'est pour le ridicule. Il n'y a que sa troupe qui joue ses pièces; elles sont comiques. »

Il paraît bien qu'au temps où des Réaux écrivait ceci, Molière, alors âgé de trente-cinq ans, était encore dans une « troupe de campagne », et ne s'était pas fixé à Paris. Mais plusieurs mois après son installation au Petit-Bourbon, il semblerait que bien des gens n'étaient guère plus frappés de son mérite, même parmi ceux qui s'intéressaient à la comédie; et l'on pourrait croire que plusieurs alors n'en savaient pas si long que des Réaux sur ce « garçon, nommé Molière ». Loret, quatre mois après les débuts de Molière à Paris, après le succès de

---

1. Nous le réservons pour l'édition de Molière publiée dans la *Collection des grands écrivains*.

l'*Étourdi* et du *Dépit amoureux*, paraît ignorer comment s'appelait le *garçon* qui avait fait ces deux pièces[1]. Non-seulement on exagère au delà de toute vraisemblance la renommée de Molière de son vivant, mais on a soin de l'antidater.

Molière revient à Paris en 1658, et joue devant le roi et Monsieur au Louvre. Le récit de son début à la cour est cité partout, d'après la notice de la Grange et de Vinot, placée en tête de la première édition complète de Molière (1682). Nous n'en rappellerons quelque chose que pour montrer combien au début le poëte et sa troupe se faisaient petits devant l'hôtel de Bourgogne, et prétendaient peu rivaliser avec les Grands Comédiens. On sait qu'après avoir représenté *Nicomède*, Molière, s'adressant au roi, et le remerciant avec effusion, acceptant même avec une modestie exagérée les préventions qu'on devait avoir contre sa troupe, quand « Sa Majesté avait à son service d'excellents originaux dont ils n'étaient que de très-faibles copies », ajoutait que « puisqu'Elle avait bien voulu souffrir leurs manières de campagne, il la suppliait très-humblement d'avoir pour agréable qu'il lui donnât un de ces petits divertissements qui lui avaient acquis quelque réputation et dont il régalait les provinces ». Et il joua, avec l'applaudissement général, une petite farce aujourd'hui perdue, *le Docteur amoureux*.

Si quelque chose pouvait dégoûter de la modestie, ce serait la certitude d'être pris au mot par les rivaux et les ennemis, qu'on ne manque pas d'avoir

---

1. *La Muse historique*, 15 février 1659. Dans le même numéro, il nomme deux acteurs de la troupe royale, Bellerose et Floridor.

immédiatement, quand on est Molière. Voilà ce
grand poëte, ce grand comédien souscrivant d'avance au jugement que ses adversaires affecteront
de porter sur lui et sur sa troupe, le prévenant, le
dictant en quelque sorte à ceux qui seront les premiers intéressés à ne point le démentir : la supériorité de *l'Hôtel de Bourgogne* est proclamée par lui,
au moins dans le genre élevé; ce sont *d'excellents
originaux*, dont lui et ses camarades ne sont que *de
faibles copies*. Quant à lui, il n'a à sa disposition
qu'une troupe de campagne, et son mérite consiste
surtout à représenter de *petits divertissements* composés pour les provinces. Ses ennemis n'auront
garde de le contredire : ils auront l'habileté de convenir qu'il est un bouffon assez plaisant; les plus
indulgents, Chapelain par exemple, conviendront
de son mérite, tout en regrettant qu'il tombe souvent dans la *scurrilité;* quant à sa troupe elle-même,
troupe de province et de rencontre, qui s'avisera,
sauf quelques esprits mal faits, d'oser la comparer,
même dans le genre comique, aux *Grands Comédiens?*
Il aura beau être protégé, assez mal, par *Monsieur*,
et plus tard beaucoup mieux par le roi lui-même,
il restera avéré pour les juges officiels de la littérature, académiciens, littérateurs pensionnés, journalistes patentés, que l'Hôtel de Bourgogne est toujours la *seule Troupe royale*, la seule qui mérite et
justifie ce titre. Il ne faudra pas moins qu'une série
de chefs-d'œuvre et d'éclatants succès pour combattre et ébranler ce préjugé.

Cette modestie exagérée, dont les rivaux de
Molière tireront un si bon parti, ne lui en était pas
moins nécessaire au début pour conquérir une

petite place auprès des deux théâtres privilégiés, gardiens jaloux de leur monopole, et qui ne souffraient guère la concurrence. Elle réussit à faire obtenir à Molière le droit de jouer alternativement avec les Italiens dans la salle du Petit-Bourbon. Il fut convenu que « Molière et ses camarades donneroient à la troupe italienne (depuis longtemps en possession de ce théâtre et qui y jouait le dimanche, le mercredi et le vendredi), 1,500 livres pour jouer les jours extraordinaires, c'est-à-dire les lundis, mardis, jeudis et samedis[1] ». De plus *Monsieur* leur accorda le titre de ses comédiens, plus, « l'honneur de sa protection », dit la Grange. Et pourtant cette protection promise n'empêcha guère Monsieur, *la Gazette* en fait foi, de faire jouer la troupe rivale dans des circonstances où il eût été précieux pour la troupe de Molière d'être mise en évidence, c'est-à-dire quand Monsieur recevait le roi chez lui.

Néanmoins Molière pouvait se produire. L'hôtel du Petit-Bourbon, qu'il partageait avec les Italiens, provenait de la confiscation des biens du connétable de Bourbon après sa trahison sous François Ier. Il était situé le long de la Seine, entre le vieux Louvre et Saint-Germain-l'Auxerrois[2]. L'hôtel

---

1. Registre de la Grange. L'année suivante, les Italiens étant retournés dans leur pays, Molière prit les dimanches, mardis et vendredis.

2. Il formait, avec ses dépendances, un carré assez régulier, correspondant à l'emplacement actuel de la plus grande partie du jardin de l'Infante (à droite en entrant dans le Louvre actuel, du côté du Pont des Arts), une partie de la cour actuelle du Louvre (côté oriental) et la moitié de la colonnade, celle qui va de la porte du côté de Saint-Germain-l'Auxerrois jusqu'au quai, plus la rue du Louvre.

portait encore les traces de l'arrêté de condamnation « fulminé » contre le connétable. « On avait brisé et effacé ses armoiries dans tous les endroits de ce palais où elles étaient; la couverture et les moulures de la principale porte avaient été barbouillées de ce jaune dont le bourreau brosse les maisons des criminels de lèse-majesté[1]. » Et cette couleur était si bon teint qu'elle tenait encore au xviie siècle. Sur le portail de ce lieu flétri se lisait en grosses lettres ce mot : *Espérance*[2], démenti, comme tant d'autres espérances humaines, par la fatalité. Ce lieu sinistre et portant encore les traces de la colère royale avait, pendant la première moitié du xviie siècle, servi aux fêtes princières et à la comédie. La grande salle de l'hôtel, d'une étendue exceptionnelle[3], avait servi aux ballets de la cour, notamment à celui qui y fut dansé sous Louis XIII en 1615, et dont *le Mercure*

---

1. PIGANIOL DE LA FORCE, *Description de Paris*, t. II, p. 171.
2. « Monseigneur Louis de Bourbon, troisième du nom, fit bâtir près du Louvre l'hôtel de Bourbon avec ce mot : *Espérance*, écrit en grosses lettres sur son portail, pour l'espoir, je pense, qu'il avait qu'un roi devait de son estoc naître en la France, et qu'il unirait les deux hôtels en un, aussi bien que les deux maisons. C'est ce grand roi qui a ôté la bande de leurs armes pour jouir du pur écu des fleurs de lys. C'est cet Henri, etc. » *Les Antiquités et Recherches des villes, etc.*, in-12, Paris, 1731 (6e édit.), par ANDRÉ DU CHESNE.
3. Sauval, mort en 1670, en a donné la description : « Sans contredit, c'est la plus large, la plus haute et la plus longue de tout le royaume... Sa largeur est de dix-huit pas communs sur trente-cinq toises de longueur, et la couverture si rehaussée, que le comble paraît aussi élevé que ceux des édifices de Saint-Germain et de Saint-Eustache; et enfin ce qui a été cause que sous Louis XIII un lieu, si vaste et si voisin du Louvre, fut choisi pour la représentation des bals, ballets et autres magnificences de son mariage. Louis XIV lui-même s'en est servi jusqu'à nos jours pour

français sous cette date nous a laissé une longue et minutieuse description. L'année précédente, les fameux états généraux de 1614 avaient été tenus dans cette salle, et nous pouvons nous faire une idée de sa disposition par la gravure, souvent reproduite depuis[1], représentant la séance d'ouverture. Mais avant comme après cette réunion des états généraux, qui fut la dernière avant la Révolution, cette salle n'avait vu que des fêtes et des représentations joyeuses. Les Italiens y avaient joué plusieurs fois depuis le règne de Henri III; sous Mazarin, ils s'y étaient établis d'une façon permanente, et deux étrangers qui avaient visité Paris l'année qui précéda le retour de Molière, écrivaient dans leurs notes de voyage : « Vis-à-vis du Louvre, par le devant de l'entrée, vous voyez le Petit-Bourbon, où est la petite écurie et où loge M. le Premier. Il y a une grande salle pour la comédie; les Italiens y ont leur théâtre[2]. » Un passage du *Francion* de Sorel[3] nous dit qu'entre le Louvre et la salle du Petit-Bourbon, il y avait une communication *par de longues galeries*. C'était donc presque une dépendance du palais du roi.

C'était aussi dans cette salle qu'en 1645, Mazarin avait fait chanter le premier opéra italien qui avait

---

ses ballets et pour la comédie. » Sauval, *Antiquités de Paris*, t. I, p. 210. Cet ouvrage, resté manuscrit, revu et complété par un de ses amis, n'a été publié qu'en 1722.

1. Notamment par Piganiol, *Description de la France*, et par le *Magasin pittoresque*, t. VIII, p. 317.

2. *Voyage de MM. de Villiers à Paris*, publié par M. P. Faugère, mars 1657.

3. Voir, Édition Colombey, page 199.

été joué en France, *la Festa teatrale della Finta pazza.* C'était là aussi qu'avait été représentée l'*Andromède,* de P. Corneille, *pièce à machines, avec un concert de musique.* Cette tragédie était une ébauche d'opéra dont l'*empereur du burlesque,* d'Assoucy, avait fait la musique[1]. Comme on le voit, cette salle a donc été à la fois le berceau de l'opéra italien, de l'opéra français, et l'on peut dire aussi de la comédie, puisque c'est là que Molière a débuté après son retour à Paris. Elle avait donc bien des titres divers pour rester historique. Aussi est-il assez singulier qu'on ait pu hésiter au sujet de l'emplacement occupé par cette salle si vaste et d'un intérêt littéraire et politique tout à la fois. Nous croyons[2] que c'était un bâtiment visible dans les anciennes gravures, placé parallèlement à la Seine, dans la direction de l'ouest à l'est et qui dans sa longueur coupait à peu près par le milieu le carré formé par l'hôtel et ses dépendances. Le théâtre qui y était depuis longtemps établi ne tarda pas à être démoli, moins de deux ans après que Molière s'y fut installé.

C'était dans cette salle qu'avaient été représentés *l'Étourdi, le Dépit amoureux, les Précieuses ridicules, le Cocu imaginaire,* quatre grands succès, sans parler des *petits divertissements* dont Molière *régalait* la ville

---

1. Il dit lui-même dans sa réponse assez aigre aux plaisanteries de Chapelle : « Il sait que c'est moi qui ai donné l'âme aux vers de l'*Andromède* de M. Corneille. »
2. On peut se représenter cette salle coupant le jardin actuel de l'Infante devant le Musée égyptien, puis la rue du Louvre, et venant aboutir par son extrémité orientale à peu près à l'angle de cette rue et de la place Saint-Germain-l'Auxerrois, du côté du midi. Voir l'Appendice I.

après les avoir donnés aux provinces, et où se trouvaient en germe quelques-uns de ses chefs-d'œuvre futurs. Molière commençait à être connu, et Loret lui-même daignait enfin s'occuper du grand poëte dans sa *Muse historique.*

On va voir toutefois qu'on ne se gênait pas encore beaucoup avec lui, et cet incident peut servir déjà à montrer tout à la fois et la bienveillance personnelle du roi pour Molière, et la malveillance dédaigneuse des subalternes.

« Le lundi 11 octobre (1660), dit le registre de la Grange, le théâtre du Petit-Bourbon commença à être démoli par M. de Ratabon, surintendant des bâtiments du roi, sans en avertir la troupe, qui se trouva fort surprise de demeurer sans théâtre. »

En effet le procédé était leste ; on n'avait point prévenu les comédiens ; on ne leur dit pas même de partir : on démolit. Cette démolition fut conduite assez rondement pour que Loret, dans sa *Gazette* du 30, dix-neuf jours après, pût en parler comme d'un fait accompli.

> On a mis à bas le théâtre,
> Fait de bois, de pierre et de plâtre,
> Qu'ils avaient au Petit-Bourbon.

La rapidité de cette destruction suffit pour prouver qu'on a eu tort de s'appuyer sur ce passage de Loret pour soutenir que *la salle* avait été démolie sur-le-champ. S'il se fût agi de démolir, non le théâtre construit dans la salle, mais la salle même que Sauval nous représente comme aussi élevée que la voûte de Saint-Germain, on n'eût pas eu fini si vite, même en y apportant le zèle impétueux que paraissent y avoir mis les démolisseurs.

Mais laissons continuer la Grange :

« On alla se plaindre au roi, à qui M. de Ratabon dit que la place de la salle était nécessaire pour le bâtiment du Louvre, et que, les dedans de la salle qui avaient été faits pour les ballets du roi appartenant à Sa Majesté, il n'avait pas cru qu'il fallût entrer en considération de la comédie pour avancer le dessein du Louvre. La méchante intention de M. de Ratabon était apparente. »

Très-apparente en effet, et ce qui la rendait scandaleuse, c'était surtout la hâte apportée à cette expulsion sans avis préalable. Si nous ne nous trompons sur l'emplacement de la salle, sa démolition aurait bien été plus tard nécessaire pour dégager la colonnade. Elle l'eût été surtout pour permettre l'exécution du plan primitif, approuvé par Colbert, et qui faisait disparaître non-seulement le Petit-Bourbon, mais l'église Saint-Germain-l'Auxerrois! En effet, une vaste place ornée de fontaines devait s'étendre jusqu'à la hauteur du Pont-Neuf : c'est un contemporain, Germain Brice, qui nous l'apprend[1], et il regrette que ce *magnifique projet*, qui aurait supprimé l'un de nos beaux monuments historiques, n'ait pas reçu son exécution. Cet acte de vandalisme ne s'accomplit pas toutefois, la vieille église put subsister[2].

1. *Description de Paris*, t. I, p. 142.
2. On épargna également une partie des bâtiments de l'ancien hôtel de Bourbon, et notamment une vaste salle formant angle avec l'autre, et dont la façade à pignon donnait sur le quai; elle subsista même jusqu'à la seconde moitié du siècle suivant (1758), et devint le garde-meuble de la couronne. Elle avait même une

Mais ce qu'il y a de sûr au moins, c'est que la démolition de la salle occupée par Molière et les Italiens, nécessaire sans doute pour la construction de la façade du Louvre devant Saint-Germain-l'Auxerrois, ne l'était pas du tout à cette date. Depuis l'année précédente, il est vrai, on avait songé à l'achèvement du palais [1] ; mais on était loin alors d'être fixé sur le projet de reconstruction du Louvre, et ce ne fut que cinq ans après, et lorsque le cavalier Bernin fut venu à Paris en 1664, qu'on se décida, et encore après bien des discussions, à adopter le plan de Claude Perrault. La pose de la première pierre de la façade est du 17 octobre 1665 [2]. L'expulsion des comédiens et la destruction de la salle

---

importance légendaire : c'était d'un balcon placé en haut du pignon que Charles IX, selon la tradition, aurait tiré sur les Huguenots, le matin de la Saint-Barthélemy. Voir SAINT-FOIX, *Essais sur Paris*, t. III, p. 25.

1.   Par ordre de Son Éminence,
On va, dit-on, en diligence,
(Et tel dessein sent bien la paix)
Continuer mieux que jamais
Par une belle architecture
Du Louvre la grande structure ;
Et c'est à présent tout de bon
Que le sage sieur Ratabon,
Comme ayant la surintendance
Des bâtiments royaux de France,
Va de bon cœur s'employer là.

LORET, 5 juillet 1659.

Il est trop évident en effet que « le sage sieur Ratabon » s'employa *de bon cœur*, quel que fût son motif, au moins à la destruction du théâtre de Molière.

2. *Mémoires de* CHARLES PERRAULT, l. II.

n'étaient donc nullement indispensables cinq ans avant que l'on sût ce qu'on devait faire de l'emplacement. A quoi faut-il attribuer ce zèle si expéditif qui mettait ainsi Molière et ses camarades, aussi bien que les Italiens, dans l'impossibilité de jouer pendant plus de trois mois (du 11 octobre 1660 au 20 janvier 1661)? Nous ne voulons pas noircir la mémoire de l'inconnu Ratabon, et supposer sans preuves qu'en prenant sur lui la responsabilité d'une expulsion et d'une démolition si désirée par les deux théâtres rivaux, l'hôtel de Bourgogne et le Marais, il ait cédé à un de ces « arguments irrésistibles » auxquels on ne résistait guère en effet alors (Colbert, le grand Colbert lui-même recevait des pots-de-vin). Nous nous bornons à répéter, comme la Grange, que la malveillance dudit Ratabon était par trop manifeste, quel qu'en fût le motif.

« Cependant la troupe, qui avait le bonheur de plaire au roi, fut gratifiée par Sa Majesté de la salle du Palais-Royal, Monsieur l'ayant demandée pour réparer le tort fait à ses comédiens; et le sieur de Rata-

1. Les théâtres n'obtenaient rien alors qu'en invoquant des arguments de ce genre. Molière, en Languedoc, s'était vu quelque temps préférer, auprès du prince de Conti, une troupe rivale qui avait *intéressé* à sa cause la maîtresse du prince, Mme de Calvimont, et il ne put avoir gain de cause que parce que Sarrasin s'intéressa, mais d'une autre façon, à la troupe de Molière, si l'on en croit les mémoires de Cosnac (il tomba amoureux d'une des actrices). Voir, dans Tallemant des Réaux, l'histoire du comédien Jodelet, obligé, pour parvenir auprès du chancelier, de promettre à chacun de ses domestiques un quart de ce qu'il allait recevoir, et qui, en conséquence, demande au chancelier cent coups de bâton, à distribuer par quart à chacun de ses valets de chambre.

bon reçut un ordre exprès de faire les grosses réparations de la salle du Palais-Royal : il y avait trois poutres de la charpente pourries et étayées, et la moitié de la salle découverte et en ruine. La troupe commença quelques jours après à faire travailler au théâtre, et demanda au roi le don et la permission de faire emporter les loges du Bourbon et autres choses nécessaires pour leur nouvel établissement, ce qui fut accordé à la réserve des décorations, que le sieur de Vigarani, machiniste du roi, nouvellement arrivé à Paris, se réserva, sous prétexte de les faire servir au palais des Tuileries; mais il les fit brûler jusqu'à la dernière, afin qu'il ne restât rien de l'invention de son prédécesseur, qui était le sieur Torelli, dont il voulait ensevelir la mémoire[1]. La troupe, en butte à toutes ces bourrasques, eut encore à se parer de la division que les autres comédiens de l'hôtel de Bourgogne et du Marais voulurent semer entre eux, leur faisant diverses propositions pour en attirer, les uns dans leur parti, les autres dans le leur. Mais toute la troupe de Monsieur demeura stable. Tous les acteurs aimaient le sieur de Molière, leur chef, qui joignait à un mérite une capacité extraordinaire, une honnêteté et une manière engageante qui les obligea tous à lui protester qu'ils voulaient courir sa fortune et qu'ils ne le quitteraient jamais, quelque proposition qu'on leur fît et quelque avantage qu'ils pussent trouver ail-

---

[1]. Ce Vigarani est un de ceux que la *Gazette* nomme le plus volontiers, et toujours avec éloge. — La salle de spectacle, aux Tuileries, celle où l'on joua plus tard *Psyché*, fut construite par Ratabon et Vigarani. (*Anecdotes dramatiques*, t. II, p. 110.)

leurs. Sur ce fondement, le bruit se répandit dans Paris que la troupe subsiste, qu'elle s'établit au Palais-Royal avec la protection du roi et de Monsieur. » (*Registre* de la Grange.)

Il y a quelque chose de touchant et d'honorable à la fois dans cet attachement des comédiens pour Molière, à une date où il était loin d'avoir établi solidement sa fortune et sa réputation à Paris. Après tout des gens d'esprit, comme l'étaient la plupart de ses camarades, reconnaissent plus facilement que des sots l'ascendant du génie; mais ce sentiment de la supériorité de Molière n'aurait pas suffi pour les préserver des tentations d'intérêt et de renommée, qui pouvaient les attirer ailleurs, s'il n'y avait eu, et chez lui et chez eux, des qualités de cœur qui lui valaient cette fidélité affectueuse. Le reste de la vie de Molière suffirait pour prouver que ce récit tracé par la Grange au jour le jour n'était pas un tableau de fantaisie. Des comédiens qui composaient alors sa troupe [1], on ne voit guère que Mlle du Parc qui l'ait quittée en 1667, pour aller jouer chez ses rivaux, et Racine paraît n'avoir pas été étranger à cette défection [2].

---

1. « Quand Molière s'installa à Paris, dit Chappuzeau, Molière, du Parc, de Brie et les deux frères Béjart avec les demoiselles Béjart, de Brie et du Parc, composaient alors la troupe, qui passait avec raison pour la première et la plus forte de la campagne... Du Croisy qui avait paru avec réputation dans les provinces à la tête d'une troupe, et la Grange dont le mérite est connu, se joignirent alors (Pâques 1659) à celle que Molière conduisait, et qui ne put que se bien trouver de ce renfort. » P. 103.

2. Plus tard, Brécourt, entré dans la troupe seulement en 1662, la quitte en 1664. Baron y entre en 1670, et en sort en 1671.

La protection royale s'était en cette occasion manifestée d'une façon éclatante. On voit par le récit de la Grange que c'est au roi lui-même que Molière adresse ses réclamations, et le narrateur ne semble faire intervenir le nom de Monsieur que parce qu'il ne pouvait s'en dispenser. C'est donc, en cette occasion comme en plusieurs autres, à Louis XIV que revient l'honneur d'avoir protégé Molière contre la malveillance des uns et l'indifférence des autres.

La salle du Palais-Royal, quoique délabrée, était alors la seule à Paris qui eût été construite primitivement pour un théâtre. Selon Sauval[1], elle pouvait tenir jusqu'à 3 ou 4,000 personnes. Le parterre mesurait en largeur neuf toises sur dix ou onze de profondeur. Des deux côtés régnaient « deux balcons dorés posés l'un sur l'autre et qui, commençant au portique, venaient finir assez près du théâtre ». Telle elle était du moins au temps de Richelieu. Mais on doit supposer que l'aménagement nécessaire pour un théâtre public a dû réduire l'espace réservé aux spectateurs. Au moins est-il sûr qu'au temps de Molière, cette salle n'a jamais contenu ni 4,000, ni même 3,000 spectateurs. Molière dut encore la partager avec les Italiens, très-aimés aussi du roi, et qui furent en possession d'y jouer quatre fois par semaine. Mais il était là chez le roi; car le Palais-Royal appartenait alors à Louis XIV, et ce ne fut que onze ans plus tard qu'il entra dans l'apanage de la maison d'Orléans. Voilà donc enfin Molière définitivement installé. Il n'aura plus à redouter que la

---

1. Cette salle était située vers l'angle actuel de la rue de Valois, t. II, p. 161, et t. III, p. 47.

rivalité des autres comédiens et leurs dénonciations intéressées, la malveillance des auteurs dramatiques, les sottes critiques des gens du bel air, des précieux et des précieuses ; et enfin la haine des « bigots mis en jeu ». Celle-là sera implacable et acharnée. Elle ne s'arrêtera pas même devant sa tombe ; ils se consoleront à peine de la lui avoir vainement disputée par la douce et charitable espérance qu'il est tombé du moins entre les mains de celui qui a dit : « Malheur à vous qui riez, car vous pleurerez [1] »

Pour lutter contre tant d'animosités, il a son génie et une troupe excellente pour la représentation de ses pièces, des comédiens qu'il a formés, dont il sait les qualités particulières, et aussi les défauts qu'il utilisera comme leurs qualités. Pour chaque rôle nouveau, ils auront ses conseils, son inspiration directe et journalière. Mais cette troupe, il a aussi à lui faire une réputation : pour qui sait jusqu'où va la prévention au théâtre, et combien il est convenu d'avance que tel acteur doit faire rire, tel autre faire pleurer, il est facile de concevoir que les comédiens de l'hôtel de Bourgogne, depuis longtemps en possession de l'admiration publique, conserveront encore bien des avantages sur la troupe de Molière, et qu'il lui faudra du temps pour que sa troupe soit considérée comme leur égale, seulement dans la comédie, et même dans *ses* comédies.

Il n'en avait guère d'autres à jouer, comme nous l'avons dit : les auteurs, ou jaloux, ou craignant de se compromettre à l'égard de ses puissants rivaux,

---

[1]. Bossuet, *Maximes sur la comédie.*

ne s'avisaient guère de lui apporter leurs pièces. En réalité Molière et sa troupe n'ont joué avec succès que le répertoire de Molière; c'était assez.

Ce n'est pas qu'il ne fît aux auteurs des conditions assez belles pour le temps : à Racine, débutant et inconnu, il assura deux parts sur la recette, quoique, selon Chappuzeau, l'usage fût de ne rien donner du tout aux « apprentis qui se doivent contenter de l'honneur qu'on leur fait de produire leurs ouvrages ». A Corneille vieilli et déjà abandonné, il donne 2,000 livres pour *Attila*; à Boyer, pour son *Tonnaxare* (une chute), il donne « dans une bourse brodée d'or et d'argent 550 livres ». C'est beaucoup après un échec, dont Boyer même, malgré sa jactance habituelle, convient dans la préface de ce chef-d'œuvre. Mais personne ne vient à lui; il lui faut suffire seul à sa troupe, travailler, inventer sans cesse, sacrifier à d'admirables ébauches, improvisations indispensables à l'existence de son théâtre, le temps qu'il eût pu consacrer à toute cette série de peintures achevées, dont il a esquissé quelques-unes dans son *Impromptu de Versailles* et où il ne se flattait pas d'épuiser encore « tout le ridicule des hommes ».

Il mourut à la peine. On sait ce qu'il advint : « Dans le désordre où la troupe se trouva après cette perte irréparable, dit l'honnête la Grange, le roi eut dessein de joindre les acteurs qui la composaient aux comédiens de l'hôtel de Bourgogne. »

En attendant, Lulli, qui ne s'oubliait point, portait le dernier coup à la troupe de celui qui l'avait honoré d'une collaboration très-recherchée sans doute par lui, alors qu'il était peu connu : il fit évincer les compagnons de Molière de la salle où ils avaient représenté tant de chefs-d'œuvre, et se l'appropria [1]. On fut expéditif cette fois encore; ils n'avaient eu le temps de jouer que douze fois depuis la mort du grand poëte, et ils ne savaient plus où aller.

Molière était mort le 17 février, et, le 23 mai suivant, ses camarades achetaient rue Mazarine, dans le jeu de paume de M. de Laffemas, le théâtre construit par M. de Sourdéac, pour des opéras (privilége dont, ainsi que Perrin et Cambert, il avait été aussi dépossédé par les intrigues de Lulli). Les conditions étaient assez onéreuses : ils n'étaient, comme M. de Sourdéac, que locataires de la salle, et en prenant « le jeu de paume où pend pour enseigne la Bouteille », ils devaient payer « par chacun an le prix de 2,400 livres. » En outre ils étaient forcés de compter à M. de Sourdéac 14,000 livres, qu'ils furent obligés d'emprunter « à M. Boudet, tapissier du roi », un des parents de Molière. Ils s'engageaient enfin à donner une part à M. de Sourdéac et une autre à M. de Champéron, son associé [2] : cette dernière clause fut l'origine de dissensions intestines, dont les registres ont gardé la trace, et d'un interminable procès.

Quatre d'entre eux les avaient quittés : c'étaient Baron, la Thorillière, Mlle Beauval et son mari [3].

---

1. Lulli dut rendre à cette occasion à la veuve de Molière 11,000 livres qui lui avaient été prêtées trois ans auparavant par Molière. Voir Eud. Soulié, *Recherches*.

2. Dans la liste des associés, sur le registre de la Grange en 1676, Sourdéac et Champéron sont qualifiés de *machinistes*.

3. Comme l'intervention du pouvoir se faisait sentir en tout, on ne sait si c'est de leur propre mouvement que ces quatre comé-

Mais au même moment, des recrues leur arrivaient du théâtre du Marais[1]. Ils avaient déjà traité avec le marquis de Sourdéac, lorsque, sur une parole du roi qui ne voulait plus que deux troupes à Paris, Colbert se fit présenter la liste des acteurs et actrices du Marais, et « choisit les meilleurs sujets pour les incorporer avec ceux de la troupe du Palais-Royal[2] ».

diens avaient quitté leurs camarades dans la peine, ce qui ne leur ferait guère honneur, et ce dont après tout Baron au moins était bien capable. C'était par un ordre du roi qu'antérieurement, 31 juillet 1670, Mlle Beauval et son mari avaient dû quitter une troupe de comédiens où ils étaient engagés pour entrer au théâtre du Palais-Royal; il était enjoint aux comédiens de cette troupe qui était alors à Mâcon « de les laisser sûrement et librement partir sans leur donner aucun trouble ni empêchement, *nonobstant toutes conventions, contrats et traités avec clauses de dédit qu'ils pourraient avoir fait ensemble, dont, attendu qu'il s'agit de la satisfaction et du service de Sa Majesté, elle les a relevés et dispensés* ». Depping, *Correspondance administrative*, tome IV, p. 571. On peut soutenir, et par des raisons meilleures, le droit qu'avait jadis la Comédie-Française de puiser dans les troupes de province les sujets à sa convenance; mais au moins eût-il été plus royal, et surtout plus loyal, de payer le dédit, au lieu d'annuler simplement le contrat.

1. Rosimont, le meilleur acteur du Marais à cette époque, était déjà entré dans la troupe de Molière, mais non, comme le disent les frères Parfaict, dès le 24 février et pour jouer le rôle du *Malade imaginaire*. La Grange dit formellement : « Le vendredi 3 mars on recommença le *Malade imaginaire*. M. de la Thorillière joua le rôle de M. de Molière. Recette 1,590 n. » Il tint le rôle jusqu'à la clôture de Pâques. Rosimont ne fut chargé de ce rôle qu'à la reprise qui eut lieu à l'hôtel Guénégaud.

2. Frères Parfaict, t. XI, p. 205.

THÉATRE GUÉNEGAUD[1].

Le nouveau théâtre était installé dans le *Jeu de Paume de la Bouteille*, situé entre la rue des Fossés-de-Nesle (depuis rue Mazarine), et la rue de Seine, au bout de la rue Guénegaud, sur l'emplacement qu'occupe aujourd'hui le passage du Pont-Neuf[2]. Le rédacteur du *Mercure galant*, qui, après avoir été l'ennemi de Molière, avait fini par obtenir qu'il jouât ses pièces, de Visé, attaché à cette troupe par cette collaboration, lui fit fête dès ses débuts à l'hô-

---

1. Acteurs de l'hôtel Guénegaud, en 1674, d'après Chappuzeau.

MM. De Brie.	MMlles Aubry.
Du Croisy.	De Brie.
D'Auvilliers.	Du Croisy.
D'Estriché*.	D'Auvilliers.
La Grange.	La Grange.
Hubert.	Guyot.
Dupin.	Molière.
La Roque.	L'Oisillon.
Rosimont.	Dupin.
Verneuil.	
Déjart (retraité).	

« C'est Guérin d'Estriché, qui épousa depuis la veuve de Molière. Chappuzeau, toujours aimable, croit sans doute lui faire plaisir en l'anoblissant. Guérin a le bon esprit de prendre sur les registres son nom bourgeois de Guérin.

2. M. Jules Bonnassies place au n° 42 de la rue Mazarine cette salle « dont les murs subsistent, ainsi que des vestiges des loges, de la scène et des magasins, et qui renferment l'atelier d'un gazier. Le n° 44 contenait les loges des acteurs. Il existe encore en entier : on y remarque l'entrée des artistes, à droite, dans le passage. » (*Les anciens bâtiments de la Comédie-Française*, p. 6.)

tel Guénegaud; il dit en annonçant l'ouverture du nouveau théâtre : « La troupe du feu sieur de Molière ayant choisi ce qu'il y avait de bons acteurs dans la troupe du Marais, en a composé une des plus amples et des plus belles. Comme elle est en état de divertir Sa Majesté, le roi l'a honorée du nom de sa troupe. Les nombreuses assemblées qui l'ont honorée depuis qu'elle a remonté sur le théâtre ont avoué hautement qu'on ne peut jouer la comédie avec plus de justesse; *c'est ce qui leur a attiré presque tout ce qu'il y a de bons auteurs, dont on verra cet hiver briller les pièces sur leur théâtre*, que chacun admire pour sa beauté, et sur lequel on peut faire de grandes choses, celui qui l'a fait construire étant non-seulement illustre par la naissance, mais par ses lumières particulières qui font parler de lui par toute la terre[1]. »

Celui dont *toute la terre* parlait est le marquis de Sourdéac; nous ignorons si l'univers s'en occupait alors autant que le prétend le journaliste; mais ce qu'il y a de sûr, c'est qu'il allait beaucoup occuper de lui les tribunaux. C'était un franc original, et Voltaire, qui avait sur son compte la tradition des contemporains, dit qu'il « n'était pas absolument fou, mais que sa raison était très-particulière ». On conçoit du reste que de Visé, qui allait en avoir besoin pour ses pièces à machines, se crût obligé de l'intéresser à ses projets en lui montrant *toute la terre* occupée à le contempler.

Quant à *tout ce qu'il y a de bons auteurs*, lesquels devaient l'hiver suivant faire *briller* leurs œuvres sur

---

1. *Mercure galant*.

cette scène, ils se réduisent à deux, Montfleury et Thomas Corneille, celui-ci bientôt collaborateur habituel de M. de Visé au théâtre et au *Mercure*, et que de Visé traitait d'avance en associé et en ami.

De plus, quoique la troupe soit en état de *divertir Sa Majesté*, et porte à ce titre le nom de Troupe du roi, pendant sept ans qu'elle doit durer encore, on ne voit pas qu'elle ait joui d'une excessive faveur, car elle va trois ou quatre fois en tout à la cour, si je ne me trompe, pendant toute cette période. L'Hôtel de Bourgogne, débarrassé de son rival, peut y régner sans partage, et y représenter les pièces de Molière, sauf une, *le Malade imaginaire*, dont le théâtre Guénegaud conservait le monopole, la pièce n'étant pas encore imprimée; la troupe de Molière la joua une fois à la cour en 1674. La faveur du roi pour Molière ne s'étendit pas, on le voit, à ses fidèles et assez malheureux compagnons.

Ils sont réduits d'abord au répertoire de Molière, que jouent aussi leurs rivaux, malgré la promesse des *bons auteurs* en expectative, qui s'annonçaient eux-mêmes dans *le Mercure*.

Les recettes se soutiennent toutefois assez bien, et offrent une moyenne satisfaisante pour un répertoire qui n'a plus l'intérêt de la nouveauté, mais que l'on apprécie davantage depuis la mort de Molière[1].

---

1. Voici celles du premier mois :

Dimanche 9 juillet 1673 (ouverture), *Tartuffe*. .	744# 15ſ
Mardi 11, *Tartuffe*.	490# 10ſ
Vendredi 14, *Femmes savantes*.	661# 5ſ
Dimanche 16, *Femmes savantes*.	921# 5ſ
Mardi 18, *Femmes savantes*.	472# 15ſ
Vendredi 21, *Avare*.	077# 15ſ

Mais elles ne tardent pas à baisser sensiblement. En somme, pour cette année, jusqu'à la fin de l'année théâtrale (Pâques 1674), la part de chaque acteur ne se monte qu'à 2,510 francs 6 sous [1].

La mauvaise chance se poursuit jusqu'en 1675 : alors enfin on tient un succès, c'est une pièce à machines, *Circé*, due aux « bons auteurs » du *Mercure galant*, MM. de Visé et Thomas Corneille; mais les frais extraordinaires sont considérables. On est obligé de dépenser par jour jusqu'à 100 livres de chandelles, soit 35 francs! L'hôtel Guénegaud va s'attirer du reste quelques sympathies assez honteuses, en opposant aux pièces nouvelles de Racine jouées à l'hôtel de Bourgogne des pièces composées sur les mêmes sujets par ses *rivaux* : avant l'*Hippolyte* de Pradon, on voit paraître d'abord

> Monsieur Leclerc et son ami Coras,
> Deux grands auteurs rimant de compagnie.

Ils lancent leur *Iphigénie*, destinée à faire concurrence à l'*Iphigénie*, de Racine; recettes déplorables! Mais l'*Inconnu*, de Thomas Corneille, relève le théâtre, et alors « la compagnie, désirant se le con-

Dimanche 23, *Avare*.	670 # 10 ſ
Mardi 25, *Avare*.	665 # 15 ſ
Vendredi 28, *Tartuffe*.	520 # 10 ſ
Dimanche 30, *Tartuffe*.	560 # 5 ſ
Août.	
Mardi 1, *Misanthrope*.	293 # 10 ſ
Vendredi 4, *Misanthrope*.	207 #
Dimanche 6, *Misanthrope*.	255 #
Mardi 8, *Femmes savantes*.	202 # 5 ſ
Jeudi 10, *Avare*.	436 # 15 ſ

server comme un auteur de mérite », lui fait remettre 60 louis d'or. Elle le conserve en effet ; ce n'est pas seulement un appui tout-puissant auprès du *Mercure galant*, le seul journal littéraire du temps ; Thomas est un auteur facile, habile à saisir le goût du jour. Il ne compte alors que des succès : *le Triomphe des Dames*, en 1676; en 1677, il met en vers *le Festin de pierre* de Molière, et en le gâtant le rend digne de paraître enfin sur la scène sans offenser les dévots[1]. Mais la représentation en est ajournée par *la Phèdre*, de Pradon, jouée d'abord

---

1. « Ce jour d'hui lundi 8 mars 1677, la troupe s'est assemblée à la chambrée commune dans la résolution de payer le *Festin de pierre* qu'elle a acheté de la veuve du sieur P. de Molière et du sieur de Corneille qui l'a mis en vers; cet achat fait moyennant deux cents louis d'or; à cause que ce dit *Festin de pierre* n'a pu être représenté que le 12 février de la dite année, quoiqu'il le dût être six semaines entières auparavant; ce que la troupe a trouvé avantageux à l'occasion de la concurrence des deux *Phèdres*, et d'autant qu'il n'a été payé sur les représentations du dit *Festin de pierre* que neuf cent douze livres douze sous, ainsi qu'il se voit par le registre; la troupe a délibéré de payer, des deniers qui sont entre les mains du sieur la Grange à elle appartenant, la somme de douze cent quatre-vingt-sept livres huit sous pour parfaire les dits deux cents louis d'or. Lequel sieur de la Grange a désiré pour sa décharge que la présente délibération fût écrite sur le présent registre. » DE LA GRANGE, D'AUVILLIER, GUÉRIN, ROSIMOND, HUBERT. (*Registres* de la Comédie-Française).

Ainsi le *Festin de pierre* n'avait rapporté à Molière que la haine acharnée des dévots; il n'avait été représenté que quinze fois, et n'avait pas été imprimé : il était resté même si suspect que Chappuzeau dans sa liste des comédies de Molière n'ose même pas le mentionner. Il allait rapporter deux cents louis d'or à celui qui devait changer une bonne prose en vers faibles, et à sa veuve, qui lui donnait cette année même pour successeur l'un des signataires de cette pièce. — Guérin.

avec un certain succès, et bientôt fort critiquée[1]. De Visé n'en est pas moins attentif à faire valoir simultanément : 1° la pièce de Pradon, en tenant dans une sorte de parallèle la balance à peu près égale entre les deux *Phèdres*, tout en confessant, — l'équité l'exige, — que la pièce de M. Pradon ne présente pas la même *horreur* que celle de Racine ; voilà Racine accusé d'horreur, tout comme un dramaturge moderne ; 2° *Le Festin de pierre*, « purgé de ce qui (dans Molière) avait blessé la délicatesse des scrupuleux[2] ; et qui, sans avoir rien perdu des beautés de son original, en a acquis de nouvelles. » La pièce, ainsi purgée et embellie, aurait eu beaucoup de représentations, toujours selon *le Mercure*, si les comédiens, par piété, n'avaient cru devoir fermer leur théâtre à l'occasion du Jubilé. Le succès du *Festin de pierre*, pour être ajourné par la piété des comédiens, n'en fut pas moins durable. C'est sous

---

1. Jouée d'abord vingt fois, du dimanche 3 janvier 1677 au mardi 20 février, elle fait 1,375 francs à la première représentation, et dépasse quatre fois encore 1,000 livres. Interrompue par les six représentations du *Festin de pierre*, de Thomas, le jubilé et les vacances de Pâques, elle est reprise le 4 mai et fait 184 livres ; le 7 mai, 63 # 5 ʃ ; elle est jouée encore plusieurs fois par intervalles, mais sans pouvoir se relever. En somme, les parts de l'auteur n'en montèrent pas moins en tout à près de 2,000 livres, ce qui était fort beau pour le temps. Ce succès, suivi d'une chute si rapide, se reproduisit plus tard pour la *Judith* de Boyer, qui fut aussi d'abord un vrai triomphe.

2. Ce qu'il y a de joli, c'est que, dans sa préface, Thomas se félicite dans les mêmes termes d'avoir « adouci certaines expressions qui avaient blessé les scrupuleux. » S'il s'est déterminé à mettre la pièce en vers, c'est par respect pour « des personnes qui ont tout pouvoir sur lui. » La préface de Thomas et l'éloge de la pièce dans *le Mercure* pourraient bien être de la même main.

cette forme que la pièce a été jouée jusqu'en 1846, époque où la Comédie-Française a enfin substitué la prose mâle et charmante de Molière aux falsifications versifiées de Thomas Corneille. Susciter à Racine des rivalités indignes, et gâter une œuvre de Molière, ce sont là des torts dont les anciens compagnons de Molière auraient pu se dispenser.

Mais enfin ils vont connaître d'heureux jours, grâce surtout à Thomas Corneille et à de Visé, qui leur fournissent des pièces et les font valoir dans leur *Mercure galant*. On nous permettra de dire en passant quelques mots de ce journal qui était, pour une partie du beau monde, l'autorité littéraire du temps, et dont l'histoire à cette date se lie si intimement à celle du théâtre Guénegaud.

Le *Mercure galant* soutient avec zèle la cause de la littérature précieuse et fade en horreur à Molière et à Boileau. Qui donc a dit que *Trissotin* avait plongé dans la douleur et le silence « le pauvre Cotin? » Cotin n'est pas mort; il courtise encore les Muses, et *le Mercure*, après nous avoir régalés d'un sonnet de lui, adressé au roi, nous apprend que l'auteur a été très-bien reçu du roi, quand il eut l'honneur de le lui présenter[1]. Cette feuille, tout insipide qu'elle soit, est très-curieuse, et son appui n'était pas à dédaigner pour les comédiens. Elle savait l'art d'intéresser les badauds : dès juillet 1678, elle a découvert, non pas précisément le serpent de mer, mais un serpent non moins extraordinaire, rencontré près de Montpellier et qui, ouvert, a laissé voir trois œufs, sur lesquels on lit « six mots monosyllabes

---

1. Juillet 1678, p. 29.

rangés en colonne; ces mots sont : *On, pa, re, — ma, ne, pa* ». *On travaille à les expliquer*, dit gravement de Visé. Vous jugez bien que le public piqué de curiosité ne manquera pas de s'arracher le volume suivant, pour savoir l'explication. Mais où de Visé triomphe et où il devance déjà tous les procédés modernes, c'est dans l'art de préparer et de soutenir le succès des pièces qu'il donne en collaboration avec Thomas Corneille à l'hôtel Guénegaud. C'est surtout pour *la Devineresse* qu'il déploie une habileté consommée. Voici en quelques mots l'histoire de cette pièce.

Tout le monde connaît l'affaire de la Voisin. L'affaire de la Brinvilliers (1676) était assez récente pour que, dans un procès de ce genre, l'imagination du public s'empressât de voir des monstruosités et d'abominables crimes là où il n'y avait très-probablement que beaucoup de crédulité d'un côté et de l'escroquerie de l'autre. On sait d'ailleurs que les lois existantes portaient peine de mort contre les devins et sorciers, quand l'impiété et la profanation se mêlaient à leurs supercheries, et, au dire des contemporains, elle s'y mêlait toujours. La Voisin était donc condamnée d'avance; et, en effet, elle fut brûlée vive, le jeudi 22 février 1680. Eût-elle été coupable des forfaits que lui attribuait l'imagination populaire, il ne semblait pas qu'il y eût là le sujet possible d'une farce destinée à égayer le public, ni l'occasion d'un succès lucratif pour des écrivains qui se fussent respectés.

C'est pourtant l'à-propos que saisirent et exploitèrent les deux auteurs du *Mercure galant*, Thomas Corneille et de Visé. Ils se hâtèrent de bâcler une pièce en cinq actes sur ce scandale, et *le Mercure*, un mois avant la première représentation, annonça la prochaine apparition de *la Devineresse*, sur la scène de l'hôtel de Guénegaud. « On l'attend avec d'autant plus d'impatience, disait-il, que ce titre excite la curiosité de tout le monde, *et que le Théâtre-Français imite parfaitement la nature*[1]. »

Manière fine et adroite d'indiquer le sujet de la pièce en éveillant la curiosité. Le titre seul aurait suffi d'ailleurs pour révéler l'allusion.

Trois mois donc avant l'exécution de la Voisin, le dimanche 19 novembre, la pièce parut sur la scène que Molière avait illustrée.

On n'avait rien négligé pour le succès, ni le choix d'un jour destiné à l'affluence populaire, ni les réclames alléchantes, ni les allusions, par exemple une allusion très-sensible à ce mot historique et connu des contemporains : « Plus je frotte, moins ça pousse. » (Il s'agissait d'une drogue destinée à procurer aux dames le genre d'embonpoint qui leur manquait.)

La pièce était assez amusante, et le rôle de la devineresse, Mme Jobin, ne présentait guère que le côté plaisant de l'affaire, les mystifications de ses dupes et ses propres escroqueries. Ce fut un succès fou. Elle eut quarante-sept représentations de suite, et rapporta aux deux auteurs près de 6,000 livres; jamais aucun chef-d'œuvre de Corneille, de Racine et de Molière n'avait valu à leurs auteurs la moitié même de ce bénéfice odieux.

On aime à penser que Thomas Corneille dut au

---

[1]. Octobre 1679.

moins ressentir quelque honte en songeant à ce qu'avaient rapporté à son glorieux frère *le Cid* et *Polyeucte*.

Mais ce qu'il est bon de remarquer, c'est le zèle ardent que déploie le *Mercure galant* pour chauffer et entretenir à une température convenable le succès de ses deux rédacteurs. D'abord éloge de la pièce, quand elle vient d'être jouée; — puis, le mois suivant, considérations morales sur l'utilité de la pièce « qui détrompe les personnes simples et capables de se laisser prendre aux fourberies des prétendus devins. » Ce manége continue jusqu'à la fin. — Nouvelle réclame quand le libraire du *Mercure* va publier la pièce imprimée. On s'arrête enfin à Pâques; le succès de ce chef-d'œuvre n'est pourtant pas épuisé, car la pièce sera encore reprise souvent.

La Devineresse ne disparut pas de la scène avec les circonstances qui l'avaient fait composer; elle se soutint longtemps au théâtre, et nous la voyons représentée encore au siècle suivant. Elle créa même un précédent : lorsque, en 1721, Cartouche fut arrêté, le comédien-auteur Legrand se hâta d'exploiter aussi cet à-propos et fit une pièce dont Cartouche était le héros: elle était destinée au Théâtre-Français. Mais les idées d'humanité commençaient à prendre faveur, et le gouvernement hésitait à permettre la représentation. Il ne se décida à cette tolérance que quand on lui eut rappelé que, sous le grand roi, on avait pu mettre sur le théâtre *la Voisin*, comme avant-goût du spectacle plus émouvant qu'elle promettait aux amateurs de la Grève[1].

1. Voir le journal de Mathieu Marais à cette date.

On a beaucoup gémi sur les scandales du théâtre moderne; je n'en connais aucun cependant qui soit comparable à celui-là. Il serait sans doute aisé de trouver de notre temps des gens capables d'exploiter l'à-propos des procès scandaleux et aussi la curiosité crédule et malsaine d'une certaine portion du public. Mais au moins n'est-ce pas au théâtre que cette industrie s'exerce et surtout au Théâtre-Français.

Une bonne fortune, plus honorable, était échue depuis une année au théâtre Guénegaud : Mlle de Champmeslé, quittant l'hôtel de Bourgogne, y était entrée à Pâques 1679, apportant avec elle le répertoire de Racine. Il ne faudrait pas croire toutefois que le succès de la grande actrice approchât, même de loin, de ceux des actrices modernes qu'on a pu lui comparer. Les recettes sont médiocres : dans la nouveauté même de son succès à l'hôtel Guénegaud, le maximum des recettes, pour chacun des chefs-d'œuvre de Racine, est :

    Pour *Andromaque*. . . . 914 liv. 5 s.
    Pour *Bérénice*. 464   15
    Pour *Bajazet*. 414   10
    Pour *Phèdre*. 574   15

Et les recettes descendent souvent plus bas que ces divers chiffres, bien avant l'écrasante concurrence de *la Devineresse*.

Ces prospérités tardives et plus ou moins respectables de l'hôtel Guénegaud étaient du reste compensées pendant cette période par des procès, d'abord avec MM. de Sourdéac et Champeron, qui devaient toucher une part chacun dans les bénéfices, et se prétendirent lésés. Vérification faite, il se trouva au contraire qu'ils avaient touché de trop 746 livres, et ils furent condamnés à les restituer. Cette série de procès avec ces messieurs, commencée en 1674, ne se termina enfin qu'en 1681, par un dernier arrêt en faveur des comédiens. — Autre procès contre les comédiens italiens, qui exploitaient aussi le théâtre Guénegaud, « au sujet, dit le registre, des machines qu'ils voulaient faire dans notre théâtre ». Le procès avec les Italiens se termina plus promptement que celui du Normand Sourdéac, par une transaction entre les parties, deux mois après le commencement de la querelle.

Mais un grand événement se prépare : c'est la jonction des deux troupes, de l'hôtel de Bourgogne et du théâtre Guénegaud; elle s'accomplit en août 1680 : « L'intention de Sa Majesté étant qu'il n'y eût plus dorénavant à Paris que cette seule compagnie, tant pour servir près de sa personne et à la cour, que pour le divertissement du public; aujourd'hui la jonction des deux troupes est faite, et messieurs de l'hôtel de Bourgogne ont représenté avec nous, dimanche 25 août, *Phèdre* et les *Carrosses d'Orléans* (recette 1,424 * 5 *s*). Les comédiens italiens, qui représentaient alternativement sur notre théâtre, sont allés à l'hôtel de Bourgogne par le même ordre du roi qui a fait ladite jonction, à la charge que nous leur payerons par chacun an 800 livres. Ainsi notre compagnie représentera dorénavant la comédie tous les jours sans interruption[1]. »

1. Registres de la Comédie-Française.

A ces détails la Grange ajoute celui-ci sur son registre : « MM. de Corneille, Racine et Quinault ont disposé leurs pièces de théâtre afin que les acteurs et actrices n'eussent point de disputes pour les rôles [1]. »

Ainsi les comédiens italiens sont désormais à l'hôtel de Bourgogne, et, sauf une interruption à la fin du règne de Louis XIV, ils y resteront pendant le XVIIIe siècle. Les comédiens français, ne formant plus qu'une seule troupe privilégiée et ayant seule le droit de jouer à Paris les pièces françaises, sont installés à l'hôtel Guénegaud.

CHAPITRE IV.

LA COMÉDIE-FRANÇAISE.

La rivalité des trois troupes françaises entre 1658 et 1673, puis à dater de la mort de Molière, celle des deux qui restaient séparées, avait entretenu une émulation féconde entre les auteurs et les comédiens ; mais il est certain qu'en les réunissant, on obtenait un ensemble incomparable de talents divers et déjà formés. La même chose est arrivée en 1799, lorsque le Directoire, rétablissant le Théâtre-Français, et réunissant les troupes qui jouaient le

---

[1]. Le passage de Mme de Champmeslé à la troupe rivale aurait été la cause déterminante de la jonction des deux troupes : « Cette réunion fut faite à l'occasion de Mme de Champmeslé et de son mari, qui, en se retirant à l'hôtel de Guénegaud, mirent les comédiens de l'hôtel de Bourgogne hors d'état de jouer le tragique. » *Théâtre de Montfleury*, éd. de 1739, *Avertissement*, p. 46.

répertoire classique sur divers théâtres, en forma cette troupe splendide, qui put soutenir de ses talents la tragédie impériale elle-même, celle des Baour et des Luce de Lancival, et lui communiquer une vie factice et passagère. Malheureusement aux deux époques, les œuvres élevées, les talents sérieux manquèrent également aux comédiens qui pouvaient les faire valoir; il n'est pas bien sûr que Luce de Lancival ait été fort inférieur à Campistron.

Le *Mercure galant* se hâte, comme de raison, d'approuver la réunion[1] et d'en faire profiter un de ses rédacteurs, en invitant la comédie à reprendre l'*Inconnu* (de Thomas Corneille). « Il y a sujet de croire qu'elle fera paraître cette galante comédie avec tous ses agréments. »

Mais la comédie n'est pas encore au bout de ses tribulations; elle va bientôt être obligée de quitter le théâtre Guénegaud, et, avant de s'installer défi-

---

1. État de la troupe en 1680 :

MM. Champmeslé,	Mlles Champmeslé,
Baron,	Beauval,
Poisson,	Guérin (veuve Molière),
Dauvilliers,	Bélonde,
La Grange,	De Brie,
Hubert,	Dennebaut,
La Tuillerie,	Dupin,
Rosimont,	Guyot,
Hauteroche,	Du Croisy,
Guérin,	Raisin,
Du Croisy,	La Grange,
Raisin,	Baron.
Devilliers,	
Verneuil,	
Beauval.	

nitivement dans la rue qui prendra d'elle ce nom, rue de l'*Ancienne-Comédie*, elle subira bien des tracasseries diverses que nous racontons plus loin [1]. Cependant elle finira par se fixer enfin dans le local où, au siècle suivant, seront représentées les pièces de Voltaire.

Rue des Fossés-Saint-Germain-des-Prés, elle est désormais chez elle [2]. Les dépenses de toute sorte que les comédiens ont été obligés de faire se montent à près de 200,000 fr.; ils se trouvent endettés pour longtemps, mais ils sont propriétaires de leur salle, et c'est là qu'ils resteront encore pendant près d'un siècle.

L'ouverture de la nouvelle salle se fit le 18 avril 1689, par *Phèdre* et le *Médecin malgré lui* [3].

Le théâtre prospère; les représentations sont suivies; elles se composent surtout de l'ancien répertoire, celui de Corneille, de Racine et de Molière, sans cesse redemandé. En dehors des tragédies des Campistron, Boyer, La Grange-Chancel et autres, ils ont les comédies plus attrayantes de Dancourt, Regnard, Dufresny, Le Sage; ce ne sont pas des modèles de morale, mais elles ont souvent, avec beaucoup d'esprit, le mérite de l'à-propos, et les recettes se soutiennent longtemps à un taux assez élevé.

Mais bientôt les temps deviennent sombres. La

1. Livre IV, chap. II.
2. « Ils occupaient le n° 14 de la rue des Fossés-Saint-Germain-des-Prés (de l'Ancienne-Comédie) et les n°° 17 et 19 (moins les deux corps de logis en façade) de la rue des Mauvais-Garçons. » JULES BONNASSIES, p. 8.
3. Recette de la représentation d'ouverture : 1,870 livres.

comédie s'en ressent : elle est souvent délaissée, et les deuils de cour, survenant coup sur coup, lui imposent des relâches répétés. Voici les notes qui se succèdent sans interruption en 1712, à partir du 12 février :

« On a cessé les représentations de la comédie le samedi 13 février 1712 à cause de la mort de Madame la Dauphine[1] arrivée à Versailles le vendredi 12, à huit heures du soir. »

« Les représentations de la comédie continuent d'être interrompues à cause de la mort de Monseigneur le Dauphin arrivé le jeudi 18 février à Marly, sur les huit heures du soir. »

« Le jeune Dauphin, fils du dernier mort, mourut à Versailles le mardi 8 mars 1712, sur les dix heures du soir. »

Quel défilé lugubre, et qui le paraît encore plus par ce contraste avec les fêtes du théâtre! Et comme l'on comprend bien les soupçons sinistres que suggérait cette succession rapide de morts!

Le spectacle est interrompu jusqu'au 5 avril. Encore faut-il faire relâche pour les services à Saint-Denis et à Notre-Dame.

Enfin la paix est conclue : la misère ne diminue point, mais la gaieté et l'espérance reviennent; le besoin de se distraire amène au théâtre une affluence depuis longtemps inconnue; pendant l'été même de 1715, les pièces les plus usées du répertoire font

---

1. Il s'agit du duc et de la duchesse de Bourgogne. Le Grand Dauphin était mort l'année précédente et avait amené un relâche d'un mois. « On a cessé les représentations de la comédie, le mercredi 15e avril, à cause de la mort de Monseigneur arrivée le 4e à onze heures et demie du soir. » Réouverture le 13 mai.

des recettes fort élevées, jusqu'au lendemain du 28 août... Ce jour-là on avait joué le *Festin de pierre,* et cette petite pièce du *Cocu imaginaire* que Louis XIV avait tant de fois fait représenter devant lui; nous trouvons ici cette note sur le registre officiel :

« Aujourd'hui, jeudi 29 août 1715, on a cessé les représentations de la comédie par ordre de Monseigneur le comte de Pontchartrain... »

Et d'une autre main :

« ... Au sujet de la mort du roi, et l'on a été un mois entre (*sic*) et trois jours sans jouer la comédie. »

On ne la joue plus en effet d'aucune façon, la comédie! car c'est sec, sans aucun des détails précis et attendris, d'usage invariable en pareil cas. On retrouve ici le sentiment général qui se manifesta partout ailleurs, sentiment de soulagement, de délivrance et d'espoir.

La note suivante complète le symptôme :

« 24 octobre 1715 : on donna relâche hier, à cause de l'oraison funèbre de Louis quatorze à Saint-Denis. »

Louis quatorze!... Ce n'est donc plus déjà Louis le Grand?

Il me semble que cette note dans sa sécheresse est tout aussi significative en son genre que le fameux début de l'oraison funèbre de *Louis le Grand,* et dont les premiers mots étaient un démenti au titre même : « Dieu seul est grand, mes frères... »

Pour la comédie aussi, c'était déjà Louis XIV, tout simplement : un numéro d'ordre, et rien de plus.

La note du registre de la Grange sur la mort de

Molière avait été plus tendre : on ne l'enterrait pas, celui-là, à Saint-Denis ; on lui accordait à grand'-peine *un peu de terre*; mais il s'était fait aimer, et on le pleurait.

CHAPITRE V.

COMÉDIE ITALIENNE.

Après avoir poussé l'historique du Théâtre-Français jusqu'à la mort de Louis XIV, nous revenons sur nos pas pour esquisser l'histoire d'un théâtre qui, par sa constitution régulière aussi bien que par l'accueil qu'il reçut à la cour, avait devancé, même en France, le Théâtre-Français.

On sait la faveur dont la comédie italienne avait joui sous les Valois et sous Henri IV. C'était à Catherine de Médicis que les bouffons ultramontains devaient surtout leur introduction en France ; elle prenait grand plaisir aux farces « des Zani et des Pantalons, et y riait son soûl, car elle riait volontiers, et aussi de son naturel elle était joviale et aimait à dire le mot ».

Brantôme fait bien de nous l'apprendre ; car ce n'est pas sous cet aspect *jovial* que le principal auteur de la Saint-Barthélemy se présente d'ordinaire à la postérité.

Formée longtemps avant la nôtre, la comédie italienne lui avait servi de modèle ; les pièces de Larrivey ne sont que des traductions abrégées de l'italien, et pendant toute la première moitié du xviie siècle, la comédie française n'est presque toujours qu'une imitation des pièces italiennes et espagnoles. Différentes troupes venues d'Italie s'installent à Paris ou parcourent nos provinces. Sous Henri III, on en trouve une au Petit-Bourbon, « qui prenait de salaire 4 sous par tête de tous les Français qui les voulaient aller voir jouer, où il y avait tel concours et affluence du peuple que les quatre meilleurs prédicateurs de Paris n'en avaient pas ensemble autant quand ils prêchaient [1] ». Plus tard nous les voyons, sous Henri IV, alterner avec les comédiens de l'hôtel de Bourgogne. Il paraît même que ce roi, qui n'était pourtant pas d'humeur très-donnante, leur faisait une pension de 1,200 livres [2]. Un peu effacés sous Richelieu, dont les prédilections étaient pour le Théâtre-Français, illustré alors par Corneille et ses contemporains,

1. *L'Étoile*, 19 juin 1577. Il y a dans *le Baron de Fœneste*, de d'Aubigné, un passage qui me semble indiquer que des comédiens italiens avaient joué à Paris à la porte Saint-Jacques, dans un jeu de paume, à l'entrée du fossé de l'Estrapade où jouaient aussi des farceurs français (Voir le *Mercure* d'octobre 1736, dans un des articles attribués à Mlle du Croisy, veuve de Paul Poisson) : « Il me souvient, dit le Gascon dans son jargon, un jour au jude paume Saint-Jacques, à des comédiens qui jouoient, ye me mis à interpréter l'italien à un varbe rase qui s'appeloit Scaliger. » *Livre II*, ch. 1er.

2. C'est ce qu'atteste une lettre insérée dans les *Économies de Sully*, et ce que confirme Tallemant : « Arlequin et sa troupe vinrent à Paris, et quand il alla saluer le roi, il prit si bien son temps, car il était fort dispos, que Sa Majesté s'étant levée de son siége, il s'en empara, et comme si le roi eût été Arlequin : « Eh « bien, Arlequin, lui dit-il, vous êtes venu ici avec votre troupe « pour me divertir; j'en suis bien aise : je vous promets de vous « protéger et de vous donner tant de pension. » Le roi ne l'osa dédire de rien, mais il lui dit : « Hola! il y a assez longtemps que « vous faites mon personnage; laissez-le-moi faire à cette heure. » *Historiette d'Henri IV*.)

ils n'en jouent pas moins à la cour comme à la ville. Sous Mazarin, en 1645, une troupe italienne, « entretenue par Sa Majesté », représente au Petit-Bourbon. Ils ont des comédiens déjà célèbres, Scaramouche, Trivelin et autres. Depuis longtemps d'ailleurs, au lieu des troupes de hasard, telles qu'étaient celles des comédiens français, ils formaient des troupes régulières, et, sur un point surtout, avaient devancé les Français : ceux-ci longtemps avaient fait jouer par de jeunes hommes les rôles de femmes, et il en resta quelque chose, même sous Louis XIV : les rôles de vieilles femmes dans Molière, ceux de Mme Pernelle, de Bélise, etc., furent tenus avec succès par son camarade Hubert[1]. Or, dès le milieu du xvie siècle, les comédiens italiens avaient des actrices pour les rôles de femmes. Du reste, la supériorité de l'Italie à cet égard, son antériorité au moins se manifeste en tout ce qui concerne le théâtre. Ce n'est point seulement la comédie, ce sont aussi les ballets, si fort en honneur sous les Valois, sous Henri IV et sous Louis XIII, ce sont aussi des essais d'opéra sous Mazarin, qui sont autant d'emprunts faits à l'Italie. L'influence de l'Italie sur notre théâtre, la part qu'elle a eue surtout dans les divertissements de la cour, mériterait une étude spéciale. A l'époque où commence notre travail, nous les trouvons possesseurs en titre du théâtre du Petit-Bourbon, que, sur l'ordre du roi, ils partagent avec Molière et sa troupe; ils jouent trois fois par semaine pour le public; ils sont man-

---

1. Ce fut lui aussi qui créa avec un grand succès le rôle de Mme Jobin, la Devineresse, dans la pièce de ce nom.

dés à la cour à peu près aussi souvent que les comédiens français. Quand le roi donne à Molière le théâtre du Palais-Royal, ils s'y installent avec la troupe de Monsieur [1]. Les deux troupes paraissent avoir vécu en bonne intelligence sous le même toit; aussi les ennemis que Molière obtint dès ses débuts ne manquent-ils pas de prétendre qu'il copie les Italiens et comme auteur et comme comédien. Ces deux assertions ne sont pas beaucoup plus aisées à contrôler l'une que l'autre. Les traditions relatives

---

1. Loret, qui gardera longtemps le silence sur les débuts de Molière, en 1658, dans cette salle, écrit sur une des représentations des Italiens, cette même année (à la date du 23 mars), un feuilleton fort long et assez curieux, dont voici quelques passages :

> Ceux qui font grand cas des spectacles
> Qui pourraient passer pour miracles,
> Il faut qu'ils aillent tout de bon
> En l'hôtel du Petit-Bourbon,
> Où, selon l'opinion mienne,
> La grande troupe italienne
> Du seigneur Torel assistés,
> Font voir de telles raretés
> Par le moyen de la machine,
> Que de Paris jusqu'à la Chine
> On ne peut rien voir, maintenant,
> Si pompeux ni si surprenant.
> Des ballets au nombre de quatre,
> Douze changements de théâtre,
> Des hydres, dragons et démons,
> Des mers, des forêts et des monts,
> Des décorations brillantes,
> Des musiques plus que charmantes,
> De superbes habillements...
> La grâce et les traits enchanteurs
> Des actrices et des acteurs,
> Flattant les yeux et les oreilles,
> Ne font que le quart des merveilles
> (Et j'en jure, foi de mortel)
> Que l'on voit au susdit hôtel.

Le roi, ajoute Loret, et toute la cour y ont été et en ont paru ravis.

au jeu des acteurs, et surtout d'un acteur aussi fantasque que l'était Scaramouche, ne sauraient nous apprendre rien de précis, et justifier ou démentir ceux qui veulent que Molière lui ait dû beaucoup. Il est toutefois difficile de croire que dans les grands rôles de ses pièces l'auteur du *Misanthrope* ait pu avoir quelque chose à emprunter pour son jeu aux personnages de convention qui reparaissent invariablement dans la comédie italienne. Quant à l'imitation littéraire, si elle est sensible dans quelques-unes de ses premières pièces, où il imite des pièces italiennes imprimées depuis longtemps, il est plus tard aussi impossible de constater que de nier la plupart de ces prétendus emprunts. En effet les Italiens, sous Louis XIV, ne jouent plus que la comédie improvisée sur un canevas convenu et réglé d'avance; et comme ceux de ces canevas qui nous restent, et où l'on peut trouver quelque analogie avec certains traits des comédies de Molière, sont très-postérieurs à la mort du grand poëte, il est impossible de décider si, lors même que le fond appartiendrait aux Italiens, ils n'en ont pas singulièrement modifié les détails et même le caractère, à mesure qu'ils les jouaient auprès de lui et après lui. Encore ne possédons-nous qu'une partie de ces canevas, c'est-à-dire l'ébauche du rôle principal, celui de l'arlequin Dominique; nous n'en avons même que la traduction[1]. Ce qu'il ne faut pas oublier,

1. Elle existe à la Bibliothèque nationale en manuscrit; c'est une traduction faite par Gueulette de la partie de ces canevas, qui formait le rôle de Dominique, et que celui-ci avait rédigée comme un simple memento à son usage. On y trouve des idées assez heureuses, et nous en avons cité quelque chose dans le

c'est que la comédie italienne, à Paris au moins, n'a jamais pu être imprimée, parce qu'elle n'a jamais été écrite. N'oublions pas ce que nous dit Ghérardi, l'un de ces comédiens : « Les comédiens italiens n'apprennent rien par cœur, et il leur suffit pour jouer une comédie d'en avoir vu le sujet un moment avant que d'aller sur le théâtre. Aussi la plus grande beauté de leurs pièces est inséparable de l'action. Le succès de leurs comédies dépend absolument des acteurs, qui leur donnent plus ou moins d'agréments, selon qu'ils ont plus ou moins d'esprit, et selon la situation bonne ou mauvaise où ils se trouvent en jouant... Qui dit bon comédien italien, dit un homme qui a du fonds, qui joue plus d'imagination que de mémoire, qui compose en jouant tout ce qu'il dit, qui sait seconder celui avec qui il se trouve sur le théâtre, c'est-à-dire qui marie si bien ses actions et ses paroles avec celles de son camarade, qu'il sait entrer sur-le-champ dans tout ce jeu et dans tous les mouvements que l'autre lui demande[1]. »

---

tome Ier de l'édition de Molière. Mais il est impossible de rien en conclure au sujet des imitations faites par ce dernier. Ce qui suffirait pour prouver tout au moins des retouches postérieures à la mort de Molière, c'est que dans le canevas du *Medico volante* on trouve deux vers de l'*Atys* de Quinault, cités en parodie :

> L'eau qui tombe goutte à goutte
> Perce le plus dur rocher.

Or *Atys* n'a été représenté qu'en 1676, trois ans après la mort de Molière.

1. *Le Théâtre italien, Bruxelles, 1695, Préface*. Dans la pièce du théâtre italien, de Regnard et Dufresny, les *Chinois*, Colombine dit : « Pour donner à l'univers un comédien italien, il faut que la

On peut se demander ce que deviennent les questions de propriété littéraire, d'imitation, de plagiats, quand il s'agit de pièces ainsi improvisées. Il faut ajouter en outre que la comédie italienne ne ressemblait guère à celle qui allait prévaloir en France, puisque tous les personnages y étaient de convention, des types invariables et qui reparaissaient dans toutes les pièces [1].

Cela ne veut pas dire que Molière ne sut pas rendre

nature fasse des efforts extraordinaires... Mais pour des comédiens français, la nature les fait en dormant : elle les forme de la même pâte dont elle fait les perroquets, qui ne disent que ce qu'on leur apprend par cœur; au lieu qu'un Italien tire tout de son propre fond, n'emprunte l'esprit de personne pour parler, semblable à ces rossignols éloquents qui varient leur ramage selon leurs différents caprices. » Acte IV, scène dernière.

1. Le personnel d'une troupe italienne, selon Angelo Constantini (*Vie de Scaramouche*, p. 171), suffirait pour prouver combien on s'écartait peu des types convenus :

« Pour jouer une comédie italienne, il faut que la troupe soit composée :

« De deux amoureux;

« De trois femmes : savoir deux pour le sérieux, et l'autre pour le comique;

« D'un *Scaramouche*, Napolitain ;

« D'un *Pantalon*, Vénitien;

« D'un *Docteur*, Bolonais ;

« D'un *Mezzetin* et d'un *Arlequin*, tous deux Lombards.

« C'est pourquoi Sa Majesté donne à cette troupe quinze mille livres de pension annuelle, afin que chaque acteur ait au moins cinq cents écus d'assurés. »

Ces divers emplois semblaient tous indispensables, et Constantini nous raconte que la troupe fut un instant fort embarrassée; le Pantalon avait, à la suite d'une querelle, tiré un coup de pistolet sur le vieil Octave, l'avait manqué, et s'était enfui en Italie, où il se fit prêtre : de sorte que « la troupe demeura un instant sans Pantalon ».

justice aux comédiens italiens, si séduisants, si vrais même, au dire des contemporains, et si variés dans ces types artificiels et toujours les mêmes. Il les appréciait, et, malgré un contact journalier qui eût pu engendrer aisément des dissensions perpétuelles, il paraît avoir vécu avec eux dans de fort bons termes. On a là-dessus le témoignage de Palaprat, qui les avait connus dans sa jeunesse : « Je soupais, dit-il, tous les samedis en très-bonne compagnie chez un peintre italien nommé *Vario,* tant que dura l'hiver de l'année 1671, hiver qui fut plus riant qu'un printemps pour la ville de Paris, parce que le roi l'y passa tout entier.... Vario, venu de Florence à Paris, n'y avait pas plutôt été établi, qu'il était devenu grand ami, cousin, camarade et compère de tous les excellents acteurs de la troupe italienne de ce temps-là : elle jouait au Palais-Royal et avait les jours marqués sur le même théâtre avec la troupe de Molière. Ce grand comédien, et mille fois encore plus grand auteur, vivait d'une étroite familiarité avec les Italiens, parce qu'ils étaient bons acteurs et fort honnêtes gens : il y en avait toujours deux ou trois des meilleurs à nos soupers. Molière en était souvent aussi, mais non pas aussi souvent que nous le souhaitions, et mademoiselle Molière encore moins souvent que lui[1]. »

En 1673, après la mort de Molière, les Italiens, dépossédés comme ses camarades de la salle du Palais-Royal par les intrigues de leur compatriote Lulli, allèrent partager avec eux l'hôtel Guénegaud.

---

1. Œuvres de M. de Palaprat, nouvelle édition, 1712, tome 1ᵉʳ préface.

Il ne semble pas, comme nous l'avons dit, que les deux troupes aient toujours vécu aussi bien ensemble que précédemment. Ils paraissent, en outre, n'avoir pas toujours représenté régulièrement, même les jours qui leur étaient assignés; ils faisaient quelquefois des absences plus ou moins prolongées[1]. On ne peut expliquer que par quelque absence de ce genre les représentations données tous les jours pendant un certain temps, en 1679, par les comédiens français sur le théâtre Guénegaud. Quand enfin la troupe de l'hôtel de Bourgogne, en 1680, eut été réunie à celle du théâtre Guénegaud, les Italiens furent installés à l'hôtel de Bourgogne devenu vacant, et purent y représenter tous les jours. Seulement nous voyons qu'ils faisaient relâche le vendredi, évidemment par un motif de piété[2]. On sait, du reste, que cet usage avait été observé antérieurement par certaines troupes de campagne[3].

Ce qui peut paraître bizarre, c'est que dans les pièces italiennes ils intercalaient des scènes françaises composées (nous dit Ghérardi, qui les a

---

1. Cela leur arrivait même antérieurement. Loret annonce, en janvier 1661, que les Italiens ne reviendront qu'en avril ou en mai. — Au temps de Molière même, on peut constater leurs fréquentes absences.

2. Frères PARFAICT, *Hist. du théâtre italien*, p. 82.

3. Voir la suite du *Roman comique*, par OFFRAY, éd. Jannet t. II, chap. VII, p. 180, publiée pour la première fois en 1660. — On voit toutefois qu'en 1692 les Italiens ne jouaient pas non plus le mardi. Mezzetin, personnification du parterre, dans la pièce des *Chinois*, dit : « Les Italiens me donnent le mardi et le vendredi pour me reposer ; mais chez les Français, je n'ai pas un jour pour reprendre mon haleine. »

publiées) par « plusieurs personnes d'esprit et de mérite », et jouées par les mêmes acteurs qui parlaient italien dans le reste de la pièce. On en trouve où l'un des deux personnages parle français et l'autre répond en italien ; d'autres où la même phrase est moitié italienne, moitié française. Il y en a enfin un assez bon nombre d'autres toutes françaises, et quelques-unes sont de Palaprat, de Regnard et de Dufresny. C'était là une concurrence véritable opposée au Théâtre-Français, un oubli des priviléges de celui-ci. On a raconté comment cette tolérance fut surprise à Louis XIV : les Comédiens français avaient réclamé auprès de lui; et Baron pour eux, Dominique pour les Italiens, s'étaient chargés de plaider la cause de leurs camarades. Après que Baron eut exposé ses raisons, Dominique, s'adressant au roi, lui dit avant de commencer : « En quelle langue Votre Majesté veut-elle que je parle? — Eh! parle comme tu voudras, lui dit le roi. — J'ai gagné mon procès, répliqua Dominique, nous ne demandons pas autre chose. » Le roi rit et déclara qu'il ne s'en dédirait pas.

Les pièces de ce genre, publiées par Ghérardi, sont toutes de l'époque où les Italiens jouaient à l'hôtel de Bourgogne. Mais il est à croire que, bien antérieurement, ils avaient déjà joué des pièces françaises. Nous ne parlons pas de la pièce des *Précieuses*, de l'abbé de Pure, qui a précédé celle de Molière, et que Somaize accuse celui-ci d'avoir copiée [1]. Il paraît bien qu'elle était en ita-

---

1. Somaize, préface des *Véritables précieuses*. On ne sait, du reste, si la pièce de l'abbé de Pure était autre chose qu'un véri-

lien. Mais Racine, dans la préface des *Plaideurs*, dit qu'il avait d'abord destiné sa comédie aux Italiens : en supposant même que ceci ne soit pas dit bien sérieusement, n'en doit-on pas conclure que les Italiens pouvaient dès lors jouer des pièces françaises? Ils semblent de même avoir, sans être inquiétés, empiété sur les priviléges de l'Opéra. Les pièces imprimées, mêlées de couplets, sont de véritables vaudevilles, ou plutôt des opéras-comiques, dont Cambert même, le rival de Lulli, ne dédaigna pas de faire parfois la musique. C'est de là que datent ces deux genres, qui ont depuis enfanté tant de nouveaux théâtres. Le vaudeville et l'opéra-comique ont pour fondateur le grand siècle en personne. Si c'est une décadence, elle vient de là. Ajoutons à cette double création qui appartient aux Italiens, celle d'un assez triste genre, la *parodie*, par exemple celle de la *Bérénice*, de Racine[1].

table canevas. Il est au moins certain qu'elle n'a pas été imprimée; car les ennemis de Molière n'eussent pas manqué de la citer, s'ils l'avaient pu. Ce qui n'empêche pas Aimé Martin de parler de la pièce « qui n'a aucun rapport avec celle de Molière » comme s'il l'avait vue; mais il avait vu bien d'autres choses. — Sur cette période, on peut lire l'intéressant travail de M. Louis Moland, *Molière et la Comédie italienne*, Paris, Didier, 1867. Il abonde en renseignements curieux.

1. M. Paul Mesnard, dans son excellente édition de Racine, t. I, p. 246, dit que cette parodie ne fut représentée que le 11 octobre 1683, et ne pense pas, contrairement à ce qu'affirme Louis Racine, que son père ait pu y assister et s'en affliger. En effet il y avait treize ans que sa *Bérénice* avait été jouée. Mais est-il bien sûr que cette parodie n'ait pas été jouée antérieurement? On ne conçoit pas trop quel à-propos pouvait avoir cette courte

Dans ces diverses pièces, les couplets comme le dialogue ne sont pas toujours d'un goût bien délicat ; il y a des scènes assez amusantes, des allusions sensibles à des événements du jour[1], des épigrammes contre les juges, la police, les traitants, le Théâtre-Français, l'Académie, sans compter les plaisanteries consacrées sur les médecins, apothicaires, procureurs, sur les femmes et les maris ; il semble que tout l'art de l'acteur soit de ramener le plus adroitement possible ces facéties passablement usées, même alors, et aussi les coups de pied et de bâton,

parodie en 1683. Cette année-là, *Bérénice* ne fut jouée que deux fois au Théâtre-Français. Il est donc présumable que c'était une reprise à laquelle une malveillance, toujours active contre Racine, aura sans doute contribué. Ce qui semble certain, c'est que cette parodie avait dû au moins être composée, sinon représentée, au temps des deux *Bérénice* de Corneille et de Racine. Arlequin, après avoir fait ronfler quelques vers emphatiques, dit aux auditeurs :

> Ce début n'est pas mal, Chimène, et sur ce ton,
> Je m'en vais effacer Floridor et Baron.

Or, la gazette de Robinet nous l'atteste, Floridor jouait, en 1670, dans la *Bérénice* de Racine, et Baron dans celle de Corneille. Floridor mourut en 1672. Quel sens ce vers aurait-il eu pour les spectateurs de 1683 ?

1. Par exemple, on met en scène, et une note prévient de l'allusion, une anecdote du temps relative à deux dames qui, se rencontrant en carrosse dans une rue étroite, s'obstinèrent à rester en place, jusqu'à ce que le commissaire appelé eût décidé la question litigieuse en les faisant reculer toutes les deux. Ailleurs on trouve, dans une comédie de Regnard et Dufresny, ce mot dit à un traitant : « Vous êtes sous-fermier, Monsieur, et vous pleurez ! » Le mot si connu de Marie Mancini à Louis XIV, que Racine avait illustré encore en le plaçant dans *Bérénice* : « Vous êtes roi, Sire, et vous pleurez ! » n'a-t-il pas dû venir à l'esprit de plus d'un auditeur ?

qui étaient, à ce qu'il paraît, un moyen comique d'un effet irrésistible; le tout mêlé parfois à des allégories insipides ou à une mythologie burlesque, dans le goût du jour. Quant aux situations scabreuses ou aux quolibets égrillards, ils abondent; et cette licence eût suffi pour servir de prétexte à la suppression du théâtre italien, bien qu'il soit certain qu'elle eût d'autres causes.

La façon discrète et mystérieuse dont en parlent les contemporains suffirait pour indiquer que le motif était grave et de ceux qu'on n'aime pas trop à confesser : « Quelques paroles trop libres qui échappaient de temps en temps aux comédiens italiens et quelques licences qu'ils se donnaient dans leurs représentations, *dont les personnes délicates étaient alarmées, faisaient crier contre eux le public et les ont fait chasser sans ressource*[1]. » Ainsi s'exprime le délicat abbé de Bellegarde. On voit qu'il voudrait bien attribuer cette expulsion aux susceptibilités d'un *public* que les pièces françaises du même temps ne nous montrent pas si chatouilleux à l'égard de la morale. Germain Brice, moins complaisant, plusieurs années après, il est vrai, pousse la hardiesse jusqu'à dire que : « le lieutenant de police, par un ordre exprès de la cour, leur a fait défense de jouer et de donner aucune représentation... *pour des raisons dont on n'a pas daigné informer le public*[2]. » Au moins ose-t-il avouer que *le public*, qui était censé, selon Bellegarde, avoir exigé leur expulsion, devait

---

1. *Lettres curieuses de littérature et de morale*, par l'ABBÉ DE BELLEGARDE, 1702, p. 382.
2. *Description de la ville de Paris*, 1713, t. I, p. 317.

au contraire faire semblant d'en ignorer les motifs. On sait d'ailleurs qu'avant d'être expulsés, ils avaient déjà éveillé contre eux les défiances et provoqué des sévérités. En 1689, Bartolomeo Ranieri (Aurelio, de son nom de théâtre), qui jouait depuis quatre ans les amoureux au Théâtre-Italien, avait été chassé par ordre de la cour.

On ne voit pas dans les contemporains les motifs de cette brusque disgrâce, et c'est tout au plus si bien longtemps après, les frères Parfaict dans leur *Histoire du Théâtre-Italien*, osent les indiquer d'une façon vague : « Il serait resté au théâtre, s'il avait su ménager ses termes au sujet des affaires du temps. La cour, *informée de son impudence*, lui ordonna de retourner en Italie. »

En quoi consistait cette impudence? A ce moment la cour de France était au fort de ses démêlés avec le pape, et les comédiens ultramontains étaient très-dévots, d'une dévotion tout italienne, il est vrai, mais qui paraît avoir été sincère. Aurelio avait-il pris parti pour le saint-père? c'est ce qui paraît plus que probable, car on lit dans une lettre de Seignelay à la Reynie : « Sa Majesté m'a ordonné de vous écrire de faire observer Aurelio, comédien, afin que, s'il se trouve qu'il parle mal, comme on le dit, sur les affaires de Rome, vous le fassiez arrêter[1]. » Or *parler mal* en ce cas, c'était évidemment parler en faveur du pape. Aurelio, reconnu coupable, fut chassé. Il retourna dans sa patrie, et, « comme il avait fait ses études, il les continua ; sa théologie finie, il fut ordonné prêtre. M. Riccoboni

---

[1]. Depping, *Correspondance administrative*, t. II, p. 579.

le père l'a connu, et même il a entendu plusieurs fois sa messe[1] ».

Quant à la cause de la suppression définitive de la comédie italienne en 1697, elle est trop connue, surtout depuis la publication des *Mémoires* de Saint-Simon, pour qu'il soit nécessaire d'y insister. Ils s'étaient « avisés de jouer une pièce qui s'appelait *la Fausse Prude*, où Mme de Maintenon fut aisément reconnue. Tout le monde y courut; mais après trois ou quatre représentations qu'ils donnèrent de suite parce que le gain les y engagea, ils eurent ordre de fermer leur théâtre et de vider le royaume en un mois. Cela fit grand bruit, et, si ces comédiens y perdirent leur établissement par leur hardiesse et leur folie, celle qui les fit chasser n'y gagna pas par la licence avec laquelle ce ridicule événement donna lieu d'en parler ».

On prit même des précautions extraordinaires pour s'assurer de leurs manuscrits. Le lieutenant de police d'Argenson, accompagné d'une troupe nombreuse de commissaires et d'exempts, se transporta à l'hôtel de Bourgogne, et fit apposer les scellés sur toutes les portes, même sur les loges des acteurs. On supposait que c'était dans ces loges qu'ils tenaient leurs manuscrits. Il va sans dire que le motif ostensible de cette suppression fut l'intérêt prétendu de la morale publique, et non une offense contre Mme de Maintenon : le motif réel, en pareil cas, est toujours celui que l'on n'avoue point. L'honnête et prudent marquis de Dangeau, dans son journal, se borne à dire qu'on les renvoie

---

1. Les Frères PARFAICT, *Hist. du Théâtre-Italien*, p. 110.

parce qu'ils n'ont pas « été sages ». Ne pas s'expliquer davantage, c'est être à peu près aussi clair que Saint-Simon.

La Comédie italienne resta fermée jusque sous la Régence, où, comme tant d'autres choses proscrites sous le régime précédent, elle reparut. Pendant cette interruption, la salle de l'hôtel de Bourgogne servit, sous Louis XIV, au tirage des loteries qui venaient d'être instituées. En 1700, « Sa Majesté ayant remarqué l'inclination naturelle de la plupart de ses sujets à mettre de l'argent aux loteries particulières, et désirant leur procurer *un moyen agréable et commode de se faire un revenu sûr et considérable pour le reste de leur vie, et même d'enrichir leur famille en donnant au hasard*, a jugé à propos d'établir à l'hôtel de ville de Paris une loterie royale de 10 millions[1] ».

Cet appel charitable à la cupidité crédule des imbéciles n'était peut-être pas le moyen le plus honnête d'assainir et de moraliser ce lieu de pestilence.

CHAPITRE VI.

COMÉDIE ESPAGNOLE.

Les comédiens espagnols ne trouvaient pas pour s'installer en France les mêmes facilités que les italiens. Ceux-ci devaient leur possession ancienne et prolongée aux rapports de toute espèce que la France

---

[1] Préambule de l'arrêt.

avait entretenus avec leur pays depuis les interminables guerres d'Italie. Les alliances et les mariages, deux reines italiennes, des ministres italiens, des familles du même pays s'installant en France et y prenant une place importante dans le gouvernement ou la noblesse, les Birague, les Nevers, les Gondi et les Mazarin, et à leur suite une foule d'aventuriers et de gens d'esprit venant chercher fortune en France ; enfin plus que tout, la supériorité de l'Italie du XVIe siècle dans les arts, les lettres et les sciences, qui lui assurait d'avance une prépondérance marquée dans l'art, et le droit de rappeler à la France qu'elle lui avait servi de modèle, envoyé ses peintres, ses architectes, ses sculpteurs, ses musiciens, ses savants même, depuis le Rosso, le Primatice, Léonard de Vinci, Benvenuto Cellini et Goudimel, jusqu'à Lulli, au cavalier Bernin, et enfin l'astronome Cassini : toutes ces raisons justifiaient et maintenaient en France l'influence italienne. Nos rapports avec l'Espagne avaient été d'une nature toute différente ; les deux races ne s'étaient mêlées que par la guerre ou par des alliances compromettantes pour les partis qui les avaient sollicitées, telles que la Sainte Ligue, les conspirateurs au temps de Richelieu, et enfin le Grand Condé. Deux mariages royaux, celui d'Anne d'Autriche avec Louis XIII, celui de Marie-Thérèse avec Louis XIV, avaient établi entre les deux nations des relations d'un autre genre ; mais Anne d'Autriche n'avait pas paru trop se rappeler sa nationalité primitive ; et quant à Marie-Thérèse, si elle ne l'oublia jamais et resta espagnole dans sa dévotion, ses goûts et ses habitudes, son influence personnelle si effacée n'eut d'autre résultat que d'appeler et de maintenir en France une troupe de comédiens espagnols, depuis son mariage jusqu'à la mort de Molière, c'est-à-dire pendant treize ans environ. Une meilleure recommandation pour les Espagnols aurait dû être d'avoir souvent inspiré le grand Corneille, et fourni de plus aux conteurs comme aux poëtes dramatiques une mine inépuisable depuis Scarron jusqu'à Le Sage; mais ce titre sérieux auprès d'un petit nombre de lettrés ne suffisait pas pour un succès populaire. La connaissance de la langue espagnole était d'ailleurs bien loin d'être aussi répandue que celle de l'italien, et il faut dire de plus que la comédie italienne, avec ses personnages de convention connus d'avance, et la pantomime expressive de ses acteurs, était facilement intelligible pour ceux mêmes qui ne possédaient pas bien la langue. Le drame espagnol et la comédie même, d'un caractère moins prévu et plus élevé, était bien plus difficilement accessible. Aussi les comédiens espagnols, après avoir vainement tenté de se faire accepter du public, restèrent-ils simplement *les comédiens de la reine*, à une date où leur crédit se fût mieux trouvé peut-être d'exciter l'intérêt de Mlle de La Vallière ou de Mme de Montespan.

Chappuzeau, dans son *Théâtre-Français,* a fait en quelques lignes l'histoire de cette troupe de 1660 à 1674, époque où il publiait son ouvrage : « Nous vîmes arriver à Paris une troupe de comédiens espagnols la première année du mariage du roi. La Troupe royale lui prêta son théâtre, comme elle avait fait avant eux aux Italiens, qui occupèrent depuis le Petit-Bourbon avec Molière et le suivirent après au Palais-Royal. Les Espagnols ont été entretenus depuis par la reine jusques au printemps dernier, et j'apprends qu'ils ont repassé les Pyrénées[1]. »

Nous trouvons çà et là quelques détails qui compléteront cette trop brève narration.

Les comédiens espagnols, venus après la paix des Pyrénées et le mariage du roi avec l'infante d'Espagne, débutèrent à Paris en juillet 1660 : d'abord, à ce qu'il semble, au Petit-Bourbon, et ensuite à l'hôtel de Bourgogne. Loret qui les a entendus nous dit :

> Pour considérer leur manière
> J'allai voir leur pièce première,
> Donnant à leur portier tout franc
> La somme d'un bel écu blanc.
> *Je n'entendis point leurs paroles;*
> Mais tant Espagnols qu'Espagnoles,
> Tant comiques que sérieux,
> Firent chacun tout de leur mieux,
> Et quelques-uns par excellence,
> A en juger par l'apparence.
> Ils chantent et dansent ballets,
> Tantôt graves, tantôt follets;
> Leurs femmes ne sont pas fort belles,
> Mais paraissent spirituelles.
> Leurs sarabandes et leurs pas
> Ont de la grâce et des appas;
> Comme nouveaux, ils divertissent,
> Et leurs castagnettes ravissent.

C'était en effet ce que l'on comprenait le mieux, et Loret nous explique par son aveu la principale

1. P. 213.

cause de leur insuccès : « On n'entendait pas leurs paroles. » Les comédiens français, ajoute Loret, *bien loin d'être contre eux marris*, leur firent fête et les régalèrent. S'il s'agit des comédiens de la Troupe royale, comme le dit Chappuzeau, ils n'avaient pas sujet d'en être *marris*, comme ils l'étaient déjà des succès de la troupe de Molière; car la nouvelle troupe, malgré le témoignage du bienveillant Loret, paraît avoir réussi aussi peu que possible, et c'est peut-être parce qu'ils n'espéraient pas attirer une grande affluence qu'ils prenaient plus cher que les autres, un écu blanc, comme le dit Loret : ils avaient même pris plus cher, quand ils jouèrent sur le théâtre du Petit-Bourbon. Nous en trouvons la preuve dans une note du registre de la Grange :

« Dimanche 11 juillet (1660) : il vint en ce temps une troupe de comédiens espagnols qui joua trois fois à Bourbon, une fois à demi-pistole, la seconde fois à un écu, et la troisième fois *fit un four.* »

Comme Loret dit avoir assisté à leur première représentation, et que c'est seulement à la seconde de celles qui furent données au Petit-Bourbon que les Espagnols, rabattant de leurs prétentions, jouèrent à un écu, prix uniforme à ce qu'il semble; on peut en conclure que la première représentation à laquelle il a assisté eut lieu à l'hôtel de Bourgogne. C'est ce que confirment les dates : on voit celle que donne la Grange, et l'on peut induire du récit de Loret, publié le 24 juillet, et donnant les nouvelles de la semaine précédente, que c'est vers le 20 juillet qu'il alla les voir. Leur insuccès sur les deux scènes semble donc assez bien établi.

Ne se sont-ils risqués en public qu'à cette date?

Si l'on pouvait se fier à ce qu'affirme Mervezin [1], on devrait supposer qu'ils ont répété plus tard ces tentatives malheureuses. Voici ce qu'il dit : « Après l'heureux mariage du roi, il vint des comédiens espagnols pour s'établir à Paris; mais ils n'y furent pas heureux. Ils ne surent jamais trouver le goût des Français; leur facétieux paraissait grave et leur gravité facétieuse, tout le monde était d'un grand sérieux à leurs comédies, et l'on n'allait à leurs tragédies que pour rire... Ces comédiens, *lassés enfin de déclamer dans des solitudes*, repassèrent les Pyrénées. » Cette dernière phrase semblerait indiquer qu'ils ne s'étaient pas découragés après le double *four* constaté par la Grange et par Chappuzeau.

S'ils ne réussirent pas à Paris, ils se maintinrent à la cour. La *Gazette* mentionne assez souvent des représentations données par eux chez la reine. En 1663, ils jouent soixante-treize fois à la cour, et touchent 32,000 livres : chiffre énorme soit pour les représentations, soit pour la pension, si on le compare aux chiffres correspondants des comédiens français ou italiens [2], mais ceux-ci avaient d'autres ressources. Dans le *Ballet des Muses* en 1666, on peut croire que ce sont eux encore qui chantent deux dialogues espagnols [3], et figurent dans ce divertissement, non-seulement à côté des comédiens de

---

1. *Hist. de la poésie française*, 1706, p. 237.
2. Voir un article intéressant de M. Éd. Fournier, *Revue des provinces*, septembre 1864 : il cite ces chiffres d'après M. Al. Royer.
3. Le livret nomme *onze* comédiens et comédiennes ou musiciens espagnols, et l'on voit dans le travail de M. Éd. Fournier qu'en 1663, il y avait le même nombre de comédiens espagnols à Paris, ce qui semble prouver que ce sont bien les mêmes.

l'hôtel de Bourgogne, de Molière et de ses camarades, et enfin des Italiens, mais aussi du roi, des principaux seigneurs, et même de Mlles de La Vallière et de La Mothe, de Mmes de Montespan et de Ludre, pour ne citer que les belles personnes que le roi avait distinguées.

Si ces chanteurs espagnols étaient bien en effet les comédiens protégés par Marie-Thérèse, il était assez singulier de leur faire chanter, devant la pauvre reine, les vers que donne le livret, et qui célèbrent la nécessité d'*aimer* : les quatre noms de dames que nous venons de citer prouvent suffisamment que cette nécessité était aussi bien sentie par elles que par le roi. Et que pensait la royale délaissée en entendant les huit vers espagnols, dont le livret donne la traduction suivante?

> La plus belle jeunesse
> Sans l'amour n'est rien.
> Quelque peu de tendresse
> Fait toujours grand bien.
>
> On ne peut s'en défendre,
> L'amour est trop doux!
> Mais si j'ai le cœur tendre,
> Ce n'est pas pour vous.

C'est bien en effet ce que pensait le roi à l'égard de la reine; et les quatre dames en question, sans parler des autres, en étaient la preuve incontestable.

CHAPITRE VII.

L'OPÉRA.

L'Opéra est le dernier en date des grands théâtres qui s'établirent à Paris au xvii° siècle; et comme théâtre public surtout, il ne date même pas des premières années du règne. Il se composa de la réunion de trois choses séparées jusqu'alors : les ballets, la poésie, la musique. Les ballets, formant une action dramatique, et quelquefois entremêlés de poésies chantées, avaient été fort en honneur à la cour, dès le xvi° siècle et depuis : c'est même le seul genre dramatique que Louis XIII paraisse avoir aimé; il y prenait part et en composait[1]. Mazarin fit représenter à la cour des opéras italiens, en décembre 1645 *La Finta Pazza* de Giulio Strozzi, et en avril 1654, « la superbe comédie italienne des *Noces de Thétis et de Pélée*, dont les entr'actes sont composés de dix entrées d'un agréable ballet », dit la *Gazette* : elle fut représentée dix fois sur le théâtre du Petit-Bourbon. Le roi y dansait, et chaque fois y déployait « de nouvelles grâces ». La cause de ces représentations multipliées était selon la *Gazette*, que « Sa Majesté, par une bonté particulière, voulait que *tout le peuple* pût avoir sa part de ce rare divertissement ». En doit-on conclure que le Petit-Bourbon, dans cette circonstance, songeait réellement au public, et non pas seulement aux gens de

---

1. « La réjouissance de notre cour continue. Le roi fait un ballet, et Mademoiselle un autre. » *Gazette*, 1040, p. 81.

cour? à moins toutefois qu'il ne faille entendre ce mot *tout le peuple* dans le sens où le duc de Saint-Simon entend *toute la France,* quand, en nous racontant son mariage, il dit que, le lendemain, sa femme « reçut sur son lit toute la France à l'hôtel de Lorges ». *Toute la France,* que la mariée, assise sur son lit, selon l'usage d'alors, reçut dans sa chambre, c'étaient les gens qui montaient dans les carrosses : le reste n'existait pas. Quoi qu'il en soit, le goût de Louis XIV pour les ballets et le plaisir d'y figurer se sont, comme on le voit, prononcés de bonne heure. Quant au cardinal Mazarin, sa prédilection pour la musique comme pour la peinture [1] était aussi vive que celle du cardinal de Richelieu pour la tragédie et la comédie. Il fit représenter encore en 1660, *Ercole amante,* opéra avec des intermèdes de danses, où figurèrent le roi et la jeune reine, « l'abbé Molani, nous dit Boindin, y chantait un rôle [2] ». Une autre importation italienne était d'y faire chanter des castrats. Ce fut, dit Tallemant, Mme de Longueville qui s'avisa la première de trouver un mot convenable pour les désigner, des *incommodés.* « Mon Dieu! mademoiselle, disait-elle à une autre précieuse en parlant d'un de ces chanteurs, que cet incommodé chante bien ! »

---

1. Se rappeler le récit que fait Brienne, dans ses *Mémoires,* d'une dernière visite que fait Mazarin mourant et se traînant avec peine, à ses tableaux bien aimés : cette scène touchante se termine par un mot où se peignent à la fois la passion de l'artiste et celle de l'avare : « Ah ! mon pauvre ami, dit Mazarin à Brienne, il faut quitter tout cela! Adieu, chers tableaux, que j'ai tant aimés, — et qui m'ont tant coûté! »

2. *Lettre sur l'Opéra,* p. 8.

C'était pour complaire au ministre, à ce qu'il semble, que l'abbé Perrin composa « la première comédie française en musique représentée en France ». Cambert en fit la musique ; cette pastorale fut représentée à Vincennes en 1659, devant le roi, la reine mère et le cardinal. Celui-ci encouragea Perrin et Cambert à composer un autre ouvrage du même genre ; l'opéra français semblait ainsi fondé. Mais la mort de Mazarin ajourna la représentation de ce nouvel ouvrage. Il est vrai que la poésie de l'abbé Perrin n'était guère de nature à recommander beaucoup le genre nouveau, quoiqu'il se félicite, dans la préface de son opéra de *Pomone,* d'avoir obtenu les suffrages « de quatre ou cinq de nos plus habiles hommes en poésie ». Il est difficile pourtant de se figurer que les prétentieuses platitudes et les inventions burlesques de cette mythologie baroque aient pu avoir pour personne le moindre attrait. On y trouve par exemple une scène bizarre, entre Priape, le dieu des jardins, quatre jardiniers, suivants du dieu, et des *bourgeoises.* Les jardiniers décrivent à ces dernières dans les vers suivants l'amour qui les consume :

> Nos peaux sont plus sèches
> Que des parchemins,
> Et nos pauvres bêches
> Nous tombent des mains.

Attendries, « la première et la deuxième bourgeoises » répondent sans la moindre hésitation :

> Allons sur les vertes fougères
> Cueillir les doux fruits de l'amour.

« Le dieu et les jardiniers vont embrasser chacun leur bourgeoise, » dit le livret. Mais elles se changent en autant de buissons de ronces, et le dieu, « en se piquant, » s'écrie :

Peste! quel changement! quelle métamorphose!

Le reste est dans le même goût, et sert à nous expliquer l'admiration, un peu exagérée peut-être, qu'excitèrent plus tard les opéras de Quinault.

C'était toutefois à l'abbé Perrin d'abord que Louis XIV avait accordé en 1669 par lettres patentes le privilége « d'une académie d'opéra ou représentations en musique, en langue française, sur le pied de celles d'Italie ». Elle doit être établie à l'imitation de celles qui ont été instituées ailleurs par le pape et d'autres princes, et le roi fait « très-expresses inhibitions et défenses à toutes personnes de quelque qualité et condition qu'elles soient... de faire chanter de pareils opéras ou représentations en musique dans toute l'étendue du royaume pendant douze années sans le consentement de l'exposant ».

Malgré ces expresses inhibitions, l'abbé Perrin ne profita pas longtemps de son privilége. Il s'était associé avec le musicien Cambert, surintendant de la musique de la reine mère, et le marquis de Sourdéac qui leur fournit les *machines*[1]. Les trois associés s'installèrent rue Mazarine, à l'hôtel Guénegaud[2], et ce fut là que fut représentée *Pomone*. Mais si la

---

1. BEAUCHAMP, *Recherches sur les théâtres, tournois, carrousels, ballets, etc.*, p. 67.
2. Dans la salle où devait s'établir plus tard la troupe de Molière.

musique parut *belle*, au dire de Saint-Évremond, la poésie en sembla *fort méchante*. De là des dissensions entre les associés. Lulli, qui avait déjà *débauché* à Cambert ses deux meilleurs chanteurs, appuyé d'ailleurs par Mme de Montespan, se fit donner en 1672 le privilége de Perrin, qu'il dut dédommager. Le marquis de Sourdéac, qui se trouvait évincé sans compensation, fort processif d'ailleurs, en sa qualité de Normand, intenta un procès à Lulli; et ce qui donne une idée médiocre de la justice d'alors, Colbert écrivit au président de Harlay de donner dans ce procès « au sieur Lulli toute l'assistance et la protection qui dépendaient de l'autorité de sa charge[1] ». Lulli l'emporta encore. Il s'associa Quinault pour les paroles, et prit possession en 1673 de la salle du Palais-Royal, d'où la troupe de Molière venait d'être renvoyée. Il conclut avec Quinault un contrat par lequel celui-ci s'engageait à lui fournir tous les ans un opéra moyennant 4,000 livres. Depuis le roi accorda 2,000 livres de pension à Quinault, et « daigna quelquefois même lui donner les sujets de ses opéras[2] ». Nous reparlerons plus loin du goût du roi pour ce genre fastueux et assez équivoque, surtout tel qu'on le comprenait alors, et qui était presque toujours d'ailleurs sous l'apparence d'un sujet romanesque ou mythologique un hymne en son honneur, une apothéose périodiquement renouvelée et dont il ne se lassait point. On ne peut nier que Quinault, par ses quali-

---

1. Voir cette lettre, *Correspondance de Colbert*, t. V, p. 323.
2. *La Vie de Quinault*, en tête de ses œuvres, éd. de 1715, t. I, p. 35. — Lulli s'était installé un moment, en 1672, rue de Vaugirard, sur l'emplacement actuel de l'Odéon.

tés comme par ses défauts, ne fût admirablement propre à ce genre auquel il se consacra désormais tout entier; il avait trouvé sa véritable voie. Il conserva jusqu'à la fin la faveur royale et n'eut jamais à subir ni des tracasseries comme Molière, ni l'oubli comme Corneille, ni comme Racine, une disgrâce plus ou moins dissimulée.

Quant à Lulli, il faut bien se rendre compte de ce qu'il avait demandé et obtenu. Ce n'était pas seulement la direction du seul théâtre de musique qui existât alors : c'était, comme le dit Charles Perrault[1], « le droit de composer *seul* des opéras », le monopole de la musique dramatique. Et Perrault ajoute que bien des gens, à la cour même, blâmèrent ce privilége exorbitant, et trouvèrent que, si on avait permis à d'autres musiciens de faire des opéras, on les eût « engagés ainsi par émulation à se surpasser les uns les autres et à porter notre musique à sa dernière perfection ». Mais Colbert n'avait pas osé s'opposer à la volonté du roi circonvenu par Lulli.

L'opéra, installé au Palais-Royal, y est resté pendant tout le siècle suivant.

La fin du règne fut marquée par une création, qui subsistera pendant tout le xviiie siècle. Louis XIV (7 janvier 1713) y autorisa l'établissement des bals publics qui devinrent si célèbres par des aventures de toute sorte. Il est assez étrange que cette institution date des années de dévotion du roi. On ne put du reste les ouvrir que sous la régence, quand le père Sébastien, carme, eut imaginé une machine

---

1. *Mémoires*, livre IV.

qui établissait sur le parterre un plancher mobile. Ainsi qu'on l'a remarqué, les bals de l'Opéra sont donc redevables de leur existence à un moine qui les a rendus possibles, comme le premier opéra français avait été composé par un abbé, Perrin; — comme la comédie française et la comédie italienne au xvii° siècle trouvent également deux cardinaux pour les protéger, Richelieu et Mazarin; — des abbés pour écrire soit des pièces pour le Théâtre-Français, soit des libretti pour l'Opéra; — et enfin un abbé d'Aubignac pour donner la théorie de l'art dramatique, un révérend père Ménétrier pour tracer celle des opéras et des ballets.

CHAPITRE VIII.

PETITS THÉATRES, TROUPES DE CAMPAGNE.

En dehors de l'Opéra et du Théâtre-Français, la comédie italienne avait pu seule subsister, grâce à une longue possession et au goût du public pour ce genre léger. Elle avait fini pourtant par succomber et disparaître.

Antérieurement même, au lieu des trois théâtres français qui luttaient entre eux et se disputaient la faveur du public au commencement du règne de Louis XIV, il n'y en avait plus qu'un seul, armé du redoutable privilége de représenter des pièces françaises. L'Opéra, de son côté, institution nouvelle, était également privilégié pour les comédies en musique. On ne pouvait donc plus ni chanter ni réciter en français, sans avoir à craindre les réclamations des deux puissants théâtres. Un bien modeste spectacle l'apprit bientôt à ses dépens.

C'était un simple théâtre de marionnettes[1], qui s'était ouvert en 1677, au Marais.

Il y avait déjà, dès les premières années du règne, un petit théâtre qui est resté célèbre, c'était aussi un théâtre de Marionnettes, celui de Brioché, tracassé par les subalternes, protégé par le roi[2]. Le commis-

---

1. Il est à croire que c'est de ce théâtre qu'il s'agit dans le privilège accordé par Louis XIV « à Dominique de Normandin, sieur de la Grille, pour ses nouvelles marionnettes, sous le nom de *Troupe royale des pygmées* ».

« Notre bien aimé Dominique de Normandin, écuyer, sieur de la Grille, nous ayant humblement fait remontre qu'il a trouvé une nouvelle invention de marionnettes qui ne sont pas seulement d'une grandeur extraordinaire, mais mesme représentant des comédiens avec des décorations et des machines imitant parfaitement la danse et faisant la voix humaine, lesquelles serviront non-seulement de divertissement au public, mais serviront d'instruction pour la jeunesse;

« Lui accordons privilège de donner ses représentations pendant le cours de vingt années à dater du présent dans notre bonne ville et faubourgs de Paris et par toutes autour tels bourgs et lieux de notre royaume qu'il jugera à propos, etc. » Pièce inédite, tirée des Archives nationales, et publiée par M. Jules Claretie, *Molière, sa vie et ses œuvres*, p. 188. Comme on va le voir, Louis XIV, couvrant de sa protection personnelle les marionnettes, ne fut pas plus heureux à cet égard qu'avec Molière, et ne put les garantir des jalousies qu'elles ne tardèrent pas à exciter. La *troupe royale des pygmées* ne fut pas moins tracassée que ne l'avait été la *troupe du roi*.

2. Brioché avait eu d'abord son théâtre près du Pont-Neuf, et une note de *Paris ridicule*, strophe 46, nous en désigne l'emplacement :

> J'aperçois là-bas sur la rive
> Le beau petit Château-Gaillard.

C'était là, dit la note d'une édition de 1714, que « Brioché jouait

saire de police de Saint-Germain-l'Auxerrois avait interdit ses représentations. Colbert était intervenu et avait écrit au lieutenant de police la Reynie pour lui faire savoir « que le roi voulait bien permettre à Brioché cet exercice[1] ». Toujours le même fait qui se reproduit partout : sous un gouvernement absolu, le despotisme d'en haut est toujours plus accommodant que celui d'en bas, et le goût de la domination s'accroît en proportion de l'obscurité hiérarchique de ceux qui détiennent une portion de l'autorité.

Le nouveau théâtre, qui paraît avoir voulu remplacer en 1677 celui de Brioché, eut malheureusement affaire à trop forte partie : Lulli, surintendant de la musique royale, avait le bras plus long que le commissaire de Saint-Germain-l'Auxerrois. On appela ce nouveau théâtre le théâtre des Bamboches ; il continuait la tradition de Brioché, mais, à ce qu'il semble, avec de plus hautes prétentions ; il ne tarda pas à obtenir un succès qui éveilla la jalousie... de l'Opéra. C'est ce que *le Mercure galant* indique avec la réserve et la prudence qui le caractérisent d'ordinaire ; il dit de ces marionnettes :

« Je crois que si on les laissait croître, elles feraient parler d'elles : elles se sont déjà perfectionnées, elles ne dansent pas mal, *mais elles chantent trop haut pour pouvoir chanter bien longtemps;* et si on devient considérable quand on commence à se faire

---

autrefois les marionnettes ». Le château Gaillard est une maison isolée sur la rivière, que l'on aperçoit à l'endroit où aboutit aujourd'hui sur le quai la rue Guénegaud, dans la vue du Pont-Neuf, par Pérelle. — Voir sur Datelin, dit Brioché, une savante note de M. Jal dans son *Dictionnaire*.

1. *Correspondance de Colbert*, 29 juin 1671.

craindre, il faut qu'elles aient plus de mérite que le peuple de Paris ne leur en a cru; *mais tout fait ombrage à qui veut régner seul;* cependant il est très-certain que lorsqu'on travaille trop ouvertement à détruire de méchantes choses, on les fait toujours réussir.

« L'opéra étant en France, etc. »

Cette intervention brusque de l'Opéra est une façon délicate de faire sentir ce que de Visé n'ose dire expressément, c'est que c'était l'Opéra qui persécutait ces *Bamboches,* et abusait de son privilége. En effet, il obtint leur suppression.

Ce fut un théâtre du même genre qui, à Meaux, mourut sous le coup des foudres épiscopales et eut l'honneur d'attirer, tout comme Molière, les anathèmes de Bossuet[1]. On voit que les marionnettes avaient à lutter contre deux ennemis redoutables, l'Église et l'Opéra. Au moins Bossuet semble-t-il, en provoquant l'interdiction des marionnettes, s'appuyer sur des raisons d'ordre moral : Lulli tyrannise, parce qu'il est fort de son privilége, et qu'il croit avoir à redouter la concurrence de ces bonshommes de bois.

Récapitulons un peu les hauts faits de Lulli en ce genre; décidément cet étranger devenait un fléau universel.

Premièrement, il enlève le privilége de l'Opéra à Perrin et à Cambert, et l'obtient pour lui;

Secondement, il fait renvoyer la troupe de Molière du Palais-Royal, et se fait donner leur salle;

---

1. Voir lettre du 18 novembre 1686 (*OEuvres complètes,* éd. Lebel, t. XLII, p. 578).

Troisièmement, il fait interdire aux comédiens français d'avoir plus de six violons dans leur modeste orchestre ;

Et enfin il couronne le tout en se montrant jaloux même des marionnettes. Elles chantaient trop haut ; elles ne chanteront plus.

Il fallait même l'autorisation de Lulli pour les théâtres de société, et quand il lui arrivait de se montrer bon prince, il faisait encore sentir qu'il aurait pu ne pas l'être. Pour jouer chez soi une pièce en musique de sa façon, un particulier était obligé d'obtenir le consentement de Lulli. Colbert écrit à La Reynie : « Le roi m'ordonne de vous écrire ces lignes pour vous dire que vous pouvez permettre sans difficulté au sieur de Lescogne, avocat au parlement, de faire représenter par des écoliers qui logent chez lui une petite tragédie qu'il a composée, *aux conditions portées par le consentement du sieur Lulli qu'il vous remettra entre les mains*[1]. » Quelles pouvaient être les conditions dictées par le superbe Lulli[1] ?

Animés par ce bel exemple, et forts aussi de leur privilége, les comédiens français, dans les dernières années du règne, se mettent à persécuter un nouveau théâtre, le *théâtre de la Foire* ; ce n'était pourtant pas une concurrence bien redoutable : ce théâtre n'était ouvert que peu de temps chaque année, à la foire Saint-Germain, qui se tenait depuis le 3 février jusqu'à la semaine de la Passion[2] ; et à la foire Saint-Laurent, située hors de la ville, entre les

---

1. 20 juin 1671.
2. Sur l'emplacement actuel du marché Saint-Germain.

deux rues du faubourg Saint-Denis et Saint-Martin ; celle-ci durait pendant les mois de juillet, d'août et de septembre[1]. Les registres de la Comédie-Française portent la trace des tracasseries qu'elle suscita à ceux qu'elle appelle dédaigneusement *les sauteurs, les danseurs de corde*, et qu'elle ne méprise pas assez pourtant pour les laisser tranquilles. Ce qui peut paraître singulier, c'est que la comédie, si jalouse de ses priviléges, ne dédaigne pas d'empiéter sur ceux d'autrui. C'est ainsi qu'en 1704, « le duc de Mantoue, qui était alors à Paris, permit à un de ses sauteurs qui passait pour un des plus habiles dans cet exercice, de sauter à une fête marine qui suivait *le Port de mer,* de Boindin[2]. »

Ces troupes de la foire s'étaient pourtant multipliées. Les frères Parfaict constatent la présence de trois troupes différentes à la foire Saint-Germain en 1697[3]. L'une d'elles, celles des frères Allard, qui

---

1. Sur l'emplacement de la gare du chemin de fer de Strasbourg, près de l'église Saint-Laurent.

2. C'était une façon de payer ses places ; car les registres mentionnent souvent que « M. le duc de Mantoue et sa suite sont entrés », et comme on ne marque rien pour eux aux recettes, on doit en conclure qu'ils ne payaient pas.

3. *Mémoires pour servir à l'histoire des spectacles de la Foire,* par un auteur forain, 2 vol. in-12, Paris, 1743, chez Briasson. On voit pourtant, dans la *Muse historique* de Loret, que, dès 1660, il y avait à la foire Saint-Germain une troupe de sauteurs venus de Hollande. A la date du 20 mars 1660, il dit :

> La belle foire Saint-Germain
> Aujourd'hui se ferme, ou demain ;
> Ainsi, trève de castagnettes,
> De singes, de marionnettes ;
> Trève de ces sauts périlleux,
> Trève de ces tours merveilleux

s'y était installée huit ans auparavant, semble avoir été assez bien en cour; *le Mercure galant* et Dangeau la citent assez souvent, comme y ayant donné des représentations[1]. C'était, par exemple, « une scène nocturne des deux fils du sieur Allard, l'un en Scaramouche, l'autre en Arlequin, qui firent des sauts merveilleux ».

Il paraît qu'à leurs exercices d'acrobates ils n'avaient pas tardé à joindre les couplets et du dialogue même; l'Opéra leur fit défendre de chanter, les Français de parler. L'autorité semble cependant s'être parfois relâchée de sa rigueur à leur égard. C'est ainsi qu'en 1707 le monologue leur est permis; le dialogue seul leur est interdit. Ils trouvèrent le moyen de tourner la difficulté; un rapport de police établit qu'ils ont représenté une comédie en cinq actes, ayant pour titre : *Scaramouche pédant peu scrupuleux*. Un acteur, après avoir parlé sur la scène, se retirait dans la coulisse, et celui auquel il s'était adressé, resté sur la scène, lui répondait, puis le premier rentrait; il n'y avait ainsi à la fois qu'un personnage parlant. Ou bien encore le premier

> De la troupe assez belle et grande
> Des danseurs venus de Hollande,
> Que dans le plus beau des faubourgs,
> Allaient admirer tous les jours
> Plus de huit cents, neuf cents ou mille
> Des plus apparents de la ville.

[1]. « Le roi m'ordonne de vous faire savoir qu'il veut que vous donniez la permission au nommé Allart de représenter en public, à la foire Saint-Germain, les sauts *accompagnés de quelques discours* qu'il a joués devant Sa Majesté, à condition seulement qu'on n'y chantera ni dansera. » Colbert à La Reynie, 4 février 1679, dans la *Correspondance administrative*, t. II, p. 505.

répétait tout haut ce que le second était censé lui répondre tout bas. Ces essais de monologues successifs, qui ressemblaient trop au dialogue, furent interdits.

En 1709, une troupe dirigée par un Suisse s'établit à la foire, « et comme les Suisses en France jouissent de certains priviléges », comme de plus ceux-là semblent avoir été protégés, on usa à leur égard d'une certaine tolérance. Parmi leurs protecteurs ils comptèrent un prélat, le cardinal d'Estrées, qui, en qualité d'abbé de Saint-Germain, « leur avait garanti dans son bail la pleine liberté du théâtre sur son terrain [1] ». Ils eurent un grand succès en parodiant, — sans parler, — l'*Atrée* de Crébillon, qu'on venait de représenter à la Comédie-Française. Ils prononçaient avec feu et en charge une suite de syllabes sans aucun sens, mais scandées comme des vers alexandrins, en les accompagnant de gestes et de mines par lesquels ils imitaient d'une façon comique les acteurs du Théâtre-Français. On comprend que cette plaisanterie ne contribua pas à rendre ceux-ci plus tolérants à l'égard des forains.

C'était par trop braver le courroux des comédiens du roi. Au mois de février 1710 nous trouvons sur leurs registres cette note dont nous respectons l'orthographe :

« Les affaires extraordinaires qui ont apellé la compagnie à Versailles au sujet des danceurs de corde, ont obligé de donner relâche au théâtre les 13 et 14 du courant. »

La Comédie triomphe, car le dimanche 16 elle

---

[1]. L'abbé DE LA TOUR, *Réflexions sur la Comédie*, l. I, ch. II.

peut écrire sur les registres, « qu'aujourd'hui les danseurs de corde ont eu ordre de par le roi de ne point parler, chanter, ni *danser...* » Ni danser! excepté sur la corde, sans doute.

Ainsi on leur interdit le chant, la parole, la danse; hélas! on ne songe jamais à tout; on avait oublié le geste, et ils en profitèrent. Ils se sauvaient toujours par le public qui devenait récalcitrant et trouva fort gai le procédé imaginé par eux pour échapper aux rigueurs du programme qu'on leur imposait. Voici comment ils s'y prirent.

Ils inventèrent ce qu'on appela des *pièces à la muette*. C'étaient des pantomimes, par exemple, *Arlequin, roi de Sérendib,* une farce que Le Sage n'avait pas dédaigné de composer pour eux[1]. Arlequin paraissait sur la scène, qui représentait le rivage de la mer; il exprimait par des gestes sa désolation de se voir jeté par un naufrage sur une

---

[1]. Dans la *Critique de Turcaret,* prologue et épilogue de cette pièce, en 1709, Le Sage avait parlé avec un dédain suprême du théâtre de la Foire, pour lequel il devait tant travailler plus tard, après sa rupture avec les comédiens français : le prologue est fait par le diable boiteux Asmodée et par Don Cléofas : celui-ci s'étonne du grand nombre de dames qui viennent pour assister à la première représentation de *Turcaret :* Il y en aurait bien plus encore, répond Asmodée, sans le spectacle de la Foire : « La plupart des femmes y courent avec fureur. *Je suis ravi de les voir dans le goût de leurs laquais et de leurs cochers...* J'inspire tous les jours de nouvelles chicanes aux bateleurs. C'est moi qui leur ai fourni leur *Suisse.*

DON CLÉOFAS.

« Que voulez-vous dire par votre Suisse?

ASMODÉE.

« Je vous expliquerai cela une autre fois. »

côte déserte : aussitôt une machine faisait descendre un rouleau de toile que deux enfants « habillés en Amours » déployaient devant les spectateurs. On y lisait en gros caractères un couplet, avec indication d'un air connu. L'orchestre jouait d'abord l'air pour bien le rappeler aux spectateurs ; puis le public entonnait en chœur le couplet interdit à Arlequin, qui le mimait avec expression. Il n'avait ni chanté, ni parlé, ni dansé ; le programme était scrupuleusement rempli. Cela fait, les *Amours* roulaient leur pancarte et remontaient au ciel, en attendant le moment d'en redescendre avec un nouveau couplet. Le public, jouant le rôle inattendu du chœur antique, et remplaçant les acteurs réduits au silence, voilà ce que n'avait pas prévu la police : aussi l'invention eut-elle du succès ; les spectateurs se prêtaient au milieu des éclats de rire à cette mystification de la Comédie-Française, et prenaient plaisir à narguer ainsi les privilégiés et leurs protecteurs.

Il est visible, par tous les canevas qui nous restent du théâtre de la Foire à cette date, que l'ambition des forains était de recueillir l'héritage vacant des Italiens chassés en 1697 ; ce sont les mêmes personnages, Arlequin et autres ; la forme des pièces est la même, vaudevilles ou opéras-comiques. Enfin, en 1714, une troupe d'opéra-comique conclut un traité avec l'Opéra, qui lui permit de jouer librement à la Foire des pièces chantées, sans user des subterfuges auxquels avaient été réduits ses prédécesseurs. C'était du reste alors, vers l'époque de la paix d'Utrecht, comme une pacification universelle, même au théâtre.

Il semble même que, depuis quelque temps déjà,

la guerre avait cessé entre les forains et la Comédie-Française ; car nous voyons en 1711 survenir un de ces incidents si communs dans les tragédies d'alors entre deux races ennemies et en apparence irréconciliables : c'est un mariage entre Baron jeune, le fils du grand acteur, et comédien lui-même de la troupe du roi, et Mlle Wondrebeck, fille de la directrice des spectacles de la Foire [1].

Par là finit la guerre, et la paix lui succède.

Comme dans Corneille, Albe et Rome s'étaient réconciliées.

Devons-nous rappeler aussi qu'il y eut quelque temps une troupe de comédiens français, *les comédiens de Mademoiselle,* qui s'établirent, en 1661, rue des Quatre-Vents, et plus tard une troupe d'enfants, d'où sortirent plus tard deux acteurs célèbres, Baron et Raisin ?

Mais il faut dire aussi un mot des troupes françaises qui jouaient soit en France, soit à l'étranger. Chappuzeau dit des premières, *les comédiens de campagne :* « Autant que je l'ai pu découvrir, ils peuvent faire douze ou quinze troupes, le nombre n'en étant pas limité. » Les uns prospèrent, les autres végètent. Mais leurs frais heureusement ne sont pas considérables : « Les comédiens de campagne qui ne marchent pas avec grand train, *et qui n'ont à ouvrir ni loges ni amphithéâtres,* réduisent toutes les charges à trois, et, usant d'épargne, se contentent de deux ou

---

1. *Anecdotes dramatiques,* t. III, p. 30. Ce fils de Baron, qui annonçait du talent, mourut jeune.

trois violons, d'un décorateur et d'un portier¹. »

Leurs tribulations nous sont connues par les mémoires du temps, et surtout par le *Roman comique* de Scarron.

On en cite deux toutefois, pendant les premières années du règne, qui ont eu du succès et qui paraissent avoir été généralement distinguées des autres; d'abord celle de Filandre : « Il a de la réputation, dit Tallemant, mais il ne me semble pas naturel. » Ce fut Filandre qui découvrit le talent de Brécourt. Il ne faut pas oublier une autre troupe bien autrement célèbre, dont Chappuzeau, qui résidait à Lyon en 1656, dit à cette date dans un ouvrage sur cette ville :

« Le noble amusement des honnêtes gens, la digne débauche du beau monde et des bons esprits, la comédie, pour n'être pas fixe comme à Paris, ne laisse pas de se jouer ici à toutes les saisons qui la demandent, et par une troupe ordinairement qui, tout ambulatoire qu'elle est, vaut bien celle de l'Hôtel qui demeure en place ². »

---

1. P. 225. On peut supposer que l'hôtel de Bourgogne ne dédaignait pas de faire parfois des tournées en province. C'est du moins ainsi que l'on peut interpréter un passage assez obscur de Titon du Tillet, *Parnasse français*, p. 639, où il nous dit que Baron (le père du grand comédien) s'engagea à Bourges dans une troupe de comédiens qu'il suivit à Paris, « et où se trouvaient Montfleury, Floridor, Beauchasteau, Mlles Du Parc, Duclos, et enfin la femme de Baron ». Il serait difficile de croire qu'une simple troupe de campagne fût aussi bien composée. Nous avons vu que la troupe de Mondory (celle du théâtre du Marais) faisait quelquefois des excursions à Rouen ou ailleurs.

2. *Lyon dans son lustre*, 1650, p. 43. On peut citer encore la troupe du duc d'Épernon, à Bordeaux.

Cette troupe était celle sans doute où figurait « *un garçon nommé Molière* ».

Il y avait aussi des troupes françaises à l'étranger. Chappuzeau, qui avait beaucoup voyagé, vu l'Angleterre, la Hollande, parle d'une troupe de comédiens français entretenue par le dernier prince d'Orange [1] et qui s'était établie depuis à Bruxelles (p. 152), et de deux autres qui sont au service du duc de Brunswick et de Hanovre [2] et de l'électeur de Bavière, tandis qu'il n'a trouvé dans tout l'empire que « deux ou trois troupes des comédiens du pays, qui sont fort peu occupées. » Il parle encore (page 214) de la troupe française de M. de Savoie, dont il fait un grand éloge. Chappuzeau avait pu connaître cette troupe dans « les deux voyages qu'il

---

1. « Notre troupe, dit un des personnages du *Roman comique*, est aussi complète que celle du prince d'Orange ou du duc d'Épernon. » 1ʳᵉ partie, ch. ɪɪ. — Chappuzeau devait connaître *de visu* ces différentes troupes : il raconte (t. IV de l'*Europe vivante*) qu'il a fait deux voyages en Allemagne, en 1669 et en 1672, et il s'intitule *ci-devant précepteur de S. A. S. le prince d'Orange*. — Il y avait eu antérieurement une troupe dite du prince d'Orange qui joua en 1625 et en 1626 à l'hôtel de Bourgogne, et qui paraît avoir éprouvé d'assez grandes difficultés de la part des comédiens ordinaires du roi. Voir Eudore Soulié, *Recherches sur Molière*, pages 158 et 160. Était-ce la même troupe, retournée à l'étranger, que virent à Bruges MM. de Villiers en 1657 ? « Elle avait été, disent-ils, à feu M. le prince d'Orange. » (*Journal d'un voyage à Paris en 1657-1658*, p. 16). Ils lui virent représenter la *Mort de Pompée*.

2. A propos d'un voyage de la comédie à Fontainebleau en septembre 1662, après l'énumération des comédiens qui en font partie, le registre ajoute : « Plus M. Passera (*sic*), de la troupe de M. le duc d'Anouer je suppose que c'est de Hanovre), qui y est aussi allé par ordre de la cour. »

fit à Turin », et dont il dit un mot dans la dédicace de son ouvrage. On voit qu'en somme il ne parle que des troupes qu'il avait pu voir lui-même dans ses courses à l'étranger, et il est probable qu'il y en avait d'autres.

THÉATRE DES JÉSUITES.

Nous croyons avoir épuisé à peu près l'énumération des divers théâtres à cette époque. Toutefois, puisque nous énumérons ici les théâtres payants, peut-être conviendrait-il de mentionner celui que les jésuites ouvraient à certains jours de l'année à leur collége de Clermont, depuis collége Louis-le-Grand, et où ils faisaient payer : témoin Loret, qui assista « au collége de Saint-Ignace », en août 1658, à une tragédie latine, *Athalie*, « pour quinze sous que je donnai, » nous dit-il; ainsi il paya le même prix qu'il eût donné à l'hôtel de Bourgogne, pour voir une tragédie de Corneille. Il est vrai qu'il en eut pour son argent, car, outre la tragédie,

> On y dansa quatre ballets,
> Moitié graves, moitié follets,
> Chacun ayant plusieurs entrées,
> Dont plusieurs furent admirées,
> Et, vrai comme rimeur je suis,
> La Vérité sortant du puits,
> Par ses pas et ses pirouettes,
> Ravit et prudes et coquettes.

Il n'y a que les jésuites pour faire exécuter ainsi des *pirouettes* à la Vérité.

On voit, de plus, que les révérends pères admettaient les dames, *prudes* ou *coquettes*, à leurs représentations. Rien n'y manquait donc de ce qui constituait les représentations théâtrales. Seulement, les rôles de femmes étaient exécutés par de jeunes garçons; mais, toujours attentifs à suivre les goûts du jour, en les modifiant habilement, ils avaient eu la singulière idée d'introduire cette fois dans un sujet biblique, non pas précisément un de ces déguisements de femme en homme, si communs dans les comédies de Quinault et autres à la même date, d'après la donnée italienne, *la creduta maschio*, mais, au contraire, un travestissement d'un garçon en jeune fille. Loret, qui nous rend compte de leur *Athalie*, nous apprend que dans cette pièce on déguisait le sexe de Joas pour le soustraire aux fureurs d'Athalie, et qu'il avait été « élevé comme pucelle ». C'est une idée trop ingénieuse, que Racine a bien fait de ne pas leur emprunter quand il traita plus tard le même sujet.

Ce n'est pas seulement, du reste, pour leur théâtre à Paris, que les jésuites ont le droit de figurer ici. En province, on les voit représenter assez régulièrement des pièces dans leurs colléges; et la *Gazette*, dans son récit des voyages du roi au commencement de son règne, ne manque pas de nous parler des représentations de ce genre auxquelles il a assisté, soit à Lyon, en 1658, où il voit « une fort belle tragédie au collége des jésuites », soit en 1660, après son mariage, à Bordeaux, « où leurs Majestés vont au collége des jésuites assister à la représentation d'une comédie jouée sur le sujet de la Paix par leurs écoliers, avec toute la pompe et tous les agréments possibles, cette pièce étant mêlée de plusieurs entrées de ballet fort divertissantes ». En province comme à Paris, les jésuites admettaient un public payant, même au xviii° siècle, et Dreux du Radier dit, dans ses *Récréations historiques* [1] : « Les jésuites, quand ils jouaient des pièces de théâtre, ont toujours fait payer le même prix que les comédiens... Dans leurs colléges de province, ils ont toujours fait payer. J'ai payé à Poitiers pour y voir une très-mauvaise pièce intitulée *Radegonde,* et un ballet plus ridicule et plus mauvais que la pièce. »

Nous aurons plus tard l'occasion de reparler du théâtre des jésuites, qui a cultivé tous les genres, avec moins de talent sans doute que les théâtres laïques, mais avec une inépuisable fécondité.

1. 1767, t. I, p. 311.

LIVRE II.

LE THÉATRE ET LES COMÉDIENS FRANÇAIS

CHAPITRE PREMIER.

SITUATION MATÉRIELLE DES COMÉDIENS.

Quelle était la situation matérielle des comédiens au xviie siècle?

Pour l'hôtel de Bourgogne et pour le Marais, les documents précis nous manquent. Nous ne les possédons que pour la troupe de Molière, et ensuite pour le Théâtre-Français.

On peut juger de la part annuelle de chaque comédien au temps où Molière vivait et faisait prospérer le théâtre par cette note de La Grange, qui, de plus, suffirait pour attester son esprit d'ordre : « Total de ce que j'ai reçu depuis que je suis comédien à Paris *(c'est-à-dire depuis quatorze ans)* jusqu'à la mort de M. de Molière, 51,670^{tt} [1]. »

Quoique les recettes, et par conséquent les parts des comédiens baissent sensiblement après la mort

---

[1]. Pendant la première moitié du règne, les visites de la comédie chez les grands personnages sont une source de bénéfices très considérables. Elles sont fréquentes au temps de Molière, surtout pendant les premières années. Deux représentations chez M. le prince, en 1668, une à Chantilly et l'autre à Paris, sont payées 1,100 livres. Mais on n'est pas d'ordinaire si généreux; et d'ailleurs, après l'établissement définitif de la comédie, en 1680, ces *visites*, ailleurs que chez le roi, cessent assez rapidement.

du grand poëte, surtout dans les premières années, il est certain que le métier de *comédien du roi* était assez lucratif pour le temps. L'année qui suit la mort de Molière (1674) ne donne à chaque acteur que 2,510ᴸ 6ˢ. Mais les parts s'élèvent les années suivantes et dépassent ordinairement 3,000 livres, jusqu'à l'année 1679 (année du succès énorme de la *Devineresse* et de l'entrée de Mˡˡᵉ de Champmeslé), où la part est de 6,585ᴸ 10ˢ. L'année suivante, 1680, après la réunion des théâtres en un seul, elle va jusqu'à 7,499ᴸ 12ˢ. Mais il faut dire aussi que l'on joue désormais tous les jours, et les acteurs sont obligés de se multiplier. La troupe étant peu nombreuse, leur métier devient rude. On trouve un mois, par exemple, où Guérin (le second mari de Mˡˡᵉ Molière) joue vingt-quatre fois sur trente jours, et dans des pièces différentes[1]. Ajoutons que depuis 1697 la Comédie-Italienne étant supprimée, la Comédie-Française est devenue l'unique théâtre (sauf l'Opéra); que parmi ce petit nombre de comédiens privilégiés, il y en a qui n'ont que trois quarts de part, demi-part, quart de part; qu'il y a de bien mauvaises années aussi, et que si le métier est lucratif, il oblige aussi à de grands frais. Il ne faudrait donc pas trop s'exagérer la prospérité des douze ou quinze heureux mortels qui touchaient part entière; en tout cas, elle serait largement compensée par le travail énorme auquel leur nombre restreint les assujettissait, et surtout par les mortifications de toute sorte attachées alors à la profession de comédien.

1. C'est le mois d'août 1699. Il y a relâche le 15, pour l'Ascomption.

Il n'y avait, d'ailleurs, d'opulence véritablement exceptionnelle que pour les comédiens qui étaient en outre auteurs, comme l'avait été Molière, et parmi eux, surtout, pour Dancourt. Il devait être fort à son aise ; il paraît, du reste, n'avoir pas abusé de cette prospérité et s'être montré délicat avec ses camarades. Sur les registres, après une série de représentations d'une de ses pièces, se trouve cette note de lui : « Je ne veux plus de part d'auteur. » Ce genre de désintéressement était-il alors et est-il devenu même bien commun ?

LES SUBVENTIONS.

Parlons d'abord des *pensions* [1], puisque, grâce à la protection de Richelieu, le théâtre était devenu une

---

1. « La *troupe royale*, qui a toujours tenu ferme, a toujours eu ses douze mille livres de pension. » CHAPPUZEAU, p. 176. Le fait peut être exact, au moins jusqu'en 1674, époque où paraît le livre de Chappuzeau ; plus tard, il semble fort douteux. Il existe, à la bibliothèque de l'Université, un manuscrit en plusieurs volumes in-folio (MS. h. I, 8) : c'est *la recette et dépense du trésor royal depuis 1675*. La pension des comédiens de l'hôtel de Bourgogne et celle des Italiens y sont d'abord assez régulièrement marquées ; quant à celle de la troupe de Molière, je n'en ai trouvé aucune mention, ce qui semblerait prouver qu'elle avait perdu sa pension à la mort de son chef. Mais à partir de 1677, la pension de l'hôtel de Bourgogne ne figure plus dans ces registres. En juillet 1683, on voit reparaître la pension, donnée alors à la Comédie-Française après la réunion des deux troupes : « A la troupe des comédiens français, 6,000 livres, pour leur pension pendant les six derniers mois de 1682. » En effet, le 24 août 1682, le roi avait « *accordé* à ses comédiens français » une pension annuelle de 12,000 livres (voir cette pièce citée par M. Jal dans son *Dictionnaire critique*, p. 404). *Accordé* semble indiquer que cette pension était alors considérée comme un fait nouveau, et non comme la continuation de

institution publique. C'est ce qu'on appellerait aujourd'hui une subvention.

Rien ne prouve mieux la situation exceptionnelle de *l'Hôtel de Bourgogne*, que la pension de 12,000 livres donnée et maintenue à ce théâtre depuis Richelieu et pendant les premières années du règne de Louis XIV. A cette époque, une protection ainsi tarifée, et qui pouvait s'évaluer en espèces, était la meilleure des recommandations : nous avons vu que les *Grands comédiens* en avaient d'autres.

Quant à la troupe du *Marais*, dirigée d'abord par Mondory, la prédilection du cardinal pour ce comédien se marqua même après sa retraite par une pension de 2,000 livres que lui fit Richelieu, « et les seigneurs de ce temps-là se signalèrent aussi en libéralités ; car, soit pour faire leur cour au premier ministre, soit pour récompenser le mérite de ce fameux comédien, ils lui donnèrent presque tous des pensions, ce qui fit à Mondory environ 8 à 10,000 livres de rente dont il jouit jusqu'à sa mort, et dans un âge assez avancé [1]. » Mais cette faveur était toute personnelle, et comme Chappuzeau, très-curieux de détails de ce genre et de tout ce qui se

---

la pension donnée précédemment aux grands comédiens ; cela confirme ce que nous venons de dire de l'interruption de la pension de 1677 à 1682. — Nous devons signaler en passant, à la fin de cet article de M. Jal, une double erreur à corriger dans une prochaine édition de cet excellent livre : l'auteur y parle des bénéfices réalisés par les comédiens en 1685, « *en dehors des représentations données trois fois par semaine devant le public, à Paris, et des visites chez les particuliers.* » La Comédie, à cette date, ne faisait plus de visites chez les particuliers, et elle jouait tous les jours depuis 1680.

1. Frères PARFAICT, t. V, p. 98.

rapporte à la protection officielle, en nous parlant de la troupe du *Marais*, ne nous dit point qu'elle eût pension du roi, on peut en conclure qu'elle ne toucha pas de subvention régulière jusqu'à sa réunion à la troupe de Molière, après la mort de celui-ci. Elle paraît toutefois en avoir eu une sous Mazarin, en 1648, si nous nous en rapportons au titre d'une comédie de Boyer, représentée à cette date « sur le théâtre du Marais par les comédiens *entretenus* par Leurs Majestés ». Mais une faveur officielle, même sous cette forme purement pécuniaire, était alors un avantage dont on était si fier et qu'on exploitait si volontiers aux yeux du public, qu'il nous faudrait un témoignage plus clair et plus positif pour affirmer que le Théâtre du Marais était subventionné comme l'Hôtel de Bourgogne.

On ne peut guère parler ici des comédiens espagnols, qui touchaient une pension très-forte de la cour, mais qui, ne jouant pas à la ville, n'avaient pas d'autre ressource que leur pension.

Les comédiens italiens étaient la plus favorisée de toutes les troupes, car ils ne touchaient pas moins de 15,000 livres de pension [1].

Nous arrivons enfin à la troupe de Molière, qu'on s'obstine toujours à considérer comme ayant été l'objet d'une faveur unique, ou tout au moins extraordinaire : ce qui n'est point. A cet égard, nous trouvons dans les registres les renseignements les plus précis.

D'abord pendant les six ou sept premières années,

---

[1]. *Vie de Scaramouche,* par le sieur ANGELO CONSTANTINI, comédien du roi dans sa troupe italienne sous le nom de Mezzetin (Paris, Michel Brunet, 1698, dédiée à Madame).

depuis son installation à Paris (et Molière ne devait la diriger que pendant quatorze ans), elle ne toucha aucune pension. La Grange, après avoir parlé du succès obtenu au Louvre par Molière et ses camarades, à leur arrivée, ajoute : « Monsieur, frère unique du roi, leur accorda l'honneur de sa protection et le titre de ses comédiens avec 300 livres de pension pour chaque comédien. » Comme il y avait alors douze acteurs ou actrices, cela faisait en tout 3,600 livres. Mais, hélas! ils n'en eurent que l'*honneur :* car l'exact la Grange ajoute en marge :

« *Nota que les 300 livres n'ont point été payées.* »

C'est seulement à partir du mois d'août 1665 que la troupe de Molière a pension du roi. Elle avait donné à cette date des représentations à Saint-Germain ; le roi satisfait dit à Molière « qu'il voulait que la troupe lui appartînt, et il lui donna 6,000 livres de pension ». Plus tard, les deux dernières années de la vie de Molière, nous voyons cette pension élevée à 7,000 livres. Quoi qu'il en soit, ce chiffre est loin de la subvention accordée à l'Hôtel de Bourgogne et aux Italiens (12,000 et 15,000 livres).

Et notons ici, pour prouver combien il faut se méfier de cette habitude universelle d'exagérer les *bontés du roi,* que la Grange, dont le registre nous atteste que la pension de son théâtre ne fut que de 6,000 livres jusqu'en 1671, a soin, dans la notice qu'il a consacrée à Molière en 1682, de la donner comme élevée à 7,000 livres dès l'année 1665. Un charlatanisme fort usité de notre temps chez les auteurs a été d'exagérer dans des proportions inouïes les prix qu'ils étaient censés recevoir du public par l'intermédiaire des éditeurs ou des journaux. Du temps de Louis XIV, on exagère de même, et pour la même raison, les *bienfaits du roi*.

Enfin, quand sept ans après la mort de Molière, il n'y a plus qu'un Théâtre-Français, il n'a que les 12,000 livres de pension, dont l'Hôtel de Bourgogne était gratifié depuis si longtemps[1]. Encore cette pension est-elle assez mal payée; les retards de payement sont perpétuels. Je n'en citerai qu'un exemple : en 1697, c'est le 4 juillet seulement que l'on touche « de M. Desponts, trésorier des menus, 837 livres pour les quartiers d'octobre, novembre et décembre 1694 ». C'était d'abord un bien grand retard; et de plus ce chiffre minime pour le quart de l'année semblerait indiquer une réduction de la pension. Et cependant on était encore loin des années de grande détresse; la débacle ne faisait que s'annoncer.

CHAPITRE II.

PRIX DES PLACES.

Heureusement la rétribution que les comédiens recevaient du public était plus régulière et plus

[1]. Se rappeler que *le brevet du roi* pour cette pension n'est daté que du 24 août 1682, c'est-à-dire deux ans après la réunion qui avait eu lieu le 25 août 1680. La compagnie doit être payée de cette pension « de six en six mois ». On voit ce qu'il en est. A la fin du règne, la pension est toujours en retard : le 15 août 1706, « reçu au Trésor 6,000 livres pour le *premier semestre de 1705*, payées en deux billets de monnaie, mille francs en espèces, et le restant en une assignation à échoir le 10 octobre ». Les *billets de monnaie* avaient une assez mauvaise réputation, et on ne tarda pas à les abolir. Palaprat, dans la préface de son édition de 1712, parle du *brigandage* exercé par les agioteurs *sur les défunts billets de monnaie*.

lucrative. Le prix des places était, relativement au prix actuel, assez élevé. Sous Mazarin même, le parterre était à 15 sous; et pendant les premières représentations d'une pièce nouvelle, on doublait le prix des places; c'était ce qu'on appelait *jouer au double,* condition que l'on maintenait le plus longtemps possible. Ce prix de 30 sous au parterre était considérable pour le temps; 15 sous à l'ordinaire était pour le parterre le prix consacré par l'usage. En 1652, c'était ce qu'on payait déjà à l'Hôtel de Bourgogne; la preuve de ce fait se trouve dans une affiche en vers rédigée à cette date par l'acteur Villiers :

> Venez donc, tous les curieux!
> Venez; apportez votre trogne
> Dedans notre Hôtel de Bourgogne,
> Venez en foule; apportez-nous
> Dans le parterre quinze sols,
> Cent dix sols dans les galeries[1].

[1]. Frères PARFAICT, t. VII, p. 335. Il y avait évidemment beaucoup d'arbitraire pour le prix des places pendant cette première période, même au temps de Molière : d'après le registre de Hubert (1672-1673), il semble qu'alors le prix des principales places, celles du théâtre et des premières loges, était invariablement de 5# 10S. On voit même une représentation où ce prix est marqué pour la place, *sur le théâtre,* d'un unique spectateur, qui devait être à lui tout seul un spectacle. Mais le prix du parterre semble avoir été toujours, pendant cette première partie du règne, de 15 sous au simple, de 30 sous au double. C'est par erreur qu'on a dit « qu'au temps des *Précieuses* (1659) le prix du parterre était à dix sous, et fut doublé à la seconde représentation. » La Grange nous donne le prix des places du parterre à la première, 15 sous : il fut doublé en effet à la seconde. Rien n'indique que cet usage de *jouer au double,* comme on l'a aussi prétendu, date de là. On

C'était aussi 15 sous qu'on payait, nous l'avons vu, au théâtre des Jésuites, au collége de Clermont, en 1658.

Le prix des places (depuis la réunion des théâtres, et même avant, au théâtre Guénegaud), sauf les jours où l'on joue au double, est ainsi fixé à deux époques différentes :

	JUSQU'EN 1699.	A PARTIR DE 1699.
Théâtre...... Loges...... Amphithéâtre...	3 livres....	3 liv. 12 s.
Loges hautes...	1 liv. 10 sous.	1 liv. 16 s.
Loges du 3e rang.	1 liv.....	1 liv. 4 s.
Parterre......	— 15 sous.	— 18 s.

C'est à dater du 5 mars 1699, jour où l'on commence à payer le sixième pour les pauvres que le prix est ainsi augmenté [1].

pourrait tirer la conclusion contraire de ce passage de l'abbé d'Aubignac, où, à propos de l'*OEdipe* de Corneille, représenté à l'hôtel de Bourgogne le 24 janvier 1659, près d'un an avant les *Précieuses*, il dit : « Ce serait, en vérité, une chose bien injuste, qu'un poëte vînt ici du fond de la Gascogne ou de la Normandie escroquer le *demi-louis d'or et la pièce de trente sous* de ceux qui cherchent à se divertir. » (Voir dans le recueil des *Dissertations sur Corneille et Racine*, tome III, p. 8.) Sans doute, le demi-louis et la pièce de trente sous indiquent le prix des places sur le théâtre et au parterre, doublé, au moins, pour le parterre, aux représentations des pièces nouvelles.

1. Il y a encore quelques légères variations, mais tout à fait insi-

Le bénéfice le plus réel de la comédie est, après tout, dû au public bourgeois. Nous avons vu que le roi était presque toujours en retard pour la pension ; les grands seigneurs aussi, quand ils viennent au théâtre, s'abstiennent de payer comptant, et on a parfois toutes les peines du monde à les faire financer. Les princes mêmes en agissent un peu avec la comédie, comme don Juan avec M. Dimanche : C'est une grosse affaire, par exemple, que de tirer de l'argent du prince ou de la princesse de Conti[1], qui ont leurs comptes séparés. Ils lâchent de temps en temps des à-comptes « sur ce qu'ils doivent de vieux. » M. le prince de Turenne chicane noblement la comédie pour 8 livres qu'il doit sur un arriéré de 33 livres. La Comédie est obligée de se résigner à cette perte. M. le marquis de Rochefort paye 12ᴸ 10ˢ « sur ce qu'il doit de vieux : » restent dus « cinquante sols, » pour lesquels la comédie est obligée de faire crédit à ce gentilhomme : il doit les payer plus tard, quand il sera en fonds.

Il n'y a donc de recettes sûres que pour les places inférieures, celles qui sont payées comptant.

---

gnifiantes, de quelques *deniers,* sauf pour les premières places, pour lesquelles on trouve quelquefois des prix tout à fait exceptionnels.

1. Ces dettes criardes sont pourtant d'une modicité honteuse. Et quels retards ! « Du jeudi 7 octobre 1694 : on a reçu de Monseigneur le prince de Conty la somme de 101 livres pour un mémoire de l'année 1691. On en a donné un écu à Subtil pour ses peines. » (Subtil paraît être un garçon du théâtre.) — Le lundi 25 avril 1695, on reçoit de Mᵐᵉ la princesse de Conty 94 livres pour les places qu'elle a occupées avec sa suite en 1691 et en 1692. Les autres princes et princesses ne sont guère de meilleures pratiques.

Maintenant que pouvait produire une chambrée exceptionnelle? Au temps de Molière, on n'en trouve guère qui dépassent 2,000 livres. *Le Tartuffe,* après une première suspension bien propre à exciter la curiosité, fait, en 1669, 2,045# 10*ˢ*; la première du *Malade imaginaire,* 1,992 livres. Plus tard, les recettes montent sensiblement, surtout avec l'augmentation du prix des places. Mais la moyenne est fort au-dessous de ce chiffre : dans les meilleurs mois des années de prospérité, elle atteint rarement 1,000 livres [1]. Et puis il y a la morte saison, l'été [2]; qu'on se rappelle en outre que jusqu'en 1680 les théâtres ne jouent en général que trois fois par

[1]. Sauf vers la fin du règne. Ainsi dans l'hiver de 1712-1713, quoique la misère fût grande alors, la recette, sans pièces à grand succès, et avec le répertoire ordinaire, dépasse plusieurs fois 2,000 livres. Le 23 janvier 1713, par exemple, *Phèdre et les Fâcheux* produisent 2,346# 16*ˢ*. Le 24 novembre 1713, *Ariane* et *Madame d'Escarbagnas* donnent 3,038# 14*ˢ*. Et les recettes montent encore après cette date. Auparavant il n'y a de recettes supérieures que quand on joue *au double.* Ainsi le 10 juillet 1703, une reprise de *Psyché,* à laquelle assistent le duc et la duchesse de Bourgogne, donne 3,579# 9*ˢ*.

[2]. Palaprat attribue le peu de succès qu'obtint d'abord une de ses pièces (*le Ballet extravagant,* jouée le 25 juin 1690), au temps des bains qui attire tout le monde à la porte Saint-Bernard : « Ceux qui n'y vont pas pour se baigner y vont pour se promener, et les dames ne sont pas exemptes des railleries que la malignité des hommes leur fait, peut-être injustement, sur ce choix de leur promenade. » (Ed. de 1712, t. I, p. 57.) La Bruyère dit la même chose du quai Saint-Bernard : « Les hommes s'y baignent au pied pendant les chaleurs de la canicule : on les voit de fort près se jeter à l'eau; on les en voit sortir; c'est un amusement. Quand cette saison n'est pas venue, les femmes de la ville ne s'y promènent pas encore; et, quand elle est passée, elles ne s'y promènent plus. » (*De la Ville.*)

semaine. C'est là surtout ce qui explique la différence très-marquée entre les parts des comédiens, avant et après cette date.

Mais quand l'unique Théâtre-Français joue tous les jours, les relâches réguliers sont très-fréquents : le théâtre ferme d'abord pendant la quinzaine de Pâques, usage qui s'est conservé jusqu'à la Révolution; puis aux fêtes de l'Église, c'est-à-dire une dizaine de fois par an, sans compter les jubilés qui (en 1684, 1696, 1707) font chaque fois fermer le théâtre pendant quatorze jours. Ajoutez-y les fêtes publiques, les entrées solennelles, les jours où l'on désespère de trouver du monde, le spectacle intéressant étant ailleurs : « L'on ne joua point vendredi 17 juillet 1676 à cause de Mᵐᵉ de Brinvilliers. » Tout le monde, et même le beau monde, était aux environs de la Grève, à commencer par Mᵐᵉ de Sévigné, qui était sur le pont Notre-Dame « avec la bonne d'Escars ». Comme elle l'écrit, « ce jour-là étant consacré à cette tragédie », on ne pouvait seulement penser à en donner une autre qui eût paru bien languissante au prix de celle de la Grève. Puis surviennent aussi les deuils officiels, bien souvent répétés à la fin du règne. Enfin le petit nombre des acteurs et actrices fait souvent fermer le théâtre, pour cause de maladie ou de représentation à la cour; quelquefois l'insuffisance de la recette détermine à rendre l'argent.

CHAPITRE III.

IMPOTS, CHARGES, PENSIONS DE RETRAITE.

Les charges qui pèsent sur la comédie sont très-lourdes; d'abord, au temps où on est à l'Hôtel Guénegaud, le loyer de la salle (2,400 livres, à M. de Laffemas); plus 800 livres qu'elle est obligée à payer *par chacun an* aux comédiens italiens, quand ils vont s'installer à l'Hôtel de Bourgogne; puis l'établissement coûteux de la comédie dans la rue appelée plus tard rue de l'Ancienne-Comédie et qui obère la troupe pour longtemps; les pensions de retraite (1,000 livres à chaque sociétaire retiré); — puis les procès, l'impôt des *boues et lanternes*[1]; et enfin, outre les *charités* qu'elle fait aux religieux de divers ordres,

---

[1]. Germain Brice écrit naïvement ceci : « Pour marquer encore plus *la splendeur et la magnificence* de Paris, on pourrait dire... que la seule dépense des lanternes, *qui ne sont allumées que pendant cinq mois seulement*, passe cent mille écus toutes les années. » *Description de Paris*, 1713, t. I, p. 17. Cinq mois est même exagéré. (V. DE LA MARE, *Traité de la police*, t. IV, p. 230.) Depuis 1671 on éclairait seulement du 30 octobre au 1er mars. A la fin du règne, sous M. d'Argenson, on fit encore des économies, et on n'éclaira plus quand il faisait clair de lune. L'éclairage même, quand il avait lieu, ne pouvait être bien brillant. Seignelay (16 janvier 1688) écrit à la Reynie : « On a dit à Sa Majesté que les lanternes de Paris sont à présent bien mal réglées, qu'il y en a beaucoup dont les chandelles ne brûlent pas à cause de leur mauvaise qualité et du peu de soin qu'on en prend. » Mais les chandelles même qui brûlaient devaient donner une lumière insuffisante, et, au mois de janvier surtout, ne pouvaient durer pendant seize heures de nuit. — Et cependant l'impôt des *boues et lanternes* était assez élevé. Dans un manuscrit de la Biblio-

le droit des pauvres. Nous parlerons plus loin des *charités* et de *l'impôt des pauvres.* Nous devons dire un mot ici des pensions de retraite.

« Quand l'âge ou quelque indisposition oblige un comédien de se retirer, la personne qui entre en sa place est tenue de lui payer, sa vie durant, une pension honnête, de sorte que dès qu'un homme de mérite met le pied sur le théâtre à Paris, il peut faire fond sur une bonne rente de 3 ou 4,000 livres tandis qu'il travaille, et d'une somme suffisante pour vivre dès qu'il veut quitter. Coutume très-louable, qui n'avait lieu ci-devant que dans la troupe Royale, et que celle que le roi a établie depuis peu[1] veut prendre pour une forte base de son affermissement. Ainsi dans les troupes de Paris les places sont comme érigées en charges, qui ne sauraient manquer ; et à l'Hôtel de Bourgogne, quand un acteur ou une actrice vient à mourir, la troupe fait un présent de cent pistoles à son plus proche héritier *et lui donne dans la perte qu'il a faite une consolation plus forte que les meilleurs compliments.* »

Nous ne voulons pas interrompre un simple exposé des conditions matérielles imposées alors au théâtre par des considérations sur la société d'alors

---

thèque nationale, *Recueil de pièces sur le Théâtre français*, 2 vol., M. Fr. nos 9236 et 9237, nous trouvons (p. 55 du premier volume) une pièce signée : « *Procope*, bourgeois de Paris, préposé à la recette des deniers provenant des taxes faites pour le nétoiment du faubourg Saint-Germain-des-Prés. » Il « confesse avoir reçu de messieurs les comédiens entretenus du roi la somme de 68 livres pour une année, plus 34 livres pour la dépense des boues et lanternes ». C'est ce Procope ou quelqu'un de sa famille qui fonda, en 1689, le café de la Comédie.

1. La troupe du roi, celle de Molière.

et sur la dose de bons sentiments qu'il faut lui reconnaître; mais le lecteur aura remarqué ces derniers mots d'un cynisme si cru, et il nous est impossible de ne pas nous associer à ses réflexions. Ces mots sont caractéristiques, et bien dans le ton du jour : habituer l'homme à se rabaisser, à se refuser le mérite, non pas des grandes vertus seulement, mais des instincts désintéressés les plus vulgaires et les plus naturels, voilà quel sera le penchant de plus en plus marqué de la littérature, chez les grands écrivains comme chez les plus infimes; elle aboutira au théâtre, chez Regnard et ses contemporains, à ce tableau d'une cupidité effrénée, d'un égoïsme avide et féroce, et de convoitises funèbres, que la gentillesse de l'esprit et les grivoiseries joyeuses ne dissimulent aucunement.

Nous parlerons plus loin de ce caractère général de la comédie après Molière; mais alors c'est si peu une moralité particulière au théâtre, qu'on l'enseigne même aux enfants, à titre d'expérience anticipée. Perrault, dans *le Chat botté,* trouvera tout naturel de nous peindre l'un des fils du meunier qui vient d'expirer, le plus mal partagé en apparence dans son héritage, parce qu'il n'hérite que de son chat, « ne pouvant se consoler », — non point d'avoir perdu son père, — mais « d'avoir un si pauvre lot ». Et quand il est forcé de reconnaître qu'il se trouve le mieux partagé entre les trois frères, le voilà tout de suite consolé, et il n'est pas plus question de sa douleur que s'il n'en avait jamais ressenti. Il est de mode aujourd'hui de nous parler de la puissance qu'avait autrefois le sentiment de la famille, et on recherche les causes de son affaiblissement. Peut-être faudrait-il nous dire d'abord ce qu'en présence d'enseignements pareils, donnés aux hommes ou aux enfants, ce sentiment avait à perdre. Ce qu'il y a de sûr, c'est que ceux qui croiraient aujourd'hui à l'efficacité immanquable d'une consolation pécuniaire dans une perte de famille y mettraient au moins plus de pudeur que Chappuzeau, et regarderaient à deux fois avant d'en faire l'aveu.

1,000 livres une fois payées, tel était donc le tarif des consolations toutes-puissantes accordées au plus proche parent du défunt, père ou mère, femme ou mari, fils ou fille. Quant aux comédiens qui se retirent, le taux de la retraite est uniforme : il est de 1,000 livres par an. Le premier qui ait reçu une pension de ce genre dans la troupe de Molière est Béjart, retraité en 1670; il en jouit jusqu'à sa mort (1678)[1].

CHAPITRE IV.

DISPOSITION DU THÉATRE; MISE EN SCÈNE; DÉCORS; DÉPENSES GÉNÉRALES.

On n'a peut-être pas assez insisté sur un usage qui a eu une influence incontestable sur le caractère du théâtre français au xvii siècle et depuis, et dont nous devons rechercher l'origine. C'est la présence d'un certain nombre de spectateurs sur la scène même, qu'ils encombrent aux jours de grande représentation.

[1]. La Grange fait remarquer lui-même que cette pension est la première qui ait été « établie à l'exemple de celles qu'on donne aux acteurs de la troupe de l'hôtel de Bourgogne ».

DISPOSITION DU THÉATRE.

Tout homme du bel air se croit tenu alors

> A faire, aux nouveautés dont il est idolâtre,
> Figure de savant sur les bancs du théâtre,
> Y décider en chef, et faire du fracas
> A tous les beaux endroits qui méritent des *Ah!*

Ce singulier usage, qui ne cessa qu'en 1759, rendait impossibles les changements de décoration, gênait tous les mouvements de scène, et avait dû contribuer à réduire la tragédie française à des conversations plus ou moins passionnées. Cette disposition gênante suffit pour justifier Racine, qui la trouvait établie; car on doit penser qu'il eût aimé à déployer un grand spectacle, puisqu'il n'y manque pas en écrivant *Athalie* pour Saint-Cyr, où cette gêne n'existait plus pour lui. Mais on ne peut croire à l'influence fâcheuse de cet usage sur la tragédie de Corneille; car il semble que l'introduction des spectateurs sur le théâtre est postérieure à ses chefs-d'œuvre; c'est du moins ce qu'on peut conclure du passage suivant de Tallemant, écrit peut-être en 1657 [1], et en tout cas non antérieur à cette date :

1. Éd. de 1843, t. X, p. 152. Le parterre resta debout à la Comédie-Française jusqu'au moment où elle fut installée sous Louis XVI à l'Odéon. Dès lors il fut assis : on peut voir dans le *Mercure* d'alors combien de discussions passionnées souleva cette innovation. — Dans une comédie italienne (1692), Arlequin, dit à Mezzetin qui représente *le parterre,* en lui offrant un siége :

> Prends un siége, Parterre, prends; et sur toute chose
> N'écoute point la brigue en jugeant notre cause;
> Prête sans nous troubler l'oreille à nos discours;
> D'aucun coup de sifflet n'en interromps le cours.

Mezzetin, repoussant le fauteuil, lui répond en prose :

« Tu te moques, mon ami, le parterre ne s'assied point. Je ne suis pas un

« Il y a *à cette heure* une incommodité épouvantable à la comédie, c'est que les deux côtés du théâtre sont tout pleins de jeunes gens assis sur des chaises de paille; cela vient de ce qu'ils ne veulent pas aller au parterre, quoiqu'il y ait souvent des soldats à la porte, et que les pages ni les laquais ne portent point d'épées. Les loges sont fort chères, et il y faut songer de bonne heure : pour un écu ou un demi-louis, on est sur le théâtre; mais cela gâte tout, et il ne faut quelquefois qu'un insolent pour tout troubler. »

On voit donc que Tallemant parle là d'un usage récemment établi. Il semble bien évident, par le chapitre xi de la *Poétique* de la Mesnardière, publiée en 1640, qu'alors cet usage n'existait pas. Il serait absolument incompatible avec l'emploi assez compliqué qu'il entend faire pour les décorations tant du fond que « du grand du théâtre, le *proscenium* des Grecs, je veux dire cette largeur qui limite le parterre (p. 412) ». On pourrait tirer la même conclusion d'un opuscule imprimé à la suite de sa *Pratique du théâtre,* par l'abbé d'Aubignac, p. 509 (publiée en 1657), où il parle des inconvénients des salles de spectacle à cette date. Selon lui, les loges sont trop éloignées et mal situées; le parterre est debout, etc. Puisqu'il entrait dans ces détails, il eût été assez naturel de dire un mot de l'envahissement

juge à l'ordinaire, et, de peur de m'endormir à l'audience, j'écoute debout. »

(*Les Chinois,* par REGNARD et DUFRESNY, *Ghérardi,* IV. 251.) On voit dans un article du *Mercure* (juin 1780) que partout, même aux théâtres du boulevard, le parterre était assis, tandis qu'aux Français et à l'Opéra il était encore debout.

de la scène, dont les inconvénients frappaient tout le monde, excepté ceux qui en profitaient. Si donc, avant cette époque, Corneille n'a pas déployé dans son théâtre plus de spectacle, ce n'est pas qu'il y eût, comme plus tard, un obstacle matériel qui s'opposât à tout développement théâtral un peu compliqué, c'est que cette austérité convenait au caractère abstrait de son génie. Il semble, toutefois, qu'antérieurement, et par exception, à des représentations où l'affluence était extraordinaire, on ait laissé s'introduire peu à peu l'usage des places aux deux côtés de la scène. Ce serait même le premier grand succès de Corneille, celui du *Cid,* qui y aurait donné lieu, si nous comprenons bien ce passage d'une lettre de Mondory à Balzac [1], lui racontant le triomphe du poëte et l'affluence qui se porta au théâtre : « On a vu seoir en corps aux bancs de ses loges ceux qu'on ne voit d'ordinaire que dans la chambre dorée et sur le siége des fleurs de lys (c'est-à-dire les magistrats). La foule a été si grande à nos portes, et notre lieu s'est trouvé si petit, que les recoins du théâtre, qui servaient les autres fois comme de niches aux pages, ont été des places de faveur pour les cordons bleus; et la scène y a été d'ordinaire parée de croix des chevaliers de l'ordre. » Mais ce qui prouve encore que bien après cette époque, en 1648 même, la mode ne réservait pas encore habituellement ces places au beau monde, c'est que Scarron nous les montre occupées par les

---

1. A la date du 18 janvier 1637. Elle se trouve dans les *Manuscrits de Conrart,* à la bibliothèque de l'Arsenal. Voir TASCHEREAU, *Vie de Corneille,* 1855, p. 50. Le mot *théâtre* s'emploie au XVIIe siècle dans le sens particulier de *la scène.*

pauvres auteurs qui s'y réfugient, parce que là, du moins, ils ne paient rien [1].

Quoi qu'il en soit de la date où cet usage déplorable s'introduisit, l'impossibilité de toute mise en scène un peu grandiose existait sous Louis XIV; et les inconvénients signalés par Tallemant avaient frappé Molière, comme on le voit dans la première scène des *Fâcheux* [2]. Chappuzeau, toujours ravi de tout, trouve là, au contraire, un nouveau sujet d'admiration : « Les acteurs ont souvent de la peine à se ranger sur le théâtre, tant les ailes en sont remplies de gens de qualité, *qui n'en peuvent faire qu'un riche ornement* [3]. » Quel heureux caractère que ce Chappuzeau! C'est l'idéal du satisfait.

Qu'eût-il dit plus tard, en 1695, quand on vit les

---

[1]. « L'hôtel de Bourgogne en regorge (d'auteurs) jusque sur le théâtre, parce qu'ils ne paient rien, non plus que les pages. » *Épître dédicatoire à Guillemette.*

[2].   J'étais sur le théâtre en humeur d'écouter
    La pièce, qu'à plusieurs j'avais ouï vanter,
    Les acteurs commençaient, chacun prêtait silence,
    Lorsque d'un air bruyant et plein d'extravagance,
    Un homme à grands canons est entré brusquement
    En criant : Holà! ho! un siége promptement, etc.

[3]. Il faut dire, à l'honneur de l'abbé de Pure, d'ordinaire moins raisonnable, qu'il ne se montre pas si ravi que Chappuzeau, et propose au contraire « de tenir le théâtre vide et de n'y souffrir que les acteurs. Le monde qui s'y trouve ou qui survient, tandis qu'on joue, y fait des désordres et des confusions insupportables. Combien de fois sur ces morceaux de vers : *mais le voici,... mais je le vois...*, a-t-on pris pour un comédien et pour le personnage qu'on attendait, des hommes bien faits et bien mis qui entraient alors sur le théâtre, et qui cherchaient des places après même plusieurs scènes déjà exécutées? » *Idée des spectacles anciens et nouveaux*, 1668, p. 174.

dames mêmes se placer sur le théâtre, à la *Judith* de l'abbé Boyer, et occuper les banquettes destinées aux hommes, obligés de se réfugier dans les coulisses? Il est vrai qu'il s'agissait d'une tragédie sainte. Il fut de mode pour les dames de venir s'y montrer, édifiées et attendries. Le Sage, qui avait été témoin de cet étalage de sensibilité féminine, au sujet sans doute de ce pauvre Holopherne,

Si méchamment mis à mort par Judith,

Le Sage nous en a conservé un amusant récit. C'était une fureur, dit-il. « Imaginez-vous deux cents dames assises sur des banquettes où l'on ne voit généralement que des hommes, et tenant des mouchoirs étalés sur leurs genoux, pour essuyer leurs yeux dans les endroits touchants! Je me souviens surtout qu'il y avait au quatrième acte une scène où elles fondaient en pleurs, et qui, à cause de cela, fut appelée la *scène des mouchoirs*. Le parterre, où il y a toujours des rieurs, au lieu de pleurer avec elles, s'égayait à leurs dépens[1]. » Et, à la suite de cette scène touchante, l'abbé Boyer allait, venait, récoltait les compliments, et y répondait avec son accent gascon : « Je leur en donnerai bien d'autres! Je tiens le public, à présent que je sais son goût! » — « Ah! mons de Racine! » ajoutait-il avec un geste menaçant pour son *rival*.

D'ordinaire, néanmoins, on ne voyait à ces places du théâtre que des hommes, et c'était un ridicule bien suffisant.

Le désordre devint si intolérable que l'autorité fut

---

1. *La Valise trouvée*. (Éd. de Le Sage, 1821, tome XII, p. 333.)

obligée d'intervenir, et que l'on enferma les spectateurs du théâtre dans une double enceinte formée par une balustrade, qu'il leur était interdit de franchir[1]. Un fait mentionné par le lieutenant de police d'Argenson dans ses *Notes* peut donner une idée des escapades que se permettaient certains spectateurs du bel air. M. le marquis de Livry amène sur le théâtre un chien danois qui « se met à y faire le manége et à faire voir son agilité en cent manières différentes ». Ce qui est singulier, c'est que d'Argenson semble beaucoup plus scandalisé du bruit que la présence de ce chien cause dans le parterre que de l'idée saugrenue de M. le marquis de Livry[2].

Au Théâtre-Italien, la scène était également envahie par les spectateurs : dans une pièce de Regnard, *la Coquette*, représentée aux Italiens, en 1691, un marquis ridicule dit : « La scène n'est jamais vide avec moi. — Mais, de bonne foi, monsieur le marquis, lui répond-on, croyez-vous que

---

1. Bibliothèque nationale, manuscrits, *Recueil de pièces sur le théâtre* (9236 et 9237). Une lettre de Pontchartrain à d'Argenson (28 novembre 1703) nous apprend que « Sa Majesté avait donné des ordres pour la prolongation de la balustrade pour le théâtre de la comédie ». Un peu plus loin, ordre à Rivière (c'est un agent de police) « de se tenir sur le théâtre à la comédie, d'observer ceux qui y feront du bruit ou se tiendront *hors des enceintes des balustrades*, de s'informer de leurs noms et qualités, etc. » Enfin recommandation de ne plus laisser entrer personne, quand *les deux enceintes* sur le théâtre seront remplies (t. I, p. 84). On verra plus loin que cette balustrade paraît avoir été inconnue à la Comédie-Italienne, et le même passage prouve qu'elle existait à la Comédie-Française dès 1692.

2. *Notes du lieutenant de police René d'Argenson*, collection L. Larchey et E. Mabille, 1866, p. 41.

ce soit pour vous voir peigner votre perruque, prendre votre tabac, et faire votre carrousel sur le théâtre, que le parterre donne ses quinze sous?... Que ne vous mettez-vous dans les loges? — Moi, dans les loges! Oh! je vous baise les mains. Je n'entends pas la comédie dans une loge, comme un sansonnet. Je veux, mordi! qu'on me voie de la tête aux pieds; et je ne donne mon écu que pour rouler pendant les entr'actes et voltiger autour des actrices[1]. »

L'usage de placer des spectateurs sur le théâtre s'introduisit même à l'Opéra, d'où les *pièces à machines* auraient dû l'exclure. Il est vrai que la scène y était plus large, et peut-être avait-on trouvé moyen de réduire les gens du bel air à occuper seulement les extrémités de l'avant-scène. Il n'est pas probable, du reste, qu'il y ait beaucoup duré, car au siècle suivant, quand on commence à se plaindre de ce scandale et à en demander la suppression, il n'est jamais question, je crois, que de la Comédie-Française. Toutefois, le passage suivant de Dufresny ne permet pas de douter que cette disposition n'ait existé à l'Opéra :

« Entrons-y vite (à l'Opéra)[2], et plaçons-nous sur le théâtre. — Sur le théâtre! repartit mon Siamois. Vous vous moquez; ce n'est pas nous qui devons nous donner en spectacle, nous venons pour le voir. — N'importe, lui dis-je, allons nous y éta-

1. *Théâtre*, de Guérardi, t. II, p. 158. Ce passage prouve aussi que le prix des places était le même aux Italiens qu'aux Français.
2. Ceci est adressé à un *Siamois*, par lequel Dufresny fait critiquer les usages de France. On a vu là l'idée première des *Lettres Persanes*.

ler : on n'y voit rien, on y entend mal; mais c'est la place la plus chère[1], et par conséquent la plus honorable. Cependant, comme vous n'avez point encore d'habitude à l'Opéra, vous n'auriez pas sur le théâtre cette sorte de plaisir qui dédommage de la perte du spectacle. Suivez-moi dans une loge... [2] »

Ce qu'il y a de certain, c'est que du temps où l'ancienne troupe de Molière jouait au théâtre Guénegaud, on fut obligé, pour une pièce à grand spectacle, *Circé* (par de Visé et Thomas Corneille), de supprimer momentanément les places sur le théâtre.

On voit donc que d'ordinaire au moins cette disposition de la scène simplifiait singulièrement le spectacle et par conséquent les frais de mise en scène. Mais même dans les grandes occasions où il fallait déployer plus d'apparat, les dépenses ne s'élevaient pas bien haut.

La mise en scène de *Circé* suffit pour nous apprendre ce que les pièces les plus compliquées pouvaient exiger de frais extraordinaires.

Il faut dire qu'on n'eut pas à commander les machines : construites par le marquis de Sourdéac, elles servirent d'abord à son essai d'opéra, et les comédiens français les lui avaient achetées. De Visé, qui

---

1. Il précise plus haut le prix de ces places, un louis (c'est-à-dire douze francs environ).
2. *Amusements sérieux et comiques*, ch. v, *l'Opéra*. Il paraît que cet usage lui tenait au cœur; car il en parle dans le prologue du *Double Veuvage* (1702); il s'agit cette fois de la Comédie-Française :

« *Le Marquis.* — Tu es fou; moi, chanter sur le théâtre!

« *Le Chevalier.* — Pourquoi non? J'y danse bien, moi, derrière les acteurs. »

était un homme de ressources, imagina de les employer, comme il le raconte lui-même, pour une pièce qui ressemblerait en tout point à un opéra, sauf qu'elle serait « *récitée et non chantée* ». On voit que c'est à lui que revient l'honneur, attribué à un directeur de Pontoise, d'avoir inventé « l'*opéra sans musique* ». Si de Visé supprimait la musique, au moins en partie, ce n'est point qu'il trouvât, comme ce directeur, qu'elle nuisît à la vivacité du dialogue; c'est que le privilége de l'Opéra ne la lui permettait pas. En effet, on voulut y chanter un peu; mais Lulli intervint et « fit supprimer les voix ». Quoique la comédie possédât « les mouvements qui avaient servi aux machines de l'Opéra », et qu'ainsi la dépense se trouvât déjà diminuée, ce fut pourtant une grosse affaire de monter cette pièce. Il y eut des protestations de la part des comédiens qui ne voulaient point concourir aux frais qui semblaient exorbitants; de là des dissensions dans la compagnie. Il en résulta l'exclusion des *machinistes*, le marquis de Sourdéac et M. de Champeron, et celle de deux acteurs, Dauvilliers et Mlle Dupin (réintégrés du reste trois mois après). Quant à cette exclusion de MM. de Sourdéac et de Champeron, ce fut l'origine de ces longs procès dont nous avons déjà parlé.

Circé se fit bien longtemps attendre; il en est question dès le 2 octobre 1674; on fit même relâche vingt jours environ pour les répétitions. Enfin le dimanche 17 mars 1675, elle fit son apparition en public. Ce fut un grand succès; la pièce fut jouée jusqu'au 15 octobre suivant, non point sans interruption, comme le dit de Visé (car outre la quinzaine de Pâques, on joue douze fois d'autres pièces), mais avec éclat et profit. Il est vrai qu'elle exigeait des frais extraordinaires, quoique les jours où ils s'élèvent le plus haut ils ne dépassent guère 300 liv.; voici les dépenses les plus élevées, celles qui devaient être quotidiennes :

Cent livres de chandelle.	35ᴸ
Marcheurs.	31ᴸ10ˢ
Dix petits voleurs (à 10 sous), amours, etc.	10ᴸ
Quatre moyens voleurs (à 15 sous).	6ᴸ
Dix grands voleurs (à 1 l. ou 10 sous). . .	7ᴸ

Est-il nécessaire d'avertir que ces *voleurs* n'avaient rien d'inquiétant pour la propriété, et qu'il s'agissait simplement de figurants qui se glissaient le long d'une corde et semblaient voler :

> J'ai vu Mars descendre en cadence;
> J'ai vu des vols prompts et subtils;
> J'ai vu la Justice en balance
> Et qui ne tenait qu'à deux fils [1].

> J'ai vu Mercure, en ses quatre ailes,
> Ne trouvant pas de sûreté,
> Prendre encore de grosses ficelles
> Pour voiturer sa déité.

Du reste, grands ou petits *voleurs*, ni les uns ni les autres ne coûtaient bien cher.

Outre ce personnel régulier, quelquefois le théâtre est obligé de recruter pour certaines pièces des acteurs ou des chanteurs en dehors de la troupe. Mais

---

[1]. PANNARD, *Description de l'Opéra*, dans sa pièce *le Départ de l'Opéra-Comique*.

il faut dire que, quand on a besoin de quelque personnage accessoire, jouant un rôle d'enfant, de personnage muet, etc., le théâtre ne se ruine guère. Ainsi, même après la réunion, quand la comédie est sur un bon pied, toutes les fois qu'on joue *Tartuffe*, on voit marqué aux frais extraordinaires : *10 sous pour Phlipotte*[1]; un peu plus tard, il est vrai, les services de *Phlipotte* sont évalués à 1 livre. Même les acteurs parlant ou chantant, quand ils ne font pas partie de la troupe, sont très-médiocrement payés : c'est ainsi que nous trouvons pour une actrice supplémentaire, cette note d'une concision alarmante : *A Mlle Lolotte pour la nuit*, 3ʳ. Comme la pièce est *Amphitryon*, il est évident qu'il s'agit de l'actrice qui, dans le prologue, remplissait le rôle de *la Nuit*.

Quoi qu'il en soit, les dépenses journalières montèrent rapidement; le théâtre semblait déjà d'une magnificence inouïe aux yeux des contemporains émerveillés, qui constataient avec orgueil ces progrès matériels; voici ce que raconte Perrault :

« J'ai ouï dire à des gens âgés qu'ils avaient vu le théâtre de la Comédie de Paris de la même structure et avec les mêmes décorations que celui des danseurs de corde de la foire Saint-Germain et des charlatans du Pont-Neuf; que la comédie se jouait en plein air et en plein jour, et que le bouffon de la troupe se promenait par la ville avec un tambour pour avertir qu'on allait commencer. Les pièces qui nous restent

---

1. La servante de Mme Pernelle : elle n'a d'autres fonctions que de *bayer aux corneilles* et de recevoir un soufflet de sa maîtresse.

de ce temps-là sont de la même beauté que le lieu où l'on en faisait la représentation. Ensuite on les joua à la chandelle, et le théâtre fut orné de tapisseries qui donnaient des entrées et des issues aux acteurs par l'endroit où elles se joignaient l'une à l'autre. Ces entrées et ces sorties étaient fort incommodes et mettaient souvent en désordre les coiffures des comédiens, parce que, ne s'ouvrant que fort peu par en haut, elles retombaient rudement sur eux, quand ils entraient ou quand ils sortaient. Toute la lumière consistait d'abord en quelques chandelles dans des plaques de fer-blanc, attachées aux tapisseries; mais comme elles n'éclairaient les acteurs que par derrière et un peu par les côtés, ce qui les rendait presque tout noirs, on s'avisa de faire des chandeliers avec deux lattes mises en croix, portant chacun quatre chandelles, pour mettre au devant du théâtre. Ces chandeliers, suspendus grossièrement avec des cordes et des poulies apparentes, se haussaient et se baissaient sans artifice et par main d'homme pour les allumer et les moucher. La symphonie était d'une flûte et d'un tambour, ou de deux méchants violons au plus[1]. »

Perrault ajoute que c'était ainsi que furent représentées les pièces de Garnier et de Hardy. Il fait dater de la *Sylvie* de Mayret (1621) les premiers embellissements du théâtre : on commença alors à faire « les décorations d'une peinture supportable, et on y mit des chandeliers de cristal pour l'éclairer ». Avec Corneille enfin, « le théâtre matériel » se perfec-

---

[1]. PERRAULT, *Parallèle des anciens et des modernes*, 1682, t. III, p. 191.

tionna comme les pièces, et maintenant, ajoute Perrault (1682), il est arrivé au plus haut point de perfection; car « les pièces dramatiques ont eu presque toujours quelque ressemblance et quelque proportion avec le théâtre sur lequel elles ont été représentées ».

Que dirait Perrault s'il voyait aujourd'hui les améliorations incontestables que « le théâtre matériel » a reçues depuis 1682? En comparant ces perfectionnements avec le piètre état du théâtre au temps où les pièces de Corneille et de Racine furent représentées, peut-être n'oserait-il pas affirmer aussi nettement que le mérite des pièces est proportionné à l'état du « théâtre matériel ». Il aurait pu déjà en douter au temps où il écrivait; car les perfectionnements matériels, inconnus au temps de Corneille et même de Racine[1], étaient déjà incontestables; l'on en était pourtant aux pièces de l'abbé Abeille et de Campistron.

Ajoutons que l'Opéra même, cité avec orgueil par Perrault, pour bien constater ce progrès qui, selon lui, ne pouvait plus être dépassé, laissait encore beaucoup à désirer. La Fontaine, moins disposé que Perrault à être ébloui de tout ce qui est artifice et clinquant, trouve que ces prétendues merveilles n'ont rien que d'assez ordinaire, et qu'il est bien rare « qu'elles contentent la vue ».

1. M. Ed. Fournier cite une note curieuse de la tragédie de M. de Rozidor, représentée en 1662, *la Mort de Cyrus ou la Vengeance de Thomiris;* elle nous montre comment alors « on savait représenter une armée avec une grande économie de personnel. Au quatrième acte, Thomiris crie : *A moi, soldats!* et aussitôt on fait tomber une toile où est représentée une armée en bataille, qui passe sur un pont. » (*Chansons de Gauthier Garguille*, p. 159.)

Quant au Théâtre-Français, même à une époque plus récente que celle où Perrault se récrie d'admiration, et ne croit pas qu'il puisse atteindre un plus haut point de perfection, une gravure de Coypel[1] peut nous donner une idée de la disposition de la scène. Cette estampe est de 1726 ; mais nous y retrouvons des détails que nous voyons signalés ailleurs antérieurement, et l'on ne peut douter que s'il y avait eu des changements depuis le règne de Louis XIV, ce ne fussent des améliorations.

Elle représente le théâtre au moment où la représentation va commencer. La toile est baissée. Deux lustres, remplaçant la rampe, descendent du cintre et reposent sur l'avant-scène : ils semblent porter dix à douze bougies chacun. Il n'y a pas d'autre lumière sur l'avant-scène : ces deux lustres sont un perfectionnement qui a remplacé les *deux lattes mises en croix* et portant quatre chandelles que signalait Perrault. Le trou du souffleur n'existe point : les deux lustres sont posés à droite et à gauche de la place qu'occupe aujourd'hui le souffleur. On ne se rend pas bien compte de l'effet que pouvaient produire ces deux faisceaux de lumière. Il paraît évident qu'on levait ces deux lustres quand la représentation commençait.

Il n'y a pas de musiciens à la place où est aujourd'hui l'orchestre : on les plaçait sans doute encore dans une loge, comme au temps de Chappuzeau.

---

[1]. Le *Mercure de France* de juillet 1726, en annonçant cette estampe, dit : « qu'elle représente la salle de la comédie avec les petits maîtres sur le théâtre. En vente chez Surrugues, rue des Noyers, vis-à-vis Saint-Yves. Le prix est de *quinze sols.* »

Une grille règne entre le parterre debout et la scène : elle est à peu près à la hauteur de la tête des spectateurs du premier rang.

La scène est très-petite. Si les proportions sont bien observées, elle n'a guère plus de trois hauteurs d'homme. Des spectateurs placés sur le théâtre permettent d'en juger; ils sont debout derrière le rideau, et l'écartent curieusement à droite et à gauche pour voir ce qui se passe dans la salle; ils sont enfermés dans une double balustrade qui, partant de l'angle du théâtre où descend la toile, fait retour en arrière en décrivant un quart de cercle. On voit que cette disposition supprime absolument les premières coulisses. Les acteurs ne peuvent venir que du fond de la scène, et l'on conçoit que la décoration se trouve à peu près réduite à la toile de fond[1].

On voit combien cette disposition annulait l'action théâtrale : tout devait se borner à une conversation plus ou moins animée sous les deux lustres. Cette considération n'est pas indifférente, quand on juge littérairement le Théâtre français. Presque toutes les invraisemblances qu'on a critiquées, viennent de là : à propos de la suppression des places sur le théâtre (23 mai 1759), le *Mercure* (sans doute Marmontel) énumérait ainsi les inconvénients de l'ancien usage : nulle vérité; Auguste délibère au milieu des petits-maîtres, « et tandis que Tartuffe examine si personne ne peut le surprendre séduisant la femme de son ami, il a autour de lui cent témoins

---

1. Quant à la largeur de la scène, M. Bonnassies lui assigne « 15 pieds à son ouverture, 11 à son extrémité opposée ». P. 10.

de son tête-à-tête avec elle ». Nulle action théâtrale possible : deux haies de spectateurs resserrent les acteurs, et retranchent les deux tiers du théâtre. Nécessité de conserver une rigoureuse unité de lieu, ou tout au moins de décor. Dans *Brutus,* par exemple, où la scène est d'abord au Capitole, ensuite dans la maison du consul, on ne fait d'autre changement que d'enlever un autel placé au milieu de la scène. En un mot, quelle que soit l'invraisemblance de cette convention, « *la scène est comme un parloir où tous les acteurs sont obligés de se rendre* ». Le mot est joli, et malheureusement cette critique est aussi vraie de Corneille et de Racine que des écrivains inférieurs. Et Corneille n'avait pas, comme Racine, l'excuse de pouvoir dire qu'il avait trouvé établi ce scandaleux usage qui a eu sur notre théâtre une si déplorable influence.

Comme le fait remarquer l'auteur de cet article, l'unité de lieu impliquait nécessairement l'unité de décor. Aussi faut-il bien se dire que, pour toutes les pièces qui n'étaient pas ce qu'on appelait des *pièces à machines,* et dont le théâtre du Marais eut longtemps la spécialité, la mise en scène était à peu nulle.

Il existe à la Bibliothèque nationale un manuscrit curieux, donnant l'indication du décor et des accessoires nécessaires pour un grand nombre de pièces; il y a même, en face de la mention de chaque pièce, un dessin au lavis représentant le décor, mais seulement pour les pièces jouées vers le milieu du règne de Louis XIII[1]. Ces dessins suf-

---

1. Voir à l'Appendice.

fisent pour montrer combien la décoration était simple, et il est clair, comme nous l'avons dit, qu'il n'en pouvait être autrement. Cette simplicité ne tenait pas seulement à la présence des spectateurs sur le théâtre, elle tenait encore à l'insuffisance des locaux appropriés aux représentations théâtrales, et dont aucun n'avait été construit pour cette destination, sauf le théâtre du Palais-Royal, construit par Richelieu, et qui plus tard servit à Molière et ensuite à l'Opéra. Mais dès le temps de Richelieu on s'était piqué de se conformer scrupuleusement à l'unité de lieu en théorie d'abord, et aussi dans la pratique, jusque dans les pièces qui nécessitent aujourd'hui, pour la vraisemblance, des changements de décor, *le Cid,* par exemple. On voit par ce manuscrit que dans cette tragédie le théâtre représentait pendant toute la durée des cinq actes « une chambre à quatre portes ». En général, le théâtre représente « un palais à volonté », comme le dit le rédacteur naïf, un palais pouvant servir à toute fin, que le sujet soit grec, romain ou autre. Cette simplicité du décor explique comment, sans choquer la vraisemblance et l'unité de temps, Rotrou pouvait, dans *Saint-Genest,* montrer le décorateur de la troupe du saint comédien improvisant un décor entre le premier et le second acte. Il ne s'agissait que de barbouiller à la hâte quelques aunes de toile. Même à une époque plus récente où la comédie française, stimulée par l'exemple de l'opéra, se mit un peu plus en frais, on voit que, quand par extraordinaire on s'avise de commander un décor pour une pièce nouvelle qui semble exiger dans la décoration un caractère particulier, on a soin de s'arranger pour qu'il puisse servir à d'autres pièces : ainsi, en 1702, pour une tragédie de *Montezume*, les comédiens se décident à faire les frais d'un décor, mais en stipulant expressément qu'il sera aussi peu mexicain que possible, afin de pouvoir être employé pour d'autres tragédies. Mais même pour les pièces à grand spectacle, on profitait souvent des vieux décors et des vieilles machines: c'est ainsi, dit-on, que « *Psyché* fut commandé à Molière afin d'utiliser un enfer célèbre que le garde-meuble du roi Louis XIV avait en magasin[1] ». Ce qui peut donner une idée de la pauvreté de la mise en scène pour les pièces qui en demandaient le plus, c'est que pour monter cette même *Psyché*, on ne dépensa, selon le registre de la Grange, que 4,359 livres.

Il est bien évident que la couleur locale était ce dont on se préoccupait le moins. Je ne vois, dans cette longue liste de décorations, qu'une seule pièce où on ait paru y songer : c'est *Bajazet :* « le théâtre est un salon à la turque ». Était-il aussi turc qu'il avait la prétention de l'être? On peut en douter. Il est probable qu'il était turc, comme plus tard le décor de *Montezume* sera mexicain; il faut qu'il puisse servir encore. Au reste, les auteurs eux-mêmes semblent s'être très-médiocrement préoccupés de toutes ces questions. On songe si peu à l'exactitude historique de la mise en scène, que, dans *l'Iphigénie* de Racine, la scène est « dans la *tente* d'Agamemnon », quoiqu'il n'y ait pas de tentes dans Homère, mais seulement

---

[1]. LUDOVIC CELLER, *Les décors, les costumes et la mise en scène au XVII⁰ siècle*, Paris, 1868, p. 75. Cet enfer provenait de l'opéra italien d'*Ercole amante*, représenté devant Mazarin.

des huttes, et que ce soit dans sa hutte, et non dans sa tente, que se retire Achille courroucé; c'est ainsi encore qu'on y écrit *des billets,* quoiqu'il ne soit pas question d'écriture dans Homère, etc. Sous le premier Empire même, en 1811 [1], on ajoutait un accessoire qui semblait sans doute un heureux essai de réalisme, et qui n'était qu'un anachronisme burlesque : on plaçait sur la table d'Agamemnon un encrier avec des plumes d'oie!

CHAPITRE V.

DÉPENSES PARTICULIÈRES. LE COSTUME.

Quant au costume, on s'inquiétait encore moins de l'exactitude; on ne songeait qu'à le rendre aussi somptueux que possible, même le costume romain, qui, s'il eût été fidèle, n'eût admis aucun de ces dispendieux embellissements.

Ce fut donc toujours une lourde dépense pour les comédiens, pour ceux du moins de la Troupe royale et de la Troupe du roi; car ils tenaient à avoir une garde-robe dramatique qui ne fût qu'à leur usage. On avait bien la ressource de louer des habits, et il y avait, au moins au début du règne, « un loueur d'habits pour les tragédies », demeurant au pilier des Halles[2]. Mais il est probable qu'il ne servait que

1. Voir sur ce sujet un article de MILLIN, *Magasin encyclopédique,* 1811, t. II, p. 339.
2. A la suite d'une tragi-comédie manuscrite de Colletet, *la Révolte de Jupiter contre Saturne,* qu'il avait fait représenter en 1606

pour les théâtres bourgeois; les comédiens de profession se piquaient dès lors d'avoir des habits à eux.

Chappuzeau nous dit, en parlant des costumes, dont la dépense était en général à la charge de chaque comédien :

« Cet article de la dépense des comédiens est plus considérable qu'on ne s'imagine. Il y a peu de pièces nouvelles qui ne leur coûtent de nouveaux ajustements; et le faux or, ni faux argent qui rougissent bientôt, n'y étant pas employés, un seul habit à la romaine ira souvent à 500 écus. »

Une comédie du temps confirme cette assertion de Chappuzeau, en y joignant divers détails accessoires, qui ont assez d'intérêt pour que nous

« en sa maison de l'entrée du faubourg Saint-Victor, par des jeunes pensionnaires », devant plus de trois cents personnes, il ajoute : « M. Bourgeois demeure à l'entrée des piliers des halles, à l'*Empereur* ou aux *Trois-Étoiles*. C'est le loueur d'habits pour les tragédies. Son ami M. Mareschal, qui loue les lustres, loge proche Saint-Jacques-la-Boucherie. » Un costumier pour les tragédies, ceci suppose que le goût des théâtres bourgeois et l'usage de jouer chez soi « la tragédie » devaient être assez répandu. Ce manuscrit de Colletet a été détruit avec la Bibliothèque du Louvre; mais cette note avait été recueillie par M. Rathery, *Catalogue des manuscrits de la Bibliothèque du Louvre (Bulletin du bibliophile*, année 1858, p. 1039. — « Au commencement du xviie siècle, dit Tallemant, les comédiens louaient des habits à la friperie; ils étaient vêtus infâmement. » (T. X, p. 39.) Mais les choses avaient bien changé depuis, et au temps du cardinal de Richelieu, Bellerose, le principal acteur de l'hôtel de Bourgogne, avait, à ce qu'il semble, de fort beaux habits, puisque Floridor les lui acheta avec sa place moyennant 20,000 livres. Cependant, même en 1697, la Comédie-Française louait quelquefois encore des costumes; ainsi pour une représentation d'*Amphitryon*, « louage de l'habit de Jupiter, 6 livres ». (*Registres.*)

croyons devoir en reproduire les principaux traits : c'est une pièce représentée en 1692 au Théâtre-Italien. Le passage est curieux à divers titres; il montre, par parenthèse, qu'une rivalité assez malveillante existait alors entre les deux théâtres; les auteurs de la pièce des Italiens sont Regnard et Dufresny.

C'est un plaidoyer alternatif en faveur des deux théâtres, où, comme bien on pense, les comédiens français ne sont pas ménagés.

« Quand un comédien français (dit Arlequin qui se charge de la défense de la Comédie-Française) n'aurait pour tout bien que sa seule garde-robe, il serait plus riche que toute l'Italie ensemble et trouvera toujours une ressource chez le fripier. Le moindre petit confident a de quoi habiller dans un jour de triomphe toute la république romaine.

— Mais ces dépenses les endettent, réplique Colombine, tandis que *la troupe des comédiens italiens...*

— Halte-là ! s'écrie Arlequin, je m'oppose aux qualités; dire *bande* des comédiens italiens, et non pas *troupe :* c'est un titre qui n'appartient qu'aux comédiens français. Vous êtes encore de plaisants bohémiens! »

La querelle s'engage sur les mérites respectifs des deux théâtres. Chacun cite ses titres : Colombine rappelle à Arlequin qu'il y a eu jadis un comédien italien fort riche, fort connu, empereur même, lequel courut la Grèce avec une de nos troupes, dit-elle, et l'histoire ne fait pas mention qu'il ait jamais monté sur le théâtre du faubourg Saint-Germain. C'était Néron. — Nous ne l'aurions jamais reçu, s'écrie l'avocat du Théâtre-Français, il était trop cruel, et l'on sait que ce n'est pas chez nous qu'on est accoutumé à trouver « de la cruauté »; et l'allusion se précise un peu plus loin : on fait remarquer qu'au Théâtre-Français « *Marinette* est grosse ». Ce qui est une preuve des libertés qu'on laissait à la comédie italienne. Mais nous trouvons dans la suite de ce double plaidoyer des détails intéressants :

« Si on regarde l'intérêt qui est le seul point de vue dans les mariages d'aujourd'hui, un comédien italien l'emportera toujours sur un français. Il fait moins de dépenses en habits, sa part est plus grosse, et il ne faut quelquefois qu'une médiocre comédie pour faire rouler toute l'année un comédien italien.

ARLEQUIN.

Je le crois bien : il est aisé de rouler quand on n'a qu'une moitié de carrosse à entretenir. Une cavale et deux roues font tout l'équipage de Pascariel.

COLOMBINE.

Nos équipages seraient aussi superbes que les vôtres, si nous voulions faire des exactions sur le public, *et mettre, comme vous, nos représentations au double.*

ARLEQUIN.

Est-ce qu'un bourgeois doit plaindre 30 sous pour être logé pendant deux heures dans l'hôtel le plus magnifique et le plus doré qui soit à Paris?

COLOMBINE.

Hé, ne nous vantez pas toutes les magnificences de votre hôtel. *Votre théâtre, environné d'une grille de* fer, ressemble plutôt à une prison qu'à un lieu de plaisir. Est-ce pour la santé des jeunes gens qui sortent de la Cornemuse ou de chez Rousseau[1], et pour les empêcher de se jeter dans le parterre, que vous mettez des garde-fous devant eux? Les Italiens donnent un champ libre sur la scène à tout le monde. L'officier vient sur le bord du théâtre étaler impunément aux yeux du marchand la dorure qu'il lui doit encore. L'enfant de famille, sur les frontières de l'orchestre, fait la moue à l'usurier qui ne saurait lui demander le principal ni les intérêts. Le fils, mêlé avec les acteurs, rit de voir son père avaricieux faire le pied de grue dans le parterre, pour lui laisser 15 sols de plus après sa mort. Enfin le Théâtre-Italien est le centre de la liberté, la source de la joie, l'asile des chagrins domestiques; et quand on voit un homme à l'Hôtel de Bourgogne, on peut dire qu'il a laissé tout son chagrin chez lui, pourvu qu'il y ait laissé sa femme[2]. »

On peut trouver que toutes ces raisons en faveur des comédiens italiens ne sont pas également solides. Mais le passage n'en est pas moins curieux; on y voit l'acrimonie des Italiens contre la Troupe française; on y trouve aussi la mention de la grille qui séparait le théâtre du parterre, et de la double balustrade qui enfermait sur la scène les gens du bel air; ce qui prouve que cette double disposition, que nous avons signalée dans l'estampe de Coypel, existait déjà en 1692. Enfin, là et dans quelques

1. Deux cabarets de la rue de l'Ancienne-Comédie. Le *théâtre*, dans ce qui précède, ne peut s'entendre que de la scène même, où s'installaient les *honnêtes gens*.
2. *Les Chinois*, par REGNARD et DUFRESNY, scène dernière.

mots qu'ajoute plus loin Mezzetin [1], nous voyons que le prix des places aux Italiens était le même qu'à la Comédie-Française; que les bénéfices des Italiens étaient sensiblement plus considérables, comme ils le furent encore au siècle suivant; et qu'ainsi, quand ils furent chassés en 1697, la Comédie-Française dut gagner beaucoup à n'avoir plus à redouter une si dangereuse concurrence.

Pour nous en tenir au point qui nous occupe en ce moment, il est bien sûr que les dépenses de costumes devaient être lourdes pour les comédiens français. Toutefois, il est bon de remarquer que les dépenses ne se répétaient pas aussi souvent que l'exigerait aujourd'hui la fidélité du costume. Comme le décor mexicain de *Montezume*, l'habit à la romaine sert à toutes fins : c'est une expression usitée pour désigner le costume antique, tel que l'établissait la convention théâtrale du temps. En effet, dans les registres (sous la Régence encore, à une date où, grâce à Mlle Lecouvreur, on commençait à se préoccuper un peu plus de la vérité du costume), je trouve une mention « de trois habits à la romaine », pour jouer *Œdipe* (ils ne coûtent que 45 francs, mais ils étaient sans doute destinés à des personnages accessoires); « un habit à la romaine », pour *Médée*, etc. On voit que le costume

---

[1]. Un des griefs de Mezzetin contre la Comédie-Française, c'est que: « Ces messieurs-là ne lui rendent jamais juste la passe de sa pièce de quinze sous. » Comme, par un procédé familier à cette fin de règne, on avait haussé les monnaies, et attribué au quart d'écu ou à la pièce de quinze sous une valeur de seize sous, si on ne rendait pas la passe, c'est-à-dire le surplus, c'était un sou de bénéfice que la Comédie-Française prélevait ainsi sur chaque quart d'écu

romain se porte partout, en Grèce aussi bien qu'en Géorgie.

Le chapeau à plumes, ou tout au moins le casque orné de plumes gigantesques, était de rigueur dans les sujets antiques. Genest, dans la pièce de Rotrou, représentant un martyr chrétien devant Dioclétien, met « le chapeau à la main », en adressant sa prière au ciel; et c'était Beaubourg, si je ne me trompe, qui, dans le rôle de *Cinna*, agitait convulsivement son casque à plumes rouges, en prononçant ce vers :

Et sa tête à la main demandant son salaire.

On n'avait pas même l'idée de s'assurer si jamais Romain, dans les habitudes de la vie civile, a porté un casque, comme un pompier de service.

Au reste, ainsi que le remarque M. Celler[1], l'exactitude dans le costume historique est bien récente, et on pourrait ajouter, bien incomplète; elle serait même, en quelques cas, absolument impossible. Prenez pour exemple *Athalie*. Chez les Hébreux, le bas de la robe du grand-prêtre était garnie de clochettes, au nombre de 365, selon saint Clément

destiné à payer une place du parterre. Aussi Mezzetin conclut-il qu'indépendamment des autres raisons qui lui font préférer la troupe italienne, c'est d'abord sa probité scrupuleuse au sujet des pièces de quinze sous, et aussi c'est « qu'elle lui donna gratis la comédie à l'occasion de la prise de Namur ». Dans une autre pièce, *la Coquette*, de Regnard également, on voit qu'alors le parterre était à quinze sous, et le *théâtre* à un écu, comme aux Français.

1. Il rappelle que, vingt ans avant la publication de son livre, on jouait encore le *Misanthrope* avec l'habit pailleté, la poudre, etc. J'ai vu Menjaud jouer le rôle de *Don Juan* avec la redingote à collet, les bottes à revers, genre Faublas, la tenue de rigueur pour le type du séducteur.

d'Alexandrie, représentant celui des jours de l'année[1]. Il est bien sûr que jamais, à cet égard, Joad, dans *Athalie*, ne se conformera en toute rigueur à une exactitude trop scrupuleuse en ce genre. Se figure-t-on cet accompagnement bizarre à la prophétie du grand prêtre : *Cieux, écoutez ma voix...?* Ni les cieux ni la terre ne l'entendraient, et les vers de Racine souffriraient un peu trop de ce carillon.

CHAPITRE VI.

L'ORATEUR, L'AFFICHE. — JOURS ET HEURES DE REPRÉSENTATION.

Les deux principales fonctions de l'*Orateur* sont de faire la harangue et de composer l'affiche. Autrefois, dit Chappuzeau, dans l'une et dans l'autre, ils entretenaient le public du mérite de la pièce qu'on se proposait de représenter la prochaine fois; mais on a fini par s'impatienter de ces éloges toujours suspects, on s'en défie et on ne les tolère plus : « Comme les modes changent, ni dans l'annonce, ni dans l'affiche, il ne se fait plus guère de longs discours, et l'on se contente de nommer simplement à l'assemblée la pièce qui se doit représenter[2] ».

1. Voir *Magasin encyclopédique*, 1806, t. IV, p. 121.
2. P. 229. Cet usage ne s'est plus conservé de nos jours que sur les affiches de province, avec une sorte d'analyse de la pièce, ou des titres qui indiquent le sujet de chaque acte, comme dans les mélodrames. J'ai copié un jour à Versailles, sur les murs du débarcadère, cette annonce de *Polyeucte*, ainsi rédigée, hélas! jusque

De nos jours, la réclame a remplacé l'orateur et ses séduisantes harangues, et la quatrième page des journaux ajoute à l'affiche une publicité qui n'existait pas alors.

Au temps de Chappuzeau, les affiches sont rouges pour l'Hôtel de Bourgogne, vertes pour le théâtre Guénegaud, jaunes pour l'Opéra [1]. Chappuzeau ne dit pas quelle couleur on a laissée aux Italiens.

Au même temps elles ne portent que le nom des auteurs, et seulement depuis le *Pyrame* de Théophile et la *Sylvie* de Mayret [2]. L'usage d'y placer

dans la ville du grand roi. Il faut convenir pourtant que sous sa forme moderne ce résumé étrange est d'une rigoureuse fidélité :

« POLYEUCTE, drame héroïque en cinq actes, par le grand Corneille, etc., etc

« *Acte 1er.* LE SONGE D'UNE ROMAINE.

« *Acte 2.* AMOURS HÉROÏQUES.

« *Acte 3.* SACRILÉGE !...

« *Acte 4.* LE MARTYR.

« *Acte 5.* UN MIRACLE...

1. P. 248. Les affiches, au temps de Scarron, étaient souvent en vers, et Scarron lui-même en rédigea deux, que l'on peut lire dans le recueil de ses poésies.

2. C'est-à-dire vers 1625. Depuis cette époque, dit Sorel, « les poëtes ne firent plus de difficulté de laisser mettre leur nom aux affiches des comédiens, car auparavant on n'y en avait jamais vu aucun ; on y mettait seulement le nom des pièces, et les comédiens annonçaient seulement que leur auteur leur donne une comédie nouvelle de tel nom ». *Bibliothèque française*, p. 183. Ce qu'il y a de sûr, c'est qu'au temps du *Cid* (1636) le nom du poëte était sur l'affiche. L'auteur du *Discours à Cliton* dit au sujet de cette tragédie : « Je n'en connais l'auteur que de nom *et par les affiches des comédiens* » (p. 10). Il paraît même que les affiches donnaient aussi d'habitude d'autres détails, puisque Scudéry, en reprochant à Corneille de n'avoir, après tout, fait qu'une traduction de l'espagnol, remarque que : Ni Mondory, *ni les affiches*, ni l'impression, n'en disent rien. » (*Les fautes remarquables de la tragi-comédie du Cid*, 1637, p. 35.)

aussi le nom des acteurs ne date que de 1789[1].

Un imprimeur en a le privilége. Je trouve dans les registres, à la date du vendredi 31 juillet 1676 : « L'on ne joua point vendredi, à cause de la pièce nouvelle due à l'afficheur. » Il semble qu'il ait refusé d'afficher parce qu'il n'était pas payé[2]. Rien ne prouverait mieux la détresse de l'ancienne troupe de Molière à cette époque, que cette cause forcée de relâche[3].

JOURS DE REPRÉSENTATIONS.

En général, les comédies étaient représentées en été, les tragédies en hiver. Molière aurait eu bien de la peine à se conformer toujours à cet usage, puisqu'il n'avait guère à jouer que ses propres comédies. En effet, un grand nombre de ses pièces

---

[1]. Voir *Revue rétrospective*, 31 janvier 1835, p. 158. Ce n'est guère aussi que dans la seconde moitié du XVIIIe siècle, et encore par exception, qu'on prend l'habitude, en imprimant une pièce de théâtre, d'y joindre la liste des comédiens qui ont joué. Palaprat avait, dès le temps de Louis XIV, proposé cette innovation : « C'est dommage, dit-il, qu'on ne se soit pas avisé, depuis qu'on a commencé d'imprimer tout ce qui se représente sur la scène française, de mettre le nom des comédiens à côté de leur nom de théâtre; *cela nous aurait donné une espèce d'histoire de la comédie et de ceux qui l'animaient*. Je voudrais que la pensée... m'en fût venue plus tôt; j'aurais introduit cet usage dans les comédies, comme il l'est dans les opéras. » *Préface*, p. xxv.

[2]. Il s'agit d'une affiche extraordinaire pour annoncer d'avance *le Triomphe des Dames*, de Th. Corneille, dont la première représentation eut lieu le vendredi suivant et qui obtint assez de succès.

[3]. Mais le passage cité du registre de Guénegaud a été lu autrement par M. Éd. Thierry. D'après l'auteur de l'intéressante Introduction au *Registre* de La Grange (p. xxv, note), les mots « dû (*et non* due) à l'afficheur » ne se rattachent point à ceux qui les précèdent : ils commencent un article de compte dont le chiffre est resté en blanc. (*Note des éditeurs*.)

ont été représentées pour la première fois à Paris, pendant toute la période de l'année qui serait considérée aujourd'hui comme la morte saison [1]. Cela ne les a pas empêchées de réussir. Notons toutefois que cet usage provient sans doute d'un certain préjugé contre la comédie, considérée comme un genre secondaire, et qui n'a pas dû peu contribuer à l'entretenir. La saison des belles recettes et du beau monde lui semblait d'avance interdite.

« Il est bon de remarquer ici que les comédiens n'ouvrent le théâtre que trois jours de la semaine, le vendredi, le dimanche et le mardi, si ce n'est qu'il survienne quelque fête en dehors de ces jours-là, qui ne soit pas du nombre des solennelles. Ces jours ont été choisis avec prudence, le lundi étant le grand ordinaire pour l'Allemagne et pour l'Italie et pour toutes les provinces du royaume qui sont sur la route ; le mecredy (*sic*) et le samedi, jours de marché et d'affaires, où le bourgeois est plus occupé qu'en d'autres ; et le jeudi étant consacré en bien des lieux pour un jour de promenade, surtout aux académies et aux colléges. La première représentation d'une pièce nouvelle se donne toujours le vendredi, pour préparer l'assemblée à se rendre plus grande le dimanche suivant, par les éloges que lui donnent l'annonce et l'affiche [2]. »

---

1. En mars, *les Femmes savantes.*
   En mai, *Fourberies de Scapin.*
   En juin, *Cocu, École des maris, Misanthrope.*
   En juillet, *Psyché, Comtesse d'Escarbagnas.*
   En août, *Médecin malgré lui, Tartuffe.*
   En septembre, *Amour médecin, Avare.*
2. Chappuzeau, p. 92.

« Au commencement de l'année dernière 1673, avant la jonction des troupes du Palais-Royal et du Marais et le départ des comédiens italiens pour l'Angleterre, d'où ils reviendront dans peu, Paris donnait régulièrement toutes les semaines *seize* spectacles publics, dont les trois troupes de comédiens français en fournissaient *neuf*, l'italienne *quatre*, et l'Opéra *trois*, ce nombre s'augmentant quand il tombait quelque fête dans la semaine hors du rang des solennelles [1]. »

L'Hôtel de Bourgogne jouait les dimanche, mardi et vendredi. Le succès de *Camma*, pièce de Thomas Corneille (1661), les détermina à la jouer aussi le jeudi, et depuis ils jouèrent aussi quatre fois par semaine, quand ils avaient une pièce nouvelle bien accueillie [2].

Quant aux heures de représentation, elles ont singulièrement varié. Au commencement du siècle, les représentations avaient lieu de jour. Une ordonnance de novembre 1609 interdit, sous Henri IV, de prolonger le spectacle passé quatre heures et demie, « depuis la Saint-Martin jusqu'au 15 février. » On devra commencer à deux heures.

Sous Louis XIII, on commençait en général à trois heures.

Sous Louis XIV, enfin, deux causes contribuèrent à retarder les heures des représentations : d'abord l'ordre donné à l'Hôtel de Bourgogne, sur les réclamations du curé de Saint-Eustache, de ne commencer qu'après les vêpres, et ensuite l'habitude de

1. Chappuzeau, p. 211.
2. *Anecdotes dramatiques*, tome I, p. 168.

dîner, non plus à midi, comme dans la jeunesse de Boileau, mais beaucoup plus tard. Louis XIV dînait à midi, et les courtisans, se faisant un devoir d'assister à ce repas, furent obligés de retarder l'heure de leur propre dîner : usage qui fut imité par la bourgeoisie. L'heure des spectacles s'en trouva forcément aussi retardée.

Il était toujours censé que l'ordonnance qui fixait l'heure de la représentation à deux heures restait en vigueur; mais, dans le fait, on commençait beaucoup plus tard. On voit toutefois qu'en 1668, cinq heures était une heure assez tardive pour le lever du rideau. Dans le *Poëte basque*, de Poisson, joué à cette date à l'Hôtel de Bourgogne, Mlle Brécourt dit :

> Hô! comment donc, messieurs? Que voulez-vous donc dire?
> Tous les passe-volants veulent s'en retourner [1],
> Et c'est se moquer d'eux : cinq heures vont sonner.

1. « On appelait passe-volants, dit M. V. Fournel, de faux soldats qui venaient remplir les cadres dans les revues pour tromper les commissaires examinateurs, et toucher la paye au profit du capitaine. Ici, Mlle Brécourt veut évidemment parler des spectateurs de *louage* mêlés au vrai public pour remplir les vides, et sans doute aussi pour payer leur écot en applaudissements. » *Les Contemporains de Molière*, tome Ier, p. 450. On peut douter de cette explication. N'étaient-ils pas plutôt destinés à simuler l'affluence et à faire prendre patience aux spectateurs payants? On attendait que la salle fût pleine pour commencer, et peut-être alors le rôle des passe-volants était-il fini. J'ai vu dans mon enfance un usage analogue : quand il existait encore des *berlingots* pour les environs de Paris, on ne partait que quand la voiture était complète, et pour allécher les badauds, les conducteurs plaçaient sur le siége des amis qui s'esquivaient ensuite, quand leur présence n'était plus nécessaire.

Mais on voit que c'était grâce à un retard causé par des accidents imprévus, qu'on devait commencer à quatre heures, que l'affiche même annonçait le spectacle pour *deux heures précises*, et quand un provincial se plaint de ce que l'affiche trompe ainsi le public, Mlle Poisson lui répond que *depuis longtemps le placard* (c'est-à-dire l'affiche) *chante la même chose*, que l'on commencerait en effet à deux heures, *si le monde venait*, et qu'on est dans l'usage d'attendre que la salle se remplisse.

Cependant, cette heure, — cinq heures, — semble avoir fini par être l'heure ordinaire. Il faut remarquer, de plus, que pendant la première moitié du règne, l'usage étant de ne jouer, en général, qu'une pièce en cinq actes, tout au plus avec l'adjonction d'une petite pièce, les représentations duraient moins qu'aujourd'hui. Boursault dit quelque part qu'il était *sept heures sonnées* quand il sortit de la première représentation de *Britannicus*[1]. On doit supposer par là que cette heure, pour les représentations ordinaires, n'était guère dépassée.

En 1713, l'Opéra devait commencer à cinq heures un quart, heure précise ; le règlement de cette date porte que tout le monde doit être à son poste à cinq heures, pour commencer un quart d'heure après.

---

1. Voir le début d'*Artémise et Poliante,* petit roman de Boursault.

CHAPITRE VII.

RÉCEPTION DES PIÈCES,
DISTRIBUTION DES RÔLES, PARTAGE DES BÉNÉFICES.

Il n'y a rien, à cette date, qui ressemble à un comité de lecture ; ce sont les comédiens assemblés qui acceptent ou rejettent les pièces. Chappuzeau fait remarquer qu'ils sont plus aptes que tout autre juge à déterminer le mérite d'une pièce ; ils sont intéressés de plus à recevoir celles qui leur vaudront honneur et profit. Toutefois il existait un inconvénient dont son optimisme ne paraît pas s'être préoccupé : c'est que la troupe contenant toujours alors des comédiens qui étaient en même temps auteurs, les auteurs peuvent avoir à craindre de leur part des rivalités de profession, et aussi, dans certains cas, être obligés de subir leur collaboration : c'est ce qui est souvent arrivé, au temps de Dancourt, qui paraît à l'égard des auteurs avoir un peu abusé de sa situation.

Quant à la distribution des rôles, les acteurs, dit Chappuzeau, ne causent guère d'embarras ; mais pour les actrices, c'est autre chose : « Comme il n'y en a pas une qui ne soit bien aise de passer toujours pour jeune[1], elles ne s'empressent pas beaucoup à

---

1. BOINDIN, dans ses *Lettres sur les Spectacles*, dit qu'il aurait bien voulu offrir au public quelques renseignements précis sur l'âge des acteurs et des actrices. Mais pour ces dernières, comment

représenter des Sisygambis. Il est de l'art du poëte de ne produire des mères que dans un bel âge, et de ne leur pas donner des fils qui puissent les convaincre d'avoir plus de quarante ans. Pour dire les choses comme elles sont, et à la comédie, et partout ailleurs, il y a de la peine à régler les femmes; et les hommes en donnent moins[1] ».

Il faut ajouter que les rôles de vieille femme pendant tout le xviie siècle étaient joués par des hommes[2]. Hubert créa quelques-uns de ces rôles dans la troupe de Molière. Mais après lui tous ces rôles furent remplis par des femmes.

Pour la distribution des bénéfices, elle se faisait, au commencement du règne, en famille, et de la façon la plus simple, à la suite de chaque représentation.

« La comédie achevée et le monde retiré, les comédiens font tous les soirs le compte de la recette du jour, où chacun peut assister, mais où, d'office, doivent se trouver le trésorier, le secrétaire et le contrôleur, l'argent leur étant apporté par le receveur du bureau. L'argent compté, on lève d'abord les frais journaliers, et quelquefois en de certains cas, ou pour acquitter une dette peu à peu,

---

le savoir? S'adresser à chacune d'elles? Elles se rajeuniront. A leurs camarades? Elles les vieilliront au contraire dans la même proportion. Tout réfléchi, il vaut mieux s'abstenir.

1. P. 125.

2. « La Rancune, dit Scarron dans le *Roman comique*, du temps qu'on en était réduit aux pièces de Hardy, jouait en fausset et sous le masque les rôles de nourrice. » (*Livre I, ch.* v.) Il y avait eu, vers 1634, à l'Hôtel de Bourgogne un acteur du nom d'*Alizon*, qui jouait les rôles de servante (V. Frères PARFAICT, t. V, p. 94.)

ou pour faire quelque avance nécessaire, on lève ensuite la somme qu'on a réglée. Ces articles mis à part, ce qui reste de liquide est partagé sur-le-champ et chacun emporte ce qui lui convient[1]. »

C'est ce que Corneille a mis en scène dans son *Illusion comique*[2]. « Tous les comédiens paraissent avec leur portier; ils comptent de l'argent sur une table, et prennent chacun leur part. »

Plus tard la comptabilité fut établie d'une façon moins simple et plus administrative[3].

1. P. 171. Je suppose que Chappuzeau a voulu dire : *ce qui lui revient*.
2. Acte V, scène 5.
3. Voici comment Boindin, p. 6 de sa première lettre historique sur la Comédie-Française, explique l'organisation de la société :
« Cet hôtel appartient aux comédiens présents, parce que, à mesure qu'il en meurt ou qu'il s'en retire quelqu'un, ceux qui restent remboursent à ceux-ci ou à leurs héritiers le fonds qu'ils avaient acquis sur l'hôtel qui se monte à la somme de 13,200 livres chacun, et les nouveaux venus sont dans l'obligation d'acquérir le même fonds au prorata de ce qu'ils ont : c'est-à-dire que celui qui n'a qu'un quart de part n'acquiert que le quart de 13,200 livres qui est 3,300 livres, celui qui a demi-part, 6,600 livres, et ainsi à proportion. Mais comme il arrive rarement qu'un nouveau venu soit en état de faire ce remboursement, on lui retient la moitié de ce qu'il partage, jusqu'à ce qu'il ait acquitté ce fonds, lui faisant payer l'intérêt de la somme qui lui reste à remplir. Quand une fois il a part entière et qu'il a acquis les 13,200 livres de fonds sur l'hôtel, non-seulement on ne lui retient plus rien sur ce qu'il gagne, mais on lui paye l'intérêt de son fonds qui se monte, suivant l'accord fait entre eux, à 80 livres par mois, et c'est pour lors qu'un comédien peut vivre à son aise, et qu'il n'a plus autre chose à désirer que de jouir longtemps de cet avantage. » La lettre de Boindin est de 1719; mais l'organisation qu'il décrit est bien antérieure. A cette date comme précédemment il y avait vingt-trois parts (en janvier 1718 la troupe était de vingt-sept personnes).

OFFICIERS DU THÉATRE.

« Les officiers dont j'ai maintenant à parler doivent se distinguer en deux classes. Il y a de hauts-officiers qui sont ordinairement du corps de la troupe, qui ne tirent point de gages, et qui se contentent de l'honneur de leurs charges, et de l'estime qu'on fait de leur probité. Ce sont *le trésorier, le secrétaire, le contrôleur.* Il y a aussi de bas-officiers, tirant gages de la troupe qui sont *le concierge, le copiste, les violons, le receveur au bureau, les contrôleurs des portes, les décorateurs ; les assistants, les ouvreurs de loges, de théâtre et d'amphithéâtre, le chandelier ; l'imprimeur et l'afficheur.* A quoi l'on pourrait ajouter les distributrices de limonades et autres liqueurs qui ne tirent point de gages, mais qui payent plutôt un gros tribut à l'État, à moins que, par une faveur singulière, on ne les en veuille décharger[1]. »

Ces différentes dénominations portent avec elles leur définition. Seulement le *copiste* cumule avec sa fonction de copier les rôles celui de *tenir la pièce,* « ce qui, dans le style des colléges, s'appelle *souffler* ». Ce souffleur est à une des ailes du théâtre, selon Chappuzeau. Dans *le Comédien poëte,* de Montfleury et Thomas Corneille (1674), on lit : « Je m'en vais *derrière le théâtre* pour tenir la pièce et souffler, s'il est besoin. » *Derrière le théâtre,* c'est-à-dire derrière les acteurs et les spectateurs placés sur la scène. On voit par le prologue du *Grondeur* que c'était parfois l'auteur lui-même qui faisait les fonctions de souf-

---

1. Chappuzeau, p. 231.

fleur, aux premières représentations du moins. Cependant ces fonctions ne tardèrent pas à devenir régulières. Il y eut alors même une *souffleuse*; c'était Mlle de Longchamps, *autrice* d'une petite pièce, *Titapapouf*[1].

Les violons sont d'ordinaire au nombre de six[2]; on a tenté d'en augmenter le nombre; mais Lulli y a mis bon ordre. Fort de son privilége de l'*opéra*, il a vu là une concurrence, et l'a fait interdire[3]. « Depuis peu on met les violons, dit Chappuzeau, dans une des loges du fond, d'où ils font plus de bruit que de tout autre lieu où on les pourrait placer. »

Les décorateurs, au nombre de deux, doivent se pourvoir de *deux moucheurs*, « s'ils ne veulent s'employer eux-mêmes à cet office,... l'un mouche le devant du théâtre, et l'autre le fond. » Il leur est recommandé de moucher « avec propreté pour ne pas donner de mauvaise odeur ». Ils sont chargés, en outre, de veiller au feu et de tenir toujours prêts des tonneaux pleins d'eau et un grand nombre de

---

1. C'est le terme dont se sert le registre. *Titapapouf* lui a rapporté seulement 27 livres, « pour parts d'autrice ». Le souffleur est payé à la journée. — « 13 nov. 1681, payé à celui qui tient la pièce, 86 journées. »

2. On voit qu'à un moment, et après la mort de Lulli (1687), on en avait hasardé un septième. Mais par délibération du mois de décembre 1689, il est supprimé. C'était une infraction positive à l'ordonnance réglant le nombre de musiciens que les comédiens peuvent avoir, avril 1673, *Corr. de Colbert*, t. V, p. 515.

3. Même au siècle suivant, le Théâtre-Français n'avait encore droit qu'à *six symphonistes* « trois dessus de violon, un hautbois, deux basses ». BOINDIN, *Lettres historiques sur les théâtres*, 1719, p. 10.

seaux. (Les pompiers n'étaient pas encore inventés; ils datent de la régence, époque d'initiative)[1]. En récompense de ces soins assez compliqués, les décorateurs ont pour profit les bouts de chandelles qui restent après la représentation. Dans les circonstances extraordinaires où le roi vient voir ses comédiens, il y a des bougies, et ce sont ses officiers qui les fournissent. Il faut dire que c'est seulement dans les premières années de son règne que le roi vient à la comédie; plus tard il la fait toujours venir chez lui.

Quant aux distributrices de liqueurs et de confitures, elles tiennent en été toutes sortes de liqueurs rafraîchissantes, des confitures sèches, des citrons, des oranges de la Chine; l'hiver, « des liqueurs qui réchauffent l'estomac », des rossolis de toutes sortes[2],

---

[1]. En 1716 et 1722. L'institution est encore bien imparfaite à cette date. Il y en a soixante pour tout Paris, servant trente pompes. Une de ces pompes doit être établie à la Comédie-Française. (V. Félibien, *preuves*, tome II, p. 507.)

[2]. Voir dans le *Journal de la santé de Louis XIV* la composition du *rossolis du roi*, breuvage stomachique qu'il prenait tous les soirs, et qui était fort nécessaire à ce monarque grand mangeur et *égal*, comme dit Saint-Simon. La Palatine, duchesse d'Orléans, dit dans ses lettres : « J'ai vu souvent le roi manger quatre assiettées de soupes diverses, un faisan entier, une perdrix, une grande assiettée de salade, du mouton au jus et à l'ail, deux bonnes tranches de jambon, une assiettée de pâtisserie et puis encore des fruits et des confitures. » Les jours de diète, dans sa vieillesse, quand il était obligé de se ménager, voici quel était son régime, en 1708 (selon Fagon, son médecin) : « Le vendredi, le roi voulut bien qu'on ne lui servit à dîner que des croûtes, un potage aux pigeons et trois poulets rôtis... Le lendemain, il fut servi comme le jour précédent, les croûtes, un potage avec une volaille, et trois poulets rôtis *dont il mangea, comme le vendredi, quatre*

des vins d'Espagne, de Rivesalte, etc. Et Chappuzeau constate encore ici que « tout va de mieux en mieux; » car il a vu le temps où l'on ne tenait dans les mêmes lieux que de la bière et de la simple tisane, « sans distiction de romaine ni de citronnée. » Qu'eût-il dit s'il avait vu plus tard les distributrices, au moins à l'Opéra, ajouter à ces liqueurs et à ces confitures, des truffes[1]?

Quand le Théâtre-Français fut transporté rue des Fossés-Saint-Germain (rue de l'Ancienne-Comédie), il se trouva placé entre deux cabarets, ceux de *Cormier* et de *l'Alliance*, dont il est souvent question alors et où on allait souvent s'abreuver[2]. Cependant, dès 1689, Procope, d'abord installé à la foire Saint-Germain, était venu établir le café qui porte son nom et qui devint, surtout au temps de la régence et depuis, le rendez-vous ordinaire des auteurs, une sorte d'académie au petit pied. Son fils et successeur s'intéressait, paraît-il, aux choses du théâtre :

ailes, les blancs et une cuisse. » Si tel était son régime les jours de diète, on conçoit la nécessité du rossolis, composé de *vin d'Espagne*, où l'on avait fait infuser *anis, fenouil, anet, chervis, semence de carotte, coriandre*, et sucré avec du *sucre candi* dissous dans l'eau de *camomille*. Il est à croire que le rossolis de la comédie ne contenait pas tout à fait autant d'ingrédients.

1. « Presque tout le monde a été attaqué du rhume cet hiver, de façon qu'à l'Opéra, au lieu d'offrir des liqueurs fraîches et des truffes comme à l'ordinaire, le limonadier offre et vend de la pâte de guimauve. » *Journal de l'avocat* BARBIER, février 1733.

2. Avant cette translation, on trouve sur les registres la mention de « frais extraordinaires », tels que ceux-ci : « 20 avril 1686, cabaret, verres et pipes, 4ᴸ 10ˢ. » Des pipes! quelques comédiens avaient-ils à cette date l'habitude que Tallemant semble trouver monstrueuse, celle de *pétuner?* Parmi les originalités de Crébillon, on remarqua plus tard celle-là.

dans un registre de la comédie on trouve l'indication « d'un bail passé avec Alexandre Procope, le 7 décembre 1716, d'une loge dans la salle pour l'espace de neuf années, moyennant 1,200 livres par an ». 1,200 livres par an, pour un limonadier, c'était assez grand seigneur.

CHAPITRE VIII.

POLICE DU THÉATRE.

Pendant la plus grande partie du règne de Louis XIV, la police du théâtre laissa toujours beaucoup à désirer. On sait que les troubles y étaient fréquents, et les ordonnances à ce sujet se répètent sans avoir beaucoup d'effet. L'usage de porter l'épée y multipliait les scènes sanglantes : dès le règne de Louis XIII, en 1641, il est défendu aux laquais « de porter épées, dagues ni pistolets à la suite de leurs maîtres, et particulièrement à l'Hôtel de Bourgogne, Marais-du-Temple, et autres lieux où sont permis les divertissements publics de la comédie[1] ».

Mais les plus scandaleux désordres n'étaient pas causés par les laquais, comme on tâchait adroitement de le faire croire pour piquer d'honneur sans doute leurs complices de plus haut rang. Ils venaient surtout de la maison du roi qui avait la prétention d'entrer au théâtre sans payer, et surtout des mousquetaires, corps très-remuant, et qui sem-

---

1. *Gazette*, 1641, n° 10, p. 43.

blait tenir à honneur d'intervenir dans toutes les occasions de tapage, même ailleurs qu'à la comédie. En 1661 on voit quelques mousquetaires appartenant à la religion réformée se mêler à un tumulte qui eut lieu au temple de Charenton, et y réinstaller un pasteur interdit par le consistoire. Le gouvernement en profite pour rayer tous les mousquetaires protestants de ce corps privilégié. Mais ce qui est un peu plus grave que ces désordres, c'est le fait que nous racontent MM. de Villiers, en 1659, des comtes de Rochefort et de Montrevert, « volés à la porte Chaillot par dix-huit mousquetaires qui arrêtent leur carrosse [1] ». On se figure aisément comment ils se conduisaient ailleurs, et surtout à la comédie. Il n'y est question que de scènes de violence, de portiers tués, etc. Enfin Molière obtient de Louis XIV la suppression des entrées gratuites à son théâtre pour les gens de la maison du roi. Nouveau tumulte ; ils forcent l'entrée après avoir tué le portier, chacun de « ces furieux » en entrant lui donnant un coup d'épée. On peut voir ce récit dans Grimarest ; mais l'ordre du roi fut maintenu [2].

---

1. Voyage de MM. de Villiers à Paris, page 455. Au reste, ces désordres étaient fort ordinaires alors; les moines même s'en mêlaient. L'archevêque d'Aix, Cosnac, nous raconte dans ses *Mémoires* (tome I, p. 45) qu'à l'occasion de quelques troubles, « tous les cordeliers furent mis dans un bateau et bannis de Bordeaux. La première nuit ils pillèrent le village où ils couchèrent et y causèrent beaucoup plus de dommages que les soldats les plus déterminés n'auraient pu faire ».

2. M. Campardon a publié, en 1871, des *Documents inédits* sur Molière, découverts par lui aux Archives, et où l'on trouve la mention de ces désordres répétés. Par exemple, Molière étant en scène

Ce qui donne une idée médiocre du respect qu'on avait pour les ordres du roi, malgré la rigueur des ordonnances, c'est le passage suivant de celle qui installait la troupe du roi à l'Hôtel Guénegaud :

« Défenses sont faites à tous vagabonds et gens sans aveu, même à tous soldats et autres personnes de quelque qualité et condition qu'elles soient, de s'attrouper, s'assembler au-devant et ès-environs du lieu où lesdites comédies et divertissements honnêtes seront représentés, d'y porter aucunes armes à feu, de faire effort pour y entrer, d'y tirer l'épée et de commettre aucune autre violence, ou d'exciter aucun trouble, soit au dedans ou au dehors, *à peine de la vie...* »

Ces derniers mots paraissent bien durs. Et cependant on trouve encore mentionnés divers désordres causés par les intraitables mousquetaires, même à une époque où les efforts du lieutenant de police La Reynie avaient établi partout un peu plus d'ordre. A la suite d'un « désordre causé par les mousquetaires », le 12 janvier 1684, le roi est obligé de renouveler « ses très-expresses inhibitions et défenses à toutes personnes de quelque qualité et condition qu'elles soient, même aux officiers de sa maison, ses gardes, gens-d'armes, chevau-légers, mousquetaires et tous autres, d'entrer à la comédie sans payer ; comme aussi à tous ceux qui y seront entrés d'y faire aucun désordre, ni interrompre les comédies en quelque sorte et manière que ce soit[1] ».

---

un soir dans *l'Amour médecin*, « il fut jeté du parterre le gros bout d'une pipe à fumer sur le théâtre ». P. 34.

1. *Registres de la Comédie,* samedi 10 février 1684; l'ordon-

Malgré ces injonctions solennelles de ce roi qu'on croit avoir été si obéi et qui l'était si peu même des gens de sa maison, il y a encore du bruit à la Comédie le 6 novembre 1691 : la représentation est interrompue; « on a rendu tout l'argent qui avait été reçu, et même davantage; » on est deux jours encore sans jouer, « parce qu'on est allé au roi et à M. de La Reynie pour avoir de nouveaux ordres pour la sûreté publique ». Il est vrai qu'on est depuis quelque temps dans la rue qui sera celle de l'Ancienne-Comédie, et que, si l'on en croit Palaprat, la Comédie a deux voisinages dangereux; elle est située entre deux cabarets :

Il revient du Cormier, il sort de l'Alliance
Fort peu d'approbateurs et beaucoup de sifflets [1].

C'est du reste en général sous cette forme adoucie du sifflet que le tapage, qui se terminait jadis d'une façon souvent tragique, semble se manifester désormais. Notons pourtant quelques excentricités que mentionne dans les dernières années du règne le lieutenant de police qui a succédé à La Reynie, M. d'Argenson[2]. Tantôt c'est un abbé insulté à la Comédie « dans les mêmes termes dont le parterre a si souvent retenti »; — tantôt, c'est *M. de Creil,* mousquetaire de

nance est contre-signée Colbert et suivie de cette note : « Il est ordonné à Pasquier, juré crieur du roi, de publier et faire afficher la présente ordonnance en tous les carrefours et places publiques de cette ville. » Signé : « LA REYNIE. »
1. Prologue du *Grondeur.*
2. *Notes de René d'Argenson,* collection L. Larchey et Mabille, 1866.

la seconde compagnie, qui se distingue au milieu du tapage, incident que nous avons rappelé plus haut, excité par la présence d'un chien danois amené *sur le théâtre* par M. le marquis de Livry fils. Une autre fois deux mousquetaires interrompent la comédie en frappant sur une bassinoire; ou bien trois autres perturbateurs (ce sont toujours des mousquetaires et encore parmi eux M. de Creil) qui prétendent entrer à la Comédie sans payer. « Les deux premiers mirent pour cela l'épée à la main et parlèrent des ordres du roi dans des termes peu convenables. Il est vrai que le vin eut beaucoup plus de part à cette insulte que la réflexion. » Cette note de d'Argenson confirme l'assertion de Palaprat au sujet du dangereux voisinage du *Cormier* et de *l'Alliance*. Mais, sous la ferme main du nouveau lieutenant de police, ces troubles deviennent plus rares. Il y avait déjà quelque temps que l'usage du sifflet avait été interdit, et lui-même nous apprend que le terrible Creil, de la seconde compagnie des mousquetaires, deux fois signalé par lui, était de ceux « qui regrettaient fort le temps des sifflets. »

La nécessité de faire surveiller les mousquetaires par leurs officiers, engendra un autre abus : c'est que sous ce prétexte les officiers prétendaient entrer à l'Opéra sans payer. Pontchartrain écrit : « J'avertirai les commandants des mousquetaires qu'il n'aille point à l'Opéra un nombre d'officiers au delà de ce qui est nécessaire pour contenir les mousquetaires[1]. » On voit qu'il fallait aussi surveiller les surveillants.

---

1. *Correspondance administrative*, lettre du 18 octobre 1701.

LES SIFFLETS.

L'usage de siffler au théâtre n'est pas aussi ancien qu'on pourrait le croire. On ne sait pas au juste quand il s'est introduit. Selon une note de M. de Tralage, citée par les frères Parfaict, l'honneur d'avoir provoqué le premier ce genre de manifestation reviendrait à Thomas Corneille : sa pièce du *Baron des Fondrières*, représentée une seule fois en 1688, serait la première où on aurait entendu des sifflets au parterre. Selon l'épigramme si connue de Racine sur l'origine des sifflets, elle serait plus ancienne : elle daterait de « l'*Aspar*, du sieur de Fontenelle », tombé le 27 décembre 1680. Fontenelle vivait encore à l'époque de la publication de l'ouvrage des frères Parfaict, et nous remarquerons en passant que, soit pour ne pas mécontenter une puissance (Fontenelle était censeur de la librairie), soit pour ne pas contrister inutilement un vieillard, ces historiens, si complets d'ordinaire, ne soufflent mot de l'*Aspar* à l'année 1680 [1].

---

[1]. Ils n'en parlent pas davantage dans leur *Dictionnaire des théâtres*, achevé en 1749, mais publié seulement vingt ans plus tard. A l'article *Fontenelle*, ils donnent la liste de ses pièces : rien de l'*Aspar*, resté pourtant assez célèbre par l'épigramme de Racine et par les couplets (attribués également à Racine) sur les adieux de Fontenelle à la ville de Paris, après la chute d'*Aspar* :

> Adieu, ville peu courtoise,
> Où je crus être adoré !
> Aspar est désespéré.
> Le poulailler de Pontoise
> Me doit remener demain
> Voir ma famille bourgeoise

Quoi qu'il en soit, que l'inauguration des sifflets soit due à une comédie de Thomas ou à une tragédie de son neveu, la date est à peu près la même, et cela d'ailleurs ne sort pas de la famille.

Il est plus que probable du reste que, si l'on ne sifflait pas encore les auteurs avant cette date, on sifflait déjà depuis longtemps les comédiens. « Ne m'ennuie pas davantage, si tu ne veux être sifflé comme un mauvais comédien. » Cet exemple, emprunté à Perrot d'Ablancourt (mort en 1664) par Furetière[1], semble attester l'ancienneté de cet usage, à moins qu'on ne prenne le mot *siffler* dans le sens figuré où l'employait Boileau, quand il annonçait l'intention de

Faire siffler Cotin chez nos derniers neveux.

Après tout, le sifflet, remplaçant les pommes cuites et autres projectiles dont Pradon avait eu à souffrir, pouvait passer pour un progrès.

Me doit remener demain
Un bâton blanc à la main.

Mon aventure est étrange,
On m'adorait à Rouen ;
Dans le *Mercure galant*
J'avais plus d'esprit qu'un ange ;
Cependant je pars demain
Sans argent et sans louange,
Cependant je pars demain
Un bâton blanc à la main.

Aspar, joué le 27 décembre 1680, le fut encore avec *les Précieuses* le 1er janvier suivant. L'adjonction des *Précieuses* à la pièce du précieux *Cidias* n'était-elle pas une épigramme des comédiens ?

1. Au mot *siffler* de son dictionnaire.

Les auteurs du temps ne paraissaient pas toutefois avoir été très-sensibles à cette modification. Le public, au moment où l'usage du sifflet s'introduisit, était devenu malheureusement très-sévère : il n'avait plus ni Corneille, ni Molière, ni Racine, et il paraît avoir abusé du sifflet à l'égard de leurs successeurs. Palaprat, dans le prologue du *Grondeur* qui subit d'abord une chute assez rude, s'en plaint assez aigrement :

> Vous sifflez d'une manière
> A désespérer les gens.
> Ou ressuscitez Molière,
> Ou soyez plus indulgents.

De Visé, que l'on sifflait aussi alors et avec plus de raison, après avoir montré pour lui plus d'indulgence, s'élève aussi dans son *Mercure galant*[1] contre cette mode déplorable. Il prétend que le parterre siffle pour le plaisir, et « parce qu'il trouve ce désordre plus divertissant que tout ce qu'il pourrait entendre ». Ce qui pouvait bien être vrai, surtout quand on jouait des pièces de M. de Visé.

Cette rage de siffler, qui s'empare du public entre 1680 et 1700 environ, et que de Visé ainsi que les autres intéressés trouvent absolument inconcevable, aurait cependant une explication naturelle dans la pauvreté des pièces jouées pendant cette période, sauf celles de Dancourt qui réussirent presque toutes. Vers 1700 jusqu'à la fin du règne, il y eut une sorte de renaissance de la comédie avec Dufresny, Regnard et Le Sage, de la tragédie plus

---

1. *Mercure*, décembre 1694.

tard avec Crébillon. Sauf Le Sage, on ne voit pas que ces divers écrivains aient eu le droit de se plaindre des sévérités ou de l'indifférence du parterre.

Il faut dire aussi que l'autorité s'en était mêlée. En 1690, le sifflet avait été interdit à propos d'un opéra d'*Orphée*, sifflé à l'Opéra. Le public tint bon pourtant :

> Non, non, je sifflerai ; l'on ne m'a pas coupé
> Le sifflet,

disait un rondeau qui circula alors. La répression était pourtant assez sévère. En 1696, Pontchartrain écrit à la Reynie de renouveler la défense de siffler; il lui annonce que, la nouvelle ordonnance une fois publiée, il fera des exemples, et enverra les siffleurs à l'Hôpital général. On voit un nommé Caraque mis en prison pour avoir sifflé à la Comédie : il y resta trois semaines[1]. Il est relâché enfin par ordre du roi. Il paraît du reste que cette manie de siffler était devenue contagieuse, et menaçait de s'étendre hors du théâtre; Pontchartrain écrit au lieutenant de police : « Thierry, que je vous avais écrit de mettre en liberté, parce qu'il avait sifflé à la Comédie, a été arrêté, à ce que m'écrit le sieur Desperriers, pour avoir sifflé dans l'école de droit. Dans l'un ou dans l'autre cas, le roi veut que vous le fassiez mettre incessamment en liberté[2]! » On peut trouver que le roi et son ministre intervenaient dans de bien petites choses; mais au moins

---

1. Depping, *Correspondance administrative pendant le règne de Louis XIV*, t. II, p. 721.
2. *Ibid.*, lettre du 18 janvier 1699.

était-ce dans le sens de l'indulgence. C'est assez l'ordinaire, nous l'avons dit, sous tout régime absolu; les subalternes sont toujours les plus rigoureux, et laissent volontiers à leurs maîtres tout l'honneur d'un libéralisme relatif.

CHAPITRE IX.

LA CENSURE.

On comprend qu'en présence des tracasseries de toute espèce que la comédie et les comédiens avaient à subir sous Louis XIV, il est un peu puéril de se demander quand la censure dramatique a été instituée. En fait elle a toujours existé; mais son institution officielle date de 1702; ce fut à l'occasion d'une pièce de Boindin (depuis académicien), le *Bal d'Auteuil*. « Deux filles travesties en hommes, dit Boindin lui-même, trompées toutes deux par leur déguisement, et se croyant mutuellement d'un sexe différent, se faisaient des avances réciproques et des agaceries qui parurent suspectes ou du moins équivoques à la princesse Palatine. » La duchesse d'Orléans y vit ce que M. Hallays-Dabot, auteur d'une histoire de la censure dramatique, appelle une *situation lesbienne*. Ces travestissements étaient pourtant fort usités au théâtre antérieurement, et il ne semble pas qu'on y vît rien de *lesbien*. Mais, à en juger par la correspondance de la princesse Palatine elle-même, les mœurs de la cour en 1702, sous une apparente dévotion, étaient devenues telles, que ce qui avait paru plus bizarre qu'indécent dans

le *Dépit amoureux* ne semblait plus pouvoir être
toléré. La duchesse s'en plaignit au roi. Il fut décidé qu'à l'avenir les pièces ne seraient jouées
qu'après avoir été soumises à l'examen d'un censeur [1]. Mais en fait la censure avait toujours existé,
soit pour les livres, soit pour le théâtre.

Si on en croit une tradition rapportée par Charles
Nodier [2] qui, du reste, ne la garantit point, le premier qui aurait exercé un droit d'examen absolu
sur les livres aurait été Bluet d'Arbères. Ce serait
le prototype du genre : il avertit lui-même le public
« qu'il ne sçait ni lire ni escrire, et n'y a jamais
apprins ». Peut-être ne jugeait-il pas pour cela plus
mal que ses successeurs. Il faisait lui-même des
livres sous le nom de *Comte de Permission*. Selon
Prosper Marchand, il aurait été « une espèce d'ad-
ministrateur de la librairie ou d'examinateur des
ouvrages à publier sous l'autorité du chancelier. »
Un censeur qui ne sait ni lire ni écrire, ce serait
l'idéal : aveugle comme la Justice !

La censure pour les livres aurait donc précédé,
au moins officiellement, l'établissement de la censure dramatique ; mais en fait celle-ci n'avait guère
besoin que d'être régularisée. Tout le monde avait

---

1. Elles étaient déjà soumises au lieutenant de police : « Sa Majesté
veut que vous avertissiez les comédiens qu'elle ne veut pas qu'ils
représentent aucune pièce nouvelle qu'ils ne vous l'aient auparavant communiquée ; son intention étant qu'ils n'en puissent représenter aucune qui ne soit dans la dernière pureté. » (Lettre de
Pontchartrain à d'Argenson, lieutenant de police, du 31 mars 1701,
Depping, *Correspondance administrative*, t. II, p. 429.

2. *Bulletin du bibliophile*, novembre 1835, p. 37. Voir Prosper
Marchand, *Dictionnaire*, p. 203.

barre sur les comédiens; c'était l'arbitraire pur et simple. Selon le caprice ou le tempérament de ceux qui croyaient avoir à se plaindre d'eux, ils trouvaient l'indulgence ou la rigueur. On a souvent raconté l'anecdote de Henri IV, assistant avec la reine et toute la cour à une comédie italienne de l'Hôtel de Bourgogne, où la justice du temps était assez mal traitée; le roi y avait aussi sa part. Il ne fit qu'en rire, et lorsque les magistrats, se prétendant injuriés, eurent fait arrêter les acteurs, le roi les appela *sots,* fit relâcher les comédiens, disant que pour ce qui le regardait, il leur pardonnait de bon cœur, parce qu'ils l'avaient fait rire, « voire jusqu'aux larmes [1] ». Quelquefois même c'était les princes eux-mêmes qui encourageaient les comédiens à risquer ces personnalités dangereuses. On sait que ce fut Louis XIV qui désigna à Molière le type du chasseur déterminé dans les *Fâcheux,* copié d'après M. de Soyecour, et Tallemant des Réaux nous raconte une plaisanterie improvisée, que les gens du duc d'Orléans suggérèrent aux comédiens du Marais contre un de ses parents, M. Tallemant, conseiller au grand conseil, marié avec une fille du financier Montauron : « M. d'Orléans étant aux comédiens du Marais, quelqu'un fut assez sot pour dire qu'on attendait M. de Montauron. Les gens de M. d'Orléans le firent jouer à la farce, et il y avait une fille à la Montauron, qu'on disait être mariée *Tallemant quellement*[2]. » On sait ce que Molière se permit devant

1. Voir le journal de *l'Estoile* à la date du 26 janvier 1607.
2. T. VIII. p. 129. On voit que le calembour *par à peu près* ne date pas de notre siècle.

le roi même, à l'égard de Boursault et de Colin, et si la censure n'avait eu d'autre effet que de prévenir des personnalités de ce genre, quelque peu intéressantes que fussent souvent les victimes, il n'y aurait pas eu trop à s'en plaindre. On ne peut dire même qu'elle ait été bien sévère au temps de Louis XIV : ce n'est pas seulement le *Tartuffe* qui n'aurait pu être joué sous d'autres règnes (Napoléon, à Sainte-Hélène, déclare que, si la pièce avait été faite de son temps, il n'en eût pas permis la représentation); mais je doute fort que les *Plaideurs* eussent été plus heureux : on y aurait vu une insulte à la magistrature et à la justice. Cette liberté a subsisté même après l'institution régulière de la censure en 1702 : c'est ce que prouvent toutes les pièces d'alors. On voit Dancourt mettre un abbé sur la scène, et un abbé ridicule. Les mots durs pour des professions qu'à une époque plus récente la censure a toujours protégées par ses suppressions, abondent dans les pièces du temps : dans le prologue de *Turcaret*, Asmodée convient qu'il y a d'honnêtes gens dans tous les états : « J'ai connu même, dit-il, des commissaires et des greffiers qui ont de la conscience. » Aurait-on toléré l'équivalent de ce mot sous les divers régimes qui se sont succédé après la Révolution? Il y a donc eu alors une liberté réelle pour le théâtre; c'est même en fait l'époque de la plus grande liberté qu'il ait connue.

On ne voit pas que, même pendant les années de dévotion chagrine, la Comédie française ait eu beaucoup à souffrir des rigueurs du pouvoir. Sa situation officielle et la surveillance dont elle était l'objet suffisaient pour prévenir tous les écarts.

Elle put donc en toute sécurité faire représenter une foule de pièces qui n'offensaient que la morale.

Ce fut toutefois pendant cette période que les comédiens italiens, pour avoir offensé non la morale, mais Mme de Maintenon, furent expulsés. Du reste, qu'elle le voulût ou non, elle est alors le motif de bien des tracasseries pour les libraires; quelques-uns même sont pendus pour avoir vendu des pamphlets qui la concernent. Le théâtre est, grâce à la même cause, l'objet d'une surveillance plus active; la censure est en éveil : on lit dans la correspondance de Mathieu Marais, à propos d'une pièce de l'abbé Nadal, probablement très-innocent de toute intention irrévérencieuse à l'égard de la marquise : « Que dites-vous des deux vers qu'on a retranchés de la tragédie d'*Hérode?*

> Esclave d'une femme indigne de ta loi,
> Jamais la vérité n'a percé jusqu'à toi.

« Ne vallait-il pas mieux les laisser que de laisser demander pourquoi ils n'y sont plus? Le pourquoi est ici d'une terrible conséquence, et je ne puis assez m'étonner de la faiblesse qu'on a eue en les retranchant. Cela fait époque et fixe des incertitudes qui ne peuvent jamais être trop grandes[1]. »

L'Opéra naturellement était soumis à la censure comme les autres théâtres. Le règlement de 1713 (art. 13) porte que « les paroles destinées pour être mises en musique seront examinées par gens d'es-

---

[1]. Mathieu Marais, *Correspondance avec Mme de Mérigniac*, t. 1er des *Mémoires* publiés par M. de Lescure, p. 110. La date de la lettre est juin 1700.

prit à ce commis, avant que le musicien puisse commencer d'y travailler ». Ces *gens d'esprit* sont-ils des censeurs ou un comité littéraire? peut-être cumulaient-ils ces deux fonctions, bien que la première ait été rarement exercée par des gens d'esprit.

LIVRE III.

LES AUTEURS.

CHAPITRE PREMIER.

DE LA PROFESSION D'HOMME DE LETTRES AU TEMPS DE LOUIS XIV.

On a pu s'étonner de la fécondité trop souvent malheureuse de notre littérature dramatique au xviie et au xviiie siècle; beaucoup d'écrivains de talent y sont venus échouer; c'est que le théâtre demande une vocation spéciale et des études particulières. Cependant ce petit nombre des élus n'a découragé personne, et l'on est confondu du nombre d'auteurs qui, rien qu'au xviie siècle et depuis Richelieu, se sont essayés sans grand succès sur nos diverses scènes. Le goût déclaré de Richelieu et de Louis XIV, pendant sa jeunesse, pour le théâtre, l'éclat incomparable que Corneille, Molière, Racine ont répandu sur la scène, enfin la séduction enivrante d'un genre de succès dont aucun autre triomphe littéraire ne saurait approcher, telles sont, sans doute, les causes principales qui ont multiplié le nombre des candidats dramatiques. Mais il en est une beaucoup plus humble à laquelle on n'a pas fait assez d'attention : c'est que, sous Louis XIV, la forme dramatique était la seule qui parût promettre aux pauvres auteurs autre chose « qu'un nom et des lauriers ». C'est ce côté financier de la question que nous nous proposons d'examiner.

Tout a été dit sur la misère des gens de lettres au temps passé; en dehors du théâtre, les écrivains sans fortune n'avaient guère que deux ressources : les dédicaces et les pensions.

Ils abusaient de la première et aspiraient tous à la seconde. Les dédicaces, paraît-il, étaient assez rarement aussi lucratives que leurs auteurs avaient pu l'espérer; et « cela ne réussissait guère qu'à ceux dont l'applaudissement général avait fait toujours réussir les œuvres ». C'est Scarron qui le dit, et il devait savoir à quoi s'en tenir. On ne compte guère moins d'une douzaine de dédicaces restées dans ses œuvres, non compris celle qu'en désespoir de cause il adressa à « très-honnête et très-divertissante chienne, dame Guillemette, petite levrette de ma sœur [1] ». « Encore que vous ne soyez qu'une bête, lui dit-il, j'aime encore mieux vous dédier mes œuvres qu'à quelque grand satrape de qui j'irais troubler le repos; car, ô Guillemette, un auteur le livre à la main est plus redoutable à ces sortes de messieurs qu'on ne pense, et la vision ne leur est guère moins effroyable que celle d'un créancier. » Et il parle des avanies de toutes sortes auxquelles on s'ex-

---

[1]. « Personne n'a fait plus de dédicaces que lui... M. de Bellièvre lui envoya cent pistoles pour une qu'il lui avait adressée, et je lui en portai aussi cinquante de la part de Mademoiselle pour une méchante comédie qu'il lui avait aussi dédiée. » (SEGRAIS, *Mémoires*, p. 87.)

pose ainsi auprès des grands seigneurs et même auprès des financiers depuis que « quelques poëtes au grand collier ont eu l'invention d'aller chercher dans les finances ceux qui dépensaient leur bien aussi aisément qu'ils l'avaient amassé ». Si une dédicace de ce genre avait profité au grand Corneille auprès de Montauron, Louis XIII lui-même se montrait d'humeur beaucoup moins libérale[1] et n'acceptait la dédicace de *Polyeucte* qu'après s'être bien assuré que cela ne lui coûterait rien. On ne cite en fait de dédicaces qu'une heureuse spéculation imaginée par un hardi Gascon, le sieur Rangouze, auteur d'un livre intitulé : *Lettres héroïques aux grands de l'État, imprimées aux dépens de l'auteur*, 1645. Il eût mieux fait de dire aux dépens de chacun de ceux auxquels ces lettres étaient adressées, car il s'était avisé d'un stratagème ingénieux : il avait eu soin de ne pas faire numéroter les pages, « de sorte que le relieur mettait en tête du livre la lettre que l'auteur voulait la première[2] », c'est-à-dire celle qui

---

1. « Depuis la mort du cardinal, M. de Schomberg lui dit que Corneille voulait lui dédier la tragédie de *Polyeucte*. Cela lui fit peur, parce que Montauron avait donné deux cents pistoles à Corneille pour *Cinna*. « Il n'est pas nécessaire, dit-il. — Ah ! sire, reprit M. de Schomberg, ce n'est point par intérêt. — Bien donc, dit-il, il me fera plaisir. » Ce fut à la reine qu'on le dédia, car le roi mourut entre deux. » (Tallemant, *Historiette de Louis XIII*.)

2. Mademoiselle de Scudéry, *Conversations*, Amsterdam, 1682, *Dialogue*. — Voyez aussi dans le *Recueil des pièces en prose les plus agréables de ce temps* (Paris, Sercy, 1662, t. II, p. 216) le titre d'un opuscule imaginaire : « Très-humbles actions de grâces de la part du corps des auteurs à M. de Rangouze, de ce qu'ayant fait un gros tome de lettres en se faisant donner au moins *dix pistoles* de chacun de ceux à qui elles sont adressées, il a

était adressée au grand personnage auquel il donnait son livre : « par ce moyen tous ceux à qui il donnait ce volume, se voyant à la tête, s'en trouvaient plus obligés, » et ils finançaient en conséquence. Au dire de Tallemant, Rangouze y gagna quinze mille livres. Mais c'était un bénéfice rare, un succès qui ne se renouvela point, quoiqu'il ait excité une émulation bien naturelle en ce temps de détresse et de servilité littéraire; Rangouze fit école; mais il ne semble pas que ses élèves aient été à beaucoup près aussi heureux. La mode des dédicaces passa comme toutes choses; les railleries dont les heureux furent l'objet de la part des candidats moins favorisés encouragèrent la résistance des grands seigneurs, sur la vanité desquels se prélevait cet impôt forcé; aussi Le Sage put-il écrire en 1707 dans *le Diable boiteux:*

« Les gens qui payent les épîtres dédicatoires sont bien rares aujourd'hui; c'est un défaut dont les seigneurs se sont corrigés, et par là ils ont rendu un grand service au public, qui était accablé de pitoyables productions d'esprit, attendu que la plupart des livres ne se faisaient autrefois que pour le produit des dédicaces. »

Furetière avait contribué sans doute à déconsidérer cet usage en imaginant un auteur qui dédiait un livre, non plus comme Scarron à une petite chienne, mais au bourreau de Paris, « très-haut et

trouvé et enseigné l'utile invention de *gagner autant en un seul volume qu'on avait accoutumé jusqu'ici de faire en une centaine.* » Ce calcul, si on le suppose exact, ne donne pas une très-haute idée de ce qu'on pouvait gagner alors avec *cent* volumes. (Il est en contradiction d'ailleurs avec ce que raconte Tallemant.)

très-redouté seigneur Jean Guillaume, maistre des hautes œuvres de la ville, prévosté et vicomté de Paris[1] ». Enfin la centralisation monarchique s'en mêlant ici comme en toutes choses, la littérature se mit à négliger les menus et douteux profits pour regarder vers le roi, et ne dédia plus guère ses œuvres qu'à la famille royale, dispensatrice des grâces, faveurs et sourires désormais officiels.

Le soleil s'est levé; disparaissez, étoiles!

disait Scudéry. C'était le soleil moderne qui se levait, celui du budget futur, et d'autant plus resplendissant à son aurore qu'il n'était point consenti; soleil symbolisé par le monarque, qui pouvait alors dire des pensions comme du reste : *c'est moi!*

C'était sans doute un progrès; il faisait du littérateur, jadis aux gages du grand seigneur ou du financier, l'homme du roi : c'était pour lui un acheminement à devenir l'écrivain moderne, celui qui ne relève que du public, et qui, quand sa conscience l'y oblige, peut au moins lui tenir tête sans autre risque que de ne pas s'en voir écouté, ce qui est un inconvénient de tous les temps. Malheureusement les pensions distribuées sur la proposition de Colbert ou plutôt de Chapelain qu'il avait chargé de ce

---

1. « Depuis que j'ai vu louer tant de faquins qui ont des équipages de grands seigneurs, et tant de grands seigneurs qui ont des âmes de faquins, il m'a pris envie de vous louer aussi. » (Voy! *Roman bourgeois*, édit. de 1868, t. II, p. 120.) Cette dédicace était du reste une imitation d'une dédicace au bourreau imaginée par Tassoni, ch. XVIII du X° livre d'un ouvrage intitulé : *Varietà di pensieri*, etc.

travail étaient surtout destinées à Chapelain d'abord, qui s'y était fait la plus grosse part, puis aux amis et admirateurs de Chapelain. Le merveilleux, ce n'est pas que Chapelain fût « le mieux renté de tous nos beaux esprits », c'est la façon dont il se recommande à la libéralité de Colbert dans cette note rédigée par lui-même : « CHAPELAIN. C'est un homme qui fait profession exacte d'aimer la vertu *sans intérêt*,... surtout il est candide, etc. » Le désintéressement et la candeur de Chapelain, constatés par lui, furent récompensés par une pension de 3,000 livres. Tout dans cette liste est à l'avenant. La littérature, que Molière, Boileau et la nouvelle école allaient fustiger et, ce qui vaut mieux, remplacer, s'y était fait la meilleure part, et il fallut bien du temps pour que les bons écrivains, en dépit de Perrault, qui remplaça plus tard Chapelain dans la confiance de Colbert comme tenant la feuille des bénéfices littéraires, obtinssent un peu plus d'équité. Mais Perrault le remarque lui-même, on ne fut généreux qu'au début, en 1663 : « M. Colbert, dit-il (car c'est au ministre qu'il fait honneur de cette idée), avait fait un fonds de la somme de 100,000 livres sur l'état des bâtiments du roi, pour être distribué aux gens de lettres... Il alla de ces pensions en Italie, en Allemagne, en Danemark, en Suède; elles y allaient par lettres de change. A l'égard de celles qui se distribuaient à Paris, elles se portèrent la première année, chez tous les gratifiés, par le commis du trésorier des bâtiments, dans des bourses d'or les plus propres du monde; la seconde année, dans des bourses de cuir. Comme toutes choses ne peuvent pas demeurer en même état et vont naturellement en dépérissant, les années suivantes il fallut aller recevoir soi-même les pensions chez le trésorier, en monnaie ordinaire. Les années, bientôt, eurent quinze et seize mois [1]; et quand on déclara la guerre à l'Espagne, une grande partie de ces gratifications s'amortirent. Il ne resta presque plus que les pensions des académiciens de la petite Académie (des inscriptions) et de l'Académie des sciences [2]. »

Quant aux améliorations introduites dans ces listes, on doit en faire honneur au goût du public et aussi du roi lui-même, qui paraît avoir beaucoup mieux distingué ceux qui devaient illustrer son règne que Perrault, Chapelain et Colbert même, tout désintéressé que le ministre fût dans la question. Il n'en est pas moins vrai que ceux qui restèrent privés de la faveur royale, comme La Fontaine, n'eurent d'autre ressource que de se faire héberger et nourrir par l'un ou par l'autre; cette facilité à se laisser ainsi entretenir, douloureuse à constater chez un tel poète, a du moins une excuse : la nécessité.

Boileau a parlé quelque part du *tribut légitime* qu'un noble esprit peut tirer de sa plume; en dehors de celui que lui payaient, au prix de son indépendance, le roi ou les grands seigneurs, ce tribut

---

1.
AU ROI.

Grand roi, dont nous voyons la générosité
Montrer pour le Parnasse un excès de bonté
   Que n'ont jamais eu tous les autres,
Puissiez-vous, dans cent ans, donner encor des lois,
Et puissent tous vos ans être de quinze mois,
   Comme vos commis font les nôtres!
                      PIERRE CORNEILLE.

2. Ch. PERRAULT, *Mémoires*, livre I*er*.

était nul au xvii° siècle ou à peu près, pour quiconque ne travaillait point pour le théâtre. Un portefaix pouvait alors tirer du public la juste rémunération de son travail; La Fontaine ne le pouvait guère. Entre le public et lui il y avait les libraires, et ils n'étaient pas dans l'usage d'associer les auteurs à leurs bénéfices. Les prix dont ils payaient par exception les auteurs de grande renommée sont dérisoires et n'eussent pas suffi à l'existence la plus modeste. Il paraît grotesque aujourd'hui de citer parmi les œuvres qui semblaient destinées au plus grand éclat, *la Pucelle* de Chapelain; il n'en est pas moins certain que cette œuvre du doyen, respecté et consulté partout, de l'Académie française, œuvre poursuivie pendant tant d'années, prônée d'avance et attendue comme une merveille, est une de celles qui devaient le plus encourager la générosité du libraire, stimulée d'ailleurs par les exigences avides de Chapelain, par sa position quasi-officielle et aussi par la complicité intéressée de ses protecteurs[1].

[1]. Le duc de Longueville entre autres : ce poëme célébrait, dans la personne de Dunois, les origines de sa maison. Quand les auteurs obtiennent alors des libraires des conditions avantageuses, c'est toujours grâce à leur situation exceptionnelle.

Voici d'autres prix pour des ouvrages sérieux :

Varillas, historiographe du roi, dit de son *Histoire de l'Hérésie* en vingt volumes in-4°, 1686 : « J'ai traité de mon privilège avec Barbin, moyennant dix mille écus, payables à proportion qu'il aura obtenu les privilèges de les imprimer. C'est donc 1,500 livres pour chaque volume. J'ai déjà eu 12,000 livres des autres ouvrages que j'ai mis sous la presse. » (Trois ouvrages différents.) *Varillasiana*, 1734, p. 32. C'était un prix élevé; mais il ne faut pas oublier la position officielle de Varillas : historiographe! D'Aubignac avait reçu 600 livres seulement pour sa *Pratique du théâtre*, et de Visé lui reproche ce prix comme une preuve de son avarice.

L'éditeur Courbé lui donna une somme citée partout comme prodigieuse pour le temps, 3,000 livres, dit-on, et ce ne fut pas un mauvais marché pour Courbé, car six éditions furent épuisées en dix-huit mois. Mais ce prix de trente années de travail est une exception unique alors pour un livre de poésie. C'était tout au plus si un auteur d'un mérite reconnu trouvait moyen de se faire imprimer. La Fontaine eut besoin de l'appui de Boileau pour trouver un éditeur qui se chargeât de publier les six premiers livres de ses *Fables*. Il faut dire aussi que ce n'était pas tout à fait la faute des libraires, mais plutôt celle du public, ce public du xviie siècle dont on vante le discernement, le tact, le goût pour les belles choses, et qu'on oppose triomphalement à celui de notre temps, si indifférent, à ce qu'on dit, pour la vraie poésie. Sait-on ce qu'en dix ans ces *Fables*, livre si évidemment destiné à devenir populaire, ne fût-ce qu'auprès de l'enfance et comme ouvrage d'éducation, eurent d'éditions? Deux en tout, et encore a-t-on pu dire que la seconde, qui parut la même année que la précédente, ne fut amenée que « par la cherté de la première, véritable édition de luxe[1] », inabordable à la plupart des lecteurs.

Il faut croire que Boileau intervint aussi auprès

(*Défense de Sertorius*, p. 65.) Et pourtant, il faut se dire que d'Aubignac, aumônier et prédicateur du roi, était alors un personnage et même une autorité. Ce qui semble s'être vendu le mieux, ce sont les ouvrages de piété : de Visé fait remarquer, dans le même opuscule (p. 119), que « la traduction de l'*Imitation* de Corneille (publiée en 1653) a déjà atteint (en 1663) sa 17e édition ».

1. BERRIAT-SAINT-PRIX, préface de son édition de Boileau, p. 68.

de Barbin, son libraire habituel, pour la *Psyché* de La Fontaine; mais l'éditeur, si l'on en croit Guéret, n'eut pas lieu de s'en féliciter : « *Psyché* n'eut pas le succès qu'il s'en promettait, et Barbin commence à regretter les cinq cents écus qu'il en a donnés, aussi bien que Ribou les 200 pistoles que lui coûtait *le Tartuffe*[1]. » Ce prix pour *le Tartuffe*, dont l'éclat semblait garantir un succès exceptionnel à la lecture comme à la représentation, indique le maximum possible auquel un auteur pouvait aspirer pour un chef-d'œuvre et surtout pour une pièce qui avait fait scandale et piqué la curiosité universelle.

Ce qui semble encore plus singulier, c'est qu'après la mort de Molière, et à une date où l'on reconnaissait enfin le *prix de sa Muse éclipsée*, sa veuve, qui paraît avoir été assez entendue quand il s'agissait de ses intérêts, ne vendit ses ouvrages posthumes, sept pièces en tout, que 1,500 livres au libraire[2].

Il est bien vrai qu'au-dessous de la haute poésie,

---

1. *La Promenade à Saint-Cloud*, réimprimée en 1751 à la suite des mémoires de Bruys, t. II, p. 204.
2. Ces pièces sont : *Don Garcie, l'Impromptu de Versailles, le Festin de pierre, Mélicerte, les Amants magnifiques, la Comtesse d'Escarbagnas, le Malade imaginaire.* Quelques-unes avaient été imprimées, mais d'une façon très-défectueuse. C'est l'abbé Bordelon (*Lettres curieuses*, p. 104) qui nous apprend le prix que le libraire T... (Thierry, évidemment, *rue Saint-Jacques, à l'Enseigne de la ville de Paris*) mit à l'acquisition de ces pièces. « Quelque autre vous a-t-il dit aussi bien qu'à moi, que le sieur T..., libraire de la rue Saint-Jacques, a donné 1,500 livres à la veuve de M..., pour les pièces qui n'avaient pas été imprimées du vivant de l'auteur? » On voit que Bordelon ne nomme pas ici l'auteur; mais en renvoyant à ce passage où le poëte n'est désigné que par une initiale, la table nomme positivement Molière.

accessible à un nombre restreint de lecteurs, et alors surtout peu lucrative, il y avait comme toujours la littérature courante, celle des romans, très-féconde et relativement assez productive. Aussi eut-elle de bonne heure ses industriels : même en cette enfance de l'art, avant le grand éclat de la littérature au temps de Louis XIV, il y en eut un qui avait voulu devancer son temps et qui eut la présomption de prétendre *affiner les libraires,* selon T... des Réaux. C'était encore un Gascon comme Rangouze, et il a conservé plus de célébrité. La Calprenède, c'est de lui qu'il s'agit, avait imaginé de traiter avec les libraires pour deux ou pour quatre volumes; il s'arrangeait pour que ces volumes ne fussent qu'un commencement propre à allécher les lecteurs; et quand ils étaient faits, si l'éditeur s'avisait de lui rappeler qu'ils n'avaient traité que pour deux ou quatre volumes : « J'en veux faire trente, moi! » répondait-il fièrement. Et il fallait, dit encore T... des Réaux, « venir à composition [1]. »

1. Voici comment les choses se passaient à l'égard des libraires, au dire d'un contemporain. Les auteurs industrieux « commencent par imaginer le titre d'un livre. N'ayant encore que le titre qu'ils ont imaginé, ils vont offrir l'ouvrage au premier libraire qui voudra leur en donner de l'argent. Comme ils ont soin que le titre soit précieux, le libraire est gagné par la beauté du titre et entre aussitôt en composition. On règle le prix sur la grosseur du volume. Trente pistoles pour un in-12 qui se vendra 30 sous, et qui aura un beau titre, ce n'est pas trop. Voilà le marché conclu. Le libraire avance quelque petite chose ou du moins la promet par un billet. L'auteur se retire et va dépêcher le livre dont il a déjà vendu le titre et que l'acheteur attend avec autant d'impatience que le vendeur en a pour le livrer. En quinze jours ou trois semaines, voilà le livre fait. On gagne un réviseur, et on obtient un privi-

C'était en effet une nécessité pour les romanciers de *tirer au volume,* alors tout comme dans les temps modernes, s'ils voulaient arriver à un profit sérieux. En admettant que La Calprenède, Gomberville et Mlle de Scudéry touchassent pour chaque volume le prix que Le Sage nous dit avoir été payé sous Louis XIV pour un roman à succès en un volume, et qu'il regarde comme un prix élevé (500 livres), la prolixité seule pouvait être lucrative.

C'est ce qui explique le fait remarqué par une des *Précieuses* de Molière, qu'il ne faut pas moins de dix volumes pour que *Cyrus* épouse *Mandane,* et qu'*Aronce* reçoive enfin de *Clélie* la récompense de sa longue fidélité.

Ajoutons encore que les romanciers étaient déjà ou se croyaient exposés aux mêmes dommages qu'aujourd'hui : d'abord les plagiats; Gomberville fait insérer dans le privilége de *Polexandre* « très-expresses défenses d'en extraire aucunes pièces ou histoires pour les mettre en vers, en faire des desseins de comédies, tragédies, poëmes ou romans ». On voit qu'il existait dès lors de farouches gardiens de la propriété littéraire, et qui prenaient leurs précautions pour s'assurer le privilége de leurs idées; c'était du reste une façon de les recommander au lecteur naïf, en affectant de les considérer comme un trésor qui devait tenter bien des convoitises. Nous n'apercevons pas bien clairement ce que l'on aurait

lége, et un homme qui n'avait pas de pain a 30 pistoles et est devenu auteur ». *Entretiens sur les contes de fées,* etc. (par l'Abbé de Villiers), Paris, 1699, p. 12. L'auteur paraît très-préoccupé de l'importance du titre. Il prétend que la Serre en avait collectionné un grand nombre et en vendait (p. 18).

pu dérober en ce genre à Gomberville; mais il existait sans doute dès lors des âmes assez innocentes pour croire qu'en pareil cas, dès qu'on se met à crier *au voleur!* c'est que l'on a quelque chose à voler.

Il y avait en outre le danger des contrefaçons ; et ce n'était point seulement les contrefaçons étrangères, celles de Hollande, qui ont eu au moins l'avantage d'assurer à quelques-uns de nos grands poëtes du temps de Louis XIV des éditions tolérables, à substituer aux éditions françaises vraiment honteuses pour la typographie de cette époque. On avait à craindre la contrefaçon française, ostensible, avouée, et à cet égard la piraterie s'exerçait sans la moindre vergogne. Tous les éditeurs de Molière racontent ce qui lui arriva au sujet du *Cocu imaginaire* et aussi de plusieurs autres pièces imprimées sans profit pour lui et sans son aveu. L'éditeur même du *Cocu* eut l'impudence de dédier à Molière lui-même la pièce qu'il lui volait.

Enfin le cabinet de lecture existait déjà! Les libraires *louaient* des romans à qui ne les pouvait acheter; on voit par *le Roman bourgeois*[1] qu'on connaissait dès lors ce fléau prétendu de la production moderne, qui a provoqué de la part de quelques littérateurs ou industriels de notre temps tant d'élégies financières. De Visé, qui avait l'art de se mettre bien avec les puissances, obtient qu'on insère en 1678, dans le privilége de son journal, *le Mercure galant*, la défense aux libraires « de donner à lire son *Mercure*, à peine de 6,000 livres d'amende, un

1. T. I, p. 117.

tiers au dénonciateur ». La somme est un peu forte[1] ; c'était pousser bien loin le soin jaloux de garantir les bénéfices de l'abonnement. Au reste, comme en l'absence de toute loi protectrice, le privilége était la seule garantie possible, quand on était assez heureux pour en jouir, cette âpreté à défendre son privilége était un fait général. Quant aux procédés modernes, pour faire valoir ses ouvrages, en se donnant pour un homme qui n'a pas besoin de ces misérables ressources pour vivre, ils étaient déjà inventés.

On a conté, d'un écrivain de nos jours, à qui ce charlatanisme n'a pas trop réussi, du moins auprès du public, qu'en arrivant à Paris, inconnu et sans le sou, il se hâta de louer un appartement splendide ; puis, au lieu d'aller chercher des éditeurs, il les pria de passer chez lui et il attendit majestueusement leurs offres, — lesquelles du reste ne vinrent pas. Procédé usé sans doute dès Louis XIV; il fallait dès lors mieux que cela pour « *se donner créance chez ces damnés de libraires* »; si l'on en croit Furetière, le grand genre était d'avoir un carrosse, ce qui n'est pas à la portée de tout le monde. Quant aux menus stratagèmes « de se donner de l'encens sous un nom emprunté », ou, comme le fit plus habilement Grimarest, plus tard, après avoir publié sa *Vie de Molière*[2], de s'éreinter maladroitement et de triompher ensuite dans sa réplique des ridicules critiques de l'éreinteur, tout cela était connu dès lors.

---

[1]. Chaque numéro mensuel du *Mercure galant* se composait d'un volume : il coûtait « vingt sous relié en veau, et quinze relié en parchemin ».

[2]. En 1705.

Pradon, que Boileau, par son épître à Racine, sur *l'utilité des ennemis*, avait sans doute convaincu de la nécessité de s'en procurer, à quelque prix que ce fût, Pradon, pour rivaliser en tout avec Racine, n'imagina-t-il pas un jour de se siffler lui-même? Il y mit même tant d'acharnement, qu'un de ses voisins, impatienté et doué, à ce qu'il semble, d'un fort penchant à la contradiction, finit par rosser le fortuné siffleur, qui put se vanter dès lors des vains efforts de la cabale et de son impuissance à prévaloir sur le sentiment *unanime* du public. Heureux Pradon, sifflé, battu et content!

Autre recette déjà connue : c'était, en se faisant passer pour mort, d'intéresser les bonnes âmes, de dérouter l'envie et d'obtenir ainsi toutes les vertus d'une épitaphe. Ce procédé fut employé par le libraire de la Calprenède, qui voulut, lui aussi, *affiner* le public, et en imprimant *la Mort de Mithridate*, due au fécond romancier, annonça celle de l'auteur[1]. Mais La Calprenède prétendit qu'il n'était pour rien dans cette mystification, ce qui, de sa part, est au moins douteux.

L'abbé de Villiers, dans l'ouvrage que nous avons cité plus haut, nous prouve que les formes du charlatanisme ont peu varié. Il donne de curieux détails sur la rédaction des affiches de librairie, le prestige « des grandes lettres »; sur l'art « d'ameuter des admirateurs de commande »; sur le jargon même de ces enthousiastes, qui, aux lectures que l'on fait pour s'assurer d'avance des prôneurs, ne manquent

---

1. L'abbé LAMBERT, *Histoire littéraire du règne de Louis XIV*, t. II, p. 328.

pas de s'écrier : « Ah! quel goût! quel *empâtement de pinceau!* » (Page 37.) On voit que l'idée de transporter aux écrits du jour l'argot des peintres, le genre rapin, était déjà connu.

Enfin, de Villiers, tout aussi pénétré de l'importance des titres que Trissotin, dont les titres offraient toujours *quelque chose de rare*, de Villiers affirme que le *Traité de l'éducation d'un prince*, de Nicole, n'ayant eu aucun débit, on en changea le titre, et on l'intitula *Essais de morale*, et il eut alors un succès tel, que Nicole dut mettre sous le même titre ses *Explications des Évangiles*. Ces changements de titres se faisaient, du reste, aussi au théâtre, et Boursault, qui n'avait obtenu aucun succès avec sa *Princesse de Clèves*, la resservit deux ans plus tard au public sous le titre de *Germanicus*, et alors elle réussit[1]. Il n'y avait changé que les noms. On se demande bien ce que pouvait être la couleur locale et la vérité historique dans une pièce qu'un si léger changement suffisait à transporter des temps modernes aux temps des Césars. Mais alors on ne s'en embarrassait guère, et depuis même, sous le premier Empire, en 1809, Briffaut, dont le *don Sanche de Castille* avait été repoussé par la censure comme sujet espagnol, et dangereux à cette date, n'eut qu'à y mettre un autre titre, *Ninus II, roi d'Assyrie*, pour en faire une pièce innocente et babylonienne. Mais, comme on le voit, ce procédé si simple, ainsi que beaucoup d'autres moins excusables, était déjà connu au temps du grand roi.

« Dans un grand siècle tout est grand! » a dit un

---

[1]. Voir les frères Parfaict, t. III, p. 146.

éloquent admirateur de ce siècle. Il ne faut pourtant pas y regarder de bien près pour s'apercevoir que dans ce grand siècle toutes les petitesses actuelles pullulaient partout, sans compter celles dont nous avons perdu la tradition.

Malgré ces procédés qui répugnaient d'ailleurs à bien des gens de lettres, un écrivain de mérite n'avait guère plus de chance d'arriver à la notoriété qu'à la fortune.

D'abord tous les moyens de renommée rapide, que le retentissement de la presse périodique donne aujourd'hui à des écrivains d'un mérite assez contestable, n'existaient point et n'avaient point d'équivalent, même pour des écrivains de premier ordre. On est quelquefois étonné en voyant combien certains personnages d'alors, très-lettrés d'ailleurs, ignorent des œuvres, des noms, des faits avec lesquels la postérité est dix fois plus familière. Guy Patin, écrivant à un de ses amis, lui annonce les deux *Bérénice* : le sujet est le même, dit-il, « deux divers poëtes y ont travaillé ». Il paraît ignorer que ces deux divers poëtes ne sont pas moins que Corneille et Racine; et si l'on suppose même qu'il le sût, on peut trouver encore bien plus étonnant qu'il n'ait pas cru intéressant de les nommer. A tous moments, il arrive qu'en cherchant dans les correspondances les plus amples du temps, l'impression contemporaine sur tel événement littéraire qui nous paraît à distance avoir dû émouvoir tout ce qui s'intéressait alors aux choses de l'esprit, on ne trouve rien, pas même une mention indifférente; et cependant, avant l'institution régulière de la presse périodique, les correspondances sont les véritables journaux. *La Gazette officielle* s'occupe à peine de littérature, et seulement quand il s'agit de mentionner ou des représentations de pièces nouvelles à la cour, ou des réceptions à l'Académie ; quant au reste de la littérature, vers ou prose, il n'en est jamais question.

Un usage qui frappe en lisant les documents du temps, c'est combien la profession d'homme de lettres ou d'artiste, dont on s'honore depuis le xviiie siècle, qu'on usurpe même assez souvent aujourd'hui sans y avoir un droit suffisant, semblait alors au-dessous de la moindre fonction, surtout d'une fonction de cour. Quand la *Gazette* a l'occasion de nommer quelqu'un des grands écrivains du temps, Racine, par exemple, elle ne manque pas de dire : « Le sieur Racine, trésorier du roi ». Dans les actes nombreux, relatifs à Molière, qu'a recueillis M. Eudore Soulié, il est désigné ainsi : « Le sieur Poquelin de Molière, tapissier et valet de chambre du roi. » Il n'est pas jusqu'à son camarade la Grange, qui, dans un acte retrouvé par M. Jal, ne soit désigné sous ce titre : « Le sieur Varlet de la Grange, officier du roi. » On n'était ni homme de lettres, ni comédien, on était « trésorier, tapissier, valet de chambre, ou officier du roi ». Ces titres semblaient quelque chose d'infiniment plus beau que le mérite de créer des chefs-d'œuvre ou de savoir les interpréter. Mais il faut convenir que ces titres assuraient des avantages très-réels dans la société du temps.

On peut remarquer aussi, et c'est assez triste, qu'à une époque où la profession d'écrivain et de comédien n'était certainement pas placée trop haut dans le préjugé commun, il était au moins inutile de la part de Molière de déclarer, même en plaisantant, que « les comédiens sont de sots animaux à conduire » (ce qui ne paraît nullement vrai de sa troupe, pleine de déférence pour son chef); il l'était également de ne mettre jamais sur la scène que des gens de lettres ridicules. La supériorité de la naissance sur l'esprit était alors trop bien établie pour qu'il ne parût pas absolument nécessaire de sacrifier les gens de lettres aux gens de cour, même dans la personne de Cotin.

A vrai dire, ce siècle, qu'on nous montre à distance comme si imprégné de littérature, s'en occupait très-peu, surtout en dehors du théâtre : dans la préface d'un de ses ouvrages, le comte de Caylus, parlant du temps de sa jeunesse, c'est-à-dire de la seconde moitié du règne de Louis XIV, dit qu'alors on ne lisait guère que des contes de fées; cette mode avait succédé à celle des romans à grands sentiments.

L'usage, si vulgaire aujourd'hui, de posséder une bibliothèque, était un luxe fort rare : on peut voir dans l'inventaire après décès de Molière de quoi se composait la sienne[1]; et cependant Molière, riche d'ailleurs, et qui devait une assez belle aisance au triple avantage d'être à la fois homme de lettres, directeur de troupe et comédien, avait eu bien des occasions de recevoir des livres en pur don; comme chef de troupe, il était de plus obligé d'avoir au moins le *répertoire* des théâtres. Et pourtant ses livres et ceux de sa femme, en y comprenant

1. EUDORE SOULIÉ, *Recherches sur Molière*, p. 269, 280 et 281.

des pièces italiennes et françaises séparées, se montent à 400 et quelques volumes, et sont évalués à un peu plus de 200 francs. On a beau répéter douloureusement aujourd'hui que la poésie s'en va, qu'on ne lit plus, et autres jérémiades du même genre, je n'imagine pas qu'on achète à présent les livres plus qu'autrefois pour ne pas les lire.

Or, le nombre très-restreint des éditions de nos grands poëtes sous Louis XIV, faites de leur vivant, forme un singulier contraste avec ce qui est arrivé de nos jours pour Béranger, Lamartine, Hugo, sans parler des autres. C'est une simple question de statistique ; s'il s'agit d'évaluer le débit des livres aux diverses époques et par conséquent le nombre des lecteurs, il est clair qu'à cet égard l'avantage est de notre côté. Encore, pour ce qui concerne le chiffre des lecteurs, faudrait-il faire entrer en ligne de compte les bibliothèques publiques si multipliées depuis la Révolution et devenues surtout plus accessibles, et l'établissement plus régulier et plus commun des cabinets de lecture. Un seul écrivain a été très-souvent réimprimé au xviie siècle, et ce n'est certainement pas le plus grand : c'est Boileau. Ses satires eurent un débit prodigieux, grâce à leur mérite sans doute, mais grâce aussi au tapage que firent ses ennemis exaspérés. On n'en compte pas moins de soixante et quelques éditions en quarante-cinq ans, en y comprenant les contrefaçons étrangères. Mais c'est un succès tout à fait exceptionnel, et qui n'enrichit que les libraires, Boileau se piquant de ne tirer aucun profit de ses ouvrages. On sait de même que La Bruyère donna ses *Caractères* à son libraire, pour constituer une dot à l'enfant de celui-ci, *la petite Michallet* : on dit qu'ils rapportèrent au libraire 100,000 francs[1]. Ainsi, les seuls livres qui aient eu au xvii° siècle un succès lucratif n'ont rien rapporté à leurs auteurs. Ce désintéressement de Boileau et de La Bruyère, autant que la certitude d'un débit rapide, a dû encourager leurs libraires et les pousser à multiplier les éditions. Mais les écrivains qui étaient obligés, — comme La Fontaine, nous l'avons vu, — de tirer de leurs écrits « un profit légitime », ne trouvaient pas si aisément des éditeurs. Sans prétendre qu'en ce qui concerne les facilités pour le talent de se produire et d'arriver au public, tout soit bien aujourd'hui, il est bien sûr que tout est mieux et que nous n'avons à cet égard rien à regretter du passé. Le fait est si clair que personne n'en douterait, si les Chatterton modernes n'avaient à plaisir obscurci la question, en y mêlant des raisons de sentiment, de hautes considérations sur le sacerdoce de l'Art, et des épanchements mélancoliques.

CHAPITRE II.

DROITS D'AUTEUR AU THÉATRE.

Ainsi, pour nous résumer, au xvii° siècle, les écrivains qui ne travaillaient pas pour le théâtre n'avaient qu'une publicité restreinte et nulle autre ressource pour vivre qu'un patrimoine ou des pensions.

Seul le théâtre pouvait assurer au talent une re-

1. Ce chiffre est, du reste, évidemment très-exagéré.

nommée rapide et éclatante ; c'est ce qu'on ne conteste pas, puisque aujourd'hui encore le théâtre est, à cet égard, non pas le seul moyen, mais le plus prompt et le plus retentissant. Mais ce qu'on ignore ou ce qu'on oublie, c'est que seul aussi le théâtre pouvait offrir à l'écrivain une rémunération très-insuffisante sans doute, très-peu proportionnée à son mérite, s'il s'appelait Corneille ou Racine, mais fort supérieure en tout cas à celle qu'il pouvait attendre ailleurs des libraires et du public. C'est ce qu'il faut établir par des chiffres et par des faits.

Quelles étaient alors au théâtre les conditions faites aux auteurs? Chappuzeau nous le dira :

« La plus ordinaire condition et la plus juste de côté et d'autre est de faire entrer l'auteur pour deux parts dans toutes les représentations de sa pièce jusques à un certain temps[1]. Par exemple, si on reçoit dans une *chambrée* (c'est ce que les comédiens appellent ce qui leur revient d'une représentation ou la recette du jour), si l'on reçoit, dis-je, dans une chambrée 1,660 livres, et que la troupe soit composée de quatorze parts, l'auteur ce soir-là aura pour les deux parts 200 livres, les autres 60 livres plus ou moins étant levées par préciput pour les

---

[1]. Cet usage, d'après les frères Parfaict, t. VII, p. 429, daterait seulement de 1653. Tristan, qui était alors en haute réputation, s'était chargé de lire aux comédiens la première pièce de Quinault (fort jeune alors), *les Rivales*. Les comédiens, la croyant de Tristan, lui en offrirent cent écus; ils n'en voulurent plus donner que cinquante, quand ils eurent appris qu'elle était d'un débutant. Tristan proposa alors aux comédiens d'accorder à Quinault le neuvième de la recette pour chaque représentation « pendant le temps que la pièce serait représentée dans sa nouveauté ». Cette condition fut acceptée et devint plus tard un usage général.

frais ordinaires, comme les lumières et les gages des officiers[1]. Si la pièce a un grand succès et tient bon au double, vingt fois de suite, l'auteur est riche, et les comédiens le sont aussi ; et si la pièce a le malheur d'échouer, ou parce qu'elle ne se soutient pas d'elle-même ou parce qu'elle manque de partisans qui laissent aux critiques le champ libre pour la décrier, on ne s'opiniâtre pas à la jouer davantage, et l'on se console de part et d'autre le mieux que l'on peut, comme il faut se consoler en ce monde de tous les événements fâcheux. Mais cela n'arrive que très-rarement, et les comédiens savent trop bien pressentir le succès que peut avoir un ouvrage.

« Quelquefois les comédiens payent l'ouvrage comptant, jusques à 200 pistoles et au delà, en le prenant des mains de l'auteur et au hasard du succès. Mais le hasard n'est pas grand quand l'auteur est dans une haute réputation et que tous ses ouvrages précédents ont réussi ; et ce n'est qu'à ceux de cette volée que se font ces belles conditions du comptant ou des deux parts. Quand la pièce a un grand succès, et au delà de ce que les comédiens s'en étaient promis, comme ils sont généreux, ils font de plus quelques présents à l'auteur, qui se trouve engagé par là de conserver son affection à la troupe.

« Mais pour une première pièce et à un auteur dont le nom n'est pas connu, ils ne donnent point d'argent ou n'en donnent que fort peu, ne le considérant que comme un apprenti qui se doit con-

---

[1]. On entendait par là les employés du théâtre.

tenter de l'honneur qu'on lui fait de produire son ouvrage[1]. »

Sauf cette dernière clause, un peu inquiétante pour les débutants, le tableau est flatteur, et comme le brave Chappuzeau est d'un tempérament fort admiratif, très-disposé à tout trouver fort bien dans le meilleur des mondes, on pourrait croire qu'il exagère ici un peu, selon son usage, les avantages assurés aux auteurs. Il n'en est rien cependant, et les registres de la Comédie-Française font foi que, par exception, Chappuzeau est plutôt ici en deçà qu'au delà de la vérité.

D'abord en ce qui concerne les débutants, l'usage de ne leur rien donner n'était pas invariable. Racine, pour sa première pièce, la *Thébaïde*, touche ses deux parts, et si ces parts sont faibles, elles sont du moins proportionnées au succès assez médiocre de la pièce : la recette de la première représentation ne s'élève qu'à 370 livres 10 sous.

Il est évident que si les comédiens avaient voulu se montrer rigoureux à son égard, ils auraient eu un prétexte tout trouvé dans la faiblesse des recettes pour ne rien lui donner. On peut attribuer cette générosité à un bon sentiment tout personnel à Molière, et comme malheureusement nous n'avons pas les registres des deux autres théâtres d'alors, l'Hôtel de Bourgogne et le théâtre du Marais, nous ne pouvons savoir si Chappuzeau n'a pas dit vrai pour ces deux théâtres, au moins pour l'époque dont il s'agit dans son livre[2]. Mais plus tard nous

---

1. P. 85.
2. Les premières années du règne de Louis XIV ; le livre de Chappuzeau est de 1674.

voyons les auteurs, connus ou non, toucher régulièrement deux parts tant que les recettes se maintiennent à un certain niveau.

Pour les pièces payées d'avance et, comme le dit Chappuzeau, *au hasard du succès*, nous trouvons, en effet, qu'au théâtre de Molière pour « *Attila*, pièce nouvelle de M. Corneille l'aisné, on lui donna 2,000 livres, prix fait »; même prix pour *Bérénice*. Après la mort de Molière, ses camarades achetèrent à Montfleury et à Thomas Corneille sa pièce du *Comédien poëte* moyennant 1,320 livres. C'est du reste entre ce chiffre et celui que l'on payait d'avance au grand Corneille, que se maintiennent en général les bénéfices d'un auteur dont la pièce réussit, et qui, au lieu d'être payé à forfait, a obtenu la condition des deux parts.

Un peu plus tard les conditions deviennent meilleures pour les tristes successeurs de Corneille et de Racine, surtout dans la seconde moitié du règne. *Phèdre et Hippolyte*, de Pradon[1], lui vaut un peu moins de 2,000 livres. La *Judith* de Boyer[2] rapporte à l'auteur de 16 à 1,700 livres. Je cite à dessein des pièces devenues célèbres par le ridicule, mais qui ne semblaient pas telles alors à tout le monde.

Ainsi donc, on voit que les pièces d'un auteur en vogue lui rapportaient en général 2,000 livres, et qu'un auteur même qui n'obtenait qu'un succès

---

1. Dimanche 3 janvier 1677, la 1ʳᵉ représentation.
2. 4 mars 1695. Se rappeler l'épigramme de Racine, qui n'était pas, même alors, assez détaché du théâtre ni corrigé de sa malignité par la dévotion, pour ne pas être choqué du demi-succès de Boyer.

A sa Judith, Boyer par aventure...

très-médiocre pouvait encore compter sur une rémunération quelconque, proportionnée au succès de sa pièce. Certainement c'est bien peu si l'on compare ces bénéfices à ceux des auteurs modernes; mais c'est beaucoup, en comparaison des droits d'auteur qu'on pouvait espérer des libraires, très-faibles pour les grands écrivains, nuls pour tous les autres. Qu'on n'oublie pas d'ailleurs que les auteurs dramatiques comme Corneille, Racine, Quinault[1], etc., pouvaient ajouter à la rémunération qui leur était payée par les théâtres, ou plutôt par le public, celle que leur valait l'impression de leurs pièces. On est donc en droit de conclure que, seuls parmi les écrivains, ils recevaient une rétribution après tout assez convenable, si l'on réfléchit surtout qu'alors 2,000 livres en valaient six ou huit mille de notre temps.

Pour les auteurs féconds les bénéfices pouvaient être même assez sérieux, et il y avait là pour eux une tentation. Souvent de nos jours on a gémi sur l'abus que quelques écrivains ont fait de leur facilité, et on leur a reproché de gaspiller leur talent; on oubliait de se demander si cette facilité n'était pas leur plus grand mérite, et si, en peinant davantage, ils arriveraient à faire mieux. Ces talents faciles existaient alors. Il faut croire, par exemple, que Thomas Corneille rimait avec une merveilleuse rapidité. C'était là tout son génie, et il en tirait d'assez bons bénéfices. De décembre 1674 à décembre de

1. Quinault, pour chacun de ses opéras, touchait 4,000 livres, que Lulli s'était engagé à lui payer. De tous les auteurs dramatiques du temps, c'est, on le voit, le mieux rétribué. D'après son traité avec Lulli il devait *fournir* un opéra tous les ans.

l'année suivante, il fait représenter trois grandes pièces en vers (et ce sont trois succès), *Don César d'Avalos*, *Circé*, *l'Inconnue* : cette année évidemment fut pour lui très-lucrative. Malheureusement, comme on ne touchait plus rien après un certain nombre de représentations, les reprises (et elles furent fréquentes pour Thomas Corneille) n'intéressaient que l'amour-propre de l'auteur, sans lui rien rapporter. C'est ce qui explique comment Thomas, chargé de famille, put, malgré ses succès, mourir dans la gêne, et comment Dangeau put écrire : « Celui que l'on a toujours appelé le jeune Corneille est mort à quatre-vingts ans, pauvre comme Job. » La plus grande différence entre les conditions imposées aux auteurs dramatiques, alors et de nos jours, n'est guère que là, car les bénéfices immédiats pouvaient être assez sérieux : malheureusement ils n'étaient que temporaires. Ce n'est qu'à la fin du xviiie siècle que les auteurs garderont au théâtre la propriété de leurs œuvres; et il est assez triste que cette réforme si juste ait commencé, non pas à la Comédie-Française, mais à la Comédie-Italienne[1]. Si elle eût été établie au siècle précédent, très-certainement Thomas Corneille fût mort riche, et son frère même, dont le répertoire occupait toujours la scène pendant les dernières années de sa vie, n'eût pas eu autant à souffrir de la suppression de la pension du roi.

Nous n'avons parlé que de la moyenne ordinaire,

1. Voir *Anecdotes dramatiques*, 1775, t. III, p. 520 : « Les comédiens italiens viennent d'arrêter de donner aux auteurs, pendant toute leur vie, les honoraires de leurs pièces, chaque fois qu'elles seront représentées. On espère que les comédiens français ne tarderont pas à suivre ce généreux exemple. »

et non des avantages exceptionnels que quelques auteurs ont pu obtenir.

On peut citer parmi ces succès extraordinaires, mais à une date assez avancée du règne, en 1690, le produit d'*Ésope à la ville,* de Boursault, et nous devons en dire un mot en passant, parce qu'il nous permet de remarquer un petit manége de charlatanisme, encore usité aujourd'hui, qui consiste de la part de l'auteur à grossir le succès d'argent, comme un précédent utile à constater, d'abord pour justifier les exigences futures, et aussi comme intéressant l'amour-propre de l'auteur. Boursault, dans une lettre imprimée, dit que cette pièce, avant la clôture de Pâques, lui a rapporté 3,950 livres. — Les frères Parfaict, toujours exacts, disent poliment que Boursault *se trompe,* et que les registres de la Comédie ne font monter ses droits d'auteur pour cette période qu'à 2,052 ^{lt}. 3 ^{s}. Et quand Boursault ajoute : « A vue de pays, mes parts iront à près de 4,000 livres, sans l'impression, » nous répondrons que Boursault *se trompe* encore, car ses droits d'auteur après la clôture n'atteignent pas 550 livres : ce qui nous laisse loin de 4,000 et même de 3,000 livres.

On voit que l'idée d'exagérer outre mesure ses bénéfices, procédé dont Balzac et autres ont tant abusé de nos jours, était connu du grand siècle, et que, là non plus, nous n'avons pas la gloire de l'invention.

Outre les deux parts qui sont la condition la plus ordinaire, Chappuzeau, comme on l'a vu, nous dit que, quand une pièce obtient un grand succès, les comédiens se montrent généreux et font un cadeau à l'auteur. Nous rappellerons, par exemple, qu'à la suite du succès productif de *Circé*, pièce de Thomas Corneille, qui avait touché régulièrement ses deux parts, « la compagnie, désirant le conserver comme un auteur de mérite », lui fait remettre en outre 60 louis d'or[1].

Mais, indépendamment de ces générosités purement volontaires, la condition des deux parts pouvait encore assurer aux auteurs, en cas de succès extraordinaire, un chiffre de bénéfices supérieur à la moyenne fixée par Chappuzeau[2]. Il va sans dire que ces beaux bénéfices ne sont ni pour Corneille ni pour Racine, pour les grands et vrais poëtes, mais pour les habiles, pour ceux qui savent saisir le goût du jour et profiter de l'à-propos. Il est évident, par exemple, que Thomas Corneille a dû gagner beaucoup plus que son illustre frère.

Comme contraste avec ces succès plus ou moins légitimes, il convient de rappeler ce qui arriva à deux chefs-d'œuvre, au *Misanthrope* et à *Turcaret*.

Le *Misanthrope* a donné lieu de nos jours à des

1. Il ne faut pas oublier que le louis d'or ne valait que 11 livres 12 sous. C'est du moins ce que je trouve dans les registres à la date de décembre 1689, et il venait d'être un peu augmenté.

2. Les droits d'auteur pour *Ésope à la cour*, de Boursault (18 janvier 1690), et pour *Rhadamiste*, de Crébillon (23 janvier 1711), dépassent 2,500 livres. On a dit qu'au temps de Louis XIV, une moyenne de vingt représentations était un succès assez éclatant; or voici ce dont Crébillon put se vanter en imprimant *Rhadamiste* : « On a été tellement charmé de cette pièce à Paris, qu'elle a été jouée septante-quatre fois de suite; chose dont on n'a peut-être jamais eu d'exemple. On en a fait deux éditions en huit jours de temps. » Quoi qu'en dise Crébillon, il y avait un précédent; c'est celui de *Timocrate*, de Thomas Corneille, joué quatre-vingts fois sur le théâtre du Marais. L'*École des femmes* avait eu soixante-huit représentations en un an.

contestations que les chiffres portés sur le registre de la Grange tranchent absolument.

On a dit longtemps que *le Misanthrope* n'avait pas réussi, il est de mode aujourd'hui de soutenir l'opinion contraire. Le fait est que ce ne fut ni un triomphe ni une chute : c'est déjà assez honteux. Si l'on ne considérait que le nombre des représentations, on serait autorisé à dire que *le Misanthrope* a atteint un chiffre raisonnable, vingt-quatre (vingt et une fois seul). C'est bien loin pourtant du succès de plusieurs autres pièces de Molière. Mais ce qui est bien autrement significatif, ce sont les recettes : la première représentation donne 1,447^l 10^s, recette élevée pour le temps. Mais à partir de la troisième, les recettes oscillent entre 6 et 700 livres, jusqu'à la dixième, qui ne rapporte que 212 livres. Il est donc plus que probable que, si la pièce n'eût pas été de Molière et jouée sur son théâtre, elle ne se fût pas maintenue sur l'affiche. La vingt et unième représentation, qui eut lieu un dimanche, ordinairement jour de grande recette, ne donne que 268 livres. On voit donc qu'après tout, ceux qui ont dit que *le Misanthrope* avait été une chute sont plus près de la vérité que leurs contradicteurs.

C'était pourtant encore ce que par un euphémisme usité de nos jours on pourrait appeler un succès d'estime ; à vrai dire, on ne peut guère reprocher au public, sous Louis XIV, qu'une erreur bien complète et bien incontestable, mais elle est grave, et c'est un chef-d'œuvre qui en pâtit : *Turcaret* tombe en 1709, et cette chute reste inconcevable, malgré les explications qu'on en a essayées : on a même atténué, autant qu'on a pu, cette chute, qui ne fut que trop réelle ;

on peut même dire qu'on ignore combien elle fut complète : c'est ce qu'il nous faut constater.

Turcaret, la meilleure comédie peut-être qui ait paru depuis Molière, n'a eu dans sa nouveauté que sept représentations.

On ne peut croire que cette critique des traitants, à cette date surtout, n'eût pas le mérite de l'à-propos; Le Sage même fait dire à un des personnages d'un prologue, joué avant la pièce : « C'est aujourd'hui la première représentation d'une comédie où l'on joue un homme d'affaires. Le public aime à rire aux dépens de ceux qui le font pleurer. » Loin de contester en effet ce genre d'intérêt, on a prétendu que c'était là une des causes qui ont fait échouer la pièce. Les frères Parfaict ont dit ceci, qui a été répété partout : « Deux causes, étrangères au mérite de cette comédie, *en suspendirent le plein succès*[1] : le froid excessif qu'il fit au commencement de cette année (1709), et les murmures de beaucoup de gens qui trouvaient trop de ressemblance dans les portraits de cette pièce[2]. » Double assertion qui, comme on va le voir, n'est nullement fondée; voici les recettes :

	RECETTES.		PARTS D'AUTEUR.	
	Livres.	Sous.	Livres.	Sous.
Jeudi 14 février 1709.	2,320	»	181	»
Dimanche 17	1,865	16	152	8
Mardi 19.	1,117	18	83	3
Jeudi 21	868	10	60	4
Dimanche 24	721	10	46	12
Mercredi 27.	590	14	34	10
Vendredi 1er mars. .	553	4	40	4

On voit que les recettes vont en décroissant, et

1. C'est bien peu dire.
2. *Histoire du Théâtre-Français*, t. XV, p. 1.

que par conséquent on ne peut guère mettre cette absence du public sur le compte de la cabale financière : une cabale peut faire siffler une pièce; il lui est plus difficile d'écarter si promptement le public. La cabale qui avait cherché à faire tomber la *Phèdre* de Racine, sans y réussir, s'était avisée de louer les premières loges et de les laisser vides; mais, loin de diminuer les recettes, ce procédé n'était propre, au contraire, qu'à les soutenir. De plus, *les Agioteurs*, comédie de Dancourt, qui fronde les mêmes ridicules, a, au mois d'octobre suivant, vingt représentations. Il est bien sûr que *Turcaret* était plus redoutable pour les financiers que *les Agioteurs*; mais il est à croire que s'ils s'étaient montrés aussi susceptibles qu'on le dit pour la première pièce, ils l'eussent bien été aussi un peu pour la seconde, et il était certainement plus facile de faire tomber *les Agioteurs* que *Turcaret*.

On ne peut guère davantage attribuer cet insuccès au froid; car une tragédie obscure, *Hérode*, dont la première représentation a lieu le lendemain de celle de *Turcaret*, donne neuf représentations avant la clôture, et à la huitième, avec la petite pièce, *la Sérénade*, elle fait encore 1,376 ᴸ 18ˢ de recette. Il faut ajouter enfin que le froid aurait pu avoir quelque influence en effet sur les trois premières représentations, et ce sont précisément celles qui sont le plus productives. Mais le froid cessa le 20 février[1] : ce n'est donc pas cette cause qui a

---

[1]. Pendant cet hiver, il y eut deux périodes de gelée, du 5 au 25 janvier, du 30 janvier au 20 février. Voyez le *Journal des règnes de Louis XIV et Louis XV*, par P. Narbonne, commissaire de police à Versailles, publié, en 1868, par M. Le Roy.

fait baisser progressivement les recettes suivantes.

Il paraît bien, par l'animosité extrême que Le Sage manifesta depuis en toute occasion contre la Comédie-Française, qu'il dut attribuer son échec aux comédiens. Ils semblent en effet ne pas avoir été très-bien disposés pour la pièce ; l'auteur fait dire à un des personnages du prologue : « Les comédiens se flattent sans doute que la pièce réussira ? » Et son interlocuteur lui répond : « Pardonnez-moi ; les comédiens n'en ont pas bonne opinion. » Ce manque de confiance de leur part fît-il échouer *Turcaret?* Ce qui est certain, c'est que le chiffre des deux dernières recettes, quelque faible qu'il fût, ne l'était pourtant pas assez pour autoriser les comédiens à ne plus jouer la pièce.

Voici à la fin du règne les règles suivies à l'égard des auteurs, telle que Boindin nous les résume[1].

L'auteur d'une pièce en cinq actes touche le neuvième de la recette, jusqu'à ce qu'elle tombe deux fois de suite ou trois fois séparément au-dessous de 500 livres : « Alors, elle est ce qu'on appelle *dans les règles,* et les comédiens cessent de la jouer. »

Pour une pièce de trois actes à un acte, l'auteur touche le dix-huitième de la recette, tant qu'elle n'est pas tombée au-dessous de 300 francs deux jours de suite ou trois fois séparément.

---

1. Dans sa première lettre historique sur la Comédie-Française, 1719, p. 17. *Le règlement de l'opéra,* en 1713, fixe ainsi les droits d'auteur, pour les pièces en musique : le poëte et le musicien touchent chacun cent francs pour chacune des dix premières représentations, et cinquante francs pour chacune des vingt suivantes, quand la pièce est en cinq actes : les pièces en trois actes leur assurent soixante francs aux dix premières représentations, et trente aux vingt suivantes.

Ces règles, si on les eût appliquées au *Misanthrope*, eussent fait supprimer, comme tombée, la pièce après la onzième représentation ; il est certain toutefois que les recettes avaient considérablement augmenté depuis 1666.

Mais ces mêmes règles, en les supposant en vigueur en 1709, année de *Turcaret*, n'auraient pu l'éloigner de la scène, puisque, malgré la faiblesse honteuse des recettes, il n'était pas tombé une seule fois au-dessous de 500 francs. Il y a là une preuve évidente de la mauvaise volonté des comédiens, quel qu'en ait été le motif, intéressé ou non.

On ne peut supposer ici de malveillance de la part de l'autorité, car nous voyons Monseigneur (le grand dauphin) intervenir pour faire reprendre la pièce, qui obtint alors plus de succès[1]. Mais ce qui est certain, c'est que le principal coupable ici ce fut le public, en ne soutenant pas une pièce dont le succès devait l'intéresser à tant de titres, et qui n'était pas seulement un chef-d'œuvre : c'était encore sa vengeance, ou plutôt un acte de justice auquel il aurait dû s'associer.

CHAPITRE III.

LA DÉCADENCE.

Quoique le théâtre n'ait jamais été plus suivi que pendant les dernières années du règne, la produc-

---

1. Elle avait d'ailleurs été jouée à la cour dans sa nouveauté, le 26 février 1709.

tion dramatique s'est fort ralentie. La proportion des tragédies et des comédies représentées reste à peu près la même qu'au commencement du règne; mais des unes comme des autres, on en représente moitié moins[1]. Il est certain qu'en 1665, par exemple, il y avait trois théâtres, ce qui donnait aux auteurs bien plus de facilité pour se produire; mais ces théâtres ne jouaient que trois fois par semaine, et les troupes étaient peu nombreuses. En 1705 la Comédie-Française jouait tous les jours, et son personnel était considérable. Mais la quantité des pièces représentées ne serait rien, si la qualité du moins offrait quelque compensation.

Il y a, parmi les auteurs d'alors, comme parmi ceux de tous les temps, deux classes : ceux qui ont du talent et ceux qui n'en ont pas.

Ces derniers s'adonnent en général à la tragédie. Malgré toutes les plaintes qui retentissent alors contre la sévérité du public, c'est de son indulgence que l'on s'étonne quand on s'avise de lire quelqu'une des tragédies qui ont eu alors le plus de succès.

Cette indulgence datait de loin : depuis la retraite de Corneille et de Racine, le public cherchait évidemment à ne pas décourager leurs héritiers possibles. C'est la seule raison qui puisse expliquer le succès de quelques incroyables platitudes, entre autres d'une tragédie dont on ne parle guère, mais qui n'en eut pas moins un succès soutenu, — *Géta.*

---

1. De 1660 à 1675, on peut compter 63 tragédies et 129 comédies représentées. De 1700 à 1715, on ne compte que 33 tragédies et 72 comédies.

Elle fut très-bien accueillie à Paris et souvent reprise. Elle fut deux fois jouée à la cour dans sa nouveauté : Dangeau nous affirme qu'à Versailles on la trouva « fort belle ».

Il est difficile pourtant d'imaginer rien de plus vulgaire et de plus plat. L'action est fort simple, et ce n'est ni l'intérêt de l'intrigue ni la nouveauté du sujet qui peut expliquer la réussite de *Géta* à la ville et à la cour. C'est le sujet de *Britannicus*, une rivalité d'amour et d'ambition entre deux frères, qui, au lieu de s'appeler Néron et Britannicus, s'appellent ici Caracalla et Géta. Quant au style, en voici un échantillon :

> Ah! madame,
> De grâce rappelez le calme dans votre âme,
> Et daignez regarder dans ce cœur enflammé
> Ce beau feu par vos yeux dans un temple allumé...
> Le repos de mes jours sur notre hymen se fonde;
> Mon bonheur produira celui de tout le monde.
> Pouvez-vous espérer de faire un plus grand bien
> Que le bonheur du monde, et le vôtre, et le mien?

Ce qu'il y a de singulier, c'est que l'on a contesté à l'auteur inconnu jusqu'alors de *Géta*, Péchantré, la propriété de ce chef-d'œuvre. Selon une note communiquée aux frères Parfaict, l'auteur de *Géta* serait un nommé Dumbelot, et Baron aurait refait en partie le cinquième acte. C'est du reste un fait général à cette date que l'incertitude sur les véritables auteurs des pièces : c'est au père La Rue, jésuite, qu'on attribue la paternité de plusieurs pièces de Baron, et il est certain que Dancourt a prêté son nom à plusieurs pièces dont il n'était pas l'auteur.

Pendant toute la seconde moitié du règne, les tragédies représentées, avec moins de succès d'ailleurs que celle de Péchantré, ne s'élèvent guère au-dessus de *Géta*. Si l'on en excepte le *Manlius* de La Fosse, et dans les premières années du xviii° siècle, les pièces de début de Crébillon, c'est la nullité même. Mayret, Duryer, Tristan, Rotrou surtout, étaient quelque chose auprès de Corneille; Quinault et Thomas Corneille, auprès de Racine. Après eux, rien. On n'y trouve pas même alors à citer quelque chose qui vaille ces vers du vieux Tristan, racontant la mort d'un héros :

> La gloire l'a suivi jusqu'à la sépulture :
> Quand il s'est vu lassé de mille actes guerriers,
> Il a rendu l'esprit, accablé de lauriers,
> Et lorsqu'il est tombé, sanglant, sur la poussière,
> Les mains de la victoire ont fermé sa paupière.

Et cela était écrit en 1637[1]. Ces fiertés de style, qui se rencontrent si souvent alors au milieu du vieux langage, ne se retrouvent plus chez les tristes successeurs de Racine, même chez des écrivains plus solides après tout que Péchantré. C'est toujours la platitude uniforme et soutenue.

Pour comble d'infortune, après le succès d'*Esther* à la cour, la tragédie eut à subir une invasion d'abbés, qui prétendaient la sanctifier. Des tragédies faites à l'imitation des deux pièces sacrées de Racine, frappaient à la porte du théâtre. Le premier qui réussit à se la faire ouvrir était le vieil abbé Boyer avec sa *Judith :* « C'est une erreur, disait-il, qui a infecté

---

1. *Panthée*, acte V, scène i.

beaucoup d'esprits, qu'il était presque impossible d'accommoder heureusement au théâtre les sujets tirés de l'Écriture sainte et de l'histoire chrétienne. » « Indigné contre une opinion si fausse et si pernicieuse, » après y avoir mûrement réfléchi, l'abbé Boyer avait fini par découvrir qu'elle « venait de l'ignorance de l'art, de la faiblesse du génie, de la stérilité des inventions »; de plus, ajoutait-il, « il y a peu de modèles de ce genre d'écrire : c'est une route nouvelle ». Néanmoins le vieux gascon n'avait pas craint de s'y aventurer. Cette audace d'un génie créateur était pourtant assez justifiée par l'exemple de Corneille, de Racine et même de Rotrou; après *Polyeucte, Athalie* et aussi *Saint-Genest*, Boyer n'était peut-être pas aussi novateur qu'il croyait l'être. Sa tentative réussit d'abord, comme nous l'avons vu, non pas auprès du parterre, mais parmi les dames qui trouvèrent qu'il était bon genre d'y venir pleurer à la « scène des mouchoirs ». Il est vrai que la pièce fut représentée dans un temps consacré aux exercices de piété : elle tint l'affiche tout un carême. Mais Pâques et surtout l'impression lui furent fatales : elle fut sifflée à la *Quasimodo*, et *Judith* (M*me* de Champmeslé) qui n'avait pas peu contribué à soutenir antérieurement la pièce, fit alors l'incartade si connue de s'adresser au parterre, et de lui demander pourquoi il sifflait une pièce applaudie pendant tout le carême : « C'est, lui répondit une voix, que pendant le carême les sifflets étaient à Versailles, aux sermons de M. l'abbé Boileau. » Néanmoins, Boyer, content de son succès provisoire, qui devait faire crever de dépit *Mons de Racine*, disait-il, malgré son épigramme, se félicitait d'avoir « pu édifier et divertir en même temps ». Il faut, ajoutait-il fièrement, que, sous le règne de Louis le Grand, après avoir vu « l'hérésie exterminée..., on voie la piété florissante au milieu des plaisirs, les spectacles consacrés, le théâtre sanctifié[1] ».

Ce qu'il y a de certain, c'est qu'on fit à la *Judith* de Boyer l'honneur de la critiquer. Il parut une brochure, polie, mais fort hostile à la pièce : *Entretien sur le théâtre au sujet de Judith*. Elle n'a pas moins de 82 pages. Rien ne manquait à la gloire de l'abbé Boyer. On le discutait.

Après Boyer, l'abbé Brueys continua cette tentative édifiante avec sa *Gabinie*, vierge et martyre, en avertissant qu'elle était empruntée à une tragédie latine d'un père jésuite. A vrai dire, le Théâtre-Français tendait à devenir une succursale du collége Louis-le-Grand. Peu de succès pourtant pour *Gabinie* à la ville, quoique la pièce fût aussi représentée en carême. Mais à la cour, séjour d'une piété plus ardente, « elle réussit fort bien », selon Dangeau : « c'est, dit-il, une pièce dans le goût de *Polyeucte*. »

Il est vrai que *Polyeucte* pouvait avoir ses dangers alors. L'abbé Languet de Gergy, le même qui lança la légende de *Marie-Alacoque* et du Sacré-Cœur, a publié un mémoire de Mme de Maintenon[2], adressé au roi, en 1688, sur les moyens de convertir les protestants, où elle disait : « Il faudrait surtout interdire les spectacles qui donnent une idée de mar-

---

1. Préface de *Judith*.
2. Réimprimé par M. Théophile Lavallée, 1863. Voir pour la citation, p. 204.

tyre, rien n'étant plus dangereux pour les nouveaux catholiques et pour les anciens. »

C'est peut-être là ce qui explique un fait qui d'abord surprend. Du moment que le public d'alors avait conservé heureusement un goût si vif pour les anciens chefs-d'œuvre dont les nouveaux n'étaient guère de nature à le distraire, et que l'on voulait le pousser à la dévotion, rien n'eût été plus simple que de lui donner *Polyeucte*. Or on remarque au contraire que *Polyeucte* n'est pas joué très-souvent pendant ces années-là. Le trouvait-on dangereux en effet « pour les nouveaux catholiques et pour les anciens? »

L'Ancien Testament n'offrait pas le même péril que la *Vie des Saints*. Aussi quelques-unes de ses plus terribles légendes fournissent-elles des sujets aux tragédies de carême. C'était *Saül*, et ensuite *Hérode* de l'abbé Nadal; *Joseph* de l'abbé Genest; *Absalon*, puis *Jonathas* de Duché, qui avaient été déjà représentés par les demoiselles de Saint-Cyr. Toutes ces *comédies de dévotion*, pour nous servir de l'heureuse expression de Dangeau, qui pourtant n'y entend pas malice [1], avaient donc été primitivement ou pu être des tragédies d'éducation; et qu'elles vinssent de Louis-le-Grand ou de Saint-Cyr, elles se sentaient assez de leur origine [2].

[1]. « Samedi 5 décembre 1699, le roi, le soir chez Mme de Maintenon, vit une comédie de dévotion intitulée *Jonathas*, qui fut jouée par Mme la duchesse de Bourgogne et par la famille de Noailles. »

[2]. Mme de Caylus se trompe dans ses Mémoires quand elle dit que ces tragédies, ou soi-disant telles, furent *ensevelies à Saint-Cyr*. Malheureusement, non.

Nous devons dire toutefois que les abbés, qui affluaient alors au théâtre comme à l'Académie, ne sacrifiaient pas tous uniquement à la Melpomène nouvelle, devenue pieuse et en voie de canonisation. Boyer et Brueys avaient antérieurement cultivé le genre profane, où l'abbé Abeille et l'abbé Pellegrin puisaient également quelques inspirations.

Mais cette littérature ecclésiastique formait un contraste étrange avec le ton que la comédie prenait alors. Citer les noms de Regnard, de Dufresny, de Dancourt, de Le Sage, c'est rappeler sans doute quelques-unes des comédies les plus vives et les plus éveillées du Théâtre-Français; peut-être après les tragédies soporifiques que nous venons de rappeler, le public éprouvait-il davantage le besoin d'être émoustillé et ragaillardi. Mais il faut convenir que la littérature édifiante trouvait là une dangereuse contre-partie. Sans prétendre, comme Boyer, faire du théâtre un lieu de sanctification, on aurait pu y souhaiter, même au nom de la simple morale laïque, un peu plus de réserve et moins d'indulgence pour les vices que suffisait à réprouver l'honneur mondain.

Dans presque toutes ces pièces charmantes, le personnage qui anime la scène, qui égaie le public, c'est Crispin, c'est Frontin; c'est le fripon que Molière avait réduit à un rôle subalterne[1], et qui reparaît ici en première ligne. Ce sera Gil Blas dans le roman. Et encore faut-il ajouter que Frontin ou

1. Sauf dans sa première pièce, l'Étourdi, et dans les Fourberies de Scapin, deux imitations d'ailleurs de la comédie italienne ou latine.

Crispin n'est pas toujours le plus méprisable personnage des pièces où il figure. Dans *Turcaret*, c'est, somme toute, le plus intéressant.

« La plupart des héros de Le Sage, a dit très-bien M. Émile Deschanel, ne brillent pas par le sens moral ; presque tous sont des *picaros* ; et, comme dit le pauvre François Villon,

Nécessité fait gens méprendre!...

Ils n'ont pas même toujours cette faible excuse ; et, dans toutes les conditions, ils sont très-indifférents au bien et au mal : tantôt dupes, tantôt fripons ; tantôt volés, tantôt voleurs ; au hasard, selon la rencontre, au gré du vent qui souffle, au choc de l'heure présente ; ils se laissent faire par les choses et n'essayent pas de lutter contre la fortune ou l'occasion. Ils sont d'une franchise qu'on qualifierait d'étonnante, si elle leur coûtait ; mais leur effronterie est la candeur du vice. Ils ne connaissent point les scrupules. Ils n'ont pas de répugnance pour l'honnêteté, ils l'ignorent ; ils y peuvent tomber par mégarde ; mais la nature et la vie sont ainsi faites que le contraire arrive plus souvent[1]. » Tout est vrai et exquis dans cette page charmante ; et cette appréciation si juste et si mesurée pourrait s'étendre, des pièces et des romans de Le Sage, à toute la comédie contemporaine.

On peut même trouver que, toute morale mise à part, la comédie semblait assez peu se préoccuper des conditions de l'art véritable, tel que l'avait com-

1. *La Vie des comédiens*, Paris ; Hachette, p. 47.

pis et pratiqué Molière. Si l'on excepte *Turcaret*, nul souci de la vérité et de la vraisemblance ; amuser et faire rire, voilà tout le but qu'elle se propose. Il y a longtemps qu'on a remarqué que les personnages si réjouissants de Regnard le sont tous avec intention, tandis que ceux de Molière, quand ils font rire, peuvent dire, comme Alceste, aux rieurs :

> Par la sambleu, messieurs! je ne croyais pas être
> Si plaisant que je suis...

Il est impossible de trouver ailleurs une littérature comique plus pétillante d'esprit que celle de cette fin de règne. Mais elle n'est pas plus vraie dans son genre que celle de Scarron, d'où Molière l'avait fait sortir.

Ces pièces sont sans doute en général fort amusantes. Toutefois on n'est pas toujours très-scrupuleux sur le choix des moyens pour amuser; ce sont souvent, chez Dancourt surtout, de petites pièces ayant trait à des modes ou à des travers du jour, des à-propos, des allusions à une anecdote qui court, à un scandale du temps. Elles ont, pour nous aujourd'hui, l'avantage de nous renseigner sur certains usages, très-passagers d'ailleurs, mais utiles à connaître pour l'histoire de la société passée, quand on veut l'examiner dans les petits détails. C'est un genre d'intérêt qu'on retrouverait dans d'autres documents, plus exacts au moins et qui n'ont aucune prétention littéraire. En tout cas, nous sommes loin de la comédie large et toujours vraie de Molière, même dans ses simples farces. L'esprit même, quoiqu'il abonde chez Dancourt, n'est pas toujours du meilleur aloi, non plus que le choix du sujet. Emprunte-t-il à la chronique du jour l'histoire plus ou moins authentique d'un abbé qu'un teinturier surprend avec sa femme et qu'il force, pour toute vengeance, à prendre un bain complet dans une cuve remplie de teinture verte? Il intitulera sa pièce le *Vert-Galant*. Il joint à ses petites pièces des couplets et des divertissements qui en font de simples vaudevilles. Il exploite au besoin le roman du jour, et donne une pièce intitulée *le Diable boiteux*. Elle a du succès; Dancourt récidive, et fait jouer *le Second chapitre du Diable boiteux*. La première pièce est jouée le 1er octobre[1]; la seconde pièce, faite et apprise en vingt jours, le 20 octobre. Néanmoins, dans toutes ces petites pièces de circonstance, et où Dancourt a plus ou moins mis du sien, on a déjà cette prose charmante, courte et vive, dont Le Sage et Voltaire feront un si bon usage, et qui reste peut-être, même comparée à des styles plus graves et plus forts, ce que notre langue a de plus caractéristique, de plus vraiment français.

Il faut pourtant bien se l'avouer, cette amusante littérature, la seule qui existât encore en cette décadence, était elle-même à tous égards un abaissement. Je me suis souvent demandé ce qu'auraient dit les fiers héros de Corneille, de ceux de Racine, ce que, sincèrement et toute rivalité mise à part, le grand Corneille devait penser du drame ainsi féminisé. Ce serait l'héroïsme du devoir jugeant l'égoïsme de la passion. La comédie elle-même,

---

1. Et non le 8, comme le disent les frères Parfaict.

dans Molière, si prodigieuse qu'elle ait été de vigueur et d'observation profonde, ne supposait-elle pas une façon nouvelle et plus bourgeoise de comprendre l'amour et la femme? Oui, depuis *le Cid* et *Horace,* dès les premiers temps de Louis XIV, l'âme humaine a baissé; elle a déjà trop conscience de ses faiblesses; à la fin du règne, elle ne sait plus que ses vilenies. La prédominance seule de la comédie, surtout dénuée de ces inspirations d'une vigoureuse honnêteté qu'y avait mêlées Molière, l'absence complète de sentiments généreux, au moins dignement rendus, suffit pour accuser une dégradation morale. Dans ce siècle où on invoquait si souvent à tort et à travers l'autorité d'Aristote, on a bien souvent répété sa définition de la tragédie et de la comédie : l'une peint les hommes plus grands que nature, l'autre plus petits qu'ils ne sont. Est-il bon de ne représenter à l'homme que ses petitesses et de lui apprendre à se mépriser? Ce qu'il y a de sûr, c'est que la littérature d'alors n'enseignait plus autre chose, et *Gil Blas,* qui couronne l'époque, en est la plus vive expression ; si l'on peut croire qu'elle exprimât, même en l'exagérant, l'aspect de la société, le résultat définitif du grand règne était, pour la morale aussi bien que pour l'art dramatique, une déchéance incontestable.

LIVRE IV.

LES COMÉDIENS, LEUR SITUATION DEVANT LA SOCIÉTÉ DU TEMPS.

CHAPITRE PREMIER.

LES COMÉDIENS ET LE CLERGÉ.

S'il fallait en croire Chappuzeau[1], la vie des comédiens, au temps du moins où il écrivait, aurait été tout à fait édifiante et de nature à les préserver des avanies que les protégés de Richelieu commençaient déjà à subir, vers 1673, malgré la protection très-effective de Louis XIV :

« Quoique la profession de comédien les oblige de représenter incessamment des intrigues d'amour, de rire et de folâtrer sur le théâtre, de retour chez eux, ce ne sont plus les mêmes; c'est un grand sérieux et un entretien solide, et dans la conduite de leurs familles on découvre la même vertu et la même honnêteté que dans les familles des autres bourgeois qui vivent bien. Ils ont grand soin, les dimanches et fêtes, d'assister aux exercices de piété, et ne représentent alors la comédie qu'après que l'office entier de ces jours-là est achevé, lequel, comme chacun sait, commence la veille aux premières vêpres

---

1. CHAPPUZEAU, *le Théâtre français*, livre III, *De la conduite des comédiens*.

et finit le lendemain aux secondes, de sorte qu'on ne peut leur reprocher qu'ils aient moins de respect que d'autres pour le dimanche et les fêtes, puisque alors le service de l'Église est achevé, et que le peuple, qui ne peut pas avoir toujours l'esprit tendu à la dévotion, va chercher quelques divertissements honnêtes. Que si l'on trouve mauvais qu'il prenne cette licence, il n'est pas juste de crier contre eux plus que contre d'autres gens à qui on ne dit mot, quoique toute l'après-dînée du dimanche ils tiennent ouverts plusieurs lieux destinés aux divertissements du public, et où il y a moins à profiter qu'au théâtre. Mais aux fêtes solennelles et dans les deux semaines de la Passion, les comédiens ferment le théâtre. Ils se donnent particulièrement, durant ce temps-là, aux exercices pieux, et aiment surtout la prédication, qui est un des plus utiles. Quelques-uns d'entre eux m'ont dit que, puisqu'ils avaient embrassé un genre de vie qui est fort du monde, ils devaient hors de leurs occupations travailler doublement à s'en détacher, et cette pensée est fort chrétienne. Aussi la charité, qui couvre une multitude de péchés, est fort en usage entre les comédiens; ils en donnent des marques assez visibles, ils font des aumônes et particulières et générales, et les troupes de Paris prennent, de leur mouvement, des boîtes de plusieurs hôpitaux et maisons religieuses, qu'on leur ouvre tous les mois. J'ai vu même des troupes de campagne, qui ne font pas de grands gains, dévouer aux hôpitaux des lieux où elles se trouvent la recette entière d'une représentation, choisissant pour ce jour-là leur plus belle pièce pour attirer plus de monde. »

Chappuzeau, en combattant des préjugés qui nuisaient aussi bien à la moralité qu'à la considération des comédiens, en leur décernant toutes ces louanges un peu trop flatteuses pour être rigoureusement vraies, avait sans doute l'intention honnête de les encourager à les mériter. Les justifiaient-ils en général par leur conduite? Je le croirais volontiers, à la date du moins où écrivait Chappuzeau (1674). Beaucoup d'entre eux étaient estimés et semblent avoir été estimables. La Grange, par exemple, à n'en juger même que par son registre, était tout le contraire de l'idée qu'on se fait du comédien bohème, à la vie débraillée et décousue : il est impossible d'être d'une exactitude plus scrupuleuse et de procédés plus nets dans toutes les questions de probité; ses évidentes habitudes de régularité bourgeoise font supposer chez lui certaines qualités, non des plus élevées sans doute, mais au moins de celles qu'on n'est guère disposé à soupçonner chez un comédien. De plus, c'est manifestement un bon cœur : il s'intéresse à tout ce qui arrive à ses proches et à ses amis, il mentionne exactement sur son registre les événements domestiques, mariages, morts, naissances, baptêmes, le tout pêle-mêle avec les indications des pièces jouées et des recettes[1].

---

1. « M. Cyprien Ragueneau, père de ma femme, est mort à Lyon, le 18e août 1654, en l'église Saint-Michel (*sic*).

« Le père Arnoult, frère utérin de ma femme, est mort à Avignon, le 20e octobre 1669, aux Célestins.

« Marie Brunet, mère de ma femme, est morte à Paris, le 15e mars, et enterrée aux Quinze-Vingts, » etc.

Voici sur sa femme maintenant :

« Lundi 12 novembre 1672, Mlle de La Grange est accouchée de

Quant aux comédiennes de cette première époque, je ne prétends pas assurément garantir leur vertu ; mais ce qu'il y a de sûr, c'est qu'elles sont presque toutes mariées, ce qui est déjà quelque chose : l'habitude du célibat ne viendra que plus tard. En outre, on leur voit un nombre d'enfants qui ne suppose pas des mœurs bien débordées : Mlle Beauval, celle qui joua d'original la *Nicole* du *Bourgeois gentilhomme,* eut jusqu'à vingt-huit enfants! Cela ne laissait pas que d'être un embarras pour la comédie. On voit, par exemple, sur le registre que, le 16 mai 1681, *le Deuil,* qui devait être représenté à Versailles, « n'a pu être joué à cause que Mlle Beauval est accouchée ». Cette cause de relâche se présente plusieurs fois pour d'autres. L'abbé de Pure dit : « Il serait à souhaiter que toutes les comédiennes fussent et jeunes et belles, et, s'il se pouvait, toujours filles, ou du moins jamais grosses. Car, outre ce que la fécondité de leur ventre coûte à la beauté de leur visage ou de leur taille, c'est un mal qui dure plus depuis qu'il a commencé qu'il ne tarde à revenir depuis qu'il a fini [1]. » On voit qu'en souhaitant que les comédiennes soient jeunes, jolies, filles, *ou du moins jamais grosses,* l'abbé se préoccupe un peu plus des intérêts du théâtre que de ceux de la morale.

Quant aux pratiques religieuses, on en trouve à tout moment la trace, non-seulement chez les comédiens italiens, qui se piquent d'une grande régularité à cet égard, et qui, au moment où, ayant enfin

---

deux filles. Parrains et marraines : 1° M. de Verneuil et Mlle Molière; 2° M. de Molière et Mlle de Brie. »

1. *Idée des spectacles,* p. 170.

un théâtre à eux, ils peuvent jouer tous les jours, s'abstiennent scrupuleusement de jouer le vendredi[1]; mais aussi chez les comédiens français, plus suspects pourtant à cet égard.

Le testament de Madeleine Béjart, dicté par elle pendant sa dernière maladie qui fut longue, indique des sentiments très-dévots : elle fonde à perpétuité pour elle en l'église Saint-Paul deux messes de *requiem* par semaine; elle fonde également une rente de 5 sous par jour à distribuer à cinq pauvres de la même paroisse « en l'honneur des cinq plaies de Notre-Seigneur. » Ces fondations, qui se montent à 200 livres de rente perpétuelle, furent acceptées par les marguilliers de la paroisse[2].

1. Même à une date où l'hypocrisie était inutile et ne pouvait servir à rien, sous la Régence, on ne peut guère douter de leur dévotion. Desboulmiers, qui a eu connaissance de leurs registres, dit que le premier (après leur rétablissement) commence ainsi : « Au nom de Dieu, de la Vierge Marie, de saint François de Paul et des âmes du purgatoire, nous avons commencé le 18 mai 1716 par l'*Inganno fortunato*. » (*Histoire du Théâtre italien*, tome I, p. 220.)

2. « Le 17 février de la présente année (1672) Mlle Béjart est morte... Elle est enterrée à Saint-Paul, sous les charniers. » *Registre de la Grange*. Nous devons faire remarquer ici que l'expression *sous les charniers* n'a pas le sens défavorable qu'on serait tenté de lui attribuer ; elle indiquait seulement une partie du cimetière attenant à l'église. — Si le registre de la Grange témoigne souvent par des notes prises évidemment pour lui seul de sentiments sérieux au sujet de la vie et de la mort, on trouve, en revanche, sur d'autres registres, ceux de l'état civil tenus alors par les curés, que la pensée de la mort, au moins de celle d'autrui, n'empêchait pas toujours ces derniers d'être d'assez bons vivants. Prenons pour exemple les registres de cette même paroisse de Saint-Paul; M. Taillandier a recueilli ce fait : à la suite d'une inhumation faite le 16 octobre 1650, le vicaire ajoute : « M. de

Il faut bien avouer cependant qu'à une époque où les pratiques religieuses étaient obligatoires, elles ne prouvent pas toujours une piété sincère et vraie, et l'on ne sait trop ce qu'on doit penser, quand on voit voit Molière lui-même avoir un confesseur attitré, « M. Bernard, prêtre habitué en l'église de Saint-Germain, » lequel est cité, au moment de la mort du poëte, comme lui ayant administré les « sacrements à Pâques dernier[1]. » Mais, quoi qu'il en soit, on voit par cet exemple combien est faux ce que Bossuet affirmera plus tard, que « *la pratique constante* est de priver des sacrements *à la vie* et à la mort ceux qui jouent la comédie, s'ils ne renoncent à leur art, et *de les passer à la sainte table comme des pécheurs publics*[2]. » Pour qu'un prêtre eût osé donner les sacrements à l'auteur du *Tartuffe*, en 1672, il fallait bien qu'alors *cette pratique constante* fût loin d'être rigoureusement observée. Plus tard, l'attitude du clergé à l'égard des comédiens changea, et aussi, je le crois, les mœurs des comédiens. Ce n'est pas

Saint-Paul (son curé) me commanda d'aller dîner avec lui, où de sa grâce je fis bonne chère; *vivat ad multos annos*. » Les suites de cette bonne chère sont mentionnées le lendemain après un autre enterrement : « Je pris un lavement pour apaiser une colique[a]. »

Et tous ces détails de bonne chère, de digestions plus ou moins pénibles, et de lavements, sont jetés pêle-mêle au milieu de circonstances d'un caractère fort différent et qui auraient dû, ce semble, écarter chez un croyant véritable toute préoccupation d'un autre genre comme une profanation scandaleuse.

1. Voyez M. Eudore Soulié, *Recherches sur Molière*, p. 79, et aussi p. 201. Il cite des documents incontestables.
2. *Maximes et réflexions sur la comédie*, § 11 (1694).

a. *Annuaire historique de 1847*, p. 209.

qu'ils soient moins dévots; on peut même à cet égard, dans leurs registres, remarquer une sorte d'affectation. Non-seulement ils prodiguent les pièces saintes et finissent par prendre l'habitude de jouer *Polyeucte* régulièrement, avant et après Pâques, pour sanctifier le premier et le dernier jour de l'année théâtrale; mais la rédaction de leurs registres se ressent des influences dévotes alors toutes-puissantes.

Ils ne se bornent pas, par exemple, à mentionner simplement un relâche pour l'Ascension; ils écrivent : « Relâche donné pour le respect de la fête de l'Ascension de Notre-Seigneur. » Et l'un de leurs registres débute ainsi : « Commencé, au nom de Dieu et de la sainte Vierge, aujourd'hui lundi 26 avril 1688. »

Quelle que fût pourtant l'incompatibilité plus ou moins réelle de leur profession ou de leur conduite avec une dévotion sérieuse, on ne peut regarder comme un motif suffisant pour douter de leur sincérité, une inconséquence qui se trouvait partout alors. Le comédien Rosimont, en 1680, avait publié une *Vie des saints pour tous les jours de l'année,* et on ne peut le soupçonner d'hypocrisie, car il s'y était déguisé sous son nom de famille qui, pour le public, était un véritable pseudonyme, *J.-B. du Mesnil.* C'est Baillet qui nous l'apprend; et il ajoute que le nom de l'auteur était si bien caché que, quand il mourut, l'Église lui refusa la sépulture ecclésiastique; ce qu'elle n'eût pas fait sans doute si elle eût connu l'auteur de ce livre édifiant. Rien ne prouve mieux ce singulier mélange de pratiques religieuses et d'une conduite assez irrégulière, que la mort de

Champmeslé. Trois ans après la mort de sa femme, dont il aurait eu quelque raison, ce semble, de se consoler, il rêva une nuit qu'il la voyait et qu'elle lui faisait signe du doigt pour l'appeler. Il raconta ce songe à ses camarades, qui n'épargnèrent rien pour le calmer, car il était bonhomme et aimé. Deux jours après, il va aux Cordeliers, remet 30 sous au sacristain pour trois messes, l'une pour sa mère, l'autre pour sa femme... « Et la troisième? — La troisième sera pour moi, et je vais l'entendre. » Au sortir de l'église, il va s'asseoir à la porte de la Comédie, cause affectueusement avec ses camarades, et tombe frappé d'apoplexie. C'est une fin assez sombre pour l'auteur du *Veau perdu*, au moins prouve-t-elle sa sincérité.

Le théâtre était-il devenu plus moral? Non, très-certainement, malgré les tragédies saintes. Les pièces comiques au moins, comme nous l'avons vu, étaient au contraire de nature à effaroucher les moins scrupuleux. Quant aux mœurs des comédiens, je doute fort qu'il y eût progrès et amélioration sensible; bien au contraire. Nous avons deux tableaux de mœurs théâtrales, écrits, l'un au début du règne de Louis XIV, l'autre à la fin, dans *le Roman comique* et dans *Gil Blas*[1]. Ils ne se ressemblent guère. La plume de Scarron était certes des moins enclines à idéaliser ses modèles; et cependant, au milieu de beaucoup d'aventures burlesques et quelques-unes qui sont pis que cela, nous voyons, dans ce tableau que nous pouvons croire fidèle, que les mœurs des comédiens, même des comédiens de campagne,

---

1. *Le Roman comique* est de 1651; *Gil Blas* parut en 1715.

étaient à peu près celles de la société environnante. Chez Le Sage, au contraire, la peinture des mœurs des comédiens de *Madrid* (on sait ce qu'il faut entendre par là) est des moins édifiantes; et, malgré les rancunes personnelles de l'auteur contre les comédiens de Paris, il ne semble pas que tout y fût faux. D'où vient ce contraste, qui existait aussi bien, croyons-nous, dans la réalité?

C'est qu'évidemment le préjugé contre la comédie était moins fort et moins violent au début du règne qu'il ne le fut depuis. C'est qu'alors un comédien estimable pouvait être estimé, et qu'il n'avait pas à subir, quelle que fût sa conduite personnelle, une condamnation absolue, collective et sans appel, qui flétrissait, non les mauvaises mœurs de tel ou tel, mais la profession. Au temps du *Roman comique,* nous voyons les comédiens, même en province, où les préjugés sont si tenaces et si prononcés, où les rangs sont si marqués, vivre en bons termes avec les bourgeois, les magistrats, les ecclésiastiques même. On n'en fait pas une classe à part, soigneusement séparée des autres. A Paris même, le théâtre, si protégé par Richelieu et par Mazarin, et fort aimé par Louis XIV dans les premières années de son règne, n'entraîne aucune flétrissure; le roi, alors, ne dédaigne pas de paraître avec les comédiens dans les comédies-ballets que l'on compose pour la cour; et, sans croire le moins du monde à la prétendue familiarité dont une tradition absurde fait jouir Molière auprès du roi, et qui alors eût été impossible pour lui comme pour tout autre roturier, on doit reconnaître toutefois que c'était beaucoup pour un comédien, pour un modeste bourgeois, fils de tapissier, d'être valet de chambre du roi, charge à laquelle, avant François Ier, les gentilshommes seuls pouvaient aspirer; aussi Chappuzeau insiste-t-il avec raison sur ce fait que « Molière a fait le lit du roi ! » De plus, les comédiens sont devenus la *Troupe royale,* ou la *Troupe du roi ;* c'est du souverain qu'ils dépendent; et il est certain que cet honneur, dont ils sont fiers, leur impose plus de tenue. Les comédiens obtiennent, si l'on en croit Chappuzeau, un *glorieux témoignage* en faveur de leur moralité de la part d'un membre de cette magistrature plus fermée que tout autre corps à tout ce qui est nouveauté. « J'aurais tort de passer ici sous silence le glorieux témoignage qu'un des premiers magistrats de France rendit, il y a quelques années, aux comédiens de Paris : « Que « l'on n'avait jamais vu aucun de leur corps donner « lieu aux rigueurs de la justice; ce qu'en tout autre « corps, quelque considérable qu'il puisse être, on « aurait de la peine à rencontrer[1]. » L'Église elle-même semble avoir oublié alors ses sévérités contre le théâtre : c'est seulement à partir du *Festin de pierre,* et surtout du *Tartuffe,* que toutes les préventions s'éveillent et qu'on s'avise d'exhumer contre la comédie et les comédiens les proscriptions anciennes, depuis longtemps périmées.

Un seul rapprochement suffirait pour marquer le contraste de la tolérance qui existait au milieu du XVIIe siècle à l'égard des comédiens, et de l'intolérance qui alla de plus en plus en s'aggravant contre eux de la part du clergé. En 1660, les comédiens de

---

1. P. 138.

l'Hôtel de Bourgogne, pour célébrer la conclusion de la paix, font chanter dans Saint-Sauveur, « leur paroisse », dit Loret,

> Un motet, *Te Deum*, et Messe;

et quand la cérémonie fut achevée, ajoute-t-il, nous tous qui étions là,

> Le curé, prêtres et vicaires,
> Chantres, comédiens et moi,
> Criâmes tous : *Vive le roi!*
> La troupe des chantres, ensuite,
> Dans un cabaret fut conduite
> Où messieurs les musiciens,
> Par l'ordre des comédiens,
> Furent, pour achever la fête,
> Traités à pistole par tête,
> Où l'on but assez pour trois jours.

Au siècle suivant, quand Crébillon mourut, le curé de Saint-Jean-de-Latran ayant consenti à faire un service pour lui, *sur la demande des comédiens*, ses supérieurs, pour le punir d'avoir reçu les comédiens dans son église, le condamnèrent à 200 livres d'amende et à trois mois de séminaire [1].

Nous le répétons d'ailleurs, depuis la fin du règne de Louis XIV, les mœurs des comédiens pouvaient justifier les censures des personnes austères. Mais s'il est vrai, comme l'affirme l'abbé de La Tour, que, depuis 1697 [2], sous le cardinal de Noailles (arche-

---

1. C'est ce que raconte, en l'approuvant fort, un contemporain, l'abbé de La Tour, *Réflexions sur le théâtre*, édition Migne, p. 225.
2. P. 228 du même ouvrage.

vêque de Paris depuis 1695), le clergé se fût mis à refuser le mariage aux comédiens, ce refus n'avait pas dû contribuer à les moraliser. On n'a ni à discuter ni à blâmer des prescriptions rigoureuses qui pouvaient être, de la part du cardinal de Noailles et de ses subordonnés, une affaire de conscience, une impérieuse obligation. Mais il faut convenir que, dans la situation qui était faite ainsi aux comédiens, leur caractère officiel, comme « Troupe des comédiens du Roi *entretenue par Sa Majesté* », était quelque chose d'assez étrange.

En signalant pour point de départ de cette animosité contre le théâtre la représentation de *Tartuffe*, nous n'entendons blâmer personne. Quand on parle de cette immortelle peinture de l'hypocrisie, c'est bien le moins d'être soi-même sincère et de ne pas faire semblant de s'étonner des colères soulevées par cette comédie. On dirait vraiment qu'elle n'a pu irriter que les Tartuffes, et que quiconque se prononçait contre la pièce se dénonçait comme un hypocrite. Nous ne savons pas au juste quelles étaient les intentions de Molière, et si lui-même s'en rendait bien compte; mais pouvait-il se faire illusion sur la portée de sa pièce? Toutes ces distinctions que faisait Molière entre la vraie et la fausse dévotion, et que l'on répète encore au sujet de cette pièce, disparaissaient pour le plus grand nombre; et de même qu'à propos de choses beaucoup moins graves, en attaquant les *fausses* précieuses, Molière pouvait bien se douter que les vraies se sentiraient atteintes, de même aussi cette double caricature d'une dévotion sincère chez Orgon, d'une dévotion menteuse chez Tartuffe, prétait à des assimilations que Molière devait prévoir. Il faut être ici de bonne foi : je le demande à tout croyant sincère, quelle que soit sa croyance, — religieuse, philosophique, politique, — serait-il bien aise de voir offrir aux adversaires de ses convictions l'occasion d'une confusion trop facile entre ce qu'elles ont de respectable chez les uns, de comique ou d'odieux chez les autres? Laissons de côté les opinions qui nous divisent; en voici une du moins qui nous réunit, en théorie du moins : le patriotisme. Il a, lui aussi, ses Orgons et ses Tartuffes : quel est le patriote sincère qui ne verrait aucun inconvénient dans la peinture des abus, des ridicules, de l'hypocrisie même du patriotisme, au moins comme chacun l'entend, pour lui et son parti? Un homme sincère, s'il a l'habitude de compter avec sa conscience, se sent assez de peine à comprendre chez autrui les idées qu'il ne partage pas, pour s'attendre à rencontrer lui-même les mêmes préventions, et à voir traiter peut-être d'hypocrisie calculée ce qui peut n'être chez lui que faiblesse ou inconséquence. Oui, Bourdaloue et d'autres tout aussi peu suspects de ressembler à *Tartuffe* avaient le droit de se scandaliser et de trouver la pièce dangereuse. Ceci soit dit en passant pour excuser des préventions qui n'étaient que trop naturelles, et non une intolérance, et surtout des calomnies, qui ne sont jamais excusables.

CHAPITRE II.

TRIBULATIONS DE LA COMÉDIE-FRANÇAISE EN 1687.

Nous n'avons pas à raconter ici les persécutions dont Molière, vivant ou mort, devint l'objet. L'auteur du *Tartuffe* une fois disparu, l'animosité du clergé contre le théâtre semble sommeiller pendant quelques années; elle se réveille à partir des années de dévotion du roi, et elle éclate dans une circonstance où il s'agissait pour la Comédie-Française d'être ou de ne pas être. L'occasion semblait bien choisie.

La Comédie était depuis longtemps installée à l'Hôtel Guénegaud, rue *Mazarini*, lorsqu'en 1687 survint un incident inattendu. On se disposait alors à ouvrir le collége des Quatre-Nations dans le palais de ce nom; la Sorbonne, en prenant possession de ce collége, trouve choquant pour elle le voisinage de la Comédie; elle obtient son éloignement.

« Aujourd'hui, 20e jour de juin, disent les registres, M. de La Reynie nous a mandés pour nous donner ordre, de la part du roi et de M. de Louvois, que la troupe eût à changer d'établissement, à cause de la proximité du collége des Quatre-Nations, où les docteurs vont enseigner et sont près d'en prendre possession. »

La Comédie se hâte de délibérer sur les mesures à prendre « pour parvenir au nouvel établissement qu'elle est obligée de faire. » Elle se met en quête d'un local. Ses voyages dans Paris à la recherche d'une salle sont toute une odyssée.

Il faut se presser : on ne lui donne que trois mois pour quitter le théâtre et s'en procurer un autre.

« Après plusieurs recherches pour trouver un fonds qui leur convienne[1], » ils jettent les yeux sur l'*Hôtel de Sourdis*, rue Neuve-des-Fossés-Saint-Germain-l'Auxerrois; c'était revenir à leur berceau, près de l'emplacement de ce Petit-Bourbon où Molière et ses camarades avaient débuté en 1653. Ils soumettent leur idée à M. de Louvois; le roi consent; la Comédie conclut le marché... Tout à coup le roi retire son consentement : il faut chercher ailleurs. Que s'était-il passé?

Le rédacteur de ce récit, la Grange peut-être, toujours prudent, ne dit, ni pour cette première difficulté, ni pour les autres, d'où elles proviennent; mais Racine va nous le dire.

« La nouvelle qui fait ici le plus de bruit, c'est l'embarras des comédiens, qui sont obligés de déloger de la rue Guénegaud à cause que *messieurs de Sorbonne*, en acceptant le collége des Quatre-Nations, *ont demandé pour première condition qu'on les éloignât de ce collége*[2]. » Voilà la cause de leur expulsion. Mais où trouveront-ils à se réfugier? qui les voudra recevoir?

« Ils ont déjà marchandé des places dans cinq ou six endroits, continue Racine; mais partout où ils vont, c'est merveille d'entendre comme les curés crient. Le curé de Saint-Germain-l'Auxerrois a déjà

---

1. Voyez le *Compte de la dépense pour le bâtiment de l'hôtel et théâtre, rue des Fossés*, etc. Reproduit par les frères Parfaict t. XIII, p. 100), d'après un manuscrit de la Comédie, qu'ils attribuent à La Grange.

2. Lettre du 3 août 1687, à Boileau.

obtenu qu'ils ne seraient point à l'Hôtel de Sourdis, parce que de leur théâtre on aurait entendu tout à plein les orgues, et de l'église on aurait parfaitement entendu les violons. »

C'est un peu exagéré : l'Hôtel de Sourdis étant à l'angle de la rue de l'Arbre-Sec, sur l'alignement actuel de la rue de Rivoli, il aurait fallu avoir l'ouïe bien fine pour entendre de l'intérieur de l'église Saint-Germain les six violons de la Comédie, car le privilége de l'Opéra lui interdisait d'avoir un plus grand nombre de symphonistes. D'ailleurs, les offices n'avaient pas lieu aux mêmes heures que les représentations. Nous ferons remarquer, de plus, que cette prétention était au moins nouvelle; car, quand la Comédie-Italienne et la troupe de Molière étaient au Petit-Bourbon, leur salle touchait par son extrémité au cloître de Saint-Germain-des-Prés, et elle était contiguë à la chapelle de la cour, celle où le roi allait souvent faire ses dévotions[1]. De plus, on avait alors, dans la même salle, souvent représenté des ballets de la cour, et il est bien sûr que les vingt-quatre violons du roi devaient faire beaucoup plus de bruit que n'en eussent fait les six modestes violons de la Comédie à l'hôtel de Sourdis. Enfin, si c'était le voisinage seul qui offusquait, où voulait-on que les pestiférés qui jouaient *Tartuffe* pussent se transporter dans le Paris d'alors, s'il fallait qu'ils n'y trouvassent dans les environs ni églises,

1. La *Gazette* nous dit que, le 25 décembre 1655, le roi, accompagné de Monsieur et du cardinal Antoine, a été faire ses dévotions à la chapelle du Petit-Bourbon, qu'il y est retourné le 1ᵉʳ janvier; et que, dans l'intervalle, il a été (le 31 décembre) au Petit-Bourbon, « prendre le divertissement de la Comédie-Italienne ».

ni chapelles, ni couvents? C'était là-dessus sans doute que l'on comptait.

Et c'est ce que supposa un moment Boileau, à qui Racine racontait ces tribulations des comédiens. Malade et morose aux eaux de Bourbonne, le satirique en voulait d'ailleurs à la Comédie du bon accueil qu'elle faisait aux poëtes Pradon, Boyer et autres; et pourtant Corneille et Molière morts, Racine retiré du théâtre, la Comédie était forcément réduite aux pièces de leurs tristes successeurs, et ne les jouait que faute de mieux. N'importe, dans sa mauvaise humeur, Boileau écrit à Racine : « S'il y a quelque malheur dont on se puisse réjouir, c'est, à mon avis, celui des comédiens : si l'on continue à les traiter comme on fait, il faudra qu'ils aillent s'établir entre la Villette et la Porte-Saint-Martin (autrement dit à Montfaucon, où l'on déposait les vidanges de la ville); encore ne sais-je s'ils n'auront point sur les bras le curé de Saint-Laurent. » Au moins là, l'emplacement serait digne du genre de littérature qu'ils cultivaient alors; cette idée souriait à Boileau, et il ajoutait cette boutade assez rabelaisienne : « Ce serait un merveilleux théâtre pour jouer les pièces de M. Pradon; ils y auront une commodité, c'est que quand le souffleur aura oublié d'apporter la copie de ses ouvrages, il en retrouvera infailliblement une bonne partie dans les précieux dépôts qu'on apporte là tous les matins. » Il faut dire que Boileau connaissait d'enfance cette localité mal parfumée; son père possédait des vignes près de là, et il est probable que le bouquet de son vin se ressentait un peu du voisinage. Aussi Racine lui répliquant: « Je crains, comme vous, que les comédiens ne soient obligés de s'aller établir près des vignes de feu M. votre père, » Boileau ripostait par cette plaisanterie qui atteignait à la fois Racine, Champmeslé et même sa femme : « Supposé qu'ils aillent où je vous ai dit, croyez-vous qu'ils boivent du vin du cru ? Ce ne serait pas une mauvaise pénitence à proposer à M. Champmeslé pour tant de bouteilles de vin de Champagne qu'il a bues *vous savez aux dépens de qui*... »

Les comédiens pourtant n'en étaient pas encore réduits à ce parti désespéré, et cherchaient toujours un local dans Paris. Obligés de renoncer à l'Hôtel de Sourdis, ils songent à l'*Hôtel de Nemours*, ayant issue sur le quai des Augustins et, par derrière, sur la rue de Savoie. Le roi, toujours bienveillant, consent encore.

« Les comédiens en sont, continue Racine, à la rue de Savoie, dans la paroisse Saint-André. Le curé a été aussi au roi lui représenter qu'il n'y a tantôt plus dans sa paroisse que des auberges et des coquetiers ; si les comédiens y viennent, *que son église sera déserte.* »

Celui-là ne pouvait prétendre du moins que de son église, située où est actuellement la place Saint-André-des-Arcs, il entendît les six terribles violons. Il lui vint d'ailleurs un renfort, toujours selon Racine :

« Les Grands-Augustins ont aussi été au roi, et le père Lambrochons, provincial, a porté la parole[1] ;

---

1. Les Augustins n'avaient pas une réputation de sainteté assez bien établie pour avoir le droit de se montrer si sévères ; voici une aventure qui avait fait scandale, et qui n'était pas oubliée : « Il y

mais on prétend que les comédiens ont dit à Sa
Majesté que ces mêmes Augustins, qui ne veulent
point les avoir pour voisins, sont fort assidus spectateurs de la comédie, et qu'ils ont même voulu

a ici une plaisante querelle (écrit Gui Patin en 1658), qui fait parler
bien du monde. Les Augustins du grand couvent, au bout du Pont-
Neuf, se battent et se chicanent cruellement les uns les autres
depuis quelques années. Tantôt un parti prévaut, tantôt l'autre;
le conseil en a fait arrêter d'un côté, à cause que le Parlement en
avait fait emprisonner de l'autre parti, et jusqu'ici le conseil a été
le maître; car ceux qu'il avait fait prendre dès le carême sont encore prisonniers, au grand regret du président de Mesmes qui les
portait extrêmement. La querelle s'est réchauffée de plus belle depuis quelques jours; requête présentée au Parlement, dont a été
suivi arrêt qui leur a été signifié, et auquel ils n'ont point voulu
obéir. *Imo*, ils se sont barricadés, ont fermé leur église, ont cessé
leurs messes et prières, et ont pris avec eux des séculiers pour se
défendre, en cas qu'ils fussent attaqués ou assaillis. Le Parlement
n'a point voulu en avoir l'affront; il a été ordonné que par un derrière de leur maison serait faite brèche, que plusieurs archers y
entreraient bien armés et qu'ils se saisiraient de ceux qui feraient
résistance aux ordres du Parlement. Ceux de dedans, voyant la
brèche, se sont mis en défense; il y a deux moines de tués et deux
archers; enfin les moines se sont rendus, plusieurs ont été menés
à la Conciergerie avec les séculiers qui ont été trouvés là dedans.
Et notez que la cause de tous ces débats sont le *meum et tuum* de
Platon : ce n'est que pour le partage des deniers qui se reçoivent
à la sacristie, et à qui en aura de reste pour boire, pour jouer et
pour friponner. Voilà comment les moines se jouent du purgatoire
et de l'argent qui leur en revient : *O speciosam fabulam!* » Lettre
du 27 août 1658. C'est par allusion à ce siége mémorable qu'en
1674, Boileau, dans le *Lutrin*, faisait dire à la Discorde :

    J'aurai pu jusqu'ici brouiller tous les chapitres,
    Diviser Cordeliers, Carmes et Célestins,
    J'aurai fait soutenir un siége aux Augustins!...

Il y a une ballade de La Fontaine, qui célèbre aussi le même
événement.

vendre à la troupe des maisons qui leur appartiennent dans la rue d'Anjou, pour y bâtir un théâtre, et que le marché serait déjà conclu si le lieu eût été plus commode. »

Cependant l'éloquence du père Lambrochons l'emporte; le roi retire aux comédiens son consentement.

Ajoutons toutefois que les Augustins, lorsque les comédiens eurent ensuite fini par obtenir, plus loin d'eux, il est vrai, l'établissement qu'ils leur avaient disputé rue de Savoie, ne poussèrent pas l'intolérance jusqu'à refuser leurs aumônes; car « les Augustins du grand couvent », pendant les dernières années du règne, sont portés régulièrement pour 36 livres dans les *charités* faites par la Comédie *aux religieux*. Cela même mit en goût aussi les Petits-Augustins, quoique plus éloignés encore de la rue des Fossés-Saint-Germain, et ils adressèrent, en 1700, un placet à *Messieurs de l'illustre compagnie de la comédie du Roi*, pour « les supplier *très-humblement* » de leur faire part des aumônes et charités qu'ils distribuaient aux maisons religieuses. Nous reviendrons sur ce point; mais on voit déjà que, dès qu'il s'agissait de demander et de recevoir, on ne le prenait plus sur le ton farouche du père Lambrochons.

Écartés cette fois par le crédit des Augustins, les comédiens proposent successivement au roi une maison rue de l'Arbre-Sec, proche de la croix du Trahoir; ils sont encore refusés; — puis l'hôtel de Lussan, rue des Petits-Champs, ou l'hôtel de Sens, rue Saint-André-des-Arcs. Le roi leur permet d'acheter l'hôtel de Lussan; ils terminent l'affaire, payent

14,000 francs... La permission est encore révoquée, toujours grâce à l'opposition d'un curé. C'est un ministre de Louis XIV qui nous l'apprend dans une lettre à la Reynie : « Aussitôt que le curé de Saint-Eustache a su que les comédiens français voulaient s'établir rue des Petits-Champs, il en a fait ses plaintes au roi, représentant que cet endroit est le quartier le plus considérable de sa paroisse, et plusieurs propriétaires des maisons voisines se sont joints à lui pour faire les mêmes plaintes. Sur quoi je vous prie de me faire savoir s'il ne conviendrait pas mieux de mettre cette troupe à *l'hôtel d'Auch*, qu'on leur propose, rue Montorgueil[1]. » Les comédiens démontrent au ministre que cet hôtel ne peut leur convenir et proposent encore quatre places différentes, entre autres le local du *Jeu de paume de l'Étoile*, situé rue Neuve des Fossés-Saint-Germain-des-Prés. Enfin, après bien des difficultés, on leur accorde la permission d'acheter le Jeu de paume et d'y bâtir. On peut croire que ce ne fut pas toutefois sans opposition de la part du curé de Saint-Sulpice, qui avait ce Jeu de paume sur le territoire de sa paroisse ; ne pouvant éviter ce malheur, il fit du moins « une espèce de protestation publique, en ne voulant pas que la procession du Saint-Sacrement continuât de passer dans cette rue[2] ».

---

1. Depping, *Correspondance administrative sous Louis XIV*, t. II, p. 578.

2. *Lettres sur les spectacles*, par Desprez de Boissy, p. 631. Et l'abbé de la Tour, en racontant aussi ce fait, se plaît à bien faire remarquer que cet affront est particulier à la Comédie-Française. Car la procession passe devant l'Opéra, la Comédie-Italienne, et en province devant les théâtres locaux : « On ne s'embarrasse

Ce qu'il y a de singulier, c'est qu'avant qu'il apparût pour les comédiens à l'horizon le moindre signe d'un déplacement et de toutes ces tracasseries ecclésiastiques, c'est cette année même que leur registre, à Pâques, débute par la formule que nous avons rappelée plus haut : COMMENCÉ AU NOM DE DIEU ET DE LA SAINTE VIERGE, AUJOURD'HUY LUNDY 26 AVRIL 1688.

Cet en-tête est, si je ne me trompe, le seul de ce genre dans les registres de la Comédie. Rien n'empêche de croire que ce fût l'expression d'un sentiment sincère. Mais, en tout cas, on voit que cette invocation ne lui avait pas porté bonheur auprès du clergé.

pas plus des salles de spectacle que des cloaques ou des amas de boue qui se trouvent quelquefois dans les rues, qu'on se contente de faire cacher par des tapisseries. » (P. 225.) Encore faudrait-il expliquer cette exception faite pour le *tas de boue* qu'on appelle la maison de Molière. — Huerne de la Mothe, avocat au Parlement, dans son livre intitulé : *Libertés de la France contre le pouvoir arbitraire de l'excommunication*, 1761, présente le même fait d'une façon toute différente, et quant à la date et quant à la cause. Ce ne serait pas en 1689 qu'il aurait eu lieu, mais beaucoup plus tard : « Jusque dans les premières années du siècle présent, la procession du Saint-Sacrement passait devant la porte de l'Hôtel de la Comédie; là était un reposoir aux frais de la Société, et sur l'autel était un présent en argenterie de la valeur d'environ 3,000 livres, consacré à l'église de Saint-Sulpice. Survinrent quelques années dans lesquelles il arriva des circonstances fâcheuses qui mirent la Société hors d'état de faire des frais si considérables. Un reposoir simple et uni fut substitué à la magnificence de celui des années précédentes, et le présent cessa. Deux années consécutives firent éprouver à l'église de Saint-Sulpice le même sort, et bientôt après la procession changea de route. » (*Introd.*, p. xxii.) Le livre de Huerne de la Mothe fut déféré au Parlement et condamné au feu; lui-même fut rayé du tableau.

La Comédie avait placé sur la façade de son hôtel une inscription qui était l'exacte et simple expression de la vérité, et dont l'abbé de la Tour parle en ces termes : « Il est singulier qu'on ait *osé* mettre au frontispice de l'Hôtel de la Comédie : HOTEL DES COMÉDIENS ENTRETENUS PAR LE ROI... Une troupe de comédiens n'étant composée que de gens vicieux, infâmes et méprisables, la comédie n'étant qu'un composé de bouffonneries, de passions et de vices, ils ne sont que *tolérés*[1]. »

Et pourtant cette maison de tolérance une fois installée, malgré tant d'efforts hostiles, dans son local définitif, le clergé ne dédaigna pas de recevoir et de solliciter d'elle des aumônes ou *charités*. Nous avons vu qu'au temps de Chappuzeau ces charités étaient déjà d'un usage ordinaire pour toutes les troupes de comédiens; mais dans la seconde moitié du règne, elles se régularisent et deviennent une sorte de redevance périodique; les registres en font foi.

Voici le montant pour chaque mois :

Aux Cordeliers..	3 livres.
Aux Récollets.	3 »
Aux Carmes déchaussés.. . . .	3 »
Aux Petits-Augustins. . . .	3 »
Aux Grands-Augustins. . . .	3 »

Plus une redevance de 18 sous chaque dimanche, désignée sous ce tire : *chandelles des religieux.*

Ces religieux étaient les Capucins. C'étaient eux qui avaient eu la première part aux charités de la

---

1. Réimpression Migne, p. 309.

Comédie-Française. Et eux, ils y avaient droit, comme faisant alors l'office de pompiers. L'institution des pompiers laïques date de la Régence seulement. Sans avoir autant de droits à faire valoir, les Cordeliers et les Augustins avaient adressé aux comédiens les deux requêtes suivantes; il faut les citer textuellement :

« Messieurs,

« Les Pères Cordeliers vous supplient très-hum-
« blement d'avoir la bonté de les mettre au nombre
« des pauvres religieux à qui vous faites la charité.
« Il n'y a pas de communauté à Paris qui en ait plus
« de besoin, eu égard à leur grand nombre et à
« l'extrême pauvreté de leur maison, qui souvent
« manque de pain; l'honneur qu'ils ont d'être vos
« voisins[1] leur fait espérer que vous leur accor-
« derez l'effet de leurs prières, qu'ils redoubleront
« envers le Seigneur pour la prospérité de votre
« chère compagnie. »

« A MESSIEURS DE L'ILLUSTRE COMPAGNIE
DE LA COMÉDIE DU ROI.

« Les religieux Augustins réformés du faubourg
« Saint-Germain vous supplient très-humblement
« de leur faire part des aumônes et charités que

[1]. Ceci était écrit en 1696. Comme demeurant rue des Cordeliers (rue de l'École-de-Médecine), ils avaient cet honneur depuis 1689, date où la Comédie fut établie rue des Fossés-Saint-Germain, depuis rue de l'Ancienne-Comédie.

« vous distribuez aux pauvres maisons religieuses
« de cette ville de Paris dont ils sont du nombre,
« et ils prieront Dieu pour vous.

« F. A. Maché, *prieur,*
« F. Joseph Richard, *procureur.* »

Et ce n'était pas tout. L'hôtel des Comédiens du roi (4 janvier 1689) est taxé, pour la contribution à l'acquittement des dettes de la fabrique de Saint-Sulpice, à la somme de 185 livres 8 sous 4 deniers[1]. Et enfin, nous trouvons encore dans les registres « une transaction passée le 25 août 1695 entre Monseigneur le cardinal de Furstemberg, abbé de Saint-Germain-des-Prés, et la troupe des comédiens du roi, par laquelle les comédiens s'obligent à lui payer, ainsi qu'à ses successeurs, la somme de 250 livres de redevance annuelle. »

Ce cardinal, qui ne dédaignait pas, comme on le voit, les petits profits, jouissait pourtant, dit Saint-Simon, « de plus de 700,000 livres de rente en pensions du roi et en bénéfices. » Il est vrai qu'il avait de grosses dépenses à faire, une femme coûteuse à entretenir; c'était la comtesse de la Marck : « C'était une femme qui n'aimait qu'elle, qui voulait tout, qui ne se refusait rien, non pas même, disait-on, des galanteries que le pauvre cardinal payait comme tout le reste... On prétendait que, fort amoureux de cette comtesse, il la fit épouser à

---

[1]. Inventaire général de tous les registres, titres et papiers concernant la seule troupe des comédiens ordinaires du roi. (Aux archives du Théâtre-Français.)

son neveu, qui avait alors vingt-deux ou vingt-trois ans au plus, pour la voir plus commodément à ce titre[1]. »

On le voit, c'était à qui, parmi tous ces personnages, prélèverait la plus forte somme sur le *Mammon d'iniquité*. Ce qu'il y a de moins concevable dans tout cela, c'est la contribution en faveur de la fabrique de Saint-Sulpice. Il était au moins bizarre de faire contribuer des excommuniés à améliorer la situation financière d'une paroisse d'où ils étaient d'avance exclus à l'heure de la mort. On recevait, on sollicitait leur argent, et en échange on les accablait d'avanies.

Telles étaient les redevances plus ou moins volontaires prélevées sur la Comédie par le clergé, quand on jugea à propos d'y ajouter, en faveur des établissements ecclésiastiques de charité, l'impôt énorme connu sous ce nom : *le droit des pauvres.*

Il y avait des précédents, du reste, à cet égard, même au XVIe siècle. En matière d'impôts, il y en a toujours ; quand il s'agit de tirer l'argent des poches, presque toujours les procédés sont connus de longue date, et les imaginations les plus fécondes auraient peine à inventer en ce genre quelque chose d'absolument nouveau.

Un arrêt du Parlement de Paris, du 27 janvier 1541, prescrivait aux confrères de la Passion de commencer leurs spectacles à une heure après midi, et de finir à cinq : « Et à cause, ajoutait-il, que le peuple sera distrait du service divin, et que cela diminuera les aumônes, ils bailleront aux pauvres la somme

---

1. *Saint-Simon,* ch. LXXVII.

de 1,000 livres tournois, sauf à ordonner plus grande somme [1]. »

Plus tard, le clergé fit changer les heures du spectacle, qui ne se rencontrèrent plus avec celles du service divin; mais l'impôt n'en fut pas moins maintenu ou rétabli. Le prétexte seul varia.

Une pièce du 10 mars 1640, trouvée par M. Eudore Soulié (*Recherches sur Molière*, p. 167), indique les redevances de l'Hôtel de Bourgogne à cette date :

« Est dû au domaine du Roi par ledit Hôtel de Bourgogne, par chacun an, treize livres tournois;

Item. Pour les boues, par chacun an, la somme de 18 livres tournois;

Item. Pour les chandelles et lanternes, par chacun an, la somme de 6 livres tournois;

Item. 52 sols à quoi ledit Hôtel est taxé pour les pauvres. »

52 sous par an... c'est peu. On voit que, sous Richelieu, cette redevance est bien loin de la somme de 1,000 livres exigée antérieurement, et encore bien plus de la taxe énorme appelée *l'impôt des pauvres*, tel que Louis XIV l'institua.

Ce ne fut qu'en 1699 qu'il fut établi régulièrement; en fait, il avait existé à l'Hôtel de Bourgogne depuis 1677 [2]. Les comédiens de l'Hôtel étaient en procès avec la confrérie de la Passion, au sujet de

---

1. Lacan et Paulmier, *Législation et jurisprudence des théâtres*, t. I, p. 167. En Espagne, au temps de Cervantes, à l'intérieur de la salle, « un ecclésiastique faisait la collecte de ce qui revenait aux hôpitaux sous le nom modeste d'aumônes ». Ticknor, *Hist. de la littérature espagnole*, traduction de M. Magnabal, t. II, p. 471.

2. Voy. Piganiol, *Description de Paris*, t. III, p. 170.

la propriété de la salle ; quoique le bon droit fût pour la confrérie, le procès durait depuis un demi-siècle, lorsque le roi crut devoir intervenir : par un édit du mois de décembre, enregistré au Parlement le 4 février 1677, il supprimait la confrérie de la Passion, propriétaire de l'Hôtel, et réunissait ses biens et ses revenus à l'hôpital général pour être « employés à la nourriture et à l'entretien des Enfants trouvés ». C'était à ce titre que la troupe royale d'abord, puis les comédiens italiens qui la remplacèrent en 1680 payaient aux Enfants trouvés le loyer de l'Hôtel.

Cette redevance manqua en 1697, quand la Comédie italienne, qui occupait alors l'Hôtel de Bourgogne, fut obligée de quitter la France[1]. On s'occupa en 1699 d'y substituer un impôt prélevé cette fois sur le Théâtre-Français et l'Opéra.

On ne pouvait, comme au XVI° siècle, donner pour prétexte que le théâtre diminuait les aumônes destinées aux pauvres en attirant chez lui un certain nombre de fidèles aux heures des offices, puisque les heures des offices ne coïncidaient plus avec celles des représentations.

On ne pouvait dire non plus aux comédiens français, comme en 1677, que cet impôt était simplement le loyer de leur hôtel, puisque depuis dix

1. On voit cependant l'hôpital général louer cette salle en 1702 ; c'est ce que constate d'Argenson (*Notes*, publiées en 1868, par MM. Larchey et Mabille, p. 8i) : « Bertrand a loué l'Hôtel de Bourgogne de MM. les directeurs de l'hôpital général, et il a obtenu de moi une autorisation générale pour donner au public le spectacle des danseurs de corde. » Mais à ce passage est jointe la note suivante de Pontchartrain : *Empêcher*. L'Hôtel de Bourgogne fut employé alors, comme nous l'avons dit, au tirage de la loterie.

ans ils étaient propriétaires de leur salle, et ils s'étaient fort endettés pour la construire.

On ne donna pas de raison. C'était plus franc, après tout. On ne paraît s'être inquiété que de deux choses : le chiffre de l'impôt, le mode de perception.

Le 26 janvier 1699, Pontchartrain écrit à M. de Harlay : « J'ai lu au roi le mémoire que vous m'avez envoyé de ce que vous croyez qu'on peut prendre sur l'Opéra et sur la Comédie en faveur de l'hôpital général, et des offres qui sont faites en conséquence. Sur quoi, S. M. m'ordonne de vous dire qu'il lui paraît qu'il serait bien plus commode pour l'hôpital même, pour Francine (directeur de l'Opéra), et pour tout le monde, que ce fût Francine même pour l'Opéra et les comédiens pour la Comédie, qui s'abonnassent à une certaine somme, plutôt que d'y mettre ou un receveur particulier ou un contrôleur, ce qui serait sujet à mille et mille inconvénients; et dans cette pensée, Sa Majesté a permis à Francine d'aller vous représenter ses raisons et discuter avec ceux que vous chargerez de ce soin la somme qu'ils devraient raisonnablement payer. » Néanmoins on renonça à l'idée de l'abonnement[1], et l'on y substitua un droit d'un *sixième* sur la recette

---

1. *Correspondance administrative*. Il paraît qu'on revint plus tard à l'idée de l'abonnement. L'abbé de La Tour (*Réflexions sur le théâtre*, p. 308 dit que pour simplifier les comptes on évalua le sixième des recettes pour la Comédie-Française à une somme fixe de 40,000 livres. Il ajoute (p. 247) qu'on étendit ce droit d'un sixième à l'Opéra-Comique en 1721. On prélevait un *neuvième* seulement sur l'Opéra. L'Opéra était toujours favorisé : il est vrai qu'à la fin du règne il était fort obéré. Le même écrivain affirme (p. 306) qu'en 1712 les dettes de l'Opéra montaient à 400,000 livres.

de la représentation. Le 5 mars 1699, les registres annoncent en termes résignés la charge nouvelle qui va désormais peser sur la Comédie :

« Aujourd'hui, il a plu au roi d'ordonner qu'on tirerait un sixième en sus de toute notre recette pour donner aux pauvres de l'hôpital général : ce qui a été affiché et trompetté par toute la ville.

Le motif charitable de cet impôt semble en excuser l'énormité ; mais est-il bien sûr que tout cet argent allât réellement à ceux à qui il était destiné? On pourra en juger d'après le fait suivant qui, — malgré son caractère officiel, — n'en constitue pas moins une véritable friponnerie.

Nous venons de voir que depuis 1699 l'impôt des pauvres consistait en un sixième prélevé sur la recette. La somme est forte; elle ne parut pas longtemps suffisante.

Pendant la dernière année de la vie de Louis XIV, on obtint du roi qu'au *sixième* prélevé sur la recette quotidienne on ajouterait encore un *neuvième* en faveur des pauvres de l'Hôtel-Dieu. C'était le motif ostensible, et, il faut le dire, la détresse croissante, aussi bien que la prospérité singulière de la Comédie à cette date[1], semblait justifier cette nouvelle charge. Ce n'était pourtant qu'un prétexte ou plutôt un mensonge ; il s'agissait en réalité de faire donner par l'Hôtel-Dieu, en échange de ce nouveau

---

1. La part d'acteur en novembre 1713 est de 850 livres. — En décembre, de 701 livres. — Et les recettes croissent encore pendant les deux années suivantes, comme nous l'avons dit, même avec l'ancien répertoire : le 6 avril 1715, *Polyeucte* et *Pourceaugnac* font 4,758 # 3^s; c'est, je crois, la recette la plus forte du règne. Il faut dire que c'est une représentation de clôture.

profit, « une somme convenable » à un magistrat bien en cour, signalé par son zèle contre les protestants, M. de La Mare[1], « pour le récompenser de ses longs services ».

Qu'était-ce donc que ce M. de La Mare? C'était un conseiller-commissaire du roi au Châtelet, honoré de la confiance du roi et des ministres, « chargé, dit l'auteur de son panégyrique, des affaires de la religion prétendue réformée avant et depuis la révocation de l'édit de Nantes, de l'inspection générale sur l'imprimerie et la librairie, et de la recherche contre les perturbateurs du repos public et de l'État ». C'était du reste un imbécile, et un imbécile méchant, comme le prouvent certains passages de son *Traité de la police*. Il approuve fort la peine de mort portée contre les sorciers, et notamment contre des paysans de la Brie, convaincus d'avoir fait périr des bestiaux par maléfice et sortilège, « au moyen d'une composition qu'ils avouèrent au procès », mais à laquelle ils mêlaient « tant de sacriléges, d'impiétés ou de profanations, » que, — M. de La Mare le déclare, — il ne saurait en révéler la recette, « tant le seul récit en ferait horreur! » On plaçait cette composition dans un pot; ce pot était enterré dans un chemin où passaient les troupeaux, et tous les bestiaux mouraient; mais, — notez ce point, — seulement *« tant que celui qui l'avait posé là vivait »*. Ce qui prouve bien, ajoute judicieusement de La Mare, *« qu'il y avait un véritable pacte entre eux et les malins esprits*[2] ». C'était à ce féroce idiot qu'on avait livré

1. Auteur du *Traité de la police*.
2. Toutes ces citations sont tirées de son *Traité de la police*, t. 1, p. 530, 1ʳᵉ édition, 1705.

le sort des protestants et la surveillance de la librairie. On conçoit qu'il fallût récompenser ces longs et intelligents services, et un accident qui lui arriva (il se cassa la jambe) redoubla l'intérêt que lui portaient « ces grands magistrats, M. le premier président de Mesmes et M. d'Aguesseau, procureur général, à présent chancelier de France », qui s'empressèrent « d'agir sans relâche, de parler, d'écrire et de déterminer le roi à consentir en faveur de M. de La Mare à une augmentation d'un neuvième sur les entrées des spectacles ». L'ordonnance était dressée, et elle allait être portée à la signature quand le roi mourut. Ce fut le Régent qui la signa. Veut-on savoir maintenant le modeste denier qu'elle assurait à M. de La Mare? 300,000 livres! Vous allez croire ce fait rapporté par un ennemi du roi, des magistrats susnommés et de M. de La Mare? Point du tout, c'est par un panégyriste qui le trouve admirable, par le pieux continuateur de M. de La Mare[1]. Cet amour pour le bien des pauvres semblait alors non-seulement tout naturel, mais ce virement de fonds, opéré par la main du roi, devenait un titre d'honneur propre à décorer une oraison funèbre.

1. La preuve du fait se trouve, selon lui, conservée dans les *Registres de l'Hôtel-Dieu* (*Continuation du Traité de la police*, 1738, t. IV, au commencement du volume, dans l'*Éloge de M. de La Mare*). L'abbé de La Tour dit de son côté : « Les La Mare, par acte du 19 février 1716, reçurent 300,000 livres, auxquelles on estima le neuvième de la recette. » (P. 309.)

CHAPITRE III.

POLÉMIQUE AU SUJET DU THÉATRE.

Ainsi, à des titres divers, la Comédie pouvait se vanter de payer, soit au clergé, soit aux pauvres, beaucoup plus que la dîme de ses revenus. Comme le remarquait un de ses défenseurs, parmi les personnes zélées qui criaient si fort contre elle, y en avait-il beaucoup qui pussent en dire autant?

Et pourtant on ne se borna pas longtemps contre les comédiens aux tracasseries dont nous avons parlé. Ce fut le principe même de la comédie qu'on attaqua dans une foule d'écrits plus ou moins célèbres. C'est cette polémique qu'il nous reste à rappeler.

Ce qu'il y a de singulier ici, c'est que le clergé avait contribué plus que tout autre corps à introduire chez nous cette institution qui lui était devenue si suspecte.

Il n'est point nécessaire de remonter jusqu'au moyen âge pour montrer que les représentations théâtrales n'ont pas été, *chez nos dévots ayeux,* comme le dit Boileau, *un plaisir ignoré et abhorré,* ni de rappeler qu'elles sont nées dans les églises même, où l'on représentait les scènes du Nouveau Testament pour l'édification des fidèles. Plus tard, on eut les *Mystères,* joués par les confrères de la Passion, dont l'établissement régulier date des premières années du xv° siècle et qui, après avoir successivement occupé divers locaux, s'installèrent vers le milieu du xvi⁵ siècle à l'Hôtel de Bourgogne : ce fut l'origine du théâtre de ce nom. Au même temps, la Renaissance ramenait les esprits à l'imitation des anciens; mais si les tragédies de Jodelle et de Garnier s'inspiraient d'une tradition différente, elles étaient représentées dans des colléges devant des personnes « de grand savoir et de piété » ; et l'Université, en adoptant l'usage de ces représentations théâtrales, semblait leur donner une sorte de sanction.

Depuis longtemps, du reste, et bien avant Jodelle, la comédie, en latin au moins, avait été en honneur dans l'Université. « D'ancienneté, dit Guy Coquille, pour l'exercice de la jeunesse était en usage dans les colléges qu'en certaines saisons de l'année les régents faisaient représenter comédies et dialogues en latin par leurs écoliers... Aucuns régents ont introduit, aux colléges, et comédies et farces en français[1]. » L'enseignement appartenait alors au clergé. On le voit, de quelque côté que l'on se tourne, on trouve toujours l'influence ecclésiastique près du berceau de la comédie, qui devait plus tard provoquer tant de censures.

Les choses s'étaient à peu près passées de même ailleurs qu'en France ; l'Angleterre avait eu aussi ses représentations pieuses et ensuite ses tragédies de collége; Polonius rappelle dans *Hamlet* qu'il a jadis

___
1. *Commentaire sur l'ordonnance des Etats de Blois*, page 34. M. Edelestant Duméril, qui cite ce passage dans ses *Études d'archéologie*, p. 163, fait observer que le mal était beaucoup plus ancien que ne le dit Guy Coquille, et qu'on a à la Bibliothèque nationale une *Moralité* représentée au collége de Navarre en 1421.

joué à l'Université le rôle de César, et que *Brutus le tua*. En Italie et en Espagne, à aucune époque, le théâtre ne trouve auprès de l'autorité ecclésiastique la même défaveur qu'en France; et si le jésuite espagnol Mariana, célèbre par son apologie du régicide, proscrit le théâtre, il ne semble pas que son opinion ait eu grande influence sur l'esprit de ses compatriotes : Lope de Véga, pendant sa carrière dramatique si féconde, se fit prêtre et devint chapelain de la confrérie de Saint-François, sans cesser de travailler pour le théâtre; il ne paraît pas qu'on en ait été étonné et encore moins scandalisé.

Chez nous, à mesure que le théâtre se sécularisait, il devenait de plus en plus suspect; les confrères de la Passion, émancipés et perdant peu à peu leur caractère religieux, trouvèrent dans le clergé moins de bienveillance : « Le spectacle, dit M. Sainte-Beuve, nuisait toujours à l'office, depuis qu'il n'en était plus une dépendance[1]. » Ils subirent quelques tracasseries, mais d'abord de la part du Parlement beaucoup plus que de celle du clergé. Les représentations théâtrales dans les colléges furent défendues en 1598 par les statuts de l'Université; les jésuites eux-mêmes, qui devaient plus tard se montrer si attachés à l'usage des représentations classiques, interdirent à leurs élèves d'assister « aux spectacles, comédies ou jeux publics. » Toutefois, parmi ces spectacles, il y en eut un qu'ils ne crurent pas devoir interdire absolument : « Si un hérétique est mis à la torture ou brûlé vif, les écoliers pourront aller voir son supplice, ce qu'ils ne pourraient faire s'il

---

[1]. *Poésie au XVIᵉ siècle*, p. 218, édit. de 1843.

s'agissait d'autres criminels[1]. » On voit avec plaisir, par cet exemple, que les jésuites n'ont jamais été d'une rigidité absolue dans leurs interdictions et qu'ils ont su toujours appliquer en tout le *distinguo* de leur école, ou ce que nous appelons aujourd'hui *le sentiment des nuances*. Ainsi leurs élèves n'auraient pu se permettre, en 1636, d'assister à la représentation du *Cid*; mais ils eussent pu l'année précédente se donner le plaisir innocent de voir brûler vif Urbain Grandier ou, plus tard, sous Louis XIV, Simon Morin, « un des plus dangereux fanatiques du xviie siècle[2] », atteint et convaincu de crimes énormes, comme de s'être imaginé avoir reçu une mission de Jésus-Christ en personne, d'avoir annoncé « le règne du Saint-Esprit ou de la Gloire», de s'être appelé le Fils de l'homme, et même d'avoir poussé la perversité de cette damnable doctrine jusqu'à conseiller par écrit au roi, au milieu de beaucoup de balivernes peu sérieuses, quelque chose d'infiniment plus grave : c'était de s'approprier les biens du clergé[3]. Il est probable, toutefois, qu'au moment où les flammes de la Grève étouffaient, comme dit l'arrêt, « le pernicieux venin de cette secte infernale », qui ne paraît pas avoir étendu bien loin ses ravages, la compagnie de Jésus avait déjà

1. Ch. Livet, *Revue française*, 1er avril 1856.
2. Voyez le procès de Simon Morin et les pièces citées par l'abbé d'Artigny (jésuite), qui approuve fort la condamnation de « ce dangereux fou ». *Nouveaux mémoires de critique*, t. III, p. 249.
3. Voici le passage du *Rapport* du procureur du roi : « Il veut abolir tout l'état ecclésiastique, depuis le pape jusqu'au dernier prêtre..., et bannir le célibat. Il veut que le roi s'empare de tous les biens de l'Église, qui lui sont acquis, dit-il, et confisqués, et qu'il renverse toute l'Église. »

mitigé un peu la sévérité de ses doctrines, sinon à l'égard des hérétiques, au moins à l'égard du théâtre: nous la verrons désormais plus tolérante sur ce point, et pour elle-même et, ce qui est mieux encore, pour autrui [1]. Ils avaient eu la gloire de voir se former dans leurs écoles celui qui devait être le fondateur du théâtre français, leur ami constant, le grand Corneille; ils eurent le mérite de s'en déclarer toujours fiers, au point même d'être toujours depuis légèrement injustes pour Racine; il est vrai que celui-ci était janséniste. Et puis, le théâtre avait reçu depuis longtemps une consécration officielle; c'était une institution monarchique, et il fallait savoir s'accommoder au temps. Toujours est-il qu'on ne voit plus jamais figurer les jésuites parmi les adversaires acharnés du théâtre, ce dont il faut leur savoir gré.

Deux cardinaux, les plus éminents du siècle par la puissance, le génie ou l'habileté, s'étaient déclarés les protecteurs du théâtre: l'un, Richelieu, avait favorisé le théâtre français avec un zèle que les préoccupations les plus graves n'avaient pu distraire, et il avait été jusqu'à composer plusieurs pièces, en collaboration avec les principaux écrivains du temps. Il avait été de plus, en quelque façon, directeur de théâtre, et il avait, en effet, son théâtre à lui ou plutôt ses théâtres, car il en avait deux au Palais-Cardinal. Enfin il avait voulu joindre à la pratique du théâtre la théorie qui devait en fixer

---

1. L'abbé de La Tour raconte qu'au Pérou et au Mexique, le théâtre a eu pour fondateurs les jésuites. On commença par des pièces saintes, on finit par risquer des pièces profanes, « sans doute contre l'intention des missionnaires. » (P. 35.)

les règles, et c'était « pour lui complaire » que l'abbé d'Aubignac « avait dressé cette pratique du théâtre que Son Éminence avait passionnément souhaitée[1] ». Pour faire leur cour au tout-puissant ministre, des prélats ne dédaignaient de prendre part à ces divertissements qui devaient plus tard être déclarés l'œuvre du démon[2]. — L'autre, Mazarin, avait importé chez nous l'opéra, favorisé la comédie italienne, sans se montrer néanmoins indifférent à la gloire naissante de Molière : « Le mardi 26 octobre 1660, dit le registre de la Grange, on donna *l'Étourdi* et *les Précieuses* chez Son Éminence M. le cardinal Mazarin. Le roi vit la comédie incognito, debout, appuyé sur le dossier du fauteuil de Son Éminence. » Quelque temps après, on donnait encore devant le roi et Son Éminence « *Don Japhet d'Arménie* et *le Cocu* ». On voit que le cardinal n'était pas facile à effaroucher. Il est vrai que les comédies italiennes,

---

[1]. *La pratique du théâtre*, œuvre très-nécessaire à tous ceux qui veulent s'appliquer à la composition des poëmes dramatiques, qui font profession de les réciter en public, ou qui prennent plaisir à en voir les représentations, par l'ABBÉ D'AUBIGNAC. — Paris, 1657, p. 17.

[2]. « Peu de jours auparavant (ouverture de l'assemblée du clergé), on avait joué la grande comédie de l'histoire de Buckingham et le célèbre ballet au Palais-Cardinal, auxquels lès prélats furent invités, et quelques-uns s'y trouvèrent... L'évêque de Chartres y avait paru rangeant les siéges, donnant les places aux dames, et enfin s'était présenté sur le théâtre à la tête de vingt-quatre pages qui portaient la collation, lui étant vêtu de velours et en habit court. » *Mémoire contenant des particularités de la vie et du ministère du cardinal de Richelieu*, par MONTCHAL, archevêque de Toulouse. — Rotterdam, 1718, 2 vol. in-12. C'est ce que racontent également Tallemant des Réaux (t. III, p. 180) et l'abbé de Marolles, dans ses *Mémoires* (p. 123).

sans aller toutes aussi loin que *la Calandra* ou *la Mandragore*, représentées devant un pape, l'avaient préparé à ne pas s'effrayer de libertés plus étranges que celles que prenaient Molière ou même Scarron. Trois mois après, il était mort. Le jeune roi montrait un goût très-vif pour les représentations dramatiques; non-seulement il se rendait aux divers théâtres qui existaient alors, mais il faisait venir la comédie chez lui; il ne dédaignait pas de monter lui-même sur la scène et de prendre un rôle dans les ballets mêlés aux comédies. Attaquer alors les comédies et les comédiens, c'eût été s'attaquer au roi lui-même; un seul écrivain l'osa en 1666; mais il appartenait à une secte qui ne connaissait guère les ménagements, et qui n'avait d'ailleurs rien à perdre de la faveur royale. Ce fut Nicole, et il le fit avec une véhémence qui ne fut guère dépassée plus tard par Bossuet même, à une date où elle était devenue sans péril. Il traita les auteurs dramatiques d'*empoisonneurs publics*. Racine lui répondit, comme l'on sait, avec plus d'esprit que de convenance personnelle, mais au grand contentement des jésuites, ravis de trouver, pour attaquer leurs adversaires, une plume si fine. Nicole riposta en publiant deux réponses et en y joignant un petit traité : *De la Comédie*, « composé, disent les jésuites, pour venger le Port-Royal du grand Corneille, qui se déclarait hautement contre la nouvelle secte [1] ». Mais, sauf

---

1. Voyez le journal des Jésuites, *Mémoires de Trévoux*, octobre 1711, p. 1711. En effet, Corneille est fort attaqué dans ce petit écrit de Nicole : on peut le lire dans les *Essais de morale*, t. III, p. 217.

cet incident[1], on ne peut guère mentionner, dans les premières années de Louis XIV, que quelques attaques particulières contre certaines pièces, ou contre la personne de celui qui avait écrit l'impardonnable *Tartuffe*. On se contenta d'insinuer que « Auguste ayant fait mourir un bouffon qui avait fait raillerie de Jupiter, et défendu aux femmes d'assister à ses comédies, plus modestes que celles de Molière ; que Théodose ayant condamné aux bêtes des farceurs qui tournaient en dérision les cérémonies, quoique cela n'approchât point de l'emportement qui paraît dans cette pièce (du *Festin de pierre*)[2] », nul doute que Molière ne méritât un châtiment semblable. Mais si l'on invoquait contre lui personnellement, en cette circonstance, l'intervention du bras

---

[1]. On peut citer, à peu près à la même date, *le Traité de la comédie et des spectacles selon la tradition de l'Église*, 1669, par LE PRINCE DE CONTI, qui jadis avait fort aimé la comédie. Il se compose d'un petit traité assez insignifiant, et surtout d'une série de citations empruntées aux pères de l'Église : c'est un recueil de tout ce que l'auteur a pu trouver de plus outré en ce sens ; on y voit que, selon lui, « se divertir à la comédie, c'est se réjouir au démon ; que la troupe des comédiens est une troupe diabolique, etc. » Il avait été élevé cependant par les jésuites, et avait joué même dans une de leurs tragédies à l'âge de treize ans. Voici ce que raconte la *Gazette* : « Le 7 mars fut représentée dans le Palais-Cardinal, en présence de Son Éminence, une tragédie latine par les écoliers des pères jésuites de cette ville. La scène fut ouverte par le *prince de Conti* et fermée par le jeune duc de Nemours : l'un et l'autre par les preuves de la bonté de leur esprit et grande espérance qu'ils font concevoir d'eux, répondant à l'élégance et beauté du sujet, qui fut une histoire des deux enfants des rois de Danemark et d'Holsace (*sic*). » (*Gazette* du 9 mars 1641.)

[2]. *Observations sur une comédie de Molière intitulée : le Festin de pierre*, par le sieur ROCHEMONT.

séculier, on laissait du moins en paix la comédie et les comédiens.

Ce fut autre chose quand Louis XIV repentant eut jugé à propos d'associer la France à sa pénitence et de lui faire expier des fautes qu'elle payait déjà si cruellement. Il cessa alors de s'intéresser au théâtre, et l'on put attaquer la comédie sans avoir à craindre de censurer un des goûts du roi. Toutefois, il est juste de ne pas oublier ce que nous avons remarqué précédemment : c'est que, depuis que Corneille et Molière étaient morts et que Racine ne travaillait plus pour la scène, la comédie était loin d'avoir gagné en moralité. Il est impossible d'être plus amusant que Regnard, Dufresny, Dancourt, Le Sage; il est aisé d'être plus moral. Les mauvaises mœurs s'étalent dans leurs pièces avec un cynisme parfait. Et nous ne parlons pas ici des passions qu'on peut poétiser et ennoblir : l'amour n'y est plus même une passion, c'est un caprice; mais ce qui y domine, ce sont les vices ignobles, la friponnerie, le mensonge, etc.[1]. Aussi est-on stupéfait de voir un des ministres de Louis XIV parler à cette date de l'état de *pureté* où le roi a, selon lui, amené le théâtre. On concevrait donc qu'alors une piété sincère eût pu se scandaliser d'abus et d'excès pour lesquels le simple honneur mondain ne serait pas moins sévère. Mais ce ne fut pas l'abus, ce fut le

---

1. Et pis même. *Carlin*, dans *le Distrait*, parle des soins qu'il a donnés, pendant une maladie, à un oncle de son maître, dont celui-ci convoite l'héritage, et il se vante de lui avoir administré trois fois *double charge* d'émétique,

Afin que par ses soins
Le pauvre agonisant en languît un peu moins.

théâtre même qu'attaqua Bossuet dans ce qu'il avait de plus irréprochable, — dans Corneille même : voici à quelle occasion.

Boursault, l'un des plus réservés d'ailleurs dans ses pièces parmi les auteurs du temps, avait un fils théatin[1] : ce fils l'avait mis en relation avec un autre théatin, Sicilien d'origine, le père Caffaro, qui tenait de son pays une certaine indulgence pour la comédie et avait composé une apologie latine du théâtre. Cette pièce, communiquée à Boursault et traduite en français, servit de préface à une édition de ses comédies ; elle était intitulée : « *Lettre d'un théologien*, illustre par sa qualité et par son mérite, consulté par l'auteur pour savoir si la comédie peut être permise ou doit être absolument défendue[2]. »

1. Les théatins semblent, du reste, en général, avoir été suspectés d'un certain goût pour le théâtre, à en juger par une affaire qui leur fut suscitée en 1685, et au sujet de laquelle Seignelay écrit (6 novembre de cette année) à l'archevêque de Paris : « On s'est plaint au roi que les théatins, sous prétexte d'une dévotion aux âmes du purgatoire, faisaient chanter *un véritable opéra* dans leur église, où le monde se rend à dessein d'entendre la musique; que la porte est gardée par deux suisses; qu'on y loue les chaises dix sous; qu'à tous les changements qui se font et à tout ce qu'on trouve moyen de mettre à cette dévotion, on fait des affiches comme à une nouvelle représentation. Sur quoi Sa Majesté m'ordonne de vous écrire pour savoir de vous s'il y a quelque fondement à cette plainte, et pour vous dire que dans le mouvement où sont les religionnaires pour leur conversion, il serait peut-être à propos d'éviter ces sortes de représentations publiques, etc. » (Depping, *Correspondance administrative*, t. II, p. 603.) On ne se scandaliserait pas aujourd'hui pour si peu.

2. Paris, chez Jean Guignard, à l'image saint Jean. C'est à tort que les éditeurs de Bossuet donnent le père Caffaro comme étant nommé en tête de cette dissertation. On peut voir par la lettre particulière que Bossuet lui écrit avant de le réfuter, qu'il lui de-

Le père Caffaro n'avait aucune peine à démontrer que les textes des pères de l'Église, allégués contre le théâtre, ne prouvaient que leur horreur pour les jeux cruels ou licencieux de l'amphithéâtre antique, et que l'anathème prononcé contre les combats de gladiateurs ou contre les *floralia,* où les danseuses paraissaient nues sur la scène, ne s'appliquait pas aux tragédies de Corneille ou aux comédies de Molière. Seulement il s'aventurait fort quand il ajoutait « qu'aujourd'hui la comédie est si épurée qu'il n'y a rien que l'oreille la plus chaste ne pût entendre ». Dans les mots, oui, certainement, elle était beaucoup plus réservée qu'au temps de Molière; mais dans les choses c'était bien pis, et le mal allait en s'aggravant. En admettant même qu'à cet égard elle fût parfaitement innocente, n'y a-t-il pas d'autre péché au monde que celui qui faisait venir « de coupables pensées » à Tartuffe? Les friponneries, l'imposture, les bassesses de tout genre érigées en gentillesses plaisantes, les vœux pour la mort des parents, etc., tout cela était-il plus permis que certaines faiblesses, moins condamnables au point de vue de l'honneur mondain, mais qui ont eu toujours le privilége de préoccuper presque exclusivement les rigoristes quand il s'agit du théâtre? C'est, en effet, le point sur lequel insiste principalement Bossuet; et, pour prouver l'immoralité du *Cid,* il affirme que « tout le dessein du poëte, toute la fin de son travail, c'est qu'on soit,

mande s'il en est bien l'auteur, comme on le prétend. Après le scandale causé par la lettre du théatin et sa rétractation, la lettre fut encore publiée, mais avec ce changement : *Lettre d'un homme d'érudition et de mérite,* etc.

comme son héros, épris des belles personnes ». Mais quand le héros n'est épris que d'*une* belle personne, et quand tout finit, comme cela est l'ordinaire, par un mariage? N'importe : Bossuet ne saurait permettre, en ce cas, « d'étaler la passion de l'amour, même par rapport au licite, *attendu que le mariage présuppose la concupiscence,* qui, selon les règles de la foi, est un mal auquel il faut résister ». On voit que cette doctrine va loin ; il faut bien avouer que si la peinture de l'amour, même en vue du mariage, est toujours criminelle, il n'y aurait pas dans le théâtre français beaucoup de tragédies auxquelles on pût faire grâce, à commencer par *Esther;* car enfin, si Esther, inconnue d'Assuérus, parmi « tant de beautés », a fixé sur elle le choix du monarque la première fois qu'elle parut devant lui, c'est que, comme elle le dit elle-même avec modestie,

> De ses faibles attraits le roi parut frappé;

ce qui présuppose la *concupiscence.* Et pourtant *Esther* était destinée aux demoiselles de Saint-Cyr ; c'était une de ces pièces que, sans la moindre intention d'épigramme, Dangeau désigne sous ce titre : *Comédies de dévotion.* Que dire des autres?

Mais c'est à l'égard de la comédie, et de Molière surtout, que Bossuet se montre le plus rigoureux. Avons-nous besoin de rappeler le travestissement indigne par lequel il le représente comme « étalant au plus grand jour les avantages d'une infâme tolérance dans les maris, et sollicitant les femmes à de honteuses vengeances contre leurs jaloux? » Citerons-nous ces impitoyables paroles, trop ineffaçables pour l'honneur de Bossuet, et par lesquelles il le voue au pleur éternel? « La postérité saura *peut-être* la fin de ce poëte-comédien, qui, en jouant son *Malade imaginaire* ou son *Médecin par force*, reçut la dernière atteinte de la maladie dont il mourut peu d'heures après, et passa des plaisanteries du théâtre parmi lesquelles il rendit presque le dernier soupir, au tribunal de Celui qui a dit : *Malheur à vous qui riez, car vous pleurerez!* » Cette malédiction sur une tombe fermée depuis plus de vingt ans est trop connue pour qu'il faille insister; mais ce qui a été moins remarqué, c'est la doctrine même que Bossuet fonde sur ces paroles de Jésus-Christ : « *Malheur à vous qui riez!* » C'est la proscription du rire même, car « il était ordinaire aux Pères de prendre à la lettre la parole de Notre-Seigneur : *Malheur à vous qui riez!* Saint Basile en a conclu *qu'il n'est permis de rire en aucune sorte...* Et il est clair, tant par les paroles de saint Ambroise qu'en général par l'analogie de la doctrine des saints, qu'ils rejettent sans restriction les plaisanteries ». Le rire seul, même innocent, étant donc suspect, la comédie se trouve proscrite du même coup, — et les *Provinciales* aussi. C'est plus que janséniste!

On pense bien que les comédiens sont encore moins épargnés que les auteurs : « Saint Thomas compte ce métier parmi les arts infâmes, *et le gain qui en revient, parmi les gains illicites et honteux*; tels que sont[1], dit-il, le gain qui provient de la *prostitution* et du métier d'histrion. Il n'apporte ni limitation, ni tempérament à ses expressions, ni à l'hor-

---

1. *Sic.*

reur qu'il attire à cet infâme exercice ». Soit ; mais pourquoi les ecclésiastiques acceptaient-ils une part si forte de ce *gain honteux et illicite?* N'était-ce point s'en rendre complices? Bossuet ne pouvait ignorer les charités de diverses sortes que nous avons énumérées, et que le père Caffaro avait pris soin de rappeler.

« J'ai confessé, dit celui-ci, et connu assez particulièrement des comédiens qui, hors du théâtre et dans leur famille, menaient la vie du monde la plus exemplaire; et vous m'avez dit vous-même (ceci s'adresse à Boursault) que tous, en général, prenaient sur la masse de leur gain de quoi faire des aumônes considérables, *dont les magistrats et les supérieurs des couvents pourraient rendre de bons témoignages.* Je doute qu'on puisse dire la même chose des personnes zélées qui parlent si haut contre eux. »

A cela, Bossuet ne répondait rien ; mais il parut à la même époque une autre réplique au père Caffaro : *Discours sur la comédie*, 1694, par le père Le Brun, de l'Oratoire : « Ce fut, dit la préface, par ordre de M. de Harlay qu'il traita cette matière. » Il n'esquive pas la question délicate de savoir « s'il est à propos de recevoir de l'argent des comédiens pour les pauvres ». Il répond nettement par la négative (page 292 de la seconde édition), attendu que « les comédiens sont excommuniés », et que l'Écriture sainte, les conciles et les Pères défendent de rien recevoir des excommuniés. Et il cite les *Constitutions apostoliques*, qui disent : « Si l'on est forcé de recevoir de l'argent de quelque impie, jetez-le dans le feu, de peur que la veuve et l'orphelin ne deviennent, malgré eux, assez injustes pour se servir de cet argent et en acheter de quoi vivre. Il faut que les présents des impies soient plutôt la proie des flammes que la nourriture des gens de bien. » Cette opinion trop radicale n'a pas prévalu dans le clergé, qui a continué à recevoir l'argent des excommuniés.

Bossuet ne répondait pas davantage à un argument dont s'était servi le père Caffaro, argument assez embarrassant pour un prélat de cour, et où il est facile de reconnaître une plume plus vive et plus exercée que celle du théatin[1], la plume de Boursault probablement :

« Tous les jours, à la cour, les évêques, les cardinaux et les nonces du pape ne font pas difficulté d'assister à la comédie; et il n'y aurait pas moins d'imprudence que de folie de conclure que tous ces grands prélats sont des impies et des libertins, puisqu'ils autorisent le crime par leur présence. J'ai fait encore quelquefois une réflexion, qui me paraît assez judicieuse, en jetant les yeux sur les affiches qu'on lit au coin des rues, où l'on invite toutes sortes de personnes à venir à la comédie et aux autres spectacles qui se jouent avec privilége du roi, et par des troupes entretenues par Sa Majesté. Quoi! disais-je

---

1. Il y a, de lui, une lettre particulière à Bossuet. Elle prouve qu'il savait assez mal le français. — On voit par une lettre adressée par Boursault à l'archevêque de Paris, pour s'excuser et pour excuser aussi le père Caffaro, que celui-ci était ou avait été son confesseur. Dans cette lettre, Boursault avoue le tort d'avoir publié le travail du père Caffaro sans lui en demander l'autorisation; et il ajoute, par pure générosité peut-être, cet aveu aggravant, qu'il l'a fait à dessein, sûr que le père ne lui aurait pas accordé cette permission.

en moi-même, si l'on invitait les gens à quelque mauvaise action, à se trouver dans des lieux infâmes, ou bien à manger de la viande les jours qui nous sont défendus[1], il est constant que les magistrats, bien loin de permettre la publication de ces sortes d'affiches, en puniraient sévèrement les auteurs qui abuseraient de l'autorité d'un roi très-chrétien, très-religieux, pour inviter les fidèles à commettre des crimes si énormes. Il faut donc, concluais-je aisément, que la comédie ne soit pas si mauvaise, puisque les magistrats ne la défendent point, que les prélats ne s'y opposent en aucune manière, et qu'elle se joue avec le privilége d'un prince qui gouverne ses sujets avec tant de sagesse et de piété, et qui ne voudrait pas par sa présence autoriser un crime dont il serait plus coupable que les autres. »

C'était vif et assez hardi. Bossuet ne trouve rien à répliquer, sinon que parmi ceux qui assistent à la comédie « il y en a qui sont plus innocents les uns que les autres et qu'ils ne sont pas répréhensibles au même degré ». C'est douteux, au moins pour les prélats qui encourageaient les représentations théâ-

[1]. Sait-on avec quelle rigueur le gouvernement faisait observer le carême? Lire dans Félibien, tome III des preuves de son histoire, p. 153, un arrêt portant que les boucheries de l'Hôtel-Dieu vendront seules pendant tout le carême la viande : 1° aux malades *qui apporteront certificats de leurs curés ou médecins;* 2° à ceux qui font profession de la religion prétendue réformée, *en apportant attestation de cette profession.* (On pense bien que depuis la révocation de l'édit de Nantes surtout, il n'y avait pas presse pour se dénoncer ainsi.) Les contrevenants parmi les vendeurs seront mis trois heures au carcan et emprisonnés jusqu'à Pâques *au moins*. Peines plus sévères, s'il y a récidive.

trales par leur présence; et ici les écrits du temps confirment l'assertion du père Caffaro. Ne parlons pas du cardinal de Richelieu, ni du cardinal Mazarin. Mais d'autres, le légat du pape même, comme dit le père Caffaro, n'avaient pas plus de scrupules pour les représentations de la cour : « Ce soir (août 1664), dit le magistrat Olivier d'Ormesson dans son journal, il y eut comédie française où le légat fut. » Nous voyons des évêques assister à un ballet

Où la très-mignonne Molière,

dit Loret, « charma les cœurs de tous[1] ». Il est possible que cette condescendance personnelle de la part de ces hauts personnages ecclésiastiques eût cessé (malgré l'affirmation si positive du père Caffaro), depuis que le roi lui-même avait perdu le goût du théâtre. Plus tard, l'abbé de La Tour constate avec regret que, sous Louis XV, « le sage cardinal de Fleury » accompagnait le roi au spectacle. Il excuse, du reste, les courtisans d'aller au théâtre avec le roi, et les justifie « par l'exemple de Naaman, à qui le prophète Élisée permit d'accompagner le roi de Syrie, son maître, dans le temple de ses idoles, et de se baisser avec lui quand il les adorerait[2]. »

Mais il y a un autre fait sur lequel il n'est pas inutile d'insister.

Bossuet oppose à son adversaire l'exemple des païens, « dont les pièces étaient du moins exemptes de cette indécence qu'on voit parmi nous, d'intro-

---

[1]. 22 février 1657. Il s'agit sans doute de la fille ou de la femme de Molière le musicien, nommé souvent ailleurs par Loret.
[2]. P. 281 et 332.

duire des femmes sur le théâtre. Les païens mêmes croyaient qu'un sexe consacré à la pudeur ne devait pas ainsi se livrer au public, et que c'était là une espèce de prostitution ». Qu'auraient-ils donc dit, ces païens, d'un spectacle où non-seulement des femmes jouaient un rôle, mais où tous les rôles étaient représentés par de timides jeunes filles, et précisément devant le public dont les applaudissements étaient le plus propres à les enivrer, devant la cour, devant le roi ? C'est ce qui arriva pour *Esther,* jouée tant de fois devant des assemblées d'élite, qui, pour plaire à Mme de Maintenon et au roi, ne ménageaient guère leur approbation. Le caractère religieux de la pièce ne rend pas plus convenable ni moins dangereux un spectacle où des jeunes filles pauvres et destinées à une vie modeste se trouvaient exposées aux regards de la cour, à ces transports d'enthousiasme bien capables de troubler leurs têtes, et dont Mme de Sévigné, en les partageant, nous a tracé une si vive peinture. Ajoutons que, pour fortifier les chœurs et les diriger, on avait mêlé aux élèves de Saint-Cyr des chanteuses de l'Opéra[1]. Si jamais spectacle fut dangereux et pour les actrices et pour les spectateurs, c'était bien certainement celui-là. Eh bien, parmi les personnages pieux qui y assistèrent, nous trouvons mentionnés non-seulement des prélats, bon nombre de jésuites, mais, ô stupeur ! Bossuet lui-même. Il assistait à la première représentation : Dangeau le dit[2]. Et qu'on ne suppose pas qu'il y

1. Voir la notice de M. PAUL MESNARD sur *Esther,* dans le *Racine* de la collection des grands écrivains.
2. *Journal,* 26 janvier 1689. Il nomme « MM. les évêques de Beauvais, de *Meaux* et de Châlons-sur-Saône ».

eût de sa part surprise ; car il y eut récidive : il assistait encore plus tard à la représentation dont Mme de Sévigné nous a donné le récit. Comment faisait-il pour concilier sa propre présence avec son opinion que montrer ainsi des femmes sur le théâtre était « une espèce de prostitution ! »

Il était plus conséquent avec lui-même quand, dans son diocèse, il écrivait, comme nous l'avons vu, au présidial de Meaux[1] pour lui recommander d'abord « de châtier ceux qui excitent les assemblées des protestants », puis « d'empêcher les marionnettes », qui, selon lui, par leurs discours et par l'heure même des représentations, *portaient au mal*.

Le père Caffaro, fort en peine du bruit qu'il avait excité, s'était rétracté, et il avait été condamné par son archevêque, le galant de Harlay ; celui-ci était le même qui avait eu tant de peine à accorder *un peu de terre* à Molière, et il devait mourir, non point comme le comédien entre deux sœurs de charité, mais dans une compagnie moins édifiante, — frappé d'apoplexie auprès d'une de ses maîtresses, Mme de Lesdiguières[2] ; il avait alors soixante-dix ans. Au reste, s'il se crut obligé de punir le père Caffaro, il

---

1. *OEuvres complètes*, Ed. Lebel, t. XLII, p. 578.
2. En racontant cette attaque d'apoplexie, Mme de Sévigné écrit : « Mme de Lesdiguières a été présente à ce spectacle... Il s'agit maintenant de trouver quelqu'un qui se charge de l'oraison funèbre du mort. On prétend qu'il n'y a que deux petites bagatelles qui rendent cet ouvrage difficile, c'est la vie et la mort. » Il y avait longtemps qu'on le chansonnait, même au temps où il n'était encore qu'archevêque de Rouen : je trouve, dans un recueil manuscrit, de nombreux couplets, avec un refrain de deux vers

y aurait eu la main forcée; c'est du moins ce qu'affirme son secrétaire et confident, l'abbé Legendre. Toute cette affaire était, selon celui-ci, « une trame ourdie par les jésuites » pour embarrasser l'archevêque et lui tendre un piége, « afin de se venger de lui en l'exposant aux satires des libertins s'il condamnait la comédie, ou aux reproches des dévots s'il ne la condamnait pas. » Ils mirent en avant, toujours selon l'abbé Legendre, des académiciens fort irrités contre Boursault pour quelques plaisanteries lancées par lui contre le fameux Dictionnaire, qui venait de paraître enfin après cinquante ans de travail, et que l'opinion générale n'avait pas ménagé. Ces académiciens, s'avisant tout à coup d'un grand zèle pour les intérêts de l'Église, accoururent à l'archevêché pour dénoncer le père Caffaro, « et en

qui réussit, car on le retrouve dans d'autres chansons; en voici deux couplets :

> Le pasteur qui nous gouverne
> Suit l'Amour toute la nuit,
> Et traite de baliverne
> La défense du déduit.
> Jamais il ne s'en confesse;
> Il n'en dit pas moins la messe.
> Il fait tout ce qu'il défend,
> L'archevêque de Rouen.

> Prenez bien garde, mesdames,
> A ce beau prédicateur :
> Il songe moins à vos âmes
> Qu'il n'en veut à votre cœur;
> Car votre œil rude et sévère
> Ne lui permet pas de faire
> Ce qu'il fait, ce qu'il défend
> A Paris comme à Rouen.

Cette chanson a été reproduite, avec quelques variantes, par M. Brunet, dans le *Nouveau Siècle de Louis XIV*, Paris, Garnier frères, 1857, p. 81. Elle se compose d'un assez grand nombre de couplets.

demander justice avec un empressement qui fit rire M. l'archevêque... M. de Harlay, aussi fin que les jésuites qui cherchaient à l'embarrasser, trouva un tempérament qui fut de ne point condamner la lettre, mais de punir le théatin qui en était l'auteur[1] ».

Le père Caffaro donc, victime de ce *tempérament* si ingénieusement imaginé, fut contraint de désavouer publiquement un écrit dont il avait (on en a la preuve) fourni au moins les matériaux, et il déclara, dans une rétractation écrite en latin, qu'il n'avait eu *nulle part* à cet écrit[2]. Ce dénoûment dut satisfaire les académiciens, mais les jésuites furent attrapés. Dans toute cette affaire, sauf Bossuet qui était inconséquent peut-être, mais sincère, on pouvait répéter ce que le cardinal de Retz dit d'une scène où lui et le cardinal Mazarin avaient leur rôle : « La vérité est que tout le monde jouait la comédie. » Il faut convenir que celle-ci était assez piquante, surtout à propos de la comédie et des comédiens.

Les jésuites, du reste, auraient été assez mal venus de prendre une part trop ostensible dans cette affaire, car leur goût avoué pour le théâtre n'était un secret pour personne; partout, dans leurs colléges, ils faisaient représenter des pièces de leur composition, et Bossuet se croit obligé de les excuser à cet égard, tout en déclarant que « le meilleur est, après tout, que ces représentations soient très-rares »; mais au moins « ce vénérable institut » a-t-j'

---

1. *Mémoires* de l'abbé LEGENDRE, chanoine de Notre-Dame, secrétaire de M. de Harlay. Paris, Charpentier, 1863, pages 189 et suiv.
2. *Meas in ea partes esse nullas.* Voyez cette lettre dans l'ouvrage de DE-PREZ DE BOISSY *sur les Spectacles*, p. 583.

su contenir ce goût dans de justes bornes, en déclarant dans ses règlements « que les tragédies et les comédies ne doivent être faites qu'en latin, et dont l'usage doit être très-rare, ayant un sujet saint et pieux, etc. » Malheureusement il devait savoir que ce règlement était enfreint assez souvent; beaucoup de ces tragédies n'ont pas pour objet un *sujet pieux*[1]; leurs comédies sont souvent en français[2]. Ils n'étaient point ennemis d'une innocente gaieté; ils ne proscrivaient point le rire comme Bossuet; bien loin de là, l'un d'eux, en publiant une édition expurgée d'*Horace*, avait cru faire merveille en transportant aux jésuites l'enjouement aimable de la courtisane Lalagé, et en substituant à *dulce ridentem Lalagen* la modification suivante :

> Dulce ridentes *socios* amabo,
> Dulce loquentes.

Ils riaient donc doucement. Ils aimaient fort la

---

1. Elles sont imprimées, on peut vérifier; cependant la règle était formelle (voyez *De ratione studiorum*, n° XIII). Il faut que les pièces soient en latin; les personnages de femmes en sont exclus.

2. Ils avaient même pour la comédie un penchant si prononcé, qu'ils en donnaient la forme à leurs pamphlets théologiques; en voici quelques-uns, qu'ils publièrent un peu plus tard, après les avoir fait représenter par leurs élèves :

La Femme docteur ou la Théologie en quenouille, par le Père BOUGEANT.

Le Saint déniché ou la Banqueroute des marchands de miracles, par le même.

Les Quakers français ou les Nouveaux Trembleurs, par le même.

Enfin, *Cartouche ou le Scélérat justifié par la grâce du Père Quesnel*, en forme de dialogue, par le R. P. PATOUILLET, prouve qu'ils ont eu aussi leur pièce d'à-propos sur *Cartouche*, comme les Comédies française et italienne.

comédie allégorique. Passe encore quand c'était, par exemple, la célèbre comédie du père Ducerceau, *la Défaite du solécisme*, où l'on assistait à un piquant dialogue entre « l'*Aoriste* et le *Supin* en *u* », ou quand on voyait l'*Infinitif* terrasser le *Que retranché*, et, dans l'orgueil de sa victoire, danser une gavotte devant son ennemi expirant à ses pieds. Mais souvent aussi la comédie avait des allures plus mondaines et plus galantes; elle ne dédaignait pas l'à-propos de cour. Par exemple, le *Mercure galant*, rédigé par de Visé, s'occupe d'une pièce de circonstance composée par les jésuites à l'occasion du mariage du dauphin; il y consacre quarante pages, c'est-à-dire plus qu'il n'en emploie aux nouveautés du théâtre, même quand de Visé en est l'auteur; le sujet est celui-ci : L'*hyménée* veut employer les *arts*, les *sciences*, les *armes*, à célébrer cette heureuse union; il n'y réussit point à son gré, et il s'adresse aux *amours*, qui lui amènent un *dauphin* (poisson), attiré d'ailleurs par le chant d'une *sirène*. — Ils ne se refusent ni la comédie d'intrigue, ni la comédie de caractère; ils se hasardent jusqu'au ballet, et il ne faut pas dire, comme l'a fait Le Sage dans le *Diable boiteux*, qu'ils se bornent à faire danser les prétérits et les supins. On peut voir dans les ouvrages du père Lejay qu'ils ne s'en tiennent pas à ces divertissements purement scolaires. Lui-même, outre les échantillons qu'il a donnés de son savoir-faire en chorégraphie, tel que l'*Origine des festins*, ballet de sa composition, a écrit la poétique du ballet et en a raconté les origines[1]; elles sont sacrées; ce sont

---

1. *Bibliotheca rhetorum*. Voyez l'analyse que le père Lejay

d'abord les Hébreux dansant de joie en voyant Pharaon et les Égyptiens engloutis dans les flots de la mer Rouge; c'est ensuite David dansant devant l'arche, etc. On voit qu'il devançait sur ce point un académicien de nos jours, auteur d'un *Essai sur l'art dramatique chez les Hébreux,* lu en séance solennelle.

Un autre père jésuite, Ménestrier, a fait également l'histoire et la théorie des ballets; il s'étend avec complaisance sur les ballets dansés au collége de Clermont, ballets ingénieux et tout pleins d'allusions courtisanesques, dont il ne manque pas de faire sentir la finesse, par exemple l'*Empire du Soleil,* dansé en 1673. Il fait remarquer que le ballet a été toujours protégé par les papes, qu'un pape même a composé un ballet; que, selon Virgile, une des joies des bienheureux dans l'Élysée consiste à danser des ballets :

Pars pedibus plaudunt choreas, et carmina dicunt.

Il insiste également sur l'origine *biblique* des ballets, et aussi de l'opéra. A l'en croire, le vrai fondateur de l'opéra serait Salomon. Le *Cantique des can-*

donne lui-même de son ouvrage dans les *Mémoires de Trévoux,* 1716, p. 1200. C'est dans la seconde partie de son livre que se trouve son *Traité des ballets* (Liber de choreis dramaticis, vulgo les ballets). « La grande tragédie, accompagnée d'un ballet, qui se représente tous les ans (au collége Louis-le-Grand) au commencement du mois d'août, pour la distribution des prix, est un spectacle magnifique. Il s'en représente d'autres dans le cours de l'année. Après Pâques, on expose des énigmes à expliquer pour lesquelles il y a aussi des prix. » (GERMAIN BRICE, *Description de Paris,* 1713, t. II, p. 351.)

tiques n'est autre chose qu'un opéra; « c'est une pastorale ou action de théâtre, où, sous les personnages allégoriques d'un berger et d'une bergère, les noces de Salomon sont représentées[1]. » En somme, les deux écrits du père Ménestrier sur l'opéra et les ballets sont des livres curieux, d'un brave homme naïf, sincère et étranger à toute précaution hypocrite. L'auteur y cite un passage de Molière et analyse la comédie-ballet du *Mariage forcé*. Qu'eût pensé Bossuet de tout cela?

Les jésuites songeaient si peu à cultiver en secret leurs talents pour le théâtre, qu'ils admettaient, comme nous l'avons dit, les étrangers à leurs représentations, leur faisant payer le même prix pour leurs places qu'à la Comédie-Française. C'était une véritable concurrence opposée à la Comédie-Française et même à l'Opéra.

Du reste, je le répète, ils ont eu toujours pour le théâtre et leurs confrères de la Comédie-Française l'indulgence naturelle aux ultramontains; s'ils étaient fiers de leur élève Corneille, ils ne l'étaient guère moins d'un autre élève un peu plus compromettant, Voltaire, dont ils jouèrent les premiers une des pièces, *la Mort de César*. Un fait qui, je crois, n'a pas été signalé, c'est que le premier éloge public que reçut Voltaire est probablement celui des révérends pères. Sous Louis XIV même, le journal de Trévoux cite avec faveur une ode de leur élève M. Arouet, « jeune auteur de la plus grande

---

[1]. Ces deux ouvrages sont : 1° *Les représentations en musique anciennes et modernes*, par le R. P. CLAUDE LE MENESTRIER, jésuite. Paris, 1681. 2° *Des ballets anciens et modernes selon les règles du théâtre*, Paris, 1682.

espérance[1] ». Lui-même montra toujours de l'affection à ses anciens maîtres, et avant de dédier *Mahomet* au pape, il adressait au père Porée sa première tragédie. Plus tard, le père Tournemine, dans une lettre au père Brumoy, au sujet de *Mérope*, exaltait la pièce en se défendant d'être « aveuglé par l'amitié paternelle qui l'attachait au poëte depuis son enfance ». Tout en plaisantant les jésuites dans l'occasion, Voltaire leur restait attaché, et quand, après la suppression de l'ordre, tout le monde se déchaînait contre eux, il recueillait à Ferney six jésuites, « non sans s'être bien assuré, disait-il, de la pureté de leur foi », et gardait auprès de lui pour aumônier — une véritable sinécure — le père Adam, quoique ce ne fût pas « le premier homme du monde ».

CHAPITRE V.

LE THÉATRE ET LE MONDE.

Malheureusement, à la fin du XVIIe siècle, la tolérance des jésuites à l'égard d'un art qu'ils cultivaient eux-mêmes était un fait exceptionnel, et la société d'alors affichait d'ordinaire des sentiments tout opposés. En dehors même du clergé, on se piquait de manifester à l'égard de la comédie et des comédiens un mépris sincère ou affecté, mais qui,

---

1. *Mémoires de Trévoux*, 1715, p. 90. G. Brice, 1723, t. II, p. 347, dit que le P. Tournemine est le principal rédacteur des *Mémoires de Trévoux*. — C'est ce qui explique la mention bienveillante du nom de Voltaire.

chez les gens graves, semblait une sorte d'obligation professionnelle. De leur part, il prenait souvent la forme de l'insolence la plus outrageante. Un jour que Dancourt apportait au nom de ses camarades à M. de Harlay et aux administrateurs de l'hôpital général la redevance dont on faisait parfois l'usage que nous savons, il crut pouvoir se permettre d'insinuer que peut-être les *charités* de toute espèce qu'ils faisaient ainsi devraient les mettre à l'abri de l'excommunication. « Dancourt, lui répondit gravement M. de Harlay, nous avons des oreilles pour vous entendre, des mains pour recevoir les aumônes que vous faites aux pauvres; nous n'avons pas de langue pour vous répondre. » Il semble que si pourtant, puisqu'il s'en servait pour insulter gratuitement une profession où l'on comptait des gens pour le moins aussi estimables que ce rogue et plat courtisan. Ce qu'il y a de singulier ici, c'est que ce même magistrat, si sévère pour les excommuniés du théâtre, avait été lui-même excommunié avec tout le parlement de Paris par le pape Innocent XI, pour avoir soutenu les prétentions de Louis XIV, parfaitement injustes d'ailleurs, contre la cour pontificale ; au lieu que les comédiens, excommuniés en France, ne l'étaient pas à Rome. Si l'autorité du pape eût été alors reconnue en France comme elle l'a été depuis, cette circonstance n'eût pas laissé que d'assurer un certain avantage aux comédiens sur le Parlement de Paris [1].

1. Cette intolérance à l'égard du théâtre a persisté parmi les parlementaires, même au xviiie siècle, lorsque ailleurs elle avait à peu près disparu. En 1761 un avocat, Huerne de la Mothe, ayant publié un livre où il cherchait à démontrer qu'on ne devait pas

Au reste, ce n'était pas chez les magistrats seuls que se rencontraient ces préventions, plus ou moins sincères, contre le théâtre; elles se retrouvent même alors chez beaucoup de beaux esprits de profession.

Ne parlons pas des poëtes repentants. Il est fort probable que Quinault et Racine, revenus à des sentiments de piété austère, faisaient très-sincèrement tous leurs efforts pour regretter amèrement leur gloire; on peut douter qu'ils y aient complétement réussi. Racine le fils nous dit bien qu'après le réveil « des grands sentiments de religion dont son

---

excommunier les comédiens, le parlement le fit rayer du tableau des avocats, et décida que « le livre en question serait lacéré et brûlé par l'exécuteur de la haute justice, au pied du grand escalier du palais ». Voir, pour toute cette affaire, *Hist. des ouvrages pour et contre le théâtre*, p. 660, 1771, par M. DESPREZ DE BOISSY, avocat au parlement, qui approuve fort cet acte de juste sévérité contre un confrère, attendu que celui-ci « ne devait pas ignorer l'esprit des lois sur la profession de comédien. On a, dit-il, sur cette matière une tradition de jugements. En voici un qui était récent. Deux particuliers s'étaient associés en 1760 pour une entreprise de spectacles. L'un d'eux y renonça par un motif de conscience. L'autre n'y eut aucun égard, et il en résulta une instance judiciaire. M. Élie de Beaumont, avocat, se chargea de défendre la cause du dernier, et hasarda de prouver que l'état de comédien était légitime et honnête. Il perdit *honteusement* sa cause par le jugement qui intervint. » Il paraît qu'en ce cas un contrat était nul de plein droit. — Selon l'abbé de La Tour, au point de vue légal, « la communauté des savetiers est plus légitime que la troupe des comédiens. On ne les écoute pas en corps dans leurs procès; ils n'en font pas un aux yeux des juges. On ne leur doit aucune audience, et ce n'est que par grâce qu'on souffre qu'ils prennent, dans leurs écritures, la qualité de comédiens que les tribunaux ne connaissent pas. *C'est la remarque de M. l'avocat général dans un procès que les comédiens eurent, en 1709, rapporté dans le Journal des audiences, t. VI, l. VIII, c. XIX* ». (P. 174.)

père avait été rempli dans son enfance, il avoua que les auteurs de théâtre étaient des empoisonneurs publics »; mais il ajoute, croyant dire sans doute une chose fort édifiante : « Il reconnut qu'il était peut-être *le plus dangereux* de ces empoisonneurs[1]. » L'orgueil ne retrouvait-il pas un peu son compte dans cet aveu qui n'avait que l'apparence de l'humilité? Et Racine eût-il bien volontiers échangé les dangereuses séductions de son théâtre contre les péchés du moins inoffensifs et l'innocence relative de Pradon? Quoi qu'il en soit, son ami Boileau, qui s'était borné à fixer les règles de l'art funeste pratiqué par Racine, n'en ressentit point les mêmes remords; vieux et devenu dévot comme l'auteur d'*Athalie,* il défendait encore le théâtre contre les attaques de Monchesnay[2]. Il est assez

1. *Mémoires sur la vie de Jean Racine,* 2e partie.
2. Il écrivait au futur auteur du *Boloeana* qui lui avait soutenu qu'il fallait proscrire la comédie, à cause des mauvais effets qu'elle peut produire : « Vous avancez une maxime qui n'est pas, ce me semble, soutenable... si cela est, il ne sera plus permis de peindre dans les églises des Vierges Marie, ni des Suzannes, ni des Madeleines agréables de visage, puisqu'il peut bien arriver que leur aspect excite la concupiscence d'un esprit corrompu. La vertu convertit tout en bien, et le vice tout en mal... Croyez-moi, monsieur, attaquez nos tragédies et nos comédies, puisqu'elles sont ordinairement fort vicieuses; mais n'attaquez point la tragédie et la comédie en général, puisqu'elles sont d'elles-mêmes indifférentes, comme le sonnet et les odes, et qu'elles ont quelquefois rectifié l'homme plus que les meilleures prédications... Il n'est pas concevable de combien de mauvaises choses la comédie a guéri les hommes capables d'être guéris; car j'avoue qu'il y en a que tout rend malades. Enfin, monsieur, je vous soutiens, quoi qu'en dise le père Massillon, que le poëme dramatique est une poésie indifférente de soi-même et qui n'est mauvaise que par le mauvais usage qu'on en fait. » Septembre 1707.

remarquable que Boileau, plus désintéressé en pareille matière, se montre beaucoup moins rigoriste; et peut-être le *très-peu voluptueux* moraliste eût-il hésité à écrire les lignes dures et sèches dans lesquelles Racine raconte la maladie et la mort de M¹¹ᵉ de Champmeslé [1].

Mais, il faut bien le dire, ces sentiments, qui s'expliquent chez Racine par des raisons de piété austère, se retrouvent alors partout à l'égard de la comédie et des comédiens, même chez les gens de lettres. Sous Richelieu et sous Mazarin, le préjugé avait semblé dissipé, et vaincu même par l'exemple des deux grands ministres; il reparaît, et d'assez bonne heure, sous Louis XIV. C'est à cela qu'il faut attribuer surtout ce fait si frappant, qu'on ait si peu

---

1. « M. de Bort m'apprit avant-hier que la Champmeslé était à l'extrémité, de quoi il me parut très-affligé (il paraît qu'en dépit de ses souvenirs très-intimes, Racine ne l'était pas du tout); mais ce qui est le plus affligeant, c'est de quoi il ne se soucie guère apparemment, je veux dire de l'obstination avec laquelle cette pauvre malheureuse refuse de renoncer à la comédie, ayant déclaré, à ce qu'on m'a dit, qu'elle trouvait très-glorieux pour elle de mourir comédienne. Il faut espérer que, quand elle verra la mort de plus près, elle changera de langage, comme font d'ordinaire la plupart de ces gens qui font tant les fiers quand ils se portent bien. Ce fut Mᵐᵉ de Caylus qui m'apprit hier cette particularité, dont elle était effrayée. » — Deux mois plus tard, Racine écrit que « la Champmeslé est morte avec d'assez bons sentiments, après avoir renoncé à la comédie, très-repentante de sa vie passée, *mais surtout fort affligée de mourir* ». Tout cela est bien dur; il est vrai que c'est à son fils que Racine l'écrit, voulant sans doute, dit M. Sainte-Beuve, « lui faire indirectement la leçon, et condamner ses propres erreurs dans la personne de celle qui en avait été l'objet ». On peut trouver au contraire que ce fils devait être le dernier à qui Racine eût dû parler de son ancienne maîtresse, quel que fût le ton dont il en parlât.

de renseignements contemporains sur Molière[1]. On est étonné du petit nombre de ceux qui parlent de lui de son vivant. Le métier de comédien chez lui a fait tort à l'homme et au poëte : il n'est même pas bien prouvé que Molière, excellent acteur dans les rôles comiques, mais réputé médiocre dans le genre sérieux, ne fût pas ainsi privé de la considération relative qui s'attachait aux comédiens chargés de représenter les personnages tragiques, de Floridor[2],

1. Il faut citer ici un passage assez singulier de la *Muse historique*, du 31 décembre 166". Loret fait remarquer qu'il n'a pas parlé depuis longtemps du théâtre et des illustres auteurs qui le soutiennent alors, Quinault, Boyer, Molière...

> Je n'ai point parlé de Molière
> Dont admirable est la manière,
> Ni de Pra!e, ce fort esprit
> Dont on voit maint savant écrit,
> Ni d'autres excellents génies
> Exaltés dans les compagnies.
> *Ainsi m'était-il ordonné*
> *Par un avis qu'on m'a donné.*

D'où lui venait cette défense? Il ne le dit pas. Et ce qu'il y a de plus bizarre, c'est qu'il ne la révèle que pour apprendre au public, par exception toutefois, le succès d'une tragédie de Corneille *second* (*Persée et Démétrius*). dont on lui a dit beaucoup de bien; c'est aussi que le mois suivant il se remet à parler du théâtre, d'abord (et avec sympathie) de l'*École des femmes*, représentée à la cour, et de la *Sophonisbe* de Corneille *premier*, joué à l'Hôtel de Bourgogne, et un peu plus tard, de la troupe de Molière,

> Les comédiens de Monsieur,
> Pour qui *dans mon intérieur*
> J'ai de l'amour et de l'estime.

Tout cela est un peu contradictoire. Mais ce qui paraît clair, du moins, c'est qu'à un certain moment, il a dû, *par ordre*, ne point parler du théâtre.

2. Les frères Parfaict (t. VIII. p. 217) se sont fort étendus sur l'estime dont jouissait ce tragédien célèbre, Josias de Soulas, connu sous le nom de Floridor; sur sa faveur auprès du roi, et

par exemple; lui-même paraît avoir cédé à ce préjugé quand, au lieu de se faire peindre sous un de ces costumes qui semblaient caractériser son talent comme comédien, il se faisait représenter dans le rôle d'Auguste.

En effet, la comédie elle-même semblait un genre inférieur; un moment, l'Hôtel de Bourgogne y avait presque renoncé, comme nous le dirons plus loin [1], et nous avons vu qu'il était d'usage de réserver la comédie pour la morte-saison, pour la saison du moins où le beau monde était absent de Paris. On remarquera de plus que, pendant presque tout le règne, la plupart des comédies sont signées de noms de comédiens [2]; soit qu'on leur abandonnât

enfin sur ce fait qu'en 1668, lorsqu'on entreprit une enquête contre les usurpateurs de titres de noblesse, la qualité de noble fut maintenue à Floridor, conformément d'ailleurs à la célèbre déclaration de Louis XIII, ou plutôt de Richelieu (1641) : « Nous voulons, y est-il dit, que l'exercice des comédiens, qui peut innocemment divertir nos peuples de diverses occupations mauvaises, ne puisse leur être imputé à blâme, ni préjudicier à leur réputation dans le commerce public, etc. » (Voir cette déclaration, l'ARRÊT, t. VI, p. 131.) — M. Thurot, membre de l'Institut, veut bien me signaler, à propos de Floridor, un passage curieux du *Traité des Études* (liv. VIII, 2ᵉ partie, ch. II, § 3), où Rollin, après avoir dit qu'il est bon d'exercer les élèves à la déclamation, en donne quelques règles empruntées, dit-il, en partie, à un traité sur ce sujet, « manuscrit, qui vient du fameux M. Langlet; celui-ci tenait ce traité d'un célèbre acteur de son temps, nommé Floridor ». Qu'est devenu ce manuscrit?

1. Liv. VI, ch. I.
2. Montfleury, Poisson, Hauteroche, de Villiers, Rosimont, Champmeslé, Chevalier, de Villiers, Baron, Raisin, Dancourt, la Tuillerie, Legrand, tous ont signé un grand nombre de comédies, et il paraît bien que pour beaucoup de ces pièces ils n'étaient que des prête-noms.

ce genre réputé subalterne, soit que les véritables auteurs eussent cru compromettre leur dignité en égayant le public sous leur véritable nom. Tout le monde voulait écrire dans le genre noble, Scarron lui-même, dit Guéret : « Scarron, que la nature fit tout burlesque et dont l'esprit et le corps furent tournés tout exprès pour ce caractère, eut bien l'audace de vouloir composer une tragédie, et sans doute il l'aurait faite, si la mort n'eût prévenu la témérité de son entreprise[1]. » Ce même Guéret, qui était un homme d'esprit, s'il se croit obligé ailleurs de parler « des poëtes que révèrent l'Hôtel de Bourgogne et les Marais[2], » croit pouvoir se dispenser en même temps de dire un mot de Molière et de sa troupe vouée à la comédie. Encore une fois, Molière n'a été nullement méconnu, il a été populaire même, mais il l'était comme « le plus grand des amuseurs », quoique La Fontaine ait réservé cette qualification à Platon, auquel elle convenait moins. Ses qualités sérieuses n'ont eu que bien peu d'appréciateurs de son vivant. Mais que l'on attribue à sa profession de comédien ou au genre qu'il avait cultivé, la nuance très-marquée que les contemporains observent en parlant de lui, il est certain qu'elle existe et se marque dans les moindres détails. On ne manque guère de dire : M. Corneille, M. Racine, M. Despréaux ; mais Molière est toujours Molière tout court. Le mot si connu de la femme du peuple di-

1. *La Guerre des auteurs*, Éd. de 1074, p. 62.
2. *Le Parnasse réformé*, p. 52 de l'édition de 1669; c'est là huitième ; la première est de 1668. Guéret tenait pour la vieille école; il est assez hostile aux nouveaux écrivains.

sant à une autre, à l'enterrement de *ce* Molière, « il était bien *Monsieur* pour toi », on aurait pu le dire à tout le siècle. Ce qui suffirait pour prouver combien la prévention contre Molière était forte, c'est un petit fait qui n'a pas été remarqué, ce me semble, et qui ne fait pas honneur à La Fontaine. En 1671, celui-ci publia trois volumes, avec son nom en tête de chacun de ces volumes intitulés : *Recueil de poésies diverses*. On y trouve des vers de Cotin, de Cassaigne, de Perrault, etc., et en tête des pièces de La Fontaine lui-même, *l'Élégie pour M. Fouquet*, ce qui est bien; mais ce qui ne l'est pas du tout, c'est que, dans un recueil où se voient de nombreux extraits des pièces de Corneille, de Racine, le prologue même des *Fâcheux*, par Pellisson, il n'y ait rien de Molière. Il paraît que La Fontaine n'avait guère fait que prêter son nom à ce recueil, que le choix n'était pas de lui, et que d'ailleurs c'était un recueil destiné à la jeunesse, un livre d'éducation. Mais l'omission du nom de Molière, de la part de La Fontaine, signant au moins le livre et le présentant au lecteur, était tristement significative. Cette omission, je le veux bien, le caractère de l'ouvrage une fois admis, était indispensable, quoique après tout on trouve aujourd'hui à citer dans des ouvrages du même genre des passages de Molière absolument irréprochables. Mais, en ce cas, ce n'était pas à l'ami de Molière à signer ce livre. Que dirait-on aujourd'hui d'un recueil de poésies de notre temps, où l'on aurait, par égard pour certaines préventions, omis absolument le nom de Victor Hugo?

Quant à l'assertion si singulière que Molière aurait

pu être de l'Académie, et que la compagnie avait consenti à le recevoir à condition « qu'il n'aurait plus joué que dans les rôles de haut comique, » c'est une de ces idées qui n'ont pu naître qu'à une date où on avait perdu une bonne partie des préjugés antérieurs, et un peu aussi le souvenir bien exact de ces mêmes préjugés[1]. Aucun des contem-

[1]. Il est bon de dater l'origine de toutes ces anecdotes apocryphes, et de voir combien, à certains égards, toute la légende posthume qu'on a faite à Molière a été tardive. Le premier ouvrage, à ma connaissance, où on ait risqué cette assertion si hasardée, est l'*Histoire du Théâtre-Français*, par les Frères PARFAICT (t. X, page 104, publié en 1747, c'est-à-dire soixante-quatorze ans après la mort de Molière). Les auteurs prétendent que « ce fait a été plusieurs fois attesté par feu M. de la Motte, de l'Académie française; nous ne doutons point, ajoutent-ils, qu'en lisant ceci, beaucoup de ses amis ne se rappellent de le lui avoir ouï dire. » En tout cas, si la Motte l'a dit, il n'en savait rien par lui-même, puisqu'il est né à peu près à l'époque de la mort de Molière; mais on peut penser que, comme c'était un esprit assez libre, il souffrait comme académicien de ne pas trouver le nom de Molière sur la liste de l'Académie, et son assertion ne prouve rien, sinon qu'il aimait à croire que Molière aurait pu être de cette compagnie. En fait, le préjugé contre les comédiens n'a reçu qu'un démenti officiel à cet égard : c'est quand la Convention, en établissant l'Institut, y réservait une place « à l'acteur célèbre (comme disait le rapporteur Daunou) qui recrée les chefs-d'œuvre du théâtre en leur donnant l'âme du geste, du regard et de la voix, et qui achève ainsi Corneille et Voltaire ». Elle nomma Molé, Préville, Monvel. Est-il besoin d'ajouter que Napoléon, en remaniant l'Institut, revint aux préjugés anciens et supprima cette section? Au temps où on s'est occupé de découvrir chez Napoléon — après sa chute — une foule d'intentions libérales non suivies d'effet, on a fait la plaisanterie de dire qu'il avait amèrement regretté de ne pouvoir décorer Talma. Il y aurait eu quelque chose de plus simple, c'eût été de ne pas supprimer cette section de l'Institut où Talma, librement élu, eût pris place à côté des gens de lettres, des artistes et des savants.

porains n'en a dit un mot, que je sache; et il est à croire qu'on n'y a pas même songé. C'est qu'on savait bien alors que c'était impossible. Il suffirait, pour s'en convaincre, de parcourir la liste de l'Académie d'alors[1], et d'essayer d'y former en idée une majorité capable de nommer l'auteur de *Tartuffe*. La lecture seule de cette liste présente à l'admission de Molière plusieurs impossibilités, dont la moindre était insurmontable. Par quelle aberration d'esprit peut-on se figurer un moment que ces prélats, — à

---

1. M. Taschereau, qui se contente de trouver le fait *peu vraisemblable*, a eu la malice de donner la liste de l'Académie a 1673, six semaines avant la mort de Molière; la voici :

MM. Balesdens.
  De Bezons.
  Bossuet, évêque de Condom.
  L'abbé de Bourzeis.
  L'abbé Boyer.
  Comte de Bussy-Rabutin.
  L'abbé Cassaigne.
  La Chambre.
  Harlay de Champvallon, archevêque de Paris.
  Chapelain.
  Charpentier.
  De Chaumont.
  Duc de Coislin.
  Colbert.
  Conrart.
  Pierre Corneille.
  L'abbé Cotin.
  Marquis de Dangeau.
  Régnier-Desmarets.

MM. Jean Desmaretz.
  Doujat.
  Esprit.
  Cardinal d'Estrées.
  L'abbé Furetière.
  Godeau, évêque de Vence[*].
  Gomberville.
  Leclerc.
  Mézeray.
  De Montmor.
  Patru.
  Perrault.
  Pellisson.
  Quinault.
  Racine.
  Segrais.
  Duc de Saint-Aignan.
  L'abbé Tallemant.
  Paul Tallemant.
  L'abbé Testu.
  De Villayer.

[*] Cette place était vacante par le décès récent de Godeau; au moment de la mort de Molière, on y nomma Fléchier.

commencer par l'archevêque de Paris, qui allait avoir tant de peine à laisser prendre à Molière mort une place au cimetière, et Bossuet, qui devait, vingt ans plus tard, lui en donner une parmi les damnés, — auraient consenti à s'asseoir auprès de lui? Sans parler même de ses ennemis personnels, Cotin et autres, que Molière aurait retrouvés à l'Académie, les simples préventions littéraires s'en seraient mêlées, et Molière les eût trouvées aussi ardentes que celles qui s'opposèrent plus tard à l'admission de Boileau; l'école littéraire, que le poëte comique et le poëte satirique avaient bafouée, y possédait la majorité et la conserva jusqu'à la fin du règne. La minorité même, la partie intelligente de l'Académie, rendait-elle beaucoup plus tard une entière justice au grand écrivain? Qu'on se rappelle les étonnantes appréciations du style de Molière par La Bruyère et Fénelon. Et que de préventions d'un autre genre, sans parler de celles des médecins! Perrault, malgré son mauvais goût, avait assez d'esprit pour rendre hommage, trente ans plus tard, au génie de Molière; mais, frère de médecin, ne gémissait-il pas en même temps que Molière eût tourné en ridicule *les bons médecins que l'Écriture même nous enjoint d'honorer*[1]? » Enfin, oublie-t-on que la comédie elle-même était assez peu appréciée à l'Académie, puisque les seuls auteurs comiques du temps qui joignaient à un mérite incontestable l'avantage de n'être pas comédiens, Regnard, Boursault, Dufresny, Le Sage, n'ont pas été de l'Académie?

Plus tard, ce n'est pas la forme comique seule,

---

1. Perrault, *Hommes illustres*, Molière.

c'est le théâtre en général qui finit par trouver à l'Académie une véritable répulsion. Qu'on se rappelle l'empressement burlesque de ces académiciens dont parle l'abbé Legendre, à se rendre chez l'archevêque de Paris pour lui demander de sévir contre les apologistes du théâtre. On comprend la sincérité de cette intolérance de la part du clergé ; mais des gens de lettres proscrire le genre qui a été la plus solide gloire du xviie siècle ! c'est un peu plus étrange. Les admirateurs de l'ancien régime nous citent, parmi ses titres, la splendeur littéraire du règne de Louis XIV ; si quelques-uns de leurs plus illustres prédécesseurs, magistrats, clergé, académiciens, avaient pu ce qu'ils voulaient, qu'auraient-ils fait de cette gloire ? Le théâtre condamné en bloc, les *Provinciales* brûlées par la main du bourreau, *Télémaque* interdit, la publication des grands *Mémoires,* les seuls titres historiques de cette époque, rendue impossible... Ce seraient là des lacunes assez considérables. Mais on leur sait gré du mal qu'ils n'ont pu faire, et les œuvres de génie que n'a pas étouffées leur impuissance involontaire sont devenues pour leur siècle sa meilleure recommandation.

LIVRE V.

LE THÉATRE A LA COUR.

CHAPITRE PREMIER.

LOUIS XIV ET LES GRANDS POÈTES DE SON TEMPS.

La Fontaine, *enquinaudé* par Lulli, puis rebuté par lui, et irrité du dédain que le musicien avait témoigné pour ses vers d'opéra, se plaignait à Mme de Thiange de ces mauvais procédés, et regrettait que son opéra n'eût pas au moins été jugé bon pour Paris : la muse de Quinault, disait-il modestement et tristement, aurait eu l'avantage de paraître à la cour; la sienne n'aurait eu que Paris, *part de cadette*; et il ajoutait :

> Qu'est-ce qu'un auteur de Paris?
> Paris a bien des voix; mais souvent, faute d'une,
>   Tout le bruit qu'il fait est fort vain.
> Chacun attend la gloire, ainsi que la fortune,
>   Du suffrage de Saint-Germain [1].

Il est bien certain en effet qu'en ce temps la gloire, aussi bien que la fortune des poëtes dramatiques, était fort intéressée aux suffrages de la cour, et ce n'était pas là une simple formule de courtisan. Les

---

1. En 1675, la cour était encore habituellement à Saint-Germain.

jugements de la cour semblaient sans appel. Il nous reste à voir s'ils étaient toujours bien fondés.

Il faut distinguer ici le goût personnel du roi et celui des courtisans. On peut bien croire que ces deux choses se confondent pendant les quinze ou vingt premières années de son règne, où Louis XIV s'intéresse vivement au théâtre : nul n'eût osé sans doute manifester un sentiment différent de celui du roi ; et ce fut heureux pour les grands poëtes du temps ; car, sauf les erreurs inévitables et communes à presque tous les contemporains, Louis XIV nous semble avoir eu en littérature un goût plus sain que tout son entourage, sans aucune exception.

Mais vers 1680, le roi semble perdre le goût du théâtre ; il n'assiste qu'assez rarement, — Dangeau le remarque, — aux représentations données à Versailles, et quand il y paraît, c'est pour désapprouver parfois les pièces et s'y ennuyer. Les représentations n'en ont pas moins lieu régulièrement, sauf dans les dernières années, où des deuils répétés, plus que la misère publique et les désastres, viennent souvent les interrompre. Pendant cette seconde partie du règne de Louis XIV, on peut et on doit reconnaître que dans le choix du répertoire et le succès des pièces représentées, la cour a eu un goût distinct de celui du roi.

Ce n'est pas que, même pendant ses premières années, la gloire des lettres l'ait autant préoccupé qu'on se plaît à le croire. Cette préoccupation avait bien été celle de Richelieu ; il s'y intéressait et comme ministre et comme homme de lettres lui-même. Louis XIV a porté là un goût plus sûr, mais certainement beaucoup moins vif. Pas plus que ses contemporains, le roi n'aperçoit encore toute la puissance des lettres. Cette puissance du reste n'est généralement reconnue qu'au siècle suivant; seul au xvii° siècle, Richelieu l'avait pressentie. Il est vrai que l'ardent ministre y porta à la fois l'instinct du despote qui veut concentrer sous sa main toutes les forces sociales et l'intolérance du chef d'école qui a ses idées à lui et veut les faire prévaloir. En créant et l'Académie et le premier journal, la *Gazette*, il poursuit ce double but; il cherche ce qu'on a appelé l'unité de la France; mais il se préoccupe aussi du triomphe des trois unités. En littérature au moins, Louis XIV n'impose son goût personnel que par l'exemple, et ce goût est meilleur que celui de Richelieu. Le roi a été de la bonne école, celle de Molière, de Racine et de Boileau, et il le fut à une date où il y avait quelque mérite à l'être : car cette opinion n'était pas celle qui prévalait alors, surtout parmi les beaux esprits, et que protégeaient, comme nous l'avons dit, les ministres, les académies et les journaux.

CORNEILLE.

A l'égard de Corneille, dont il trouvait la gloire établie par tant de chefs-d'œuvre, il se montra bienveillant sans partialité : on peut croire même qu'il y eut de la part du jeune roi, à l'égard des dernières productions du vieux poëte, même les plus faibles, l'intention louable et généreuse d'honorer dans sa décadence incontestable celui qui avait été le fondateur et la gloire du Théâtre-Français. Nous ne parlons pas de l'*Œdipe*, qu'il paraît avoir très-sincèrement admiré, et qu'il fit si souvent représenter encore, même après la mort de Corneille : il est probable que cette prédilection singulière était surtout fondée sur le souvenir des premières impressions de sa jeunesse ; il avait vingt et un ans, quand, avec toute sa cour, il s'était rendu à l'Hôtel de Bourgogne pour voir *Œdipe*, et il avait accordé à cette pièce les louanges que la *Gazette* s'empresse d'enregistrer [1]. On peut croire aussi que, plus tard, quand il fit représenter deux fois devant lui *Attila* dans sa nouveauté, il avait pu être séduit, et par de très-beaux vers, et aussi par des allusions flatteuses [2] qui, pour être assez discutables au point de vue de la vérité historique,

1. *Gazette* du 15 février 1659. Le journal ajoute : « Cette troupe, qui soutient si bien son titre (de troupe royale) par la réputation qu'elle donne à tout ce qu'elle représente, y réussit pareillement d'une si belle manière, qu'elle en fut admirée de toute la cour ; et le sieur Floridor complimenta le roi sur l'honneur qu'il avait fait à sa comédie, avec tant de grâce, qu'il en eut aussi un applaudissement universel. » On voit, par cet exemple, que si la *Gazette* se refuse si obstinément à nommer jamais Molière, ce n'est pas préjugé contre son état de comédien ; elle nomme souvent Floridor.

2. Un grand destin commence, un grand destin s'achève ;
L'Empire est près de choir, et la France s'élève.
. . . Le grand Mérovée est un roi magnanime,
Amoureux de la gloire, ardent après l'estime,
Qui ne permet aux siens d'emploi, ni de pouvoir
Qu'autant que par son ordre ils en doivent avoir.
                                          Acte I, scène II.

Voir aussi à l'acte II, scène V. Malgré quelques beaux vers, *Attila* n'en justifie pas moins le jugement de Boileau : le dénoûment surtout est bizarre : Attila, dans un accès de rage, est pris d'un saignement de nez qu'on ne peut arrêter :

> A peine sortions-nous, pleins de trouble et d'horreur,
> Qu'Attila recommence à saigner de fureur,
> Mais avec abondance ; et le sang qui bouillonne
> Forme un si gros torrent que lui-même s'étonne.

n'en devaient pas moins être bien accueillies. Quand *Attila* fut repris, en 1685, il n'eût à la ville que douze représentations en sept années (une ou deux par an); il n'en fut pas moins joué trois fois encore devant la cour. Tout cela se conçoit aisément. Mais on ne peut guère expliquer que par le désir de ne point contrister la vieillesse d'un grand poëte, le succès que, selon la *Gazette*, aurait eu devant « Leurs Majestés », en 1673, « la belle *Pulchérie*, du sieur Corneille l'aîné, représentée par la troupe des comédiens du Marais, dont toute la cour fut merveilleusement satisfaite ». Il est bien vrai que Mᵐᵉ de Sévigné trouvait que Corneille, dans *Pulchérie* « faisait souvenir de sa défunte veine ». En entendant la pièce lue par Corneille qui, comme on sait, lisait fort mal, elle avait « pleuré plus de vingt larmes ». Et elle ajoutait : « Je suis folle de Corneille ; il nous donnera *Pulchérie*, où l'on reverra

> La main qui crayonna
> L'âme du grand Pompée et celle de Cinna.

Il faut que tout cède à son génie. » Il est donc avéré que *Pulchérie* eut à la cour de chauds partisans; et, quelle que fût l'opinion personnelle du roi, de sa part il était bien de ne point les contredire. On sait aussi qu'il fit reprendre à la cour, à la fin de 1676, la plupart des chefs-d'œuvre de Corneille, et que cette reprise inspira au poëte ses derniers beaux vers, émus et reconnaissants[1]. Toutefois,

---

1. C'est au roi seul que Corneille attribue ce retour de faveur. Il avoue dans la même pièce le peu de faveur qu'ont trouvé ses sept dernières pièces :

> Le peuple, je l'avoue, et la cour les dégradent;

nous devons dire que la cour se montre un peu plus partiale que la ville en faveur de Racine, pendant les trente-cinq dernières années du règne; à Paris, nous avons compté pendant cette période 1416 représentations de Corneille, contre 1364 de Racine; — à la cour, 194 représentations de Corneille, contre 184 de Racine. Si l'on tient compte des représentations d'*Esther* et d'*Athalie* qui ne furent jouées qu'à la cour pendant cette période et qu'il faudrait ajouter à ces 184 représentations, on verra que c'est Racine, après tout, qui se trouve avoir l'avantage à Versailles. Remarquons, de plus, qu'à la ville même, le répertoire de Racine ne se composant en tout que de dix pièces, tandis que les pièces de Corneille, représentées encore pendant cette période, s'élèvent au chiffre de dix-neuf, il en résulte même qu'en réalité, à Paris comme à Versailles, la plupart des tragédies de Racine ont été représentées chacune un plus grand nombre de fois que celles de son glorieux devancier[1].

> Je faiblis, ou du moins ils se le persuadent;
> Pour bien écrire encor j'ai trop longtemps écrit,
> Et les rides du front passent jusqu'à l'esprit.

1. Sauf *le Cid* (mais à la ville seulement), qui, de 1681 à 1715, est représenté 219 fois. La pièce de Racine qui approche le plus de ce chiffre à la ville est *Phèdre*, 212 fois (je ne parle pas des *Plaideurs*, qui sont joués alors près de 300 fois). Il n'en est pas de même à la cour : nous n'y avons compté que 23 représentations du *Cid*; *Cinna* seul dépasse ce chiffre (27 fois); trois autres tragédies de Corneille en approchent, *Horace* et *OEdipe* (chacune 22 fois), *Rodogune* (21 fois), tandis que *Phèdre* est représentée 30 fois, *Britannicus*, 28; *Bajazet*, 26; *Mithridate*, 25. Voir, pour tous ces chiffres, le tableau des représentations de Corneille et de Racine, publié dans le VIII⁰ volume du Racine de la Collection des *Grands Écrivains*.

Malheureusement la personne de Corneille était plus oubliée que ses œuvres. Du moment que l'on admet et que l'on admire le système des pensions, personne n'en avait plus besoin et n'en était plus digne que Corneille; et il est positif que la sienne fut retranchée. Puisqu'on a révoqué en doute cette suppression et qu'on en a fait un petit problème, on nous pardonnera d'y insister.

M. Taschereau a montré que le fait a été contesté par le père Tournemine, dans sa *Défense du grand Corneille,* 1738, et il lui réplique par la citation d'une lettre de Corneille, écrite à Colbert, et où Corneille se plaint de ne plus avoir part depuis quatre ans « aux gratifications dont Sa Majesté honore les gens de lettres[1] ». Il place la date de cette lettre peu de temps avant la mort de Colbert, arrivée en septembre 1683; nous croyons qu'elle est antérieure, et nous la placerions à l'année 1678. Dans ses vers au roi en 1676, Corneille dit, en faisant allusion aux services militaires de son fils aîné :

> Je sers *depuis douze ans,* mais c'est par d'autres bras
> Que je verse pour toi du sang dans les combats.

Or, dans la lettre citée par M. Taschereau, Corneille dit que ce fils *sert depuis quatorze ans :* ce qui suffirait pour dater la lettre et la placer deux ans après ses vers au roi. Ajoutons qu'un autre détail vient confirmer cette date : voilà *quatre ans,* dit Corneille dans la même lettre, qu'il n'a plus part aux gratifi-

---

[1]. Cette lettre a été trouvée par M. Lacabane à la Bibliothèque nationale, dans les cartons de Chérin de Barbimont. M. Taschereau ne dit point si c'est une copie ou un autographe. Voir son *Histoire de Corneille,* 2ᵉ édition, p. 234.

cations. Nous allons voir que c'est bien en 1674 que sa pension fut supprimée.

Ce qu'il faut d'abord remarquer, c'est que les jésuites ont mis une singulière insistance à nier le fait de la suppression : bien avant le travail du père Tournemine, — en 1717, — leur journal (les *Mémoires de Trévoux*) avait dit :

« La pension de Corneille ne fut pas retranchée par M. de Louvois après la mort de M. Colbert; on défie de donner la moindre preuve de ce fait. Ainsi M. Boileau n'a pas été dans l'occasion de jouer le rôle généreux qu'on lui attribue, de courir chez Mme de Montespan, de parler au roi avec chaleur. Pour les 200 louis envoyés par le roi au grand Corneille peu de jours avant sa mort, le fait est vrai; le roi sut du père de La Chaise que l'argent manquait à cet illustre malade... Je ne conteste pas qu'ils (les 200 louis) n'aient été portés par M. de la Chapelle, parent de M. Boileau. » Et l'auteur dit ailleurs dans le même article : « Ce fait avait déjà été *convaincu de faux* dans nos mémoires[1]. » On voit que le jésuite y met bien de la chaleur : la haine de son journal contre Boileau, et le désir d'attribuer l'envoi des 200 louis à l'intervention d'un jésuite, le père La Chaise, expliquent cet excès de vivacité[2]. On ne pouvait nier ce dernier fait, l'envoi par le roi d'une

1. Je n'ai pu trouver antérieurement dans les *Mémoires de Trévoux* le passage auquel il est fait allusion ici.
2. Boileau ne leur déplaisait pas seulement, comme soupçonné de jansénisme; il y a de plus trois épigrammes de Boileau contre eux, et notamment celle qui commence ainsi :

Mes révérends pères en Dieu,
Et mes confrères en satire...

somme quelconque à Corneille mourant : Racine y avait fait une allusion très-claire dans sa réponse au discours de réception de Thomas Corneille, remplaçant son frère[1]. Seulement le jésuite imagine de déposséder Boileau de cette bonne action pour en attribuer le mérite à un révérend père.

Quant au fait de la pension rétablie sur l'intervention de Boileau, le jésuite trouve moyen de déplacer la question, en répondant je ne sais à qui, mais à coup sûr pas au premier qui avait attesté le fait. Boursault avait écrit en 1697, c'est-à-dire du vivant de Boileau : « Le même M. Despréaux ayant appris à Fontainebleau qu'on venait de retrancher la pension que le roi donnait au grand Corneille, courut avec précipitation chez Mme de Montespan, etc. »[2]. On voit que Boursault ne dit pas que ceci se soit passé après la mort de Colbert; et l'intervention de Mme de Montespan en 1684, serait en effet assez invraisemblable; ce serait à Mme de Maintenon qu'on se fût adressé alors. Mais en 1674, et même plus tard, c'était bien Mme de Montespan qu'il fallait invoquer. Quant au fait même, est-il probable que l'honnête Boileau, quatorze ans avant sa mort, l'eût laissé affirmer s'il avait été faux? Nous ne le croyons pas. Mais en 1717, le jésuite a beau jeu pour le prendre sur ce ton hautain, et pour demander une preuve : Boileau, Mme de Montespan et Boursault lui-même étaient morts depuis longtemps. Aujour-

---

1. « Deux jours avant sa mort, et lorsqu'il ne lui restait plus qu'un rayon de connaissance, le roi lui envoya encore des marques de sa libéralité, et les dernières paroles de Corneille ont été des remerciments pour Louis le Grand. »

2. *Lettres nouvelles*, 1697, p. 466.

d'hui, pour le fait de la suppression de la pension de Corneille, non pas *après la mort de Colbert,* comme dit ingénieusement le jésuite afin d'embrouiller la question, mais en 1674, ce qui est bien pis, il y a des preuves, et les voici :

On a aux Archives la liste des pensions données aux gens de lettres par Louis XIV jusqu'en 1683 inclusivement : M. Pierre Clément les a publiées dans l'appendice du cinquième volume de la *Correspondance de Colbert.* Corneille y est porté pour 2,000 fr. depuis 1663. Mais il n'y figure plus, ni en 1674, ni pendant les sept années suivantes; il y reparaît en 1682, toujours pour 2,000 francs. Il n'y est plus en 1683. Or cette liste étant la dernière de celles qui ont été retrouvées, on ne sait si Corneille y a reparu sur la liste suivante, en 1684, après la mort de Colbert; mais ce qui est sûr, c'est que, du vivant du ministre, il a été neuf ans au moins sans pension, pendant les douze dernières années de sa vie[1].

1. On a du reste la preuve que, même dans les années prospères du règne, il y avait des retards dans les payements, et que les pensions de 1673 par exemple ont pu n'être payées que un ou deux ans après; ainsi Chapelain est mort le 22 février 1674; or sur la liste de l'année *précédente,* 1673, il y a cette mention : « aux héritiers du sieur Chapelain pour ses beaux ouvrages: 3,000 livres. » Ce qui suffit pour prouver que l'année 1673 fut payée seulement après février 1674, puisque cette note constate la mort antérieure de Chapelain. On voit, de plus, qu'il n'y eut pas pour lui de suspension comme pour Corneille plus tard : on allait même jusqu'à payer une année arriérée « *à ses héritiers* ». — Ce sont aussi ces perpétuels retards qui expliquent comment Molière, mort en 1673, n'est plus porté sur la liste de 1672, pour sa pension ordinaire (1,000 francs). Il était mort avant de la toucher ; c'était un bénéfice, dont on se garda bien cette fois de faire profiter « ses héritiers ».

RACINE.

La faveur de Racine a été personnelle et soutenue; mais elle s'est terminée par une disgrâce. On a cherché à démontrer également que cette défaveur n'avait pas été aussi grave qu'on l'avait dit; que le poëte avait conservé son appartement à la cour, et se préparait à y aller quand il mourut, etc. Il est possible que le fait ait été exagéré. Mais du moment que sa charge à la cour ne lui était pas retirée, et il était bien impossible de le faire, puisque la cause de ce refroidissement du roi à son égard, quelle qu'elle fût, sollicitation importune ou mémoire sur la misère du peuple, n'était pas de celles qui pussent motiver une disgrâce publique et éclatante, on se contentait de le bouder. Il était donc tout naturel que Racine, même mal vu du roi, eût encore un logement à la cour : nous renvoyons sur ce point à la discussion si sage, si mesurée de M. Paul Mesnard, dans sa notice sur Racine. Ce qui est sûr, c'est que ce fait s'appuie sur tous les témoignages contemporains, et mieux encore, sur une lettre de Racine lui-même à Mme de Maintenon. Rien de mieux prouvé donc que cette disgrâce, quelle qu'en ait été la cause, et aussi la gravité.

Un tort plus involontaire de Louis XIV, et très-réel pourtant, si on en considère les effets, c'est d'avoir chargé Racine et Boileau d'un travail que d'autres auraient pu mieux remplir, et en tout cas, sans grand dommage pour les lettres, celui d'écrire ses campagnes; c'est d'avoir arrêté ainsi, dès 1677, la fécondité poétique de Racine. Boileau parle dans une de ses préfaces « du glorieux *emploi* qui l'a tiré du *métier* de la poésie ». Passe pour Boileau; il est à croire qu'il avait alors accompli son œuvre, et, quand on parle ainsi de ce *métier,* c'est presque une preuve que l'on n'a plus grand'chose à dire; ce n'est pas l'*Ode sur Namur* qui serait de nature à faire beaucoup regretter le silence de Boileau. Son œuvre critique était terminée; il la continuait d'ailleurs par son autorité personnelle et par sa conversation. Mais en commandant à Racine de *tout quitter,* selon l'expression de M*me* de Sévigné, pour écrire l'histoire de ses guerres, le roi savait-il bien ce qu'il faisait? Était-ce même bien servir sa propre gloire? Que Racine fût déjà résolu, soit par dépit, soit par scrupule religieux, à abandonner la scène, ce sont de ces points qu'il est fort difficile de discuter. La malignité contemporaine prétendit néanmoins que l'influence du roi n'avait pas peu contribué à faire renoncer Racine au théâtre[1] : il n'est pas bien démontré d'ailleurs que son indifférence pour les choses du théâtre fût aussi complète qu'on l'a supposé. Sa correspondance et aussi ses épigrammes répétées contre Pradon, Boyer, et contre l'*Aspar* de Fontenelle, prouveraient au contraire qu'il était loin d'être tout à fait détaché de cette préoccupation mondaine, même dans ses dernières années. Au moins

---

1. La Grange-Chancel dit assez méchamment, en parlant de la représentation de son *Adherbal* en 1694 : « Racine, à qui la dévotion *ou la politique* ne permettait plus de fréquenter les spectacles *depuis que le roi s'en était privé,* vint à cette première représentation. »

en 1680, nous avons vu que, comme Corneille et Quinault, il prenait encore le soin de désigner les acteurs et actrices qui devaient jouer les rôles de ses pièces. Mais en supposant que, par scrupule aussi, le roi ne voulut pas le réengager au théâtre, dût le génie de Racine s'y consacrer à des œuvres plus sévères, était-il nécessaire de l'accaparer au profit de cette besogne d'historiographe qu'il n'accomplit même pas? Ce génie, si flexible, si varié, n'aurait-il pu trouver en dehors du théâtre d'autre emploi, utile même à la religion, comme à la splendeur du règne? Entre *Phèdre* (1677) et *Esther* (1689) il y a douze ans de silence pour Racine; son génie avait-il faibli? Non; *Esther* et surtout *Athalie* le prouvèrent assez. Nous sommes redevables, dit-on, de ces deux dernières œuvres à Louis XIV, ou plutôt à Mme de Maintenon. Mais c'est précisément là ce qui accuse le roi. S'il lui était si facile d'obtenir des chefs-d'œuvre, il n'en est que plus regrettable qu'il n'y ait pas songé, au lieu d'imposer à Racine le travail historique que celui-ci n'a pas achevé. Corneille, vieilli, avait dit au roi :

> Parle, et je reprendrai ma vigueur épuisée,
> Jusques à démentir les ans qui l'ont usée :
> Vois comme elle renaît dès que je pense à toi,
> Comme elle s'applaudit d'espérer en mon roi!
> Le plus pénible effort n'a rien qui la rebute;
> Commande, et j'obéis; ordonne, et j'exécute.

Corneille, malheureusement, se faisait illusion. Mais Racine, entre *Phèdre* et *Athalie*, n'avait qu'à vouloir, et Louis XIV, qu'à *commander*. Le roi ne paraît pas y avoir songé. Ce n'est certes pas la meilleure preuve de cette heureuse influence qu'on lui a attribuée en littérature. S'il a su, et nous le croyons, apprécier le génie de Racine, il ne l'a pas fait du moins au même degré que le public, qui s'étonna de ce silence de douze années et s'en affligea; il est tout naturel, quand on apprécie bien réellement les grandes œuvres, qu'on désire les voir se multiplier. Aussi un contemporain, cité par Baillet sous Louis XIV même (en 1696), osait-il écrire: « M. Racine a eu le plaisir de voir que la France, quelque amour qu'elle eût pour son roi, et quelque intérêt qu'elle prenne à sa gloire, n'a pu voir sans regret qu'on lui enlevât ses délices pour faire passer à la postérité les merveilles de son règne. » Le *plaisir* d'exciter de tels regrets a-t-il suffi pour dédommager Racine du surcroît de gloire auquel il renonçait? C'est possible; mais la postérité du moins a le droit de ne pas s'en consoler.

Si pourtant la faveur dont les chefs-d'œuvre de Corneille et de Racine ont joui auprès de Louis XIV est incontestable; si même, pour le second, elle s'est étendue longtemps jusqu'à sa personne, le roi a-t-il toujours apprécié leur supériorité à tous deux, et distingué parmi leurs œuvres celles que préférait déjà le parterre et qu'allait adopter la postérité? Pas toujours. On sait par Dangeau que, parmi les pièces de Racine, la préférence du roi était pour *Mithridate*, et l'on comprend assez qu'au temps où Dangeau signale ce goût prononcé chez le roi, il y avait entre Mithridate et Louis XIV, luttant contre ses redoutables ennemis, des rapports qui pouvaient motiver cette prédilection; le mérite de la pièce suffisait d'ailleurs pour la justifier. C'est toujours un goût plus concevable que celui du roi pour l'*Œdipe* de Corneille. Mais, même à l'époque où Racine était bien évidemment devenu, pour tous ceux dont le suffrage avait quelque valeur, le seul écrivain tragique qui soutînt encore le théâtre. Louis XIV a-t-il bien aperçu toute la distance qui séparait le grand poëte de ses indignes rivaux ? A côté de Corneille du moins, pendant la plus glorieuse partie de sa carrière, il y avait eu des gens d'un talent réel qu'on pouvait encore estimer sans méconnaître la prééminence de l'auteur du *Cid*. Rotrou avait l'étoffe d'un grand poëte; Mayret, Tristan, Du Rier, ont certainement leur mérite. Mais à côté de Racine, après *Phèdre*, qui marque la fin et le point culminant de sa carrière, il n'y a absolument rien ; Pradon ne compte à aucun point de vue. Il comptait pourtant pour quelque chose alors, aux yeux d'une partie des courtisans, et peut-être de Louis XIV lui-même. Je sais bien qu'on ne peut guère se fier sur ce point au témoignage intéressé de Pradon; cependant il y a des choses qu'il n'eût pas osé imprimer, si elles eussent été tout à fait fausses. Dans la préface de *Tamerlan*[1], il avoue que la pièce n'a pas réussi à Paris; mais « elle a eu l'honneur de plaire au plus grand roi du monde et à la cour la plus galante et la plus spirituelle de l'Europe ». La *Troade* (1679) « a eu l'honneur d'être représentée devant Sa Majesté, qui l'a honorée d'une attention particulière et de ses applaudissements ». Plus tard, en

1. Représenté à l'Hôtel de Bourgogne, ainsi que *Pyrame et Thisbé* : cette dernière pièce en 1674, *Tamerlan* en 1675.

dédiant son *Régulus* à la Dauphine qu'il remercie de
sa protection, il dit, en parlant du roi :

> *Tamerlan* et *Thisbé* par un sort glorieux
> Eurent tous deux l'honneur de paraître à ses yeux.
> *Phèdre,* qu'on étouffait même avant que de naître[1],
> Par l'ordre de Louis sut se faire connaître ;
> Aujourd'hui *Régulus,* malgré les envieux,
> Vient de frapper ton cœur, vient de plaire à tes yeux.

S'il est vrai que l'*Hippolyte* de Pradon ait eu de la
peine à paraître sur le théâtre, Louis XIV a très-bien
fait d'exiger qu'on soumît la pièce au jugement du
public. Ce fait, qu'on n'a pas remarqué, je crois, n'a

---

1. Pradon dit ailleurs, en parlant de l'acharnement que Racine et Boileau auraient montré contre *Phèdre :* « Il ne tint pas à ces messieurs que cette *Phèdre* n'eût pas d'admirateurs et même de spectateurs. Je ne puis m'empêcher en cet endroit de rafraîchir la mémoire du public de ce qu'ils firent pour l'étouffer. Lorsqu'ils virent que, par la bonté et la justice du roi, Sa Majesté avait permis qu'on jouât la mienne dans le temps de celle de M. Racine, qui avait, par un procédé sans exemple, empêché l'année précédente une autre *Iphigénie* de paraître dans le temps de la sienne, ces messieurs, dis-je, voyant qu'ils ne pouvaient plus apporter d'obstacles à ma pièce du côté de la cour par des bassesses honteuses et indignes du caractère qu'ils doivent avoir, empêchèrent les meilleures actrices d'y jouer : il est vrai que le public m'en fit la justice tout entière pendant trois mois ; il n'en fut pas ennuyé pendant un si long temps et fit bien voir que la scène française n'était pas encore si déchirée par cette *Phèdre,* ni par *Thisbé* et *Tamerlan,* qui avaient eu d'assez grands succès et que Sa Majesté avait honorés de sa protection et de ses applaudissements, pour donner lieu à M. Despréaux de dire :

> Et la scène française est en proie à Pradon. »

PRADON, *Nouvelles remarques sur tous les ouvrages du sieur D. Despréaux), la Haye,* 1685, p. 68.

rien que d'honorable pour Louis XIV. Mais s'il a été jusqu'à applaudir Pradon, c'est un peu trop d'impartialité peut-être, quelle que fût celle que sa situation lui imposait. Malgré cela, il est bien certain qu'il avait mieux à faire que de régler les rangs en poésie; c'est même un mérite de sa part de n'avoir point porté dans les choses de la littérature l'esprit despotique de Richelieu. On doit remarquer que, quand son intervention se fait sentir, c'est le plus souvent dans un sens libéral, soit qu'il fasse entrer Boileau à l'Académie malgré le mauvais vouloir de ses futurs confrères, soit qu'il protége Molière contre ses puissants ennemis et contre les tracasseries très-actives des subalternes.

MOLIÈRE.

C'est à l'égard de Molière, en effet, que la protection du roi a été véritablement spontanée et méritoire : car il su devancer sur ce point l'opinion de la plupart de ses contemporains. Toutefois, la situation personnelle de Molière auprès du roi est devenue l'objet d'une légende composée de petits faits, ou insignifiants, ou évidemment faux, qu'on a transformés en gros événements, parfaitement indubitables, dit-on, mais qu'il est bon de réduire à des proportions un peu plus historiques. Du moment qu'on y a attaché tant d'importance, on nous pardonnera sans doute de les discuter. Nous n'insisterons pas sur ce sujet, qui, par son importance, comme par les discussions de détail qu'il soulève, mériterait d'être examiné à part; mais sans le traiter avec les développements qu'il comporte, nous devons toutefois bien marquer et ce que Louis XIV a fait pour Molière, et ce qu'il y a aussi d'exagéré dans les assertions de ceux qui ont cru à une sorte d'intimité impossible alors, entre le grand poëte et le grand roi.

Le mérite incontestable du roi est d'avoir entrevu ce que valait Molière, à une date où, obscur encore, il trouvait partout des rivalités, des compétitions de la part des comédiens rivaux comme des écrivains intéressés à déprécier son génie. Ce qui était alors un honneur pour Molière est devenu un titre pour le roi.

On sait qu'en arrivant à Paris, Molière et sa troupe « se donnèrent à Monsieur »; « celui-ci leur accorda « l'honneur de sa protection » et une pension, — qui ne fut pas payée.

L'honneur de la protection accordée par Monsieur à la troupe ne paraît pas avoir été quelque chose de beaucoup plus effectif que la pension elle-même. Pendant les premières années, les années difficiles, nous voyons la troupe jouer souvent devant le roi dans ses diverses résidences, mais beaucoup plus rarement devant *Monsieur*, jusqu'au 14 août 1665, date où la note suivante se trouve sur le registre :

« La troupe alla à Saint-Germain-en-Laye. Le roi dit au sieur de Molière qu'il voulait que... la troupe dorénavant lui appartînt, et la demanda à *Monsieur*. Sa Majesté donna en même temps 6,000 livres de pension à la troupe, qui prit congé de *Monsieur*, lui demanda la continuation de sa protection, et prit ce titre : *La troupe du roi au Palais-Royal.* »

On voit plus tard que la pension est portée à 7,000 livres (en 1671). Rappelons toutefois que la pension de l'Hôtel de Bourgogne fut toujours de 12,000 livres; celle des comédiens italiens de 15,000 livres.

Il n'en est pas moins vrai que c'est beaucoup d'avoir apprécié Molière, encore inconnu ou contesté, surtout si l'on considère que la malveillance, ouverte ou sournoise, éclate partout contre le nouveau venu. Attaques de ses rivaux, les *Grands Comédiens*, et bientôt des Tartuffes, silence obstiné de *la Gazette*, réserve marquée de Loret à louer Molière et sa *troupe*, tandis qu'il prodigue les compliments à la *troupe royale :* tout ce concert de malveillances coalisées, tempérées tout au plus çà et là par quelques sympathies timides, que domine seule l'approbation publique et hardie alors de Boileau, fait ressortir pour Louis XIV le mérite d'avoir deviné Molière et de lui avoir maintenu sa protection[1].

C'est encore l'honneur du roi, du prince de Condé, et aussi de Madame, d'avoir fermé la bouche aux bigots exaspérés, en faisant jouer *Tartuffe*. Honneur donc à Louis XIV : il a fallu à Molière bien de la hardiesse pour écrire sa pièce, il a fallu aussi au roi un certain courage pour se décider enfin à la faire jouer. Dans cette occasion, sa protection à l'égard de Molière était quelque chose de mieux qu'une preuve de goût.

Maintenant, tout ceci reconnu, s'ensuit-il que le roi sentit complétement la valeur de Molière? Une anecdote, bien souvent citée, mais qui l'est presque

---

[1]. Racine, novembre 1663, dit dans une lettre à l'abbé Le Vasseur qu'il a été au lever du roi : « J'y ai trouvé Molière, à qui le roi a donné assez de louanges, et j'en ai été bien aise pour lui : il a été bien aise aussi que j'y fusse présent. »

toujours avec assez d'inexactitude, semblerait prouver le contraire : « Boileau regarda toujours Molière comme un génie unique; et le roi lui demandant un jour quel était *le plus rare* des grands écrivains qui avaient honoré la France pendant son règne, il lui nomma Molière. « *Je ne le croyais pas*, répondit le roi; mais vous vous y connaissez mieux que moi[1]. »

Nous n'avons pas la liste exacte des pièces de Molière représentées devant le roi; mais ce qui est certain, c'est que les pièces le plus souvent représentées ont été celles qui étaient intercalées dans des divertissements et des ballets. Molière semble pour Louis XIV avoir été surtout l'ordonnateur toujours prêt des grandes fêtes de Versailles. Il y a un mot que cite Grimarest[2], et qui doit être plus authentique que les autres, car il s'agit du roi, et en faisant parler ainsi Louis XIV encore vivant, il n'est pas douteux que, par exception cette fois, Grimarest n'ait pris soin d'en vérifier l'authenticité : « Il n'y a pas un an que le roi eut occasion de dire qu'il avait perdu deux hommes qu'il ne recouvrerait jamais : Molière et Lulli. » La collaboration du poëte et du musicien lui

---

1. *Mémoires de Louis Racine*, t. I, p. 263 de l'édition de Racine de M. Paul Mesnard. Le mot doit être plus vrai que beaucoup de ceux qu'on prête aux personnages célèbres de tous les siècles : car Louis Racine était le fils d'un de ceux qui auraient pu prétendre à faire un peu hésiter Boileau et à balancer ses préférences, quoique le mot de celui-ci nous semble d'une parfaite justesse : « l'écrivain le *plus rare.* » Boileau n'a pas dit *le plus grand*, comme on le lui fait souvent dire, mais *le plus rare*, ce qui est fort différent. Molière et La Fontaine étaient bien, en effet, dans leur genre, les écrivains *les plus rares* de ce temps et de beaucoup d'autres, ceux auxquels on ne pouvait comparer personne; tandis qu'on pouvait comparer Racine à Corneille, Bossuet à Pascal, etc.

2. *Réponse à la critique de la vie de Molière*, 1706.

avait été en effet indispensable pour ses fêtes, et c'est surtout à ce point de vue qu'il se plaçait pour les apprécier. C'est à la suite de plusieurs ballets-comédies[1] commandés par le roi, et auxquels « les airs, les symphonies de l'incomparable M. Lulli, mêlés à la beauté des voix et à l'adresse des danseurs, donnaient des grâces dont ces ouvrages ont toutes les peines du monde à se passer »; c'est à l'occasion de *l'Amour médecin*, « proposé (par le roi), fait, appris et représenté en cinq jours », que le roi s'attacha la troupe de Molière en lui donnant pension, et lui permit de s'intituler *Troupe du roi*. L'interdiction du *Tartuffe*, un an plus tôt, et la récompense éclatante qui suivit ces comédies-ballets semblaient marquer à Molière la voie où il devait se tenir pour plaire au roi sans jamais choquer personne. Heureusement il sut aussi en suivre une autre, et ne pas consacrer tout son temps à écrire des pièces comme *Mélicerte* et *les Amants magnifiques*. Nous ne prétendons pas que, du vivant de Molière, le roi n'ait jamais fait représenter devant lui le *Misanthrope*; mais nous ne l'avons pas trouvé mentionné jusqu'en 1673, parmi les représentations données à la cour, tandis que presque toutes les comédies-ballets sont citées, comme y ayant été jouées plusieurs fois de suite[2].

A propos des *Plaisirs de l'île enchantée* et de la *Princesse d'Élide* qui y figurait, fête qui durait sept

---

1. *Mariage forcé*, *Princesse d'Élide*, *Amour médecin*, toutes comédies mêlées à des ballets, et qui ne furent interrompues que par *le Festin de pierre*, joué seulement quinze fois à Paris, et par les trois premiers actes du *Tartuffe*, joués à la cour et interdits. (L'interdiction est mentionnée par la *Gazette*, 17 mai 1664.)

2. Voir le tableau des représentations de Molière, tome Ier de la collection des *Grands Écrivains*, p. 557.

journées et où Molière avait évidemment une si grande part, on peut voir contre quelle sourde malveillance il avait besoin d'être protégé. La *Gazette* ne consacre pas moins de seize pages au récit de la fête. Elle fait honneur de ce divertissement à M. le duc de Saint-Aignan; elle y fait leur part « au sieur Baptiste (Lulli), notre savant Orphée »; — « au sieur Vigarani, qui s'est surpassé pour les machines »; elle ne dit rien de Molière. Elle se contente de dire qu'à ce divertissement était mêlée une comédie « dont l'intrigue est galante ». Rien de plus.

Il faut bien d'ailleurs ne pas nous abandonner à une illusion qu'entretiennent inévitablement et le génie de Molière et l'honneur privilégié qu'avait alors sa troupe de représenter ses ouvrages, et aussi la perte des registres de l'Hôtel de Bourgogne : car si ces registres nous avaient été conservés, ils ne nous permettraient pas d'oublier la part que les *Grands Comédiens* conservèrent toujours dans les fêtes de la cour. Les renseignements qui les concernent sont dispersés; il faut les aller chercher çà et là, tandis que l'ensemble seul des œuvres de Molière, avec les indications précises que son premier éditeur la Grange donne dès 1682, sur la date des représentations de ses pièces, à Saint-Germain ou à Versailles, suffit pour nous faire croire qu'il était en quelque sorte, même pour les divertissements de la cour, l'unique ordonnateur de ces fêtes théâtrales. Il faut en rabattre et reconnaître que sa faveur, très-réelle à la date de la *Princesse d'Élide*, n'a nullement éliminé, ni alors ni plus tard, ses rivaux des autres théâtres.

Dans le *Ballet des Muses,* par exemple, un de ces

interminables divertissements où l'on intercalait des comédies, « donné pour la première fois à Saint-Germain, le 2 décembre 1666 », — c'est-à-dire quinze mois après que le roi a adopté la troupe de Molière, — et représenté ensuite plus de douze fois, Molière figure : dès lors nous ne voyons plus que lui et sa troupe, la *Troupe du roi*. Mais la *Troupe royale* (Hôtel de Bourgogne), la Comédie-Italienne, la Comédie-Espagnole même, figurent également dans ce long divertissement ; et, en dehors même de ce concours des différents théâtres contribuant à une fête collective, nous voyons, et cette année et les suivantes, ces trois troupes donner devant le roi d'assez fréquentes représentations. Il faut y joindre, mais très-rarement, la troupe du Marais : en janvier 1666, le roi va même à ce théâtre, ce qu'il ne faisait plus déjà pour les autres troupes ; elles venaient chez lui : il y voit « les *Amours de Jupiter et de Sémélé*, poëme du sieur Boyer ». Plus tard, pendant les cinq derniers mois de la vie de Molière, à une époque où il avait produit tous ses chefs-d'œuvre, sauf le *Malade imaginaire*, où il semblait qu'aidé par une troupe qu'il avait formée, et incomparable au moins dans la comédie, son génie dût tout effacer, voici tous les renseignements que nous trouvons sur les représentations à la cour, et il faut bien les donner textuellement, car c'est le seul moyen de prouver combien alors même sa faveur était loin d'être aussi exclusive qu'on l'imagine :

« Le 17 septembre (1672), la *Troupe du roi* (Molière) représenta (à Versailles) une comédie des plus agréables, intitulée les *Femmes savantes*, et qui fut admirée d'un chacun.

« Le 20, les *Italiens* y jouèrent l'une de leurs pièces les plus comiques.

« Le 21, la *Troupe royale* (Hôtel de Bourgogne) y continua ses représentations avec beaucoup d'applaudissements.

« Le 17 janvier (1673), leurs Majestés eurent le divertissement de la belle *Pulchérie*, du sieur Corneille l'aîné, représenté par la troupe des *comédiens du Marais*, dont toute la cour fut merveilleusement satisfaite, ainsi qu'elle l'avait été quelques jours auparavant du *Cléodate*, du sieur Corneille le jeune, représentée par la *seule Troupe royale* (Hôtel de Bourgogne).

« Le 25 janvier, une belle comédie (on ne dit pas laquelle) est représentée au Palais-Royal, pour Monsieur et Madame, par la *Troupe royale* (Hôtel de Bourgogne). »

Molière meurt subitement, le 17 février[1]. Avait-il

---

1. Nous remarquons que la *Gazette*, qui enregistre la mort des plus insignifiants personnages et notamment à la date du 25 février 1673 (pour la semaine précédente) celles de M. de Sèves, du père Lallemant, de M. de Mesmes, ne dit pas un mot de celle de Molière. C'est le seul des écrivains célèbres du temps pour lequel elle fasse cette exception. On peut y voir ou une rancune particulière ou une réserve imposée au journal officiel. Mais Mme de Coulanges, écrivant le 24 février à Mme de Sévigné, qui n'était pas alors à Paris, lui donne des nouvelles du théâtre, lui parle du succès de *Mithridate*, de la chute de *Pulchérie*, et ne dit pas un mot de Molière. En revanche, Bussy-Rabutin, dans une lettre au père Rapin, qui lui avait proposé de lui envoyer les *Femmes savantes* et lui faisait l'éloge de la pièce, lui répond le 28 février : « Nous n'avons point vu les *Femmes savantes* de Molière; mais à propos de lui, le voilà mort en un moment; j'en suis fâché : de nos jours nous ne verrons personne prendre sa place, et peut-être, le siècle suivant, n'en viendra-t-il pas un de sa façon. » Voilà au

pendant ces cinq mois donné à la cour d'autres représentations que l'unique représentation mentionnée par la *Gazette*, celles des *Femmes savantes*? Ce qu'il y a de sûr, c'est que le registre de son camarade la Grange n'en mentionne aucune. Les comédiens de l'Hôtel de Bourgogne, au contraire, y donnent plusieurs représentations. Molière était donc loin alors d'effacer dans la faveur de la cour et du roi tous ses concurrents.

Nous n'avons insisté sur ce point que parce que le préjugé contraire se trouve dans des ouvrages justement estimés. M. Deltour, par exemple, a écrit en parlant de Molière et de Racine : « Bientôt ces deux écrivains eurent *presque exclusivement le privilège* d'embellir par leurs chefs-d'œuvre les fêtes brillantes d'une époque de plaisirs et de magnificence[1]. » C'est en effet l'opinion générale; elle n'en est pas moins assez inexacte.

Un mois et demi après la mort de Molière, ses camarades n'ont déjà plus de théâtre : le roi a donné

moins un éloge bien senti, et nous le citons pour sa rareté. Le 2 mars suivant, le comte de Limoges, à qui Bussy en avait sans doute écrit autant, lui répond : « Il est vrai que la perte de Molière est irréparable : je crois que personne n'en sera moins affligé que sa femme : elle a joué la comédie hier. » *Hier*, c'était le mercredi 1er mars, si la lettre est bien datée. Et Bussy réplique : « La femme de Molière ne se contraint pas trop de monter sur le théâtre *trois jours* après la mort de son mari. Elle peut jouer la comédie à l'égard du public ; mais sur le sujet du pauvre défunt, elle ne la joue guère; à ce que je vois, son deuil ne lui coûtera pas beaucoup. » Il y a là une double inexactitude : le 1er mars, il y avait treize jours et non trois que Molière était mort, et le mot *hier*, désignant le 1er mars, est de toute façon faux : car la comédie ne jouait pas le mercredi.

1. *Les Ennemis de Racine*, p. 15.

leur salle à Lulli pour ses *opéras*. Ils sont obligés d'aller chercher fortune ailleurs; réunis à une partie de la troupe du Marais, ils végètent assez tristement jusqu'à la réunion des théâtres en 1680, et sont bien rarement appelés à la cour. On voit que la destinée de la troupe de Molière n'a été, ni de son vivant, ni surtout après sa mort, aussi privilégiée qu'on se plaît à le croire. Quant à Molière lui-même, non plus comme poëte ou comme comédien, mais comme homme, a-t-il été l'objet auprès du roi de cette faveur personnelle sur laquelle on a brodé toute une légende? c'est ce qu'il convient d'examiner.

On a cité d'abord comme un *honneur insigne* celui que le roi avait fait à Molière, de faire tenir en son nom et au nom de la duchesse d'Orléans (le 28 juillet 1664), sur les fonts du baptême, le premier enfant de Molière, « valet de chambre du roi », dit l'acte. Était-ce une faveur fort extraordinaire pour quelqu'un qui lui appartenait? En tout cas, nous la voyons fort prodiguée, même à des personnes qui n'ont pas l'honneur d'*appartenir* au roi, comme faisant partie de sa maison. Louis Biancolelli, né en 1669, fils de l'arlequin Dominique, était filleul de Louis XIV. A tout moment la *Gazette* mentionne des particuliers, de Visé par exemple, dont les enfants sont *nommés* par le roi ou par la reine; il va sans dire qu'elle oublie à sa date de mentionner la faveur que le roi accorde à Molière en nommant son fils aîné. Le fait ne se répéta pas d'ailleurs; car les deux autres enfants de Molière ont pour parrains et marraines des particuliers, entre autres un frère de Boileau. Mais on a vu avec raison dans cette faveur accordée à Molière, la preuve que le roi ne croyait pas à l'imputation lancée par Montfleury contre son ennemi, celle d'avoir épousé la fille de son ancienne maîtresse, d'autres disaient sa propre fille. C'est bien; mais il est évident que, s'il avait ajouté foi à cette calomnie, il ne lui aurait pas conservé ses fonctions auprès de lui. Dès que Molière restait *valet de chambre du roi*, il n'y a rien d'extraordinaire qu'on ne lui refusât pas de *nommer* son enfant.

On a cité encore la réprimande que fit Louis XIV, dit-on, à M. de la Feuillade, pour un outrage fait à Molière. Cette anecdote repose, je crois, uniquement sur le témoignage d'une vie anonyme de Molière, publiée en 1725, à Amsterdam, ce qui ne lui donne pas une grande autorité. L'auteur ne nomme pas la Feuillade, il dit : *un grand seigneur*. « Je tiens, dit-il, ce fait d'une personne contemporaine qui m'a assuré l'avoir vu de ses propres yeux[1]. » Notons que la chose se serait passée soixante-deux ans plus tôt. À cette distance, le témoignage d'un anonyme, invoqué par un anonyme, et relatif à un anonyme, n'a pas grande valeur. Il trouve la conduite de ce seigneur *imprudente*. Elle l'était en effet : Molière n'eût-il été que valet de chambre du roi, à ce titre seul le roi devait se sentir blessé de l'outrage fait à quelqu'un qui lui appartenait.

1. P. 27.

CHAPITRE II.

LA LÉGENDE DE L'EN-CAS DE NUIT.

Mais le triomphe de ceux qui prétendent que les écrivains en général, et Molière en particulier, ont obtenu dans la société du xvii° siècle la place qu'ils occupent dans la postérité, c'est la fameuse anecdote de l'*en-cas de nuit*. Cette légende, illustrée par Ingres et par Gérôme, popularisée par la gravure, est désormais indestructible; et, tout en me permettant de la trouver parfaitement invraisemblable, je n'ai pas la moindre espérance de prévaloir ici contre un préjugé si bien établi; ce serait trop de présomption; mais ce n'est pas tout à fait une raison pour ne point la discuter.

Cette légende est un peu jeune, pour une légende relative au siècle de Louis XIV : elle a cinquante ans; mais depuis 1823, date de sa naissance, elle s'est déjà un peu embellie en vieillissant, ce qui est le propre des légendes. Les gens qui se piquent d'exactitude se contentent de raconter, selon le texte primitif, que Louis XIV, un matin, voulant venger Molière des dédains des officiers de la chambre qui refusaient de faire avec un comédien le lit du roi, se fit apporter l'*en-cas de nuit* qu'on tenait prêt pour ce monarque grand mangeur; qu'il le fit asseoir, et lui servit lui-même une aile de poulet; puis donnant l'ordre de faire entrer les courtisans : « Vous me voyez, messieurs, dit-il, occupé à faire manger

Molière, que mes valets de chambre ne trouvent pas assez bonne compagnie pour eux, etc[1]. »

Telle est la version originale. Mais dans les discours académiques et ailleurs, l'anecdote s'abrége et s'embellit : « Ce roi qui admettait Molière à sa table ! » Voilà ce qu'on arrive à dire et à imprimer couramment, comme une chose toute simple et qui ne fait pas difficulté.

Pour hésiter à écrire ces choses, — n'était le respect du préjugé, — il suffirait pourtant d'une très-médiocre connaissance des mémoires ou correspondances qui nous racontent la vie privée de Louis XIV, qui entrent dans les moindres détails de ses occupations, digestions, indispositions, etc., qui fixent pour la postérité le jour où Louis XIV a pris perruque, et non-seulement lui, mais Monseigneur, lequel s'avisa aussi de faire couper ses cheveux « qui étaient les plus beaux du monde et étaient l'admiration des Français et des étrangers ; *ce qui mit tout le monde au désespoir*[2] », et une foule d'autres détails aussi précis. La *Gazette de France* même, malgré le décorum officiel, ne nous laisse rien ignorer des moindres circonstances de la vie du roi, de ses plus petites indispositions, un clou, par exemple, qui lui est venu, et elle indique déli-

---

1. Un écrivain célèbre de notre temps a écrit : « Le mot charmant du roi, en servant à Molière, assis à sa table, une aile de son en-cas de nuit, est pour Louis XIV ce qu'est pour Henri IV le mot de *la poule au pot*. » Ils se valent, en effet, comme vérité historique.

2 Voir sur ces deux événements : PELLISSON, *Lettres historiques*, 13 août 1073, et les *Mémoires du marquis de* SOURCHES, décembre 1680.

catement la partie attaquée en déclarant que « *la seule situation du mal* a obligé le roi à garder le lit quelques jours ». Rien de ces petits événements qui étaient la chose importante pour cette cour consacrée à l'adoration perpétuelle de la personne royale, n'a échappé aux chroniqueurs officiels, continuellement à l'affût surtout de ce qui pouvait toucher à l'étiquette, à l'évaluation exacte et précise des distances que Louis XIV savait mettre entre lui et ceux qui l'entouraient. Voilà ce que sait quiconque a un peu étudié ce siècle aux sources originales, et que ne devraient pas ignorer les adorateurs du grand règne : il est vrai que beaucoup de ceux qui nous le vantent à tout propos et le citent toujours en exemple se contentent de l'admirer de loin et ne le pratiquent guère.

Ce roi qui admettait Molière à sa table!... On dirait vraiment que Saint-Simon a eu comme un pressentiment de ces affirmations paradoxales, et qu'il a voulu les prévenir quand il nous dit : « *Ailleurs qu'à l'armée, le roi n'a jamais mangé avec aucun homme, en quelque cas que ç'ait été*, non pas même avec aucuns princes du sang, qui n'y ont mangé qu'à leurs festins de noces, quand le roi les a voulu faire[1]. »

Il me semble que c'est net. Dira-t-on que Saint-Simon, si soucieux de l'étiquette, aurait été indifférent à une anecdote de ce genre, que la tradition ne lui eût pas laissé ignorer, ou qu'il ait été mal

Notez que cette affirmation si absolue vient après

---

1. SAINT-SIMON, ch. CDXVII (éd. Delloye, t. XXV, p. 4).

deux pages de détails très-minutieux sur les personnes qui, *à l'armée seulement*, ont été admises à la table du roi. Saint-Simon remarque que Vauban lui-même n'y mangea qu'à la fin du siège de Namur; qu'on accorda par exception la même faveur à l'abbé de Grancey : « C'est l'unique abbé qui ait eu cet honneur. Tout le clergé en fut toujours exclu, excepté les cardinaux et les évêques-pairs, ou les ecclésiastiques ayant le rang de prince étranger. » Et l'on se figure que le roi eût accordé à un comédien une distinction qu'il eût refusée à Bossuet? C'est bien mal connaître ce temps-là.

Maintenant la légende, réduite même aux proportions plus modestes de l'anecdote primitive, est-elle vraisemblable?

Avant de faire une si belle fortune, elle est, nous l'avons dit, restée absolument inédite pendant un siècle et demi. Le premier écrivain qui l'ait lancée est Mᵐᵉ Campan, en 1823 [1]. Et elle dit la tenir de son beau-père, qui la tenait d'un vieux médecin ordinaire de Louis XIV (et elle ne nomme pas ce vieux médecin). C'est bien peu d'intermédiaires entre Louis XIV et Louis XVIII : et encore faudrait-il savoir ce que vaut le témoignage du beau-père et du vieux médecin pour attester un fait si extraordinaire, et qui, s'il était vrai, nous aurait certainement été transmis autrement que par la tradition orale.

Eh quoi! on n'a pas négligé de nous apprendre que, dans sa première jeunesse, Louis XIV, une fois, a admis une simple bourgeoise à sa table; qu'après

1. *Mémoires*, éd. de 1823, t. IV, p. 4.

une visite qu'il avait faite au Jardin des Plantes, le directeur, Vallot, un homme considérable, premier médecin du roi, *l'Esculape de la cour*, dit Loret, offrit au roi une collation qui lui coûta cent mille francs; que même

> Monsieur Vallot servit le roi
> Et dans ce repas eut la gloire
> De lui donner trois fois à boire[1],

et que le roi, touché des coûteuses attentions de son hôte, daigna inviter, non pas Vallot, grand Dieu! mais sa femme, à s'asseoir à sa table pour *repaître*; qu'après qu'elle s'en fut excusée *dix fois*, *ce meilleur* des rois le voulant absolument, Mme Vallot obéit et se décida enfin à *repaître*, comme si elle eût été une femme de qualité. Car si Louis XIV n'admettait jamais les hommes à sa table, il y admettait les femmes[2] : l'extraordinaire, cette fois, c'était d'y recevoir une bourgeoise.

Il s'est trouvé aussi un contemporain de Louis XIV pour imprimer l'histoire, également mémorable, du roi, — très-jeune encore, puisque cela se passait au

---

1. Cet événement est célébré par Loret à la date du 14 juin 1659.
2. Aux fêtes de Versailles, en 1668, il admit à sa table un grand nombre de femmes titrées, et avec elles encore une bourgeoise, la présidente Tambonneau. Voici le passage de Loret sur le roi et sur la femme de M. Vallot :

> De plus, cet absolu seigneur
> Voulut que sa femme eût l'honneur
> (Honneur certes considérable)
> De repaître à sa propre table;
> Elle s'en excusa dix fois;
> Mais, enfin, ce meilleur des rois,
> Qui, ce qu'il lui plaît, favorise,
> Ordonna qu'elle y fût assise.

temps de Mazarin, — du roi versant de sa propre main deux verres de vin, par plaisanterie, à Scaramouche, qu'on faisait venir pendant ses repas pour le divertir, et les paroles non moins mémorables du cardinal Mazarin qui, ayant tiré ce comédien à part, lui dit : « Scaramouche, tu peux te vanter que le plus grand monarque du monde t'a versé à boire [1]. »

Et l'on se figure qu'il ne se fût rencontré personne pour raconter l'anecdote bien autrement extraordinaire (pour les courtisans surtout) du grand roi faisant asseoir un comédien à la même table que lui !

Mais ce fait inouï, cette infraction à une étiquette invariable, aurait été, pour la plupart des nombreux témoins de cette scène, qui étaient des gens de qualité, pour tous peut-être, un événement tout aussi remarquable que le traité de Nimègue ou la révocation de l'Édit de Nantes! La tradition au moins en aurait appris quelque chose à Dangeau, à Saint-Simon ou à tout autre des contemporains, si friands des anecdotes de ce genre. Ce serait bien autre chose que le scandale de Louis XIV se promenant, à Marly, avec le financier Samuel Bernard, dont il avait besoin, et lui montrant les curiosités du lieu, pour en tirer quelques millions indispensables. N'est-il pas évident que si l'anecdote de l'*en-cas de nuit* avait le moindre fondement, les contemporains n'auraient point laissé au vieux médecin anonyme et au beau-père de Mme Campan l'honneur de la transmettre à la postérité?

[1]. *Vie de Scaramouche*, par le sieur Angelo Constantini, comédien ordinaire du roy dans sa troupe italienne, dédiée à Son Altesse Royale Madame, 1698, ch. xxv.

Chappuzeau, qui insiste beaucoup sur la considération que méritent et même qu'obtiennent, selon lui, les comédiens, n'a garde d'oublier Molière et ses fonctions de valet de chambre ; il constate qu'il a fait le lit du roi ; c'eût été l'occasion de risquer au moins une allusion au grand événement ; il n'en est rien. Le passage est assez curieux pour que nous le citions en entier : « Une des plus fortes raisons qui doit porter la France à vouloir du bien aux comédiens, c'est le plaisir qu'ils donnent au roi pour le délasser quelques heures de ses grandes et héroïques occupations. Qui aime son roi aime ses plaisirs ; et qui aime ses plaisirs aime ceux qui les lui donnent, et qui ne sont pas des moins nécessaires à l'État. Aussi voit-on le roi appuyer les comédiens de son autorité et leur donner des gardes quand ils en demandent. Il leur est permis d'entrer au petit coucher ; et Molière ayant été valet de chambre du roi, ayant fait le lit du roi, cet exemple et les autres, que j'ai produits nous persuadent assez que les comédiens peuvent être admis aux charges à la cour, à la ville et dans l'église, sans que la profession qu'eux ou leurs pères ont suivie et qu'ils quittent alors leur servent d'obstacle [1]. »

Et si l'on objecte que Chappuzeau, qui n'aurait pas sans doute ignoré un fait aussi notable que l'anecdote de l'*en-cas de nuit*, a pu ne pas oser alors révéler une anecdote qui aurait choqué quelques contemporains, nous répondrons qu'il y a un écrivain, Titon du Tillet, qui a recueilli [2], au sujet de

1. Chappuzeau, p. 140.
2. *Parnasse français*, 1732, p. 311.

la situation de Molière à la cour, les souvenirs d'un valet de chambre du roi, M. Bellocq; que c'est de lui qu'il tient l'anecdote, fort embellie depuis, d'un autre valet de chambre refusant de faire, avec le comédien, le lit du roi, et du roi réprimandant ce valet de chambre, toutes choses également vraisemblables C'est le même M. Bellocq qui se hâta alors de dire : « Monsieur de Molière, vous voulez bien que j'aie l'honneur de faire avec vous le lit du roi? » et, très-certainement, en contant cette anecdote à Titon du Tillet, M. Bellocq n'eût pas oublié la circonstance de l'*en-cas de nuit,* ni Titon du Tillet manqué de la reproduire en 1732.

Tant qu'on ne pourra nous citer une autorité plus ancienne et plus sûre que Mme Campan pour donner quelque créance à cette anecdote, on peut en toute sécurité la déclarer fausse. Mais elle est piquante; elle flatte certains préjugés; elle est adoptée depuis cinquante ans; elle a été peinte et gravée : rien ne prévaudra contre elle. Il faut s'y résigner. Il y a d'ailleurs tant de préjugés historiques aussi peu fondés et qui ont eu des conséquences plus graves, qu'on peut bien laisser cette petite et innocente satisfaction aux personnes qui n'aiment pas à être dérangées dans leurs crédulités.

Nous ne prétendons nullement d'ailleurs que Molière n'ait pas eu la faveur du roi; mais la preuve qu'elle n'était pas à beaucoup près aussi éclatante qu'on le dit aujourd'hui, c'est que, si elle eût été telle du vivant de Molière, *la Gazette,* journal officiel, et toujours prête à faire valoir quiconque avait l'honneur d'approcher de la personne royale, à commencer par le valet de chambre Bontemps, ne se fût pas montrée si malveillante ou si indifférente tout au moins pour Molière[1]; c'est enfin que M. de Harlay, prélat fort courtisan et assez indulgent, pour lui surtout, mais aussi pour les autres, n'aurait pas fait tant de difficultés pour accorder à Molière mort ce qu'on n'avait pas refusé jusqu'alors à des comédiens, ce qu'on devait accorder plus tard sans la moindre opposition à Scaramouche. Quelle que fût contre l'auteur de *Tartuffe* la haine des *bigots mis en jeu*, M. de Harlay, qui n'était ni un Tartuffe ni un bigot, eût très-certainement fermé les yeux : il était prudent et avait toutes les raisons possibles pour éviter de provoquer un esclandre que ses galanteries éclatantes et très-peu dissimulées ne lui permettaient pas de braver. S'il se piqua cette fois par exception de contenter les dévots, c'est qu'il savait qu'il ne risquait pas trop de mécontenter Louis XIV.

Cette bienveillance du roi, dont on a signalé jusqu'à la moindre trace quand il s'agit de Molière, s'étendit à d'autres comédiens, à Floridor, par exemple, à l'arlequin Dominique, qui paraît en avoir

---

1. Pour prouver, en dépit de tous les documents, que les contemporains de Molière s'occupaient beaucoup de lui, on a cité un manuscrit de la Bibliothèque nationale (Man. fr. 1,051) intitulé *Journal des bienfaits du roi*, où la représentation de ses pièces à la cour est plusieurs fois signalée comme un événement. Mais ce qu'on ne dit pas, c'est que ce manuscrit a été rédigé et surtout retouché à une date fort postérieure, où l'on sentait le prix des pièces de Molière mort depuis longtemps et non remplacé. A la fin, on lit : « Ce volume a été achevé à la fin de l'année 1687. » Et en effet, plusieurs notes témoignent d'une rédaction fort postérieure aux événements. Ainsi, quand le 13 septembre 1669 le roi nomme l'abbé Bossuet à l'évêché de Condom, le manuscrit ajoute : « Il est présentement évêque de Meaux. » Or il ne le fut que depuis 1681.

été digne par son honnêteté comme par son talent ; mais aussi à Scaramouche, un fort vilain caractère à en juger par le panégyrique que son camarade Constantini fait de lui [1].

Louis XIV avait toujours beaucoup aimé la comédie italienne, et Scaramouche en particulier, qui, dans son enfance, l'avait fort diverti. Il est très-probablement le premier comédien qu'ait vu Louis XIV. Angelo Constantini raconte ainsi la présentation de Scaramouche au roi : « Quand il fut en présence de Sa Majesté, il jeta son manteau par terre, et parut avec sa guitare, son chien et son perroquet. Il fit un concert fort plaisant avec ces deux bêtes qu'il avait dressées à tenir leur partie, dont l'une était sur le manche de sa guitare et l'autre sur un placet. » Il chanta avec eux un trio, et « les trois animaux firent si bien leur devoir, que le roi prit en affection celui du milieu, qui était Scaramouche ; de sorte que depuis ce temps-là il a eu l'honneur de divertir ce grand prince pendant plus de trente ans ».

On a raconté aussi qu'un jour, et c'était du vivant de Louis XIII, le petit dauphin, âgé de deux ans, était de si mauvaise humeur, que rien ne pouvait apaiser ses cris et ses pleurs. Scaramouche, qui était là, demanda à la reine la permission de prendre M. le dauphin dans ses bras, et il fit au petit prince des mines si grotesques que celui-ci se calma aussitôt, et se mit à rire si fort qu'à la pluie de larmes

---

[1]. Si cette biographie est tant soit peu exacte, Scaramouche aurait été un assez vil bouffon, avare, gourmand, escroc ; et il ne semble pas que son biographe, en racontant de lui des traits plus que légers, ait l'intention de le déprécier.

succéda une averse d'un autre genre qui mouilla le bras de Scaramouche. On ajoute que, plus tard, Louis XIV rappelait souvent au comédien ce petit accident.

Ce qu'il y a de certain, c'est que Scaramouche était fort aimé du roi même, qui daignait s'intéresser à ses infortunes conjugales.

Sur la fin de sa vie, Scaramouche s'était avisé de se remarier avec une coquette. Il eut bientôt à s'en plaindre, et adressa à plusieurs reprises des placets au roi pour la faire enfermer. Le roi fait écrire au procureur général de Harlay qu'il y consent, « pourvu qu'on la veuille recevoir dans un couvent ». Il paraît qu'elle en sortit ou qu'aucun couvent n'avait voulu la recevoir, car quelques années après le ministre Seignelay écrit à La Reynie de faire venir Mme Scaramouche, et de la menacer de la prison si elle ne change pas de conduite [1].

Quand Scaramouche mourut, il laissa 100,000 écus à son fils, prêtre, et fut inhumé avec un grand concours de monde à Saint-Eustache, la même paroisse qui avait refusé d'inhumer Molière.

CHAPITRE III.

L'OPÉRA ET LES BALLETS. — LULLI, BENSERADE ET QUINAULT.

Corneille, Racine et Molière ayant naturellement fixé les regards de la postérité curieuse de s'enquérir des détails de leur biographie, et stimulée même

---

1. *Correspondance administrative*, t. II, p. 595 et 614.

à l'égard de Molière par la rareté des documents bien authentiques, on a recueilli exactement jusqu'aux moindres traces de la bienveillance royale à leur égard. C'est ainsi que s'est formée une légende qu'on ne s'est pas mis en peine de construire pour d'autres, pour Lulli ou pour Quinault, par exemple. Elle eût été pourtant tout aussi riche pour le moins en preuves circonstanciées et bien établies cette fois des « bontés du roi » à leur égard.

Lulli avait beaucoup de souplesse et d'intrigue. La réputation de ce Florentin était fort équivoque, et son caractère peu sûr. Son talent mis à part, il n'était ni aimé ni même estimé. Chacun avait à se plaindre de lui ; Lulli avait trouvé moyen d'exaspérer même l'inoffensif La Fontaine, et de lui inspirer ses seuls vers méchants :

> Le Florentin
> Montre à la fin
> Ce qu'il sait faire...
> C'est un paillard, c'est un mâtin
> Qui tout dévore,
> Happe tout, serre tout, il a triple gosier [1]...

[1]. Il est certain que La Fontaine ne l'a pas calomnié en affirmant que la reconnaissance n'était pas sa qualité dominante ; les débuts même de Lulli le prouvent. *Mademoiselle* l'avait élevé, et c'était elle qui, lui voyant d'heureuses dispositions, lui avait fait apprendre la musique. Un jour que Mademoiselle venait de sortir de sa chambre pour passer dans son cabinet, les personnes restées dans la chambre entendirent un bruit qui n'était pas précisément un soupir... On fit des couplets sur cet accident si désagréable pour une femme, et Lulli leur donna une sorte de vogue par la musique expressive qu'il fit sur les paroles. Mademoiselle l'apprit et le chassa. Cette anecdote est racontée par Boindin, *Lettre sur l'Opéra*, p. 79.

Ce n'est donc pas l'estime de ses contemporains qui le désignait à la bienveillance du roi. Néanmoins la faveur constante dont il jouit auprès du roi est bien autrement constatée par les contemporains que celle de Molière, et ce qui prouve qu'à l'égard de celui-ci, sa profession, qui l'obligeait à monter sur les planches, n'avait pas été le seul obstacle à la considération qu'il méritait, et qu'en affectant de dédaigner en lui le comédien c'était à l'auteur de *Tartuffe* qu'on en voulait, c'est que Lulli, qui était souvent monté sur la scène, Lulli qu'on voit figurer parmi les personnages *dansants* du *Ballet des Muses*, Lulli qui avait joué le personnage grotesque du mufti dans la cérémonie du *Bourgeois gentilhomme*, n'en reçut pas moins du roi des lettres de noblesse[1]. Il était depuis 1661 surintendant et compositeur de la musique de chambre du roi, et à la date du 18 septembre 1677, *la Gazette* annonçait que « Leurs Majestés avaient tenu sur les fonts du baptême son fils aîné, *reçu en survivance de sa charge* ». Ceci est caractéristique, et peint le temps aussi bien que la faveur de Lulli. On ne sait pas si

1. Dès 1660, nous le voyons composer pour le roi un ballet et un récit qui amusa fort l'assistance, selon Loret (18 décembre 1660) :

> Ensuite on dansa le ballet,
> Peu sérieux, mais très-follet,
> Surtout dans un récit turquesque,
> Si singulier et si burlesque,
> Et dont Baptiste était l'auteur,
> Que sans doute tout spectateur
> En eut la rate épanouie
> Tant par les yeux que par l'ouïe...

Le fait du *récit turquesque* de Lulli, dix ans avant la cérémonie du *Bourgeois gentilhomme*, est assez curieux pour ne pas être oublié.

le nouveau-né aura le talent de son père; n'importe : il n'en sera pas moins, par droit de naissance, surintendant de la musique du roi. C'est presque aussi fort que le comte de Vermandois, fils de Louis XIV et de Mlle de La Vallière, nommé à l'âge de vingt-deux mois grand amiral, en considération « des espérances que nous concevons de *sa vertu* par la bonne éducation que nous lui donnerons. »

Autre fait aussi significatif que nous trouvons dans la *Gazette*, à la date du 14 mai 1678 : « Sa Majesté a donné au second fils du sieur Lully, surintendant de la musique de sa chambre, l'abbaïe de Saint-Hilaire, près de Narbonne, vacante par le décès de l'abbé de la Barre, officier de la chapelle. » Comme le fils aîné de Lulli, nommé surintendant en survivance, était né en septembre 1677, le second, le nouvel abbé, devait, au 14 mai suivant, avoir quelques jours. Quelles vocations précoces chez les fils de Lulli, et comme elles étaient vite récompensées!

Nous avons dit précédemment quelque chose du monstrueux privilége accordé à Lulli, celui « de faire *seul* des opéras et d'en avoir le profit ». Perrault même, qu'on ne saurait regarder comme un frondeur, trouvait étrange cette confiscation de toute musique dramatique au profit d'un seul homme, et il dit dans ses mémoires : « Lulli demanda cette grâce au roi avec tant de force et d'importunité, que le roi, craignant que, de dépit, il ne quittât tout, dit à M. Colbert qu'il ne pouvait se passer de cet homme dans ses divertissements, et qu'il fallait lui accorder ce qu'il demandait : ce qui fut fait le lendemain. Deux ou trois jours après, j'entendis dire à ce ministre que les courtisans trouvaient à redire à ce qu'on faisait pour Lulli, parce que cet homme allait gagner des sommes immenses ; qu'il aurait mieux valu *la* laisser partager entre plusieurs musiciens ; que ce gain les aurait engagés par émulation à se surpasser les uns les autres et à porter notre musique à sa dernière perfection. » Ainsi, le roi lui-même, et Colbert, par conséquent, étaient obligés de subir la loi de Lulli et de lui accorder un monopole dont on ne voit pas ailleurs l'équivalent. Sans avoir celui de la musique religieuse et de la musique militaire comme de celle du théâtre, Lulli profita de sa situation auprès du roi pour accaparer à peu près la première, au moins à la cour ; quant à la musique militaire, il se fit charger d'écrire non-seulement des marches pour les régiments, mais des airs de fifre, des sonneries de trompette, et jusqu'à des batteries de tambour. Il était dit que tout le bruit, plus ou moins musical, qui se ferait alors serait sous sa direction, et qu'il pourrait dire : « La musique, c'est moi. »

En 1681, Lulli, devenu gentilhomme, n'en joue pas moins encore à Saint-Germain le rôle du *mufti*, ce qui ne l'empêche pas de solliciter et d'obtenir alors même la place de *secrétaire du roi*, qui lui eût conféré la noblesse, s'il ne l'eût déjà possédée. Comme il craignait néanmoins que les autres secrétaires ne voulussent pas le recevoir et qu'il en disait un mot au roi : « Ils ne voudront pas vous recevoir ? s'écrie Louis XIV. Ce sera bien de l'honneur pour eux. Allez voir M. le chancelier. » Les secrétaires font en effet des difficultés qu'ils auraient pu motiver sur la réputation du *Florentin*. Mais le chancelier reçoit mal leurs remontrances, et, prévenu par le roi, « leur répond en des termes encore plus désagréables que ceux dont le roi s'était servi ». Tous ses futurs confrères s'exécutent alors avec empressement. Le jour de sa réception, Lulli donna un magnifique repas aux anciens et aux gens importants de la compagnie, puis l'opéra après le dîner : c'était *le Triomphe de l'Amour*, paroles de Benserade, musique de l'amphitryon. Mais le vrai spectacle à voir, dit-on, c'était celui des confrères de Lulli, au nombre d'une trentaine environ, la chancellerie en corps, assis sur trois rangs, manteau noir, grande perruque, mines graves, et écoutant, avec un sérieux profond, *Vénus* et deux *Plaisirs* chanter en trio :

> Non, non, il n'est pas possible
> De contraindre un cœur sensible
> A n'aimer jamais ;
> C'est pour l'amour que tous les cœurs sont faits ;
> Contre un Dieu si charmant quel cœur est invincible ?

Un seul, ajoute-t-on, osa se permettre une bien innocente épigramme contre le protégé du roi. M. de Louvois se hasarda à dire quelques jours après à Lulli, qu'il rencontra à Versailles : « Bonjour, mon confrère, » ce qui passa pour une malice assez hardie. Tout cela raconté sous Louis XIV, dans un livre imprimé avec privilége en 1714 [1]. Si l'on trouvait dans la

---

1. *La Vie de Philippe Quinault*, de l'Académie française, p. 49. Elle n'est pas de Boscheron, comme on l'a dit à tort : elle est de Boffrand, neveu de Quinault, ce qui lui donne une toute autre valeur. Comme Corneille et Racine, Quinault se trouve avoir eu son premier biographe dans sa propre famille. BARBIER, *Dictionnaire*

biographie de Molière quelque chose qui ressemblât à cette intervention du roi en faveur de « Baptiste », du bouffon auquel Molière disait parfois : « Allons, Baptiste, fais-nous rire! » il y aurait longtemps qu'on en eût fait beau bruit!

Quinault partageait cette faveur. Non-seulement quoique devenu riche, il avait pension du roi, — 2,000 livres, comme Corneille, — mais il ne faut pas oublier qu'il touchait 4,000 livres par opéra; c'était un prix fait, un contrat passé avec Lulli. Ce prix était beaucoup plus élevé que celui des droits d'auteur touchés par Corneille et par Racine; il est vrai que Quinault ne conservait pas, comme eux, la propriété de ses opéras. Lulli avait obtenu un privilége du roi, qui lui assurait la propriété pendant trente ans des pièces dont il composait la musique, non-seulement celle « des airs de musique qui seront par lui faits, mais aussi les vers, paroles, sujets, dessins et ouvrages, sur lesquels lesdits airs de musique auront été composés, sans en rien excepter[1] ». N'oublions pas non plus le privilége exorbitant que possédait Lulli, de composer *seul* des opéras : c'était donc beaucoup pour Quinault d'être assuré du partage de ce privilége inouï, qui supprimait toute autre musique dramatique que celle de cet envahissant personnage.

des anonymes, t. IV, au supplément, restitue cette notice à son véritable auteur.

1. Voir ce privilége en tête de la pastorale : *les Fêtes de l'Amour et de Bacchus,* Paris, 1672. Notez que cette pastorale était un pastiche où Lulli avait fait entrer les meilleurs airs antérieurement composés par lui pour les ballets et divertissements des pièces de Molière, qui se trouvait ainsi réduit à ne plus pouvoir les exécuter; ce fut ce qui les brouilla définitivement.

Ce furent les avantages que lui garantissait Lulli, et surtout sans doute le désir de plaire au roi, qui déterminèrent Quinault à écrire des tragédies en musique, quoiqu'en se mariant, dit son biographe, « il eût promis de renoncer à la poésie, parce que sa femme avait témoigné une grande répugnance à épouser un poëte ». C'est sans doute, de la part du roi, une preuve de tact d'avoir ainsi appliqué Quinault à un genre auquel son talent était propre : l'opéra, tel surtout qu'on le comprenait alors, mettait en relief les qualités brillantes d'un poëte, qui ne s'était jamais beaucoup préoccupé du naturel et de la vraisemblance. Molière avait mieux à faire que de composer des vers de ballets ou des pastorales langoureuses ; mais pour Benserade [1] et Quinault, qui furent successivement à la cour en possession de cet emploi, c'était suivre leur vraie vocation.

La tragédie-ballet, l'opéra ainsi compris, était aussi le goût le plus prononcé du roi. Il avait toujours aimé la danse ; et son éducation qui, en général, avait été fort négligée au dire de Saint-Simon, sur ce point ne laissait rien à désirer. On peut juger de l'importance accordée à la danse dans son éducation par la valeur relative des honoraires payés

---

[1]. Si l'on doit évaluer par le taux des faveurs officielles le plus ou moins de crédit qu'obtenait alors chaque genre de talent, il faut joindre à Lulli et à Quinault Benserade, qui, outre une pension de 3,000 livres qu'il tenait de la reine mère, en avait une pareille sur l'abbaye de Saint-Éloi, une autre de 2,000 sur l'évêché de Mende, et enfin une troisième, de 2,000 également, sur l'abbaye de Haut-Villiers : ces quatre pensions sur des établissements ecclésiastiques étant destinées à le récompenser de ses vers galants. Voir, sur le chiffre de ces pensions, l'abbé Lambert, *Hist. littéraire de Louis XIV*, t. II, p. 107.

aux maîtres, qu'il conservait encore à une date où il n'était plus un enfant. Dans l'état de ses comptes pour 1660 (il avait alors vingt-trois ans), son maître à danser a 2,000 livres; le maître de dessin, 1,500 livres; le maître d'écriture, 300, juste autant que les *galopins*, c'est-à-dire les marmitons de la cuisine royale[1]. Au reste, ce maître d'écriture aurait été encore beaucoup trop bien payé, si c'est le même qui avait donné au jeune roi pour modèle d'écriture et aussi pour principe de conduite l'adage suivant, écrit six fois de suite en grosses lettres par la main inhabile du royal enfant sur une feuille de papier que l'on conserve à la Bibliothèque de Saint-Pétersbourg[2] : *L'hommage est dû aux rois, ils font tout ce qui leur plaît.*

C'est très-probablement le plus ancien autographe du grand roi.

Louis XIV ne devait que trop profiter de cette leçon. Au moins celles du maître de danse n'avaient-elles pas les mêmes inconvénients. Le jeune roi excella bientôt dans cet art. On le voit figurer à l'âge de treize ans dans *la Mascarade de Cassandre*, ballet dansé le 26 février 1651; et depuis cette date il ne cessa guère pendant toute sa jeunesse de danser des ballets et même d'en composer. Aussi fut-il frappé tout d'abord de l'excellence d'un art qu'il pratiquait si bien. Huit ans avant de songer à instituer une *Académie de musique*, il établit (en mars 1661) une *Académie royale de danse*, composée de treize maîtres

---

1. Ce fait a été déjà relevé par Walkénaer et par M. Victor Fournel.

2. M. Marmier les y a vues (*Lettres sur la Russie*).

à danser « les plus expérimentés dudit art ». On ne songera que plus tard à fonder les deux seules Académies dont l'utilité soit incontestable, celle des sciences et celle des inscriptions : encore cette dernière n'eut-elle d'abord pour fonction que de composer des inscriptions pour le roi.

L'*Académie de danse* était instituée par lettres patentes; les considérants, que le roi exprime dans cet acte mémorable, sont curieux et marquent la place que la danse occupait dans ses pensées. Après avoir parlé de l'utilité de la danse, il remarque que, *pendant les désordres et la confusion des dernières guerres, il s'est introduit dans ledit art, comme en tous les autres, un grand nombre d'abus capables de les porter à une ruine irréparable*, et c'est pour arrêter les progrès de cette décadence attribuée par lui au « nombre infini d'ignorants » qui se mêlent d'enseigner l'art de la danse et le *défigurent*, qu'il ordonne que ces treize académiciens se réunissent une fois le mois *pour y conférer entre eux du fait de la danse, aviser et délibérer sur les moyens de la perfectionner, et corriger les abus et défauts qui peuvent avoir été ou être ci-après introduits*. Cette Académie jouira des mêmes priviléges que l'Académie de peinture et de sculpture, instituée sous Mazarin en 1648. On se plaît à croire que le maître à danser du *Bourgeois gentilhomme* devait être de cette Académie; à en juger par l'importance qu'il attache, lui aussi, à son art, et par les considérations politiques et sociales qu'il expose pour le faire valoir, nul ne devait être plus capable, après les agitations de la Fronde, de contribuer à cette restauration et de seconder sur ce point les intentions du roi.

Un fait suffirait pour constater la prédilection du roi pour les ballets; c'est que la *Gazette,* qui n'analyse jamais les chefs-d'œuvre de la scène française, rend au contraire un compte minutieux et détaillé des insipides ballets mythologiques ou allégoriques qui se dansent à la cour, et non-seulement à l'époque où le roi y figurait lui-même [1], mais même à une date (1670) où le roi, âgé de trente-trois ans, cesse d'y prendre part personnellement. Ce n'est que dans le courant de cette année que Molière, dans le premier acte du *Bourgeois gentilhomme,* risque, au sujet de l'importance attribuée à la danse, des plaisanteries qu'en 1661 le fondateur de l'*Académie royale de danse* aurait bien pu prendre pour lui-même. On a voulu même voir un trait de satire contre l'Opéra naissant dans cette réponse que fait le maître à danser à M. Jourdain, qui se plaint de n'entendre jamais chanter que des bergers : « Lorsqu'on a des personnes à faire parler en musique, il faut bien que, *pour la vraisemblance,* on donne dans la berge-

---

[1]. On place d'ordinaire cette réforme dans les constantes habitudes du roi à l'année 1669, et on l'attribue à l'effet qua produisirent sur lui les vers de *Britannicus* au sujet de Néron montant sur le théâtre : cette anecdote repose sur un passage d'une lettre de Boileau. Ce qui est certain, c'est que *Britannicus* est de la fin de l'année 1669, et que l'année suivante, le 8 février 1670, la *Gazette* mentionne encore avec un grand éloge le *divertissement royal,* où le *dieu Neptune* et ensuite *Apollon* sont *représentés par le roi avec cette grâce et cette majesté qui brillent dans toutes ses actions.* Le 12 février suivant, le ballet est encore mentionné : le roi n'y danse plus. Il semble, d'après le récit du journal, qu'il s'est décidé à se faire *doubler* par M. de Villeroy. On voit en tout cas que cette réforme a suivi d'assez près la représentation de *Britannicus.*

rie. Le chant a été de tout temps affecté aux bergers; et il n'est guère naturel, en dialogue, que des princes ou des bourgeois chantent leurs passions. » En admettant qu'il y eût là une intention satirique, il est douteux qu'elle ait été sentie. Car ce genre pastoral, que Molière lui-même ne cultiva que trop et qui devait en effet répugner à son génie si ami du vrai, resta toujours fort à la mode; et si l'on veut voir là une épigramme contre l'Opéra en général, elle allait retomber sur Molière lui-même, car la pièce qui suivit immédiatement le *Bourgeois gentilhomme* fut *Psyché, tragédie-ballet,* faite par lui, avec la collaboration de Corneille et de Quinault.

Les ballets, avant l'institution de l'Opéra comme théâtre public, restant un plaisir aristocratique, il fut de bon goût d'afficher une grande estime pour ce genre, qu'en dehors de la cour on ne cultivait guère que dans les colléges des jésuites. L'abbé de Pure, mettant sur la même ligne la *tragédie* et le *ballet,* allait jusqu'à écrire : « La tragédie et le ballet sont deux sortes de peinture où l'on met en vue ce que le monde ou l'histoire a de plus illustre, où l'on déterre et où l'on étale les plus fins et les plus profonds mystères de la nature et de la morale[1]. » On ne voit pas trop ce que la *nature* et la *morale* peuvent avoir de commun avec le ballet. Mais le ballet comme genre à part devait bientôt perdre de son crédit; il allait se fondre avec l'opéra, où il pouvait à la rigueur être motivé, et où son invraisemblance, d'ailleurs, disparaissait au milieu de tant

---

1. L'ABBÉ DE PURE, *Idée des spectacles,* 1668. — « Que de choses dans un menuet! » dira plus tard le maître de danse Marcel.

d'autres invraisemblances inévitables dans un genre de représentation dramatique où tout est nécessairement conventionnel.

C'est donc en 1670 que le ballet perdit le grand avantage de compter le roi lui-même au nombre de ceux qui figuraient dans ces représentations réservées à un public d'élite. C'est alors que l'opéra se fonde et remplace le ballet dans les affections du roi; cette création sera certainement un progrès, tout au profit de la musique et jusqu'à un certain point de la poésie; ce sera désormais du moins sous cette forme que les représentations dramatiques seront le mieux accueillies à la cour.

L'innovation de Lulli et de Quinault est donc d'avoir mêlé plus de musique, de chant et de poésie, de combinaisons dramatiques et aussi de grands effets de spectacle, aux fictions mythologiques, champêtres, courtisanesques, aux louanges obligées « du plus grand roi du monde », qui faisaient le fond des ballets de cour ou des pastorales chantées. L'opéra ainsi conçu devint bientôt le goût dominant, et tout le monde sacrifia plus ou moins à la passion du jour. Molière et Corneille avaient travaillé à l'opéra de *Psyché*. Plus tard, La Fontaine lui-même *s'enquinauda*, et mal lui en prit. Racine, entre *Phèdre* et *Esther*, ne rompit un silence de douze années que pour composer ce qu'on appelait un petit opéra, l'*Idylle de la Paix*, écrite pour une fête donnée au roi par Colbert. Ce fut encore comme opéra que l'on considéra d'abord *Esther*. Dangeau l'annonce en ces termes, à la date du 18 août 1688 : « Racine, par l'ordre de Mme de Maintenon, fait un *opéra* dont le sujet est Esther et

Assuérus; il sera chanté et récité par les petites filles de Saint-Cyr. Tout ne sera pas en musique. C'est un nommé Moreau qui fera les airs. » Il est probable que c'est Racine qui aura modifié ce plan primitif, et réduit aux chœurs seuls la part du chant; il ne se souciait sans doute pas plus que Corneille de laisser la meilleure part à la musique, et pensait comme lui que « communément, les paroles qui se chantent sont mal entendues des auditeurs[1] ». De la part de Racine, cette demi-concession au goût du roi pour la *tragédie en musique*, sur un sujet pieux toutefois, n'a rien qui doive surprendre ; ce qui étonne davantage, c'est de voir Boileau lui-même, plus incapable que personne de trouver « ces lieux communs de morale lubrique », que réchauffait Lulli, Boileau, lui aussi, se laisser enrôler et écrire pour Lulli des vers à placer dans *Bellérophon*. Si l'on en croit le *Bolæana*, il aurait dit : « Tout ce qui s'est trouvé de passable dans *Bellérophon*, c'est à moi qu'on le doit. La pièce fut jouée quinze mois durant[2]. » Mais il faut ajouter que, quand le *Bolæana* parut (en 1742), Fontenelle, fort vieux alors, protesta avec aigreur contre cette prétention. Il donne très-clairement à entendre que c'est lui qui est l'auteur de la pièce, sauf quelques passages, « et il n'y a nulle apparence que M. Despréaux ait eu la moindre part à ces endroits-là[3] ». Laissons donc à Fontenelle la gloire entière ou presque entière de *Bellérophon*. Mais ce qui est cer-

1. Préface de l'*Andromède* de Corneille.
2. *Bolæana*, p. 6.
3. Œuvres *de Fontenelle*, t. III, p. 369.

tain, c'est qu'à la demande de M*** de Montespan et de Thianges, Boileau et Racine avaient commencé, *avec un grand dégoût*, un opéra de Phaéton : il reste même quelques vers du prologue composés par Boileau. « Nous étions occupés à ce misérable travail (dit celui-ci), dont je ne sais si nous nous serions bien tirés, lorsque tout à coup un heureux incident nous tira d'affaire. L'incident fut que M. Quinault s'étant présenté au roi les larmes aux yeux, et, lui ayant remontré l'affront qu'il allait recevoir s'il ne travaillait plus aux divertissements de Sa Majesté, le roi, touché de compassion, déclara franchement aux dames dout j'ai parlé qu'il ne pouvait se résoudre à lui donner ce déplaisir. » On voit donc que, pour plaire au roi, tous les poëtes sans exception, Molière, La Fontaine, Racine, Boileau lui-même, ont cru devoir sacrifier à la mode du jour; et cette mode avait dès les premiers temps du règne commencé par les ballets pour aboutir à l'opéra.

C'était donc bien là le goût dominant de la cour; mais le *bourgeois*, si l'on en croit La Fontaine, resta plus longtemps fidèle à d'autres admirations, et n'arriva que lentement à goûter le nouveau genre. La Fontaine, peu émerveillé des splendeurs de l'opéra (c'était peut-être un reste de rancune contre ceux qui l'avaient voulu *enquinauder*), écrivait en 1677 :

> Des machines d'abord le surprenant spectacle
> Éblouit le bourgeois, et fit crier miracle;
> Mais la seconde fois il ne s'y pressa plus.
> Il aima mieux le Cid, Horace, Héraclius.

Aussi de ces objets l'âme n'est point émue,
Et même rarement ils contentent la vue.
Quand j'entends le sifflet, je ne trouve jamais
Le changement si prompt que je me le promets.
Souvent au plus beau char le contre-poids résiste;
Un Dieu pend à la corde et crie au machiniste;
Un reste de forêt demeure dans la mer,
Ou la moitié du ciel au milieu de l'enfer

Il convient toutefois qu'au moment où il écrit, cette vogue par imitation commence à gagner la ville, et qu'il faut fredonner un air d'opéra, si l'on veut avoir « l'air du beau monde ». A cet égard, le roi donnait l'exemple : « Sans avoir ni voix, ni musique, dit Saint-Simon, il chantait dans ses particuliers les endroits les plus à sa louange des prologues des opéras. On l'y voyait baigné, et jusqu'à ses soupers publics au grand couvert, où il y avait quelquefois des violons, il chantonnait entre ses dents les mêmes louanges, quand on jouait les airs qui étaient faits dessus. »

Ce qui n'est pas douteux, c'est que le fondateur réel de ce genre équivoque et fastueux est bien Louis XIV. C'est ce que reconnaît La Fontaine dans la même pièce; il dit en parlant du roi :

Il veut, sur le théâtre ainsi qu'à la campagne,
La foule qui le suit, l'éclat qui l'accompagne;
Et son peuple, qui l'aime et suit tous ses désirs,
Se conforme à son goût...

Et quand La Bruyère ose écrire : « Je ne sais pas comment l'opéra avec une musique si parfaite et une dépense toute royale a pu réussir à m'ennuyer, » Vigneul de Marville voit presque dans ce jugement une offense pour le roi : « Ne serait-ce pas pour faire bailler ce galant homme et l'endormir que le roi aurait dépensé des millions? » Et Varillas (un historiographe!), renchérissant sur ce jugement, qu'il cite, oppose l'opinion du chartreux Bonaventure d'Argonne (Vigneul de Marville) à celle de La Bruyère, qu'il représente comme un homme mécontent de tout, et il ajoute : « Quelle honte que l'homme du monde se voie plus enfroqué que le moine même¹! » C'était donc bien le goût personnel du roi qu'on était tenu d'applaudir, sous peine de passer pour un esprit chagrin.

Il faut bien marquer les progrès et les modifications de ce goût personnel au roi, et de cette prédilection qui s'était annoncée dès les débuts de son règne, à l'heure où l'on n'en était encore qu'à la tragédie à machines, et plus tard dans les fêtes de Versailles,

> Lorsqu'en un grand ballet de forme singulière
> La cour du dieu Phœbus ou la cour du dieu Pan
> Du nom d'Amarillis enivrait Montespan².

D'abord, de ces ballets, mascarades, églogues en musique, on fait des intermèdes aux comédies. On arrive ensuite à l'opéra. On a souvent parlé des *Fêtes de Versailles* en 1664, qui durèrent sept jours; de celle de 1668, qui ne dure qu'un jour, mais que l'on remarque parce que *Georges Dandin* y fut joué

---

1. Vigneul de Marville, *Mélanges*, éd. de 1700, t. I, p. 344. — *Varillasiana*, p. 32.
2. Victor Hugo.

pour la première fois. En revanche, on ne parle guère d'une série de fêtes brillantes qui furent données à Versailles en 1674, après la mort de Molière, et qui durèrent six journées [1]. C'est l'avénement définitif de l'Opéra. Voici les pièces qui y furent représentées : 1re journée, l'opéra d'*Alceste*; 2e journée, l'*Églogue de Versailles*, en musique; 3e journée, *le Malade imaginaire*, qui n'avait pas encore été joué devant le roi, et qui fut cette fois représenté par la troupe de l'Hôtel Guénegaud, avec les ballets et divertissements qui servent d'intermèdes : c'était donc encore en partie un opéra; 4e journée, *les Fêtes de l'Amour et de Bacchus*, opéra; enfin, le 5e jour, l'*Iphigénie* de Racine, alors dans sa nouveauté, jouée par l'Hôtel de Bourgogne. C'est la seule pièce qui ne soit pas accompagnée de danse et de musique. La sixième journée enfin, qui devait couronner tant de merveilles, est marquée surtout par une illumination du Grand-Canal et une promenade sur l'eau; quand le roi monta en bateau, « l'on vit, dit Félibien, l'eau du canal, auparavant tranquille et sans aucune agitation, comme s'enfler d'orgueil de porter ce qu'il y a de plus grand et de plus auguste sur la terre[2]. »

En lisant la description minutieuse de ces interminables fêtes, de ces journées si remplies par des divertissements de toute espèce, on se demande comment les assistants pouvaient y tenir, et on ressent une partie de la fatigue qu'ils durent éprouver.

---

1. Félibien en a donné le long détail dans son *Recueil de descriptions de peintures*, etc., 1689, seconde partie.
2. P. 4.7.

Mais ce qui étonne le plus, c'est le plaisir singulier qu'y prenait le roi, ainsi exposé pendant six journées et aux flatteries du théâtre et à l'adoration fatigante des courtisans. A ce propos, n'est-il pas curieux de prendre Voltaire en flagrant délit de naïveté et d'illusion à l'égard de la nature humaine, au moins chez les princes? Dans un de ses plus charmants récits, le sage Zadig imagine de guérir la vanité de l'Itimadoulet de Médie par le procédé suivant : on lui donne une fête en plusieurs journées pour célébrer sa gloire; dès le premier jour, on commence par lui chanter une cantate dont voici le refrain :

> Que son mérite est extrême!
> Que de grâces, que de grandeur!
> Ah! combien Monseigneur
> Doit être content de lui-même!

La cantate dure deux heures, et le refrain est répété de trois minutes en trois minutes. Monseigneur est ravi; il s'assied à table; dès qu'il ouvre la bouche pour parler, le premier chambellan s'écrie : Il va avoir raison. Quand il a fini de parler, le second chambellan s'écrie : Il a eu raison. La seconde journée, composée à peu près de la même façon, semble moins agréable à celui qui en est l'objet; la troisième est gênante, la quatrième insupportable; enfin, à la cinquième, outré d'entendre toujours chanter : Ah! combien Monseigneur doit être content de lui-même! d'entendre toujours dire qu'il a raison, etc., il met fin à ce *supplice* intolérable, et le voilà guéri de sa vanité. Eh bien! ce régime était celui auquel se soumettait l'orgueil de

Louis XIV, et l'on ne voit pas qu'il en ait souffert. Les beaux-arts se réunissaient pour lui répéter sans cesse toutes les raisons qu'il avait « d'être content de lui-même », et c'est précisément par ce côté qu'il semble les avoir le plus appréciés. Il était au milieu des arts et des lettres comme dans la fameuse galerie des Glaces, et partout il y retrouvait l'image de sa personne. C'était à le glorifier que l'Académie française consacrait « toutes les syllabes de la langue »; c'était au même emploi qu'était vouée l'Académie des inscriptions, fondée pour joindre des inscriptions en vers aux tapisseries allégoriques de Le Brun; et Félibien, en nous rapportant tous ces vers, qui sont de Perrault, de Chapelain, de Charpentier et de Cassagne, nous fait bien remarquer que toutes ces tapisseries sont « des peintures mystérieuses où l'on a représenté les grandes choses que Sa Majesté a faites ». On est surpris que la qualité des vers ne l'ait pas plus dégoûté que l'énormité des louanges. Quoiqu'on ait tout dit sur le goût de Louis XIV pour la flatterie, chaque fois qu'on y revient, l'étonnement est le même, et il reste aussi inépuisable que l'était l'orgueil du roi. Peut-être est-ce à cette passion, qui a été toujours en augmentant, qu'il faut attribuer cette indifférence finale pour toutes les œuvres de l'esprit qui gardaient un caractère plus général : jeune, il a pu apprécier Corneille, Molière, Racine; en vieillissant, il n'a plus de goût que pour les apothéoses que la peinture, la poésie et la musique lui offrent sous les noms de Le Brun, de Quinault et de Lulli.

CHAPITRE IV.

LA COUR.

Malgré ces restrictions, que nous avons crues nécessaires, nous n'en persistons pas moins à penser que le goût du roi, au temps où il s'intéressait au théâtre d'un façon plus littéraire et avec moins de préoccupation personnelle, avait été beaucoup plus sûr que celui de la cour; plus que celui de Colbert, toujours guidé par Chapelain ou par Perrault; — de M. de Montausier, qui avait les mêmes admirations; — de Monsieur et de Madame [1], toujours suspects d'un certain faible pour Pradon et consorts; — de Mme de Sévigné, dont les antipathies littéraires sont souvent aussi inconcevables que quelques-unes de ses prédilections; — de l'Académie, enfin, où une minorité, composée des plus illustres écrivains du temps, eut tant de peine à faire admettre Boileau et La Bruyère, malgré la bienveillance du roi pour le premier et celle des Conti pour le second.

Quant à la reine, personne fort insignifiante, il ne semble pas qu'elle eût d'autres goûts que ceux de son pays. Elle fait jouer et retient à son service les comédiens espagnols: de la part d'une infante d'Espagne, cette prédilection pour le théâtre de son

---

1. La seconde duchesse d'Orléans; la première avait un meilleur goût. En janvier 1677, Monsieur et Madame, qui ne vont guère au théâtre, surtout à l'Hôtel Guénegaud, assistent à l'*Hippolyte* de Pradon, probablement avec une suite assez nombreuse; car ils payent 220 livres. C'était la dixième représentation.

pays n'a rien que de très-concevable ; mais il paraît aussi que le spectacle d'une boucherie ne lui répugnait pas trop : car *la Gazette,* à la date du 18 juillet 1663, nous dit que la jeune reine est allée au bois de Vincennes, et y a eu « le plaisir du combat du lion avec le taureau et les autres animaux ». Du reste, les combats de bêtes étaient un des divertissements du temps, et nous aurions pu les mentionner parmi les spectacles du grand siècle.

Mais il est inutile de se préoccuper du goût de la reine. Son influence était nulle. Si l'on veut se rendre un compte exact de la place qu'elle tenait dans le cœur du roi, et par conséquent dans les tendresses du monde officiel, on n'a qu'à lire d'abord l'oraison funèbre de Bossuet, où l'éloge de la reine tourne à tout moment et aboutit même d'une façon monotone à celui du roi, et aussi l'article nécrologique que lui consacre la *Gazette*[1]. La feuille du Louvre ne se met pas en frais de douleur officielle ; rien des flagorneries habituelles ; c'est sèchement exact : « Bonté, soumission respectueuse envers le roi, etc. » Voilà tout ce qu'on trouve à louer en elle. On ne s'y attendrit même pas, selon l'usage, sur l'extrême douleur que le roi est censé d'ordinaire éprouver en pareil cas, et que cette fois on oublie de lui supposer. Toutefois la Comédie-Française fait relâche ; c'était obligatoire. L'Université, naïve, « défend de représenter les tragédies ordinaires (du mois d'août) pour témoigner sa douleur de la mort de la reine ». Mais les jésuites, plus avisés, négligent cette douleur de commande, et n'en donnent

---

[1]. P. 396.

pas moins leur représentation solennelle, le 16 août.

A partir de la mort de la reine et du mariage du roi avec Mme de Maintenon, Louis XIV assiste assez rarement au spectacle de la cour, fort bien choisi d'ailleurs, et où on ne peut guère critiquer qu'une part trop grande faite à des pièces saintes composées à l'imitation d'*Esther* et d'*Athalie*. Nous ne savons si Mme de Maintenon a été pour quelque chose dans le choix des pièces à représenter. Il ne semble pas que, sauf pour les représentations de Saint-Cyr, elle s'en soit beaucoup occupée. Et encore, dans sa correspondance, elle ne dit presque rien d'*Esther*; elle en parle beaucoup moins que Mme de Sévigné dans la sienne. Ce qu'il y a de certain aussi, c'est que rien dans le choix des pièces n'indique la moindre pruderie. Dancourt, qui fit ou signa beaucoup de pièces fort amusantes, et, comme toutes les comédies de cette date de dévotion et de misère, beaucoup plus remarquables pour leur gaîté que pour leur moralité, jouissait personnellement d'un certain crédit auprès de Louis XIV : on n'a pas négligé de nous apprendre qu'un jour, lisant une de ses pièces au roi, il fut incommodé par la chaleur, et que le roi lui-même alla ouvrir la fenêtre pour lui donner de l'air; qu'un autre jour dans l'escalier de Versailles, comme il entretenait le roi des intérêts de sa troupe, et lui parlait en reculant, le roi l'arrêta en le saisissant par le bras, au moment où le comédien se trouvait près des marches : « Prenez garde, Dancourt, vous allez tomber; » puis se tournant vers les courtisans : « En vérité, leur dit-il, cet homme parle bien. » On voit qu'en ce genre les contemporains n'ont rien oublié.

Parmi les petites pièces nouvelles, il y en a une, jouée à la cour comme à la ville, avec succès, et qui a une certaine importance historique. C'est *Merlin Dragon,* par Desmarres, officier de la maison de Condé. Elle est de 1686, du temps des dragonnades. Il va sans dire qu'il n'y est pas question des protestants; il s'agit d'une troupe de dragons que le valet Merlin, déguisé en officier de dragons, met en garnison ou plutôt au pillage chez un vieillard que l'on veut contraindre à renoncer à un mariage; et l'on y réussit. On ne peut dire qu'en voyant cette pièce on pût se faire à Versailles la moindre illusion sur la façon dont les soldats, dans la réalité, se comportaient chez les gens *dragonnés;* et on peut douter aussi que les dragonnades fussent matière à plaisanterie. La pièce du reste est amusante à lire, et elle devait l'être surtout à voir.

Pendant cette seconde moitié du règne, à côté des tragédies saintes et des comédies nouvelles, Corneille, Racine et Molière tiennent une très-grande place dans le répertoire de la cour. Les pièces de Molière les plus souvent jouées sont : *le Cocu imaginaire, le Médecin malgré lui, Tartuffe, la Comtesse d'Escarbagnas* et *les Femmes savantes.* Dans cette prédilection pour les pièces les plus gaies peut-être de Molière, et pour *Tartuffe,* on reconnaîtra qu'il n'y a pas trace de pruderie ni de dévotion inquiète, et que dans le choix du répertoire de la cour au moins Mme de Maintenon n'a gêné personne.

Il y a même un point sur lequel il n'est que juste de la disculper, elle et Louis XIV. On a dit qu'après son mariage avec la veuve de Scarron, le roi n'avait souffert qu'impatiemment le souvenir de son prédécesseur. Ni lui ni Mme de Maintenon, au contraire, du moins au théâtre, ne paraissent l'avoir évité. Ce qu'il y a de certain, et les registres de la Comédie-Française en font foi, c'est qu'alors les pièces de Scarron sont souvent représentées à la cour. On peut douter toutefois, malgré l'humilité, assez contestable, de Mme de Maintenon, que ce souvenir lui fût agréable : au moins ses ennemis et ceux de Louis XIV étaient-ils convaincus du contraire, car tous les pamphlets de Hollande prennent grand soin de rappeler au roi son devancier et à la veuve Scarron son premier mari. Mais le fait n'en subsiste pas moins : les pièces de Scarron étaient souvent jouées à la cour, et, si leur succès révoltait le goût de Boileau[1], il ne semble pas que Louis XIV en ait témoigné le moindre mécontentement, ni que ce jugement de Boileau ait modifié le goût de la cour pour Scarron ; car nous trouvons *Don Japhet d'Arménie* et *Jodelet, le maître valet,* joué presque tous les ans à la cour pendant les vingt-cinq dernières années du règne.

1. On sait l'anecdote racontée par Louis Racine et confirmée par Mathieu Marais, au sujet de la sortie de Boileau contre « les méchantes comédies de Scarron », l'embarras du roi, les signes que les courtisans font au critique maladroit. Le roi se contente de lui dire : « Si bien donc que Boileau n'estime que ce qu'a fait Molière? » Et, loin de reculer, Boileau répond : « Sire, il n'y a que lui qui ait fait quelque chose de bon en comédie. » — Louis XIV, dans sa jeunesse, avait eu beaucoup de goût pour Scarron : il prit un jour tant de plaisir à l'*Héritier ridicule,* qu'il le fit jouer trois fois de suite dans la même journée. Toutefois, Saint-Simon dit que lorsque le vieux roi ne fut plus *amusable,* la dernière ressource dont on s'avisa fut de faire jouer chez Mme de Maintenon « quelques scènes détachées des comédies de Molière, par des musiciens du roi revêtus en comédiens. » (Éd. DELLOYE, t. XIX, p. 173.)

Comme nous l'avons dit, le choix des pièces pour les représentations à Versailles ou à Fontainebleau est généralement bon et judicieux. Outre les nouveautés et les pièces de nos grands poëtes régulièrement représentées, on joue encore assez souvent quelques pièces plus surannées que celles de Scarron, mais qui avaient conservé leurs partisans : par exemple, *les Visionnaires*, de Desmarets, et le *Scœvole* de Duryer. La variété du répertoire représente assez bien alors, non seulement celle des goûts et des préférences littéraires, mais aussi les différents âges et les générations successives, dont se composait la cour.

Pendant quelques années de cette seconde moitié du règne, les comédiens sont placés sous la direction de la grande dauphine, qui paraît ne pas leur avoir épargné les tracasseries. Les pièces pour le spectacle de la cour sont choisies par les gentilshommes ordinaires de la chambre. Leur autorité s'étend aussi sur le théâtre à la ville, et les exigences diverses que les comédiens sont obligés de subir ne sont pas toujours bien raisonnables.

Nous trouvons la pièce suivante, qui règle la situation de la comédie par rapport à ses *supérieurs :*

« Les ordres qui viendront de la part de messieurs les premiers gentilshommes de la chambre du roi aux comédiens seront mis entre les mains du contrôleur général de l'argenterie et menus plaisirs en exercice qui en délivrera des copies signées de lui toutes les fois que les comédiens l'en requerront.

« *Et pour ce qui concerne la troupe en général et les rôles des pièces à jouer en particulier, aucun des comédiens ne pourra distribuer lesdits rôles, ni faire autre chose concernant le théâtre que de leur consentement, et, en cas de difficultés, ils s'adresseront à leurs supérieurs.* »

« A l'égard des pièces pour la cour, on leur prescrira les rôles qu'ils doivent jouer. Fait à Versailles, le 18ᵉ juin 1684, signé *le duc de Créquy*[1]. »

On voit d'abord, par la pièce que nous citons ici, que l'*État républicain*, si chéri des comédiens, au dire de Chappuzeau, et dont ils s'étaient trouvés si bien au temps de Corneille, de Racine et de Molière, a fait place, depuis la réunion en 1680, à une dépendance absolue, même pour la distribution des rôles. La comédie est centralisée; il n'y a plus la concurrence des trois théâtres, qui avait été si féconde pendant les premières années du règne; les Italiens, en outre, vont être bientôt évincés. Ce sont des avantages positifs pour les privilégiés sans doute; mais, à en juger par les pièces de cette époque, nous ne voyons pas que ni l'art ni la morale y aient beaucoup gagné; et, quant à la situation des comédiens, elle va dépendre désormais des influences de toutes sortes auxquelles ils sont bien tenus de céder.

Ce sont d'abord les acteurs ou actrices imposés. C'est ainsi qu'à la ville, grâce à l'intervention du dauphin, on est obligé de laisser jouer dans *Phèdre* un acteur inconnu, que le semainier de service[2] désigne par ces mots dédaigneux, sans le nommer : le *Thésée allemand*. Ce début, qui paraît avoir été

---

1. Cette pièce se trouve à la dernière page du manuscrit de la Bibliothèque nationale, cité plus haut, sous le numéro 24,330.
2. C'est LEGRAND, l'auteur du *Roi de Cocagne* (30 octobre 1708).

malheureux, ne découragea pas l'acteur en question; car, l'année suivante, nous trouvons cette note : « Aujourd'hui le comédien allemand *a voulu* (ainsi souligné) jouer le rôle de *Gros-René*, dans le *Dépit amoureux*, en conséquence de l'ordre de Monseigneur. » Et ce n'étaient pas seulement les princes du sang qui imposaient ainsi leurs fantaisies. A la date du 6 février 1692, nous trouvons (pour une représentation de *Bérénice* et du *Médecin par force*) : Mlle Marie-Marguerite Grouër a joué *Bérénice*, par ordre de M. le duc de la Trimouille. Tout le monde se mêle de protéger. Néanmoins l'intervention du dauphin est assez rare. Quant à la dauphine, qui exerçait une sorte de surveillance sur la comédie, elle semble avoir tenu à y faire régner, autant qu'il dépendait d'elle, la décence et la régularité : malheureusement Monseigneur défaisait un peu l'ouvrage de sa femme, si l'on en croit Saint-Simon [1].

Nous avons parlé de l'espèce de surintendance que la dauphine exerçait sur la comédie. Il paraît que cette bonne Allemande n'était pas incapable d'une certaine méchanceté. Elle avait pris en grippe un acteur, Dauvilliers, fort laid, à ce qu'on dit, mais qui rachetait ce désavantage par un talent marqué dans les rôles tendres. « Toutes les fois qu'il représentait à la cour, cette princesse ne cessait de se récrier sur la laideur de ce comédien, et d'un ton si haut que Dauvilliers l'entendait toujours. De sorte

[1]. Voir ce qu'il dit des amours du grand dauphin et de Mlle Raisin, dont il eut une fille. Ce serait toutefois après la mort de son mari (1693), et par conséquent après celle de la dauphine (1690), si l'on en croit les frères Parfaict, t. XII, p. 537.

que, frappé sensiblement du malheur qu'il avait de déplaire à la dauphine, il devint absolument fou, et on fut obligé de le mettre en pension à Charenton, chez les frères de la Charité, où il mourut peu de temps après le mardi 15 août 1690[1] ».

D'un autre côté, Dangeau raconte, à la date du 22 avril 1684, que « Madame la dauphine, mécontente de quelques sots procédés des comédiens, pria le roi de casser Baron et Raisin, *les deux meilleurs comédiens de la troupe, l'un pour le sérieux et l'autre pour le comique* ». Ces derniers mots, de la part d'un homme aussi timide que Dangeau, semblent laisser percer un regret et font bien voir qu'il n'approuvait pas trop cette exclusion. Cependant ni Baron ni Raisin, tous deux fort difficiles à remplacer, ne quittèrent le théâtre à cette date. Le premier se retira seulement en 1691; il n'avait que trente-neuf ans, et devait remonter sur la scène au commencement du règne de Louis XV. Raisin mourut jeune en 1693. La Dauphine avait dû s'apaiser à leur égard. Nous venons de dire qu'après la mort de cette princesse, Mlle Raisin, veuve alors, devint, selon l'expression discrète des frères Parfaict, « encore plus célèbre par une auguste protection », que par son talent. Le roi, disent les mêmes auteurs, lui fit, en 1701, une pension de 10,000 livres, à condition qu'elle renoncerait au théâtre. Mais à la mort de *Monseigneur*, la pension fut supprimée.

---

[1]. C'est ce que racontent les frères Parfaict, si réservés d'ordinaire, t. XIII, p. 300. Ils donnent ce fait d'après un mémoire qui leur a été communiqué par Grandval père sur les comédiens de son temps.

Outre les acteurs imposés ou éliminés, il y a aussi les poëtes protégés. « Le lundi 28ᵉ jour de février 1684, » les comédiens sont obligés de représenter :

« *Arminius,* par ordre de Monsieur. »

Vous croyez qu'ils pourront respirer? Pas du tout; le lendemain mardi 29 :

« *Arminius,* par ordre de Madame. »

Arminius était de Campistron.

On peut compter, parmi les auteurs qui s'imposaient alors au théâtre, grâce au crédit de leurs protecteurs, l'éternel de Visé, qui avait bien pu, par son journal et par le succès de la *Devineresse,* rendre quelques services autrefois au théâtre Guénegaud, mais qui, par ses exigences d'auteur, était devenu un fléau pour la Comédie-Française. Un demi-succès, qu'il prit pour un succès complet, l'avait, en 1695, rendu plus intolérable encore. Ses *Dames vengées* avaient obtenu quinze représentations. Il n'avait pas nui, selon son usage, au succès de sa pièce, l'annonçant d'avance, et écrivant : « *On m'assure* que cette pièce ne regarde en aucune manière la satire de M. Despréaux... *On prétend* que tout est nouveau dans cette pièce, ce qui est rare aujourd'hui, et que les honnêtes gens n'y trouveront pas moins à se divertir que ceux qui veulent rire sans relâche. » Il avait annoncé ensuite son triomphe en l'exagérant, et affirmé dans sa préface qu'il avait ainsi « été détrompé de la mauvaise opinion qu'on avait voulu lui donner du goût du parterre ». Il reconnaissait que ce parterre savait se plaire « aux ouvrages fins, délicats et travaillés ». Il dût bientôt changer d'opinion à cet égard, et ce fut alors qu'il s'avisa de faire sentir aux comédiens le crédit, assez réel, ce semble, dont il jouissait à la cour. Il leur avait présenté déjà, depuis cinq ou six ans, une autre pièce, l'*Aventurier*, qu'ils ne voulaient pas jouer. Il ne cessait de les importuner, et écrivait à la Grange : « Hier, des personnes de considération vinrent me demander s'il était vrai que la troupe m'eût manqué de parole. Je leur dis que j'étais de bonne foi, qu'elle ne trouvait pas ma pièce bonne; mais on me marqua qu'on avait trop bonne opinion de moi pour la croire méchante. On parla, le soir, de cette affaire chez un de mes amis, où la plus grande partie de la jeunesse de la cour se rend tous les soirs, et l'on dit... qu'on en parlerait à *Monseigneur*. Mon ami les pria de n'en rien dire qu'il ne m'eût vu, et je l'ai fortement prié de les empêcher de parler. » Et, après ces menaces doucereuses, il concluait en demandant absolument qu'on jouât la pièce. La Comédie lui répondit très-poliment, mais avec beaucoup de fermeté, que la pièce ne pouvait être jouée, au moins immédiatement. De Visé ne manqua pas, néanmoins, de prévenir le public qu'on la jouerait l'hiver suivant : « Son succès dépend, disait-il, du degré d'attention que les auditeurs lui prêteront. » Il protestait d'avance contre l'inattention malveillante de « ces ennemis du silence », qui ne vont au théâtre que pour le troubler. Enfin il concluait « qu'il y avait sujet de croire que *les personnes d'esprit* s'y divertiraient ». Malgré la menace de l'intervention de *Monseigneur*, les comédiens attendirent encore quelques années avant de la jouer, et, quand elle parut enfin, « les ennemis du silence » y firent un tel tapage qu'elle n'eut qu'une seule représentation.

Indépendamment de cette intervention de la cour dans les affaires du théâtre, même à la ville, le service de la Comédie à Versailles était parfois assez rude, et il faut convenir qu'elle gagnait bien ainsi ses 12,000 francs de pension. Il arrive souvent que les voyages à Versailles ou à Fontainebleau désorganisent la troupe et la mettent dans la nécessité de faire relâche à Paris. On ne se gêne pas d'ailleurs avec eux; on en trouve maintes preuves sur les registres : le 30 mai 1682, ils vont à Versailles pour représenter *Cinna* et *Crispin médecin*; contremandés, il leur faut revenir. « On ne joua pas à cause d'une cavalcade de toute la cour autour du grand canal. » Un contre-ordre leur arrive parfois en chemin; un obstacle qu'on aurait pu prévoir les oblige à retourner. Ainsi, par exemple, le samedi 19 janvier 1709, au moment le plus rigoureux de cet hiver exceptionnel, et pendant qu'ils sont obligés de fermer leur théâtre à Paris, « à cause du froid excessif et du peu de monde qui vient à la Comédie », la Comédie a ordre d'aller représenter à Versailles *le Cid* et *le Ballet extravagant*; elle part; mais en chemin elle reçoit l'ordre de revenir « à cause de l'anniversaire de feu la reine mère ». Depuis plus de quarante ans qu'elle était morte, et qu'on célébrait son anniversaire, il semble que cette date aurait dû se fixer dans la mémoire du contrôleur des menus et prévenir cet oubli de sa part. Une autre fois[1],

---

1. 25 juillet 1682.

mais c'est en été, on va à Versailles pour jouer *Agamemnon*, tragédie de M. d'Assézan : « On ne joua point à cause que Monseigneur s'alla promener sur le canal, et Madame la dauphine se retira dans son appartement pour se reposer. » Et pourtant il arrive que Monseigneur et Madame la dauphine s'abstiennent de contremander le spectacle et y assistent même, dans telle autre occasion où il aurait été plus convenable de s'en abstenir. Le 30 octobre 1687, nous apprend Dangeau, la dauphine, « se confessant le soir », voit tout à coup son confesseur chanceler, perdre connaissance et tomber mourant à ses pieds: le lendemain matin il était mort. Dangeau, dans son style de courtisan, nous dit que ce soir même, « Monseigneur pria Madame la dauphine, pour effacer la triste image de son confesseur mourant à ses pieds, d'aller à la Comédie, où elle avait résolu de ne point aller, voulant faire demain ses dévotions. Elle y alla par complaisance pour Monseigneur[1] ». On sent que Dangeau s'attendrit ici, — sur cette bonne dauphine, cela va sans dire.

Les comédiens recevaient pour chaque journée de service à la cour une indemnité de 6 livres, outre la dépense commune qui leur était payée[2]. Chappuzeau a tracé un tableau assez séduisant, trop séduisant peut-être, on le verra, de l'heureux sort des comé-

---

[1]. Il dit plus loin que la dauphine « aimait fort ce confesseur »; (il n'y paraît pas!) C'était un Allemand, le père Freyg, qu'elle avait amené avec elle, ne pouvant « se confesser qu'en allemand ».

[2]. Le catalogue 32 d'autographes de M. Laverdet (1863, p. 16) donne une quittance de Dominique pour lui et ses camarades qui prouve que les Italiens recevaient aussi six livres comme les comédiens français.

diens quand ils vont représenter à la cour pendant les premières années du règne; il dit (en 1674) :

« Les comédiens sont tenus d'aller au Louvre quand le roi les mande, et on leur fournit de carrosses autant qu'il en est besoin. Mais quand ils marchent à Saint-Germain, à Chambord ou en d'autres lieux, outre leur pension qui court toujours, outre les carrosses, chariots et chevaux qui leur sont fournis de l'écurie, ils ont de gratification en commun 1,000 écus par mois, chacun 2 écus par jour pour leur dépense, leurs gens à proportion et leurs logements par fourrier. En représentant la comédie, il est ordonné de chez le roi à chacun des acteurs et des actrices, à Paris ou ailleurs, été et hiver, trois pièces de bois, une bouteille de vin, un pain et deux bougies blanches pour le Louvre, et à Saint-Germain un flambeau pesant deux livres; ce qui leur est apporté ponctuellement par les officiers de la fruiterie, sur les registres de laquelle est couchée une collation de 25 écus tous les jours que les comédiens représentent chez le roi, étant alors commensaux[1]. »

Le tableau est un peu flatté, et il ne faudrait pas s'exagérer la félicité des comédiens, ni les avantages qu'ils pouvaient retirer de leurs *visites* à la cour[2]. Sans parler du collier *dont ils étaient attachés,* et

1. P. 162.
2. Ce que dit Chappuzeau pourrait bien du reste être à peu près exact pour les premières années du règne. M. Charles Constant a publié une intéressante brochure, *Molière à Fontainebleau, 1661-1664* (Meaux, 1873), qui indique, d'après des documents officiels, d'assez fortes dépenses pour la Comédie. Nous les retrouvons plus tard encore, mais pour l'Opéra seulement.

qui avait bien ses petites gênes, comme compensation de tant d'honneur, la réalité, vue d'un peu plus près, mêle quelques ombres à ce bonheur trop lumineux pour être vrai. D'abord, si l'on consulte les registres de la Comédie à une date peu éloignée de celle où écrit Chappuzeau et où les voyages à la cour sont réguliers, à partir de 1680, — il n'est pas vrai qu'on prodigue aux comédiens les carrosses, chariots, etc., de la grande écurie. Leur équipage est beaucoup plus modeste. Les frais de voiture sont marqués régulièrement pour chaque représentation, ainsi que les autres menus frais. En outre, la Comédie est obligée, ces jours-là, à des dépenses extraordinaires, qui ne sont pas même toujours couvertes par l'indemnité qui leur est allouée. Ainsi, pour un voyage à Fontainebleau, je trouve ce compte bizarre pour une série de représentations :

« 2,000 livres reçues, *sur quoi* il a été dépensé 2,138 # 15 *s*. »

Nous avons dit le mal de ces interventions princières ; nous ne saurions taire le bien. C'était à Louis XIV que Molière et la France avaient dû la représentation de *Tartuffe* ; il semble que c'est au dauphin que l'on doit celle de l'œuvre la plus remarquable de ces années de décadence. Les comédiens intimidés hésitaient à jouer *Turcaret* ; le dauphin intervint, et ce fut lui, paraît-il, qui ordonna la représentation de ce chef-d'œuvre, arrêté par les susceptibilités des intéressés ; c'était, cette fois, noblement imiter son père[1].

---

1. « Il y a eu quelques difficultés au sujet de la représentation de la comédie de *Turcaret*, qui furent levées par ordre de Monsei-

Le grand dauphin mourut en 1711. Le dauphin alors, ce fut le duc de Bourgogne, l'élève de Fénelon. Il paraît avoir eu une antipathie prononcée pour le théâtre ; ce n'était point à son ancien précepteur qu'il la devait ; car Fénelon ne s'est jamais montré à cet égard aussi rigoriste que Bossuet, et, dans sa *lettre à l'Académie*, il propose, entre autres travaux à faire, deux traités, l'un sur la tragédie, l'autre sur la comédie : c'est assez dire, malgré les restrictions que lui imposait son caractère d'évêque, qu'il ne proscrivait pas le théâtre, comme avait fait l'évêque de Meaux. Quant au duc de Bourgogne, sa piété sincère, mais assez étroite, l'éloignait absolument du théâtre, et dans les dernières années de sa

gneur, du 13 octobre 1708, conçu en ces termes : « Monseigneur, étant informé que les comédiens du roi font difficulté de jouer une petite pièce intitulée *Turcaret ou le Financier*, ordonne auxdits comédiens de l'apprendre et de la jouer incessamment. » Ce passage, tiré des registres de la Comédie, a été cité par les frères PARFAICT, t. XV, p. 4. Une *petite* pièce ? Comme *Turcaret* a cinq actes, on peut supposer que le dauphin n'en connaissait que le sujet. Mais cela ne diminue pas le mérite de son intervention. Nous avons vu qu'il fit reprendre la pièce, après le mauvais succès des premières représentations. Le grand dauphin était d'ailleurs parfaitement étranger aux préoccupations littéraires du temps ; selon Saint-Simon, « l'éducation dure et austère » qu'il avait reçue lui avait donné « le dernier degré d'aversion pour toute espèce, non pas de travail et d'étude, mais d'amusement d'esprit, en sorte que, de son aveu, depuis qu'il avait été affranchi des maîtres, il n'avait de sa vie lu que l'article *Paris*, de la *Gazette de France*, pour y voir les morts et les mariages. » Ce fut pourtant pour son éducation que fut entreprise la grande collection *Ad usum Delphini*. Elle contient un Plaute et un Térence ; ce qui semble assez singulier, étant données les idées de Bossuet à l'égard de la comédie. Mais son élève n'avait garde d'en abuser.

vie, il n'y assistait pas, même à la cour. M. Sainte-Beuve a cité quelques passages d'un *mémoire des principaux actes de vertu qu'une personne de probité a remarqués en feu Monseigneur le Dauphin, 1712*[1]. Parmi ces *actes de vertu*, l'auteur du mémoire cite le suivant :

« L'on sait qu'il s'est répandu un bruit, mais bien fondé l'année dernière (1711), que les comédiens, après la mort de Monseigneur (le grand dauphin), ayant demandé à notre prince l'honneur de sa protection, surtout pour obtenir du roi une seconde troupe, il leur répondit qu'ils ne devaient nullement compter sur sa protection, *qu'il n'était pas en pouvoir d'empêcher leurs exercices*, mais ne pouvait se dispenser de leur dire *qu'il était indigne qu'ils les fissent*, particulièrement fêtes et dimanches. »

On voit que s'il avait eu « le pouvoir d'empêcher leurs exercices », le Théâtre-Français aurait bien pu n'avoir pas à se féliciter de son avènement.

Il est bien certain qu'à cette fin de règne une partie de la cour, par politique ou par conviction, devait partager à l'égard du théâtre l'indifférence du roi et les scrupules de la dévotion régnante. Un contemporain écrivait dès 1692 : « L'Opéra et la Comédie sont devenus des divertissements bourgeois, *et on ne les voit presque plus à la cour*[2]. » Cette assertion est évidemment exagérée; mais elle indique au moins des préventions qui durent aller en augmentant dans les dernières et sombres années

---

1. *Nouveaux Lundis*, t. II, p. 144.
2. De Callières, *Des Mots à la mode*, Paris, chez Barbin, 1692, p. 3.

de ce grand règne. Elles ne purent ébranler cependant la situation qu'avaient faite au théâtre la protection de Richelieu et de Louis XIV, et surtout le génie de Corneille, de Molière et de Racine.

LIVRE VI.

LE THÉATRE A LA VILLE.

CHAPITRE PREMIER.

DE QUOI SE COMPOSAIT LE PUBLIC DES THÉATRES.

Quand le public s'appartient, quand rien ne vient étouffer ou falsifier ses décisions, son goût est souverain au théâtre. Ailleurs le poëte peut se vanter de haïr « le profane vulgaire »; ici il est obligé de le respecter. La vie même de son œuvre est à ce prix. Ailleurs il peut se maintenir seul en face de son idéal, et son indépendance est absolue; ici il dépend de tout, et des conditions matérielles de la représentation, à laquelle on ne parvient pas aisément, et dont il lui faut bien, s'il y arrive, subir les nécessités; — et de l'interprétation des comédiens; — et des inquiétudes de l'autorité, qui peut supprimer ou mutiler son œuvre; — mais surtout des circonstances de toute espèce, des préoccupations multiples qui peuvent rendre le spectateur indifférent ou sympathique, ouvrir ou fermer son intelligence aux conceptions de l'écrivain. Il y a là sans doute un prétexte commode et tout trouvé pour excuser des échecs le plus souvent très-mérités d'ailleurs; l'on ne peut guère citer d'écrivains étouffés ainsi à leur naissance. Le génie, le talent même a d'ordinaire une foi robuste, et c'est une niaiserie de lui en faire un crime. Cet orgueil, qu'on lui reproche, lui est indispensable; c'est la condition même de son existence, au théâtre surtout. C'est là qu'il faut comprendre, de la part de l'artiste, cette susceptibilité trop vive à l'égard de la critique, cette délicatesse douloureuse, et même chez des écrivains fort au-dessous de Corneille,

> Ce légitime ennui qu'au fond de l'âme excite
> L'excusable fierté d'un peu de vrai mérite.

Mais cette fierté même, qui d'ordinaire soutient l'écrivain, peut aussi, quand il se croit offensé ou méconnu, le réduire au silence. Il ne faut pas oublier Racine quittant la scène après *Phèdre*, victime de tracasseries qui toutefois ne lui venaient pas du parterre.

L'éclat incomparable de la littérature dramatique au xviie siècle nous fait une illusion singulière : nous croyons que, parmi les contemporains, au moins parmi les gens un peu instruits, tout le monde a dû s'y intéresser : ce qui n'est pas vrai même de la littérature en général; ce n'est qu'à partir de Voltaire que la littérature et les littérateurs ont acquis dans la société cette importance. Au xviie siècle, le public des théâtres était assez restreint[1] : les salles

---

1. Le calcul est facile à faire. Chappuzeau établit qu'en 1672, avec trois troupes de comédiens français jouant chacune trois fois la semaine, la troupe italienne quatre fois, et l'Opéra trois, en tenant compte des relâches forcés, on arrive à un total d'environ huit cents représentations par an. Mais ce maximum n'a pu être atteint qu'un moment, à cette date même où l'Opéra venait de s'ajouter aux autres théâtres; et encore Chappuzeau ne tient-il pas compte des fréquentes absences de la Comédie-Italienne.

Pendant la période suivante jusqu'en 1680, il faudrait retran-

étaient petites[1], les places moins nombreuses; pendant la première moitié du règne de Louis XIV, il cher de ce chiffre de 800, les 150 représentations du théâtre du Marais supprimé en 1673.

A partir de 1680, il n'y a plus qu'un Théâtre français, celui des comédiens du roi, jouant il est vrai tous les jours, ce qui, en évaluant à vingt-cinq jours environ (comme fait Chappuzeau), les relâches forcés, fait 340 représentations. Les Italiens jouent tous les jours, excepté le vendredi, ce qui, par conséquent, réduit le chiffre de leurs représentations à moins de 300. Ajoutez-y les 150 représentations de l'Opéra; vous retrouvez à peu près pour cette période les 800 représentations de 1672.

Mais, à partir de 1697, il faut défalquer de ce chiffre les 300 représentations de la Comédie-Italienne supprimée alors; il faudra y ajouter plus tard les représentations sans cesse interrompues du Théâtre de la foire, qui d'ailleurs ne duraient que quelques mois, et se réduisaient le plus souvent à des exercices de saltimbanque.

En résumé, ce qui est bien sûr, c'est que le chiffre de 800 représentations par an donné par Chappuzeau n'a jamais été dépassé pendant tout le règne.

Or, à ne compter aujourd'hui à Paris qu'une douzaine de théâtres jouant 365 fois par an chacun, et en y ajoutant ceux qui ne jouent pas tous les jours comme l'Opéra, ou toute l'année comme les Italiens ou l'Odéon, on arrive à un chiffre d'environ 5,000 représentations par an.

Je ferai remarquer que dans ce chiffre ne sont pas comprises les représentations de petits théâtres, qui cultivent un genre après tout aussi élevé que les farces de la foire Saint-Germain et de la foire Saint-Laurent, et que de plus l'Opéra-Comique, le Vaudeville, le Gymnase et autres peuvent bien être mis en parallèle avec la Comédie-Italienne du temps de Louis XIV, quelque estime qu'on puisse, — sur parole, — professer pour le théâtre de Scaramouche et d'Arlequin.

Je ne discute pas la *qualité* du public actuel du théâtre; mais, quant à la *quantité*, il est évidemment bien plus nombreux qu'au temps de Louis XIV.

1. Sauf peut-être celle du Théâtre-Français, quand il fut transféré rue des Fossés-Saint-Germain, et qui contenait un nombre de

n'y a en tout que quatre ou cinq théâtres, et ils ne jouent que trois fois par semaine. A la fin du règne, quand le Théâtre-Français jouera tous les jours, il deviendra bientôt l'unique théâtre, avec l'Opéra. Aussi faut-il tenir grand compte des représentations à la cour, quoiqu'elles n'ajoutent guère, et seulement pour un public spécial, qu'une moyenne de vingt à trente représentations par an à celles qui sont données à Paris. Mais il est certain que ce public spécial, assidu et se renouvelant peu, recevait ainsi une sorte d'éducation dramatique qui en faisait d'ordinaire un juge éclairé. A Paris même, les amateurs habituels du théâtre étaient relativement plus nombreux qu'aujourd'hui. C'était donc,

spectateurs égal à celui de la Comédie actuelle. Dans le curieux travail que nous avons déjà plusieurs fois cité sur les *Bâtiments de la Comédie*, M. Jules Bonnassies a cru pouvoir établir que cette salle, « grâce au parterre debout, pouvait contenir 1,500 à 2,000 personnes ». (Page 16 de la *Notice historique sur les bâtiments de la Comédie-Française*.) Il est bien certain qu'il n'y a rien de plus élastique et de plus favorable à la compressibilité qu'un parterre debout. Cependant, le chiffre de 2,000 personnes me semble bien exagéré. Aujourd'hui, la salle de la Comédie-Française, beaucoup plus vaste, ne contient pas 1,500 personnes. Le savant et obligeant archiviste de la Comédie-Française, M. Guillard, m'indique, parmi les représentations de notre temps, celles qui ont produit ce qu'on appelait autrefois une chambrée exceptionnelle : c'est d'abord, en 1867, pendant l'Exposition, et un dimanche, une représentation d'*Hernani*, où il est entré dans la salle 1,401 personnes; même affluence pour le *Cid* en 1872, et aussi pour des représentations pendant les jours gras. Il semble que ce soit là le maximum possible. — Sous Louis XIV, au moins, le public de la rue Saint-Germain-des-Prés n'a guère dû dépasser le même chiffre. J'ai noté, au 24 novembre 1713, une représentation exceptionnelle pour l'affluence, qui donne 1,394 spectateurs, et sur ce chiffre il y a 691 billets de parterre. — Quant à la salle du Palais-Royal, celle de

si l'on veut, le suffrage restreint, qu'on se plaira sans doute à déclarer plus éclairé que celui de nos jours, quoique celui-ci soit bien loin encore d'être le suffrage universel, même parmi les lettrés. Mais qu'on se rappelle combien de préjugés et d'habitudes écartaient du théâtre au XVIIe siècle bien des gens qui n'ont plus aujourd'hui les mêmes scrupules. Des professions, parmi lesquelles aujourd'hui le public se recrute, et qui fournissent des juges tout aussi compétents que d'autres, les magistrats, les avocats, les médecins mêmes, croyaient indigne de leur gravité de s'occuper du théâtre; en outre, l'absence de toute presse, même littéraire, en dehors du *Mercure galant*, laissait ignorer à bien des

Molière, où Sauval prétend qu'il pouvait tenir de 3 à 4,000 personnes, nous n'avons rien de bien précis que ce que nous fournit le registre de Hubert pour les années 1672-73. Or voici ce que j'y trouve pour la première représentation du *Malade imaginaire* :

	Livres	Sous.
Théâtre. 25 billets......	137	10
Loges. Cinq (5 *loges entières*) et 59 billets.....	511	10
Amphithéâtre. 60 billets..................	330	
Loges hautes. 81 billets,..	313	
Loges de 3e rang. 23 billets.....	46	
Parterre à 30 sous. 394 billets........... ..	591	
	1992	

En comptant 8 personnes pour chacune des cinq premières loges mentionnées par Hubert, nous trouvons en tout 682 spectateurs pour cette première représentation.

Maintenant, à une représentation de *Psyché*, la même année, un *dimanche*, le 20 novembre 1672, nous trouvons 944 spectateurs, dont 514 au parterre. Cette représentation produit la recette très-forte, au simple, de 1,316 ł 10 ʃ.

Il semble donc que le public de Molière n'a guère pu dépasser jamais le chiffre de 1,000 personnes.

gens, très-lettrés d'ailleurs, des événements dramatiques que les journaux apprendraient aujourd'hui même à ceux de leurs lecteurs qui ne fréquentent pas le théâtre; et c'est ainsi qu'on s'expliquera comment au temps de Louis XIV des esprits très-cultivés semblent avoir été fort étrangers à des faits et à des noms qui, à deux siècles de distance, ont plus de notoriété pour nous qu'ils n'en avaient pour les contemporains. C'est moins par scrupule assurément que par suite de ces habitudes de profession, que le docteur Guy-Patin, très-libre esprit et grand lecteur de livres assez légers, parle peu du théâtre. Il en parle pourtant, et assez pour nous montrer qu'il n'a ni vu ni lu les pièces dont il parle, même les plus connues aujourd'hui.

Ce qui nous frappe, c'est que le public lettré, autre que celui du théâtre, semble subir beaucoup plus que le parterre l'influence des coteries, le respect des positions officielles, des titres, des pensions. Chappuzeau, qui demandait une pension, écrivait : « La pension d'un grand roi peut rendre un homme illustre, quand il ne l'est pas d'ailleurs[1]; » et ce n'était pas une phrase courtisanesque inspirée par l'intérêt; il est très-vrai que, du moment qu'on avait pension du roi, on devenait quelque chose pour bien des gens. Or nous savons comment ces pensions étaient distribuées, nous connaissons les *illustres* qui les touchaient. Il y avait alors fierté et courage à déclarer, comme Boileau,

---

1. *L'Europe vivante*, t. I, p. 318. Ce qui peut paraître singulier, c'est que ce livre est publié à Genève, *avec privilége du roi très-chrétien*. Chappuzeau était protestant.

qu'on ne prétendait pas aux pensions; et ce n'était pas seulement du désintéressement, c'était s'interdire une recommandation puissante et un titre de gloire auprès de bien des gens. Comme il semblait qu'il y eût une sorte d'irrévérence à contester le mérite d'un homme honoré des bontés du roi, une pension donnait toujours un relief personnel à celui qui la touchait, du moins auprès du public *lisant :* le parterre, au contraire, jugeait l'œuvre plus que l'auteur, et la prévention favorable qu'un écrivain pensionné trouvait ailleurs n'influait guère sur ses jugements. Cette raison et d'autres expliquent un fait incontestable : c'est que la littérature écrite a été beaucoup plus mal jugée que celle du théâtre, et que le parterre a commis moins de bévues que les beaux esprits et surtout que l'Académie.

De quoi se composait le public du théâtre? Il y en avait deux fort différents : celui du parterre, debout comme le tiers état aux états généraux, fort remuant, et dont le goût n'était pas toujours d'accord avec celui des loges et du théâtre. On n'a pas oublié ce que Molière raconte du courtisan assis sur la scène, à l'*École des femmes,* et criant au parterre : *Ris donc, parterre, ris donc!* Et Molière lui répond par la bouche de Dorante : « A le prendre en général, je me fierais à l'approbation du parterre, par la raison qu'entre ceux qui le composent, il y en a plusieurs qui sont capables de juger d'une pièce selon les règles, et que les autres en jugent par la bonne façon d'en juger, qui est de se laisser prendre aux choses, et de n'avoir ni prévention aveugle, ni complaisance affectée, ni délicatesse ridicule. » Nous avons vu également que, pendant qu'il était du bel air pour les femmes même d'aller étaler leur sensibilité sur le théâtre à la *Judith* de Boyer et de pleurer à la fameuse « scène des mouchoirs », le parterre se moquait à la fois de leur attendrissement et de la pièce.

On doit remarquer que le public variait selon les théâtres, et se partageait d'une façon très-différente entre l'Hôtel de Bourgogne et le théâtre du Palais-Royal. Au premier affluaient, outre le beau monde, les beaux esprits qui se piquaient de juger d'après Aristote et ne se plaisaient qu'au genre dit sérieux. Au moment où Molière s'établit à Paris, Scarron venait d'écrire : « Aujourd'hui la farce est comme abolie [1]. » Elle l'était surtout à l'Hôtel de Bourgogne, et ne se soutenait encore un peu au théâtre du Marais (Tallemant l'affirme) que par la verve grotesque et l'accent nasillard de Jodelet, qui passa bientôt au Petit-Bourbon. La venue de Molière remit la farce en honneur. Après avoir bien protesté contre cette corruption du goût public, les grands comédiens furent obligés de faire quelques concessions. « L'Hôtel de Bourgogne (dit

---

[1] *Roman comique*, Ed. Jannet, t. I, p. 317. Et ailleurs : La farce divertit encore plus que la Comédie, comme il arrive d'ordinaire *partout ailleurs qu'à Paris.* » (T. I, p. 276). Écrit en 1657. Cet usage, à Lyon, du moins, datait de loin. Rubis, *Hist. véritable de la ville de Lyon*, liv. III, ch. LXIII, après avoir constaté l'existence d'un théâtre dans cette ville en 1540, ajoute : « Et là, par l'espace de trois ou quatre ans, les jours de dimanche et les fêtes après dîner, furent représentées la plupart des histoires du vieil et du nouveau Testament, *avec la farce au bout pour recréer les assistants.* » Rubis, qui avait été un ardent ligueur, ne s'effrayait pas, à ce qu'il semble, de ce mélange. Son ouvrage fut publié en 1604. Lui-même mourut en 1613.

un écrivain du temps très-peu favorable à Molière), jaloux du succès qu'avait le Petit-Bourbon, ne put se soutenir qu'en l'imitant; et, s'il vous en souvient, on vit tout à coup ces comédiens graves devenir bouffons, et leurs poëtes héroïques se jeter dans le goguenard[1]. » Le même écrivain attribue à la persistance de ce goût la retraite du grand Corneille. « C'est pour cela, dit-il, qu'il s'est insensiblement retiré du théâtre. » Ce qu'il y a de caractéristique, c'est qu'il énumère quelques-unes de ces *farces* que l'Hôtel de Bourgogne fut obligé de donner pour soutenir la concurrence, et il se trouve qu'en général ce sont des comédies régulières, en vers, et qui ne rappellent tout au plus que par quelques détails Gautier-Garguille et les *enfarinés* d'autrefois[2].

---

1. Guéret, *la Promenade de Saint-Cloud*, à la suite des *Mémoires de Bruys*, tome II, p. 212. Cet ouvrage curieux, très-hostile à la nouvelle école, à Boileau surtout, très-favorable à l'ancienne, semble avoir été écrit en 1669.

2. Voici sa liste :
Le Secrétaire de Saint-Innocent.
Le Mariage de rien (par Montfleury), en un acte, en vers.
Le Baron de la Crasse (par Poisson), en un acte, en vers.
Le Marquis bahutier.
Le Portrait du peintre (par Boursault), en un acte, en vers.
Le Menteur qui ne ment point (par Boursault), en cinq actes, en vers.
L'École des jaloux (par Montfleury), en trois actes, en vers.
La Noce de village (par Brécourt), en un acte, en vers.
Le Baron d'Albikrac (par Thomas Corneille), en cinq actes, en vers.
Les Plaideurs (par Racine), en trois actes, en vers.

Nous ne savons ce qu'étaient *le Secrétaire de Saint-Innocent* et *le Marquis bahutier* : ces deux pièces ne sont pas mentionnées par les frères Parfaict, non plus qu'un assez grand nombre d'autres, qu'on trouve citées ailleurs : la fécondité dramatique du

On voit qu'à l'Hôtel de Bourgogne la dignité des genres était fort considérée, et que là, comme à l'Académie, on se défiait de la *scurrilité*. Il fallut bien pourtant se résigner, et représenter aussi des farces, qui succédaient à quelque pièce du genre noble. Mais « le théâtre et les loges n'y restaient presque jamais[1] ». On sait, en effet, qu'à l'Hôtel de Bourgogne, les *Plaideurs* furent assez mal traités par cette portion du public. « Ceux même qui s'y étaient le plus divertis, dit Racine, eurent peur de n'avoir pas ri dans les règles, et trouvèrent mauvais que je n'eusse pas songé plus sérieusement à les faire rire. » Mais le parterre fut d'un autre avis, et Louis XIV également : le roi, « qui était très-sérieux », y ayant « fait de grands éclats de rire », le beau monde ne se fit plus scrupule de s'y amuser.

En outre, le public des dimanches n'était pas celui de la semaine, et une note du lieutenant de police René d'Argenson semble indiquer de quoi il se composait : « gens de collége, de palais ou de commerce. » C'était sans doute la composition habituelle de ce public populaire[2]. Les recettes du

---

xviie siècle, si étonnante déjà à en juger par le nombre de pièces qu'ont analysées les frères Parfaict, était encore plus considérable. Mais parmi les autres pièces que cite Guéret, on ne trouve que des pièces en vers et à prétentions assez littéraires pour rendre singulier le titre de farces qu'il leur donne.

1. Beauchamps, *Recherches sur les théâtres*, 2e partie, p. 8.
2. « 15 mars 1700. Il arriva hier (dimanche 14), un peu de bruit à la Comédie, par l'insolence de quelques jeunes gens qui s'attachèrent à un abbé des secondes loges, et l'apostrophèrent dans les mêmes termes dont le parterre a si souvent retenti. L'officier qui commandait la garde y accourut aussitôt; mais il ne put reconnaître les auteurs du désordre, tant à cause de la foule

dimanche étaient d'ordinaire excellentes, et le spectacle se composait en général des chefs-d'œuvre de notre scène[1]. Les autres jours, on peut le croire, le public des loges et du théâtre était tout à la fois plus nombreux et composé d'une façon moins bourgeoise. Néanmoins la noblesse était en général à Saint-Germain ou à Versailles, surtout en hiver, à Fontainebleau en septembre; et d'ailleurs le théâtre de la cour devait bien lui suffire. En outre, le départ des jeunes officiers pour l'armée, dont il est souvent fait mention dans les pièces du temps, les tenait éloignés d'ordinaire pendant tout l'été, en ce temps de guerre perpétuelle. Enfin, le parterre était relativement beaucoup plus nombreux qu'aujour-

---

des spectateurs, la plupart gens de collège, de palais ou de commerce, que parce que les comédiens, par un chagrin assez mal entendu, ne veulent pas souffrir qu'on y fasse entrer des surveillants, comme il m'avait paru nécessaire. » (*Notes de René d'Argenson*, Paris, 1866, p. 20.) Ces *surveillants* étaient, comme d'Argenson l'explique, « des inspecteurs inconnus », autrement dit des espions. Ce mot, *gens de palais*, ne contredit pas ce que nous avons dit plus haut des avocats et de leur répugnance à se montrer au théâtre : il s'agit évidemment ici du parterre, et ces gens de palais devaient être des *clercs*, comme ceux qui allaient précédemment *pour quinze sous attaquer Attila*. Quant à la présence des abbés, elle est souvent mentionnée. Il n'est pas fort étonnant que quelques-uns d'entre eux ne se fissent pas scrupule d'assister au spectacle, quand il y en avait tant qui écrivaient pour le théâtre.

1. Le jour pour lequel d'Argenson écrit cette note, dimanche 14 mars on jouait *le Malade imaginaire*, recette 921#, 1 $\mathcal{S}$; le dimanche, 4 mars, *Phèdre* et *les Fâcheux*, 1000# 6 deniers; le dimanche 7, *Mithridate*, 1079# 2 $\mathcal{S}$ 6ᵈ. Ce sont les recettes les plus fortes du mois avec l'ancien répertoire, sauf la représentation de clôture, *Polyeucte*, qui fait 1845# 1 $\mathcal{S}$. Mais cette représentation dernière était toujours exceptionnellement lucrative.

d'hui, d'abord parce qu'il n'y avait pas d'orchestre (les violons étaient dans une loge)[1], et puis parce qu'un parterre debout permet beaucoup plus d'affluence qu'un parterre assis. En effet, nous voyons que, sous Louis XIV, le parterre formait au moins la moitié du public[2]. Toutes ces raisons nous expliquent un fait attesté par tous les contemporains : c'est que le parterre faisait la loi au théâtre; et l'on arrive à cette conclusion qui, pour sembler paradoxale, n'en est pas moins évidente, c'est qu'au théâtre, sous le grand roi, le public qui jugeait et décidait du sort des pièces était moins aristocratique que celui d'aujourd'hui. (Je ne parle évidemment que du vrai public, le public payant.)

Il était libre au moins, jaloux de son droit, et il n'eût pas toléré une troupe permanente d'applaudisseurs gagés, organisés ostensiblement pour neutraliser toute manifestation d'opinion littéraire trop indépendante. Quand on songe à l'institution de la claque, tolérée, avouée, ne faisant d'illusion à personne, on est confondu de l'invention et bien plus encore de la date où elle a commencé à se montrer. Ce n'est pas tout à fait une des conquêtes de 89; elle

---

[1]. Ajoutons qu'une partie notable du parterre est aujourd'hui envahie par la claque, et qu'il ne contient plus que 150 places.

[2]. Voir précédemment, p. 363, les deux exemples cités, de la première représentation du *Malade imaginaire*, et d'une autre de *Psyché*, en 1672 : dans le premier cas, il y a 394 places de parterre contre 238 autres, tant hautes que basses; dans le second, 514 de parterre contre 430. — La proportion reste à peu près la même quand le théâtre est au faubourg Saint-Germain. Nous avons cité une représentation, en 1713, où il y a 691 personnes au parterre sur 1,394 spectateurs en tout.

date, dit-on, de la Restauration[1]; mais c'est depuis que le Français est devenu libre comme citoyen, qu'il a cessé de l'être comme spectateur. On nous parle bien à toute époque de cabales montées dans une circonstance particulière pour assurer ou compromettre le succès d'une pièce; les amis ou les ennemis d'un auteur ou d'un comédien pouvaient s'entendre et se coaliser pour l'applaudir ou le siffler; il n'y avait rien là de trop révoltant. Mais étouffer l'opinion du public au moyen d'une troupe soldée et permanente, le remplacer d'autorité, l'écarter même des premières représentations[2], le tout sans

1. Au moins comme institution régulière, comme armée permanente : auparavant il y avait une milice enrôlée dans certaines circonstances, des corps francs, si l'on veut, mais rien d'organisé et de durable, à ce qu'il semble. On dirait même que ce mot, *la claque,* n'existait pas encore en 1824; je ne le trouve pas dans le *Dictionnaire théâtral,* publié à cette date chez Barba; mais *claqueur* y est. Voici l'article : « Applaudisseur gagé dont le suffrage ne trompe personne, que tout le monde méprise, et dont chacun se sert. L'exigence des claqueurs a fait depuis quelque temps d'incroyables progrès. On leur donne maintenant jusqu'à trois cents billets un jour de première représentation. Ils en emploient deux cents : l'autre tiers, qu'ils vendent, constitue leur salaire. Il y a des auteurs qui, indépendamment de ce sacrifice, s'engagent à payer au claqueur en chef une somme de 60 ou 80 francs en cas de succès. Un fonds de claqueurs se négocie comme un fonds d'épicerie : il s'en est vendu un six mille francs en 1820. » Ce *Dictionnaire théâtral,* anonyme, avait pour auteurs HAREL et JAL; M. Jal le dit p. 201 de son *Dictionnaire.*

2. MM. LACAN et PAULMIER (*Législation des théâtres,* tome II, p. 120) citent, d'après la *Gazette des tribunaux,* du 27 janvier 1839, un traité passé entre un théâtre de Paris et un entrepreneur de succès dramatiques. Le directeur, entre autres engagements, prend celui d'assurer à l'entrepreneur, pour les premières représentations des ouvrages nouveaux un peu importants, « la totalité du parterre ».

la moindre hypocrisie, sans même avoir la pudeur ou la politesse de lui croire assez d'esprit pour qu'on soit obligé d'user d'adresse avec lui, et de paraître au moins le tromper, ce n'est pas seulement un scandale, c'est une ineptie qui, malgré l'habitude, fera toujours répéter aux gens de bon sens le mot du *Barbier de Séville* : « Qui donc trompe-t-on ici, puisque tout le monde est dans le secret? »

Je ne prétends pas néanmoins qu'on ne trouve rien de semblable dans la société d'autrefois. Claque ou réclame, l'enthousiasme salarié est de tous les temps et prend toutes les formes. Ce qu'il y a de sûr, c'est que le XVIIe siècle ne connaissait rien de pareil *au théâtre.* Le peuple alors était sujet, mais le public était libre. Il nous reste à voir l'usage qu'il sut faire de cette liberté. Nous avons, dans ce qui précède, signalé les plus grosses erreurs du public au XVIIe siècle : le succès d'une pièce à scandale, *la Devineresse,* le demi-succès du *Misanthrope,* la chute de *Turcaret.*

Il nous reste à suivre, dans le détail, les variations successives du goût général à l'égard de la littérature dramatique ; nous remarquerons un progrès sensible dans la seconde moitié du règne, et, malgré les restrictions que la justice exige, nous montrerons qu'en somme, de tout ce qui prétendait alors décider du mérite des œuvres de l'esprit, les juges les plus équitables ont été le parterre — et le roi.

CHAPITRE II.

LE GOUT PUBLIC AU DÉBUT DU RÈGNE.

Quel était le goût dominant à l'avénement de Molière et de Racine?

Ce qui caractérise le mieux la moyenne des sentiments littéraires à chaque époque, c'est beaucoup moins le succès des hommes de génie, quand il s'en trouve, que celui des hommes de talent, plus accessibles à la foule, et qui d'ailleurs se plient à ses dispositions au lieu de lui faire violence. C'est à ces hommes de talent que sont réservés les succès brillants, incontestés, moins contestés du moins que ceux des écrivains de génie; ils n'ont pas à lutter, ce sont les favoris de la foule. Ils ont pourtant leur mérite, leur originalité même : elle consiste à exprimer, mieux que personne, les idées et les sentiments de tout le monde. Ces habiles gens se sont appelés de nos jours Scribe et Casimir Delavigne; à l'époque qui précède immédiatement l'avénement de Molière et de Racine, ils s'appelaient Quinault et Thomas Corneille.

Nous sommes en 1658, au moment où Molière vient de se fixer à Paris. Depuis six ans, le grand Corneille se tait; l'insuccès de *Pertharite* l'a découragé; mais son cadet, Thomas, occupe brillamment la scène; en 1656, son *Timocrate* a quatre-vingts représentations de suite. Aussi le Normand Loret se hâte t-il de chanter la gloire du Normand Thomas :

> Cette tragédie
> Fait estimer la Normandie.

Plus tard, de Visé, en possession du seul journal littéraire du temps, s'associera Thomas et aussi son neveu Fontenelle, au *Mercure galant*, où ils sauront préparer et soigner leurs succès et ceux de leurs amis. C'est du reste un fait assez curieux que le grand nombre de Normands qui se distinguent alors dans la littérature française, et forment presque une école, s'entendant assez bien à se soutenir : laissons à part le grand Corneille; nous trouvons Boisrobert, Sarrasin, Saint-Amand, Brébeuf, Scudéry et sa sœur, Huet, Mézeray, Saint-Évremont, Segrais, Mme de Villedieu, Pradon, Fontenelle, et une foule de jésuites. Ces divers écrivains illustrent alors la province, la plupart par leur mérite réel, et quelques-uns aussi par leur savoir-faire.

Cette espèce de patriotisme provincial se manifeste même dans le dictionnaire géographique, que Thomas Corneille publia à la fin de sa vie. Il ne manque pas, soit à l'article *Rouen*, soit ailleurs[1], de célébrer les illustrations provinciales. Quand il en vient à l'article *Paris*, il se contente de dire que cette ville a produit une infinité d'écrivains distingués. Il n'en nomme aucun, sauf *l'illustre Mme Deshoulières*, le poète des *moutons* et l'ennemie de Racine (avec une quinzaine de lignes d'éloge). L'école normande

---

[1]. Par exemple, à propos du Havre, éloge de ses deux compatriotes, Scudéry et sa sœur, « à qui la beauté de son esprit a fait mériter le nom de *Sapho*, et qui s'est fait admirer de tout le monde par la composition de deux romans, le *Grand Cyrus* et la *Clélie*, qui rendront sa gloire immortelle ». Il y avait sept ans que Mlle de Scudéry était morte quand ceci parut (1708).

prospéra pendant tout le règne; mais, dès le début, Loret célèbre hardiment

> Le jeune Corneille,
> Qui du théâtre est la merveille,
> Depuis que son illustre aîné
> A le théâtre abandonné,
> Préférant aux sujets comiques
> Les sujets saints et catholiques,
> Où ce noble et sage Normand
> Réussit admirablement [1].

Une autre merveille, c'est Quinault; il a débuté à l'Hôtel de Bourgogne en 1653, et il ne compte que des triomphes. C'est un esprit facile comme Thomas, et plus brillant; il fait des comédies agréables; mais ses tragédies, ses tragi-comédies surtout, enlèvent tous les suffrages. Ce sont ou des pastorales, genre radicalement faux; ou des intrigues romanesques et compliquées. On y voit des déguisements de femmes sous des habits d'hommes (il y en a deux dès sa première pièce, *les Rivales*), des déguisements de rois sous un costume de berger, de mystérieux inconnus auxquels, selon la règle qu'établira Madelon dans *les Précieuses*, « quelque aventure vient

---

1. Cette monomanie patriotique de Loret se marque à tout moment dans son journal, et il faut croire qu'elle lui avait attiré des plaisanteries, car, à un certain endroit (10 mars 1663), il se fâche tout rouge contre les *gredins* qui parlent avec légèreté de la Normandie,

> Province, le natal séjour
> Des Corneilles et des Malherbes,
> Et qui, malgré les sots proverbes
> De quantité d'esprits badins
> Dont la plupart sont des *gredins*,
> Fut toujours féconde en grands hommes,
> Aussi bien qu'elle l'est en pommes!

un jour développer une naissance illustre » ; en un mot, ce sont les romans de la Calprenède et de M{{lle}} de Scudéry, mis en vers et transportés sur la scène. Tout y est fade et langoureux. Prenez *la Généreuse Ingratitude* : la scène est en Afrique, « dans la forêt d'Alger » : — *Afrique*, disait Rabelais, *fut toujours coutumière de produire choses nouvelles et monstrueuses;* c'est la patrie d'Othello, le terrible Maure. Mais *Afrique* s'est bien corrigée depuis Rabelais, à en juger par la pièce de Quinault; les lions y sont devenus tendres, et ont des roucoulements de colombes amoureuses. Écoutez Almanzor apostrophant les yeux de sa maîtresse qui fait semblant de dormir, et qui l'écoute avec intérêt :

> Beaux yeux, charmants auteurs de ma captivité,
> Jouissez du repos que vous m'avez ôté,
> Et parmi les pavots qui ferment vos paupières,
> Ne vous offensez point de perdre vos lumières :
> L'astre le plus brillant ne s'en peut dispenser,
> Et souvent comme nous on le voit s'éclipser.

Je ne sais ce qu'ont prétendu prouver les champions de Quinault, les adversaires de Boileau, qui fut, dit-on, *le Zoïle* du moins homérique des auteurs, en faisant observer qu'après tout Quinault a de l'esprit, de la grâce, de l'harmonie. Eh! oui, sans doute, et c'est là le mal; il a précisément une foule de qualités pernicieuses, très-propres à faire passer les absurdités fondamentales, et c'est ce qui a irrité Boileau. Ce n'est point toutefois que ce délicat n'ait parfois des crudités singulières. Dans son chef-d'œuvre, *Astrate*, Agénor nargue son rival, auquel il enlève la reine, et lui dit : « Vous pouvez vous consoler en vous disant que la reine vous aime toujours ; mais moi,

> Moi, sans m'embarrasser d'un scrupule inutile,
> J'en vais être à vos yeux le possesseur tranquille,
> Et vais enfin au gré de mes transports puissants
> M'assurer d'être heureux sur la foi de mes sens.

Agénor représentait le type créé par Mlle de Scudéry, « l'amant brutal et incivil » (Horatius Coclès, dans *Clélie*); ce contraste est un attrait de plus. C'était un habile homme que Quinault, et il faut bien convenir qu'il avait le genre de talent le mieux fait pour justifier aux yeux de ses contemporains un goût détestable, dont Racine même a eu quelque peine à se préserver. Car, à en juger par ses premiers essais, celui-ci avait peu à faire pour être un Quinault incomparable, vraiment prestigieux, et capable de faire illusion à de meilleurs juges que ceux qui applaudissaient l'auteur d'*Astrate*. Il faut lui pardonner les concessions trop nombreuses qu'il a faites au goût du jour; il faut aussi lui savoir gré, quand le succès lui eût été si facile dans une autre voie, d'avoir donné au public ce que ce public ne demandait pas, et de s'être fait de son art une idée austère et élevée. Corneille alors, le grand Corneille lui-même, a été faible à cet égard et a résisté moins bien que lui.

Après un silence prolongé, en 1659, l'auteur du *Cid* fait représenter son *Œdipe* ; c'est un succès éclatant et soutenu. Les premiers vers de la pièce annoncent déjà que ses héros sont devenus aussi *tendres* que ceux de Quinault. Thésée, le dompteur de monstres, dit à son amante qui, par tendresse pour lui, veut l'éloigner de Thèbes où la peste exerce ses ravages :

> N'écoutez plus, madame, une pitié cruelle,
> Qui d'un fidèle amant vous ferait un rebelle :
> La gloire d'obéir n'a rien qui me soit doux,
> Lorsque vous m'ordonnez de m'éloigner de vous.
> Quelque ravage affreux qu'étale ici la peste,
> L'absence aux vrais amants est encor plus funeste...
> Je ne vous ferai point ce reproche odieux
> Que, si vous aimiez bien, vous conseilleriez mieux ;
> Je dirai seulement qu'auprès de ma princesse
> Aux seuls devoirs d'amant un héros s'intéresse.

Corneille, dans son *avis au lecteur*, se félicite d'avoir introduit « cet heureux épisode des amours de Thésée et de Dircé », et altéré l'antique et terrible légende ; car elle « ferait soulever la délicatesse de nos dames qui composent la plus belle partie de notre auditoire, et dont le dégoût attire aisément la censure de ceux qui les accompagnent ». Il n'a que trop bien réussi : *Œdipe* excite l'enthousiasme de la ville et de la cour ; pendant cinquante-cinq ans, jusqu'à la fin du règne de Louis XIV, c'est une des pièces de Corneille représentées le plus souvent, et c'est tout au plus si bien tard La Bruyère ose insinuer que « quelques vieillards n'aiment peut-être dans *Œdipe* que le souvenir de leur jeunesse ». Parmi ces vieillards il faut compter sans doute Louis XIV lui-même, car La Bruyère écrivait ceci en 1693, et de 1680 à 1700, *Œdipe* est représenté au moins dix-neuf fois à la cour, c'est-à-dire plus que toutes les autres pièces de Corneille ; la seule qui approche de ce chiffre est *Cinna*, représenté quinze fois pendant cette période[1].

A la ville, la proportion est plus équitable; il y a, de 1680 à 1700, six pièces de Corneille plus souvent représentées qu'*Œdipe*, qui l'est encore cinquante-six fois; mais, pour qui a lu cette tragédie, ce demi-succès à la ville est encore difficile à concevoir.

Quoi qu'il en soit, c'est encore le public de la ville, c'est le parterre qui, le premier, arrive à juger cette pièce comme la postérité.

Auprès des gens de lettres, comme auprès des gens de cour, le jugement de La Bruyère n'a pas trop prévalu, et comment s'en étonner quand on voit encore Charles Perrault, à cette fin de règne, déclarer que l'*Œdipe*[2] de Corneille, « peut être regardé, si l'on en croit des juges équitables, comme aussi parfait que l'*Œdipe* de Sophocle, le chef-d'œuvre de ce grand poëte[3] ? »

Le succès de cette pièce, si éclatant au début et si persistant, prouve deux choses : d'abord la per-

---

1. Nous devons prévenir que nous n'avons pu relever toutes les représentations à la cour de 1680 à 1700; mais il n'y a pas de raison pour croire que si les lacunes qui existent, pour les représentations à la cour, dans les registres de la Comédie, étaient comblées, elles changeassent sensiblement cette proportion singulière. *OEdipe* est représenté encore trois fois à la cour de 1700 à 1715.

2. Il est encore représenté pendant les premières années de Louis XV, et même après l'*OEdipe* de Voltaire, qui, malgré tous ses défauts, valait mieux. Et le même fait se reproduit encore. Quand paraît l'*OEdipe* de Voltaire, le succès est éclatant au théâtre. Mais l'abbé Pellegrin publie une dissertation pour démontrer la supériorité de l'*OEdipe* de Corneille, que l'on reprend sans grand succès.

3. *Hommes illustres*, t. I, p. 78.

version du goût au moment de son apparition, et puis aussi combien ce genre faux conservera encore de partisans. Molière pourra, jusqu'à un certain point, discréditer les fadeurs langoureuses dans le roman ; mais, au théâtre, elles vont créer un nouveau genre, l'opéra, et sur la scène même qu'illustrera Racine, elles réussiront encore à côté de lui et après lui.

Au moment où Molière s'établit à Paris, il y apporte deux pièces composées en province, dans lesquelles parmi d'admirables beautés où éclate cette horreur du faux, ce goût du vrai, caractère du mâle génie de Molière, se retrouvent encore quelques-uns des défauts à la mode, intrigues enchevêtrées, travestissements inadmissibles, etc.; mais dès la troisième pièce, les *Précieuses,* la guerre est déclarée au faux goût; s'ensuit-il que la victoire ait été complète? s'ensuit-il même qu'on rende une complète justice à Molière? Nous ne voulons pas nous donner le ridicule de faire de Molière un poète incompris. Mais a-t-il eu tout le succès auquel son incomparable génie avait droit? n'a-t-il pas fallu sa mort, comme l'a affirmé son ami Boileau, pour faire reconnaître « le prix de sa muse éclipsée? »

Et puis, comme nous l'avons dit, si son succès au théâtre est incontestable, on en tire un argument contre le mérite littéraire de ses chefs-d'œuvre. On parle (rarement, il est vrai) de Molière comédien; mais le grand poète, nous l'avons vu, n'est guère nommé, même par ceux qui ne contestent pas le succès de ses pièces[1]. Néanmoins, c'est le public du

1. En 1667, Chappuzeau publie *l'Europe vivante,* et à la p. 315

théâtre qui se montre le plus juste après tout pour Molière : c'est le parterre à Paris, c'est le roi à Versailles. La cour a besoin d'être avertie par le roi du mérite de certaines pièces de Molière ; ailleurs, le public qui lit, les lettrés, les critiques, les académiciens, sauf de rares exceptions, mêlent bien des restrictions et parfois aussi de l'indifférence à l'appréciation de ses pièces : témoin le *Tartuffe* même, qui, fort applaudi à la scène, ne paraît pas avoir eu à la lecture le même succès[1]. Il en sera de

de la partie consacrée à la France, il cite pour le roman et la comédie : Gomberville, Scudéry, Benserade, puis « M. Quinault, qui sait parfaitement la carte de Tendre et qui touche si bien les passions amoureuses; M. Boyer, dont l'expression est noble; M. Gibert, qui a fait de beaux ouvrages; M. Thomas Corneille, qui ne le doit céder qu'à son aîné M. Pierre Corneille ». Pas un nom de plus; et nous sommes pourtant à l'année où Racine fait représenter *Andromaque;* où Molière a fait jouer plus de la moitié des pièces qui composent son théâtre. On voit combien de résistance rencontra la nouvelle école, et Chappuzeau n'est pas un esprit malveillant. Il est, de plus, très au fait du théâtre, auteur dramatique lui-même : il se borne à dire que la comédie se joue « dans trois maisons trois fois la semaine sans compter les fêtes : à l'Hôtel de Bourgogne, où règne le grand cothurne; au Marais, où les machines font bruit; au Palais-Royal, où le beau comique attire le monde ».

L'année suivante, l'abbé de Pure publie son *Idée des spectacles anciens et nouveaux*. Page 105, il fait l'éloge de son ami le grand Corneille; puis il ajoute que « MM. Corneille le jeune, Desmarets, Molière, Quinault, Gilbert, Boyer, Racine et Mlle Desjardins ont droit aux plus justes louanges qu'on ait jamais données ». On voit que tous les *illustres* du temps y sont, mais tout cela est un peu mêlé, et il n'est pas bien sûr qu'en nommant Corneille le jeune après son frère, Molière après Desmarets, Racine après Boyer, l'abbé ne réglât pas ainsi, selon son goût, les rangs au théâtre. On dira : n'est, après tout, que l'opinion de l'abbé de Pure; mais il était alors l'écho et même l'oracle de bien des gens.

1. Voir Guéret, cité page 180.

même pour Racine; en dépit des cabales de cour, le parterre saura l'applaudir, mais les beaux esprits s'en dédommageront en mettant son succès sur le compte de la Champmeslé.

Nous sommes loin d'avoir, pour Racine, des détails aussi précis que pour Molière relativement à l'accueil que ses pièces reçurent dans leur nouveauté; mais ce que nous savons du moins, c'est qu'à une date où leur mérite semblait devoir être fixé et ne pouvoir souffrir aucune comparaison, on voit, parmi les nouveaux-venus, nommer à côté de lui des *illustres* qui ne le sont aujourd'hui que par le ridicule. Corneille alors est mis à part comme un génie hors ligne. Il s'était affligé, dit-on, des premiers succès de son jeune rival : et pourtant, bien loin que sa gloire dût en souffrir, elle allait, au contraire, être définitivement consacrée, en dépit de ses dernières et détestables pièces. L'envie était sûre enfin de n'avoir plus à redouter de sa part de nouveaux chefs-d'œuvre; elle ne risquait rien désormais en proclamant sa supériorité : c'était devenu un moyen indirect de déprécier Racine qui pouvait bien, même après *Phèdre*, n'avoir pas dit son dernier mot. Les juges désintéressés ne mettaient pas toujours alors Racine à la place qu'il méritait. M. Sainte-Beuve l'a remarqué, on est stupéfait de voir Bayle lui-même mettre de niveau « l'*Hippolyte* de M. Racine et celui de M. Pradon, qui sont deux tragédies très-achevées ». Cette confusion, qui semblait toute simple à ce grand esprit, n'est pas si rare qu'on le croirait chez les contemporains. De loin, dans une perspective reculée, il nous est facile de ne pas prendre des collines pour des montagnes, et de constater entre elles une différence de hauteur. L'erreur de Bayle nous semble forte quand il s'égare sur des noms aussi disproportionnés que ceux de Racine et de Pradon. Il était digne au moins de ne la point commettre; mais, indépendamment de toute cabale, on la commettait facilement en son temps. Entre Racine et Quinault, la distance est moindre sans doute; on s'étonne pourtant de lire dans le registre de la Grange, lors de la réunion de l'Hôtel de Bourgogne à la troupe de Molière, en 1680, c'est-à-dire quatorze ans après l'apparition de la dernière pièce de Quinault au Théâtre-Français, que « MM. de Corneille, Racine et Quinault ont disposé leurs pièces afin que les acteurs et actrices n'eussent point de disputes pour les rôles ». On se disputait donc encore les rôles de Quinault? C'est ici qu'il faut dire un mot de l'influence de Boileau. Les résistances que la nouvelle école dont il fut le critique trouvera longtemps après cette date, et partout ailleurs qu'à la scène, nous feront mieux apprécier la valeur du triomphe complet qu'elle finit par obtenir au théâtre.

CHAPITRE III.

LE GOUT DES LETTRÉS.

Nous n'avons pas dissimulé les erreurs du public au théâtre. Mais ce qui les excuse, ce qui prouve qu'en somme le public juge mieux que les tribunaux privilégiés de la littérature, c'est qu'après tout, au théâtre, à côté de succès peu justifiables, mais que le talent des acteurs pouvait excuser, les grandes œuvres, même quand il leur était arrivé d'être contestées, ont bientôt fini par y être l'objet d'une admiration soutenue [1], tandis que, en dehors du théâtre, cette sorte de littérature, qui dépend moins du goût public que de celui des coteries académiques et autres, a pu subir sans trop de mal les sarcasmes de Boileau et de Molière, et tenir bon jusqu'à la fin du règne. On a dit que le théâtre est la littérature des gens qui ne lisent pas. Eh bien ! ceux qui ne lisaient pas finirent par bien juger : il n'en fut pas de même de ceux qui lisaient, et de leurs guides ordinaires, les critiques, les académiciens, les beaux esprits patentés.

On peut penser ce qu'on voudra du mérite de Boileau comme poëte ; les lacunes de son talent sont sensibles à tous. Mais comme critique, comme réformateur, sa gloire est incontestable ; et ce qu'on est le plus disposé à lui disputer, la nouveauté, la hardiesse, l'initiative, — il l'a possédé.

Il semble paradoxal de donner Boileau pour un révolutionnaire ; et pourtant, comme Molière lui-même, il l'a été, avec toute la distance qui sépare la critique de la création.

Il y a une part d'invention sérieuse dans la critique même, quand, impuissante à créer le beau, elle sait du moins, et d'elle-même, le signaler avec décision où il se trouve, alors que tant de gens tâtonnent ou s'en éloignent.

---

[1]. On ne peut guère citer qu'une exception, et c'est encore *Turaret*. M. Sarcey le remarquait dernièrement, jamais les pièces de Le Sage n'ont eu, au théâtre, le même succès qu'à la lecture.

Boileau a le premier[1] salué Molière comme un grand poëte, comme un *rare et fameux esprit*, alors qu'il n'en était qu'à ses premières pièces, et qu'on ne le regardait guère que comme un bouffon plaisant. Et seul aussi, sur cet ami mort, dont les sages du temps se risquaient à peine à prononcer le nom, Boileau osait écrire ses plus beaux vers peut-être, les mieux sentis du moins, et les plus courageux; car ce « peu de terre, obtenu par prière », pour le grand homme mort, à qui donc avait-il fallu le demander comme une grâce? Ici la hardiesse n'était plus seulement celle de l'esprit; c'était celle du cœur, et d'un cœur indigné. Que ceci soit compté à Boileau! Et ce qui prouve bien qu'il y avait quelque mérite à écrire ces vers, c'est qu'en 1686, à une date où on n'osait plus attaquer au moins Molière comme poëte, Pradon s'avise de trouver qu'en rappelant *ce peu de terre obtenu par prière*, Boileau nuit à Molière mort,

> Et, malgré ton éloge avec *ce trait cuisant*,
> Tu ternis sa mémoire en l'immortalisant.

Nous trouvons bien aujourd'hui que le trait pouvait sembler *cuisant* pour ceux qui poursuivaient de leur haine Molière après sa mort. Mais il paraît qu'aux yeux de Pradon, c'était à Molière que ce souvenir pouvait faire tort. Il est vrai que Pradon avait des raisons personnelles de tourner tout en mal chez « cet Attila badaud, le fléau des petits

---

[1]. Le premier, du moins publiquement. La satire II et les stances sur *l'École des femmes* sont antérieures, comme publication, aux vers si connus de La Fontaine :

> C'est un ouvrage de Molière, etc.

auteurs, ce fameux Despréaux qui a eu l'art d'imposer si longtemps avec le plus faible talent du monde[1] ». Au moins Boileau a-t-il eu un mérite incontestable en ce siècle de prudence et de dissimulation universelle; c'est d'avoir été sincère et d'avoir osé dire ce qu'il pensait.

Cette haine du faux, cet amour du vrai, qui respire dans l'œuvre de Molière, Boileau l'a porté dans la critique, et s'il a paru trop sévère, trop passionné même, c'est que sa colère était justifiée par l'opposition qu'il rencontrait.

On a parlé des *victimes* de Boileau : laissons de côté Quinault, homme de mérite d'ailleurs, et qui n'a jamais paru souffrir dans sa considération littéraire des critiques de son détracteur. Il est à croire même qu'on ne les a pas comprises; les organes officiels (il ne pouvait y en avoir d'autres alors), *la Gazette*, et plus tard *le Mercure galant* lui ont prodigué les éloges; et *le Journal des savants*, qui, comme *la Gazette*, n'a jamais, que je sache, nommé même Molière de son vivant, débute, dès son premier numéro, par un éloge de l'*Astrate*[2], qui venait d'être imprimé. Il constate le grand succès de la pièce à la représentation et affirme qu'il se soutiendra à la lecture; et en effet, si l'on en juge par le nombre

---

1. *Le Triomphe de Pradon sur les satires du sieur Despréaux*, La Haye, 1686, préface.
2. Il ne faudrait pas que ce titre de *Journal des savants*, ni le caractère d'érudition que ce journal a pris depuis, fît illusion sur son caractère à ses débuts. Il est si peu dédaigneux de la littérature, même de la littérature au moins frivole, qu'il consacre un article, dès ce même numéro, à un conte de La Fontaine. Voir 23 mars 1665.

des représentations de cette pièce pendant tout le règne, l'éditeur de Quinault avait le droit d'écrire en 1715 que « l'envie ne peut mordre sur *Astrate* ». Au moins est-il certain que la réputation de la pièce n'a pas paru trop souffrir de ces morsures.

Quinault pourtant avait un vrai talent dans un genre funeste et dont Racine même a subi la contagion : c'est là ce qui l'a fait vivre et lui a valu même plus tard les éloges bien exagérés de Voltaire et ses récriminations contre Boileau.

Mais Mlle de Scudéry? Molière et Boileau ont-ils prévalu contre sa réputation? Loin de là ; elle s'est maintenue en dépit de tout; partout on lui prodigue les éloges[1]. Le *Mercure* de 1732 annonce même une

---

[1]. « Nos bons romans, comme l'*Astrée*, où il y a dix fois plus d'invention que dans l'*Iliade*; la *Cléopâtre*, le *Cyrus*, la *Clélie* et plusieurs autres non-seulement n'ont aucun des défauts que j'ai remarqués dans les ouvrages des anciens poëtes, mais ont de même que nos poëmes en vers une infinité de beautés toutes nouvelles. » Ch. Perrault, *Parallèle des anciens et des modernes*, 4ᵉ dialogue, p. 149 (1682). — Pradon, en 1685, relève avec aigreur ces deux vers dans le combat du *Lutrin* :

> Saisissant du *Cyrus* un tome épouvantable...
> Le vieillard accablé de l'horrible *Artamène*...

« Cependant, dit-il, ces tomes épouvantables et cet horrible Artamène, qui ont été traduits dans toutes les langues, même en arabe, *et qui sont encore aujourd'hui la plus délicieuse lecture des premières personnes de la cour;* cet horrible Artamène (dis-je), dont on achetait les feuilles si chèrement à mesure qu'on les imprimait, et qui ont enfin fait gagner cent mille écus à Augustin Courbé, est à présent l'objet de la satire de M. Despréaux. Quand ses satires auront fait gagner cent mille écus à Barbin, on souffrira sa critique un peu plus tranquillement... Je crois qu'il y a encore du chemin jusque-là. En vérité *Cyrus* et *Clélie* sont des ouvrages qui ont illustré la langue française, et les marques éclatantes

réimpression de ses romans; on publie en 1766 *l'Esprit de M*^{lle} *Scudéry*; et de nos jours, des gens qui ont la prétention d'avoir lu ses romans, qui les ont peut-être lus en effet, se sont du moins récompensés de cet effort héroïque en essayant sa réhabilitation.

Et Desmarets, dont Pellisson, dans son histoire de l'Académie, proclamait *les Visionnaires* une *inimitable comédie*[1], a-t-il eu beaucoup à souffrir des

---

d'estime que le roi a données à une personne illustre et modeste qui n'a jamais voulu être nommée, devraient arrêter M. Despréaux. » Mais comment, ajoute-t-il, ne pas s'attendre à tout de la part d'un poëte qui « attaque des choses bien plus saintes et bien plus sacrées, » qui a osé se moquer, dans le *Lutrin*, de la bénédiction des prélats «, tourner en ridicule les cérémonies et les termes de notre religion », et qui ne peut être applaudi que « par les huguenots et les autres hérétiques? » (*Nouvelles remarques sur tous les ouvrages du sieur Despréaux*, 1685, p. 105.) L'absurdité de tous ces reproches ne diminue pas la perfidie de l'intention.

1. Cette singulière qualification a été appliquée à la pièce de Desmarets par Pellisson avant les comédies de Molière (en 1653), mais après celles de Corneille; et ce qu'il y a de sûr, c'est que Pellisson a maintenu cette épithète dans toutes les éditions de son livre, même après la mort de Desmarets, à une date où elle pouvait déjà sembler une ironie. Au moins aurait-il pu, par une note, ajouter que depuis l'inimitable pièce, on en avait vu d'autres qui la valaient bien : c'eût été de la simple justice. Pellisson a fait à son livre des modifications d'un autre genre parmi lesquelles celle-là eût été des plus naturelles. Il avait raconté, par exemple, dans sa première édition, que Corneille, avant d'être reçu à l'Académie, avait été refusé deux fois, et, ce qu'il y a de curieux, c'est qu'il parait bien qu'il supprima ce passage par égard pour Corneille, non pour l'Académie. — Desmarets était pis qu'un mauvais poëte; c'était un fanatique méchant et odieusement perfide. On peut voir (*Nouveaux Mémoires d'histoire*, etc., par l'ABBÉ D'ARTIGNY, Paris, 1750, t. III, p. 265) le rôle infâme dont il se chargea auprès de Simon Morin, ce pauvre imbécile, qui se croyait

épigrammes de Boileau? Il n'y paraît guère, car en 1676, lors de la réception de son successeur, M. de Mesmes à l'Académie, Benserade, alors directeur, osait dire dans son discours, et ceci paraît assez étrange, même en tenant compte des exagérations laudatives du genre : « *Ce vaste et inépuisable génie* a produit des ouvrages qui honorent son siècle, où l'on voit briller un feu qu'il a conservé jusqu'à l'extrême vieillesse, et qui éclairera sans doute bien loin dans la savante et juste postérité. » Qu'est-ce qu'on dirait de plus du grand Corneille?

Et Cotin? — On l'a représenté comme une des plus attendrissantes victimes de Molière et de Boileau; on a même été jusqu'à dire que les deux amis l'avaient fait mourir de chagrin... En tout cas, l'agonie a été longue; car *les Femmes savantes* sont de 1672, et il mourut en janvier 1682. Grâce à

Cette intrépidité de bonne opinion

qui est le privilége de Trissotin et de tous les Cotin possibles, il pouvait se croire en possession de toute sa gloire, loué par *le Mercure galant*, qui, en juillet 1678, cite un sonnet de lui au roi, et qui apprend au public, « que l'auteur fut très-bien reçu du roi, quand il eut l'honneur de présenter ce sonnet ». Et Perrault, en 1682, non pas dans un discours académique où tout se souffre en fait de mensonges élogieux, mais dans ses *parallèles*, célébrait Cotin, et

---

« *le fils de l'homme* » et prétendait être reconnu en cette qualité par le roi. Desmarets gagna la confiance de Morin avec la résolution de le perdre, reçut ses confidences et le dénonça. Morin fut brûlé vif.

protestait « qu'on était fort pressé à ses sermons...,
qu'il faisait bien les vers. Était-ce là un homme à
s'en jouer comme on a fait, et à proposer non-seulement comme un ridicule, mais comme l'idée et le
modèle des ridicules¹? » Malheureusement les vers
que Molière a empruntés textuellement à Cotin et
placés dans *les Femmes savantes* nuiront toujours un
peu à cette apologie de l'abbé.

Et Chapelain ? — Non-seulement il était le *mieux
renté de tous les beaux esprits,* mais ce fut réellement
lui qui tint auprès de Colbert la feuille des bénéfices
littéraires, lui qui rédigeait pour le ministre et le
roi les propositions de pension, et il se maintint
jusqu'à la fin de sa vie dans la faveur et la confiance
de Colbert, qui tenait en haute estime son discernement en matière de goût. Charles Perrault, dans
ses *Mémoires,* nous apprend que Colbert lui avait
plusieurs fois parlé de Chapelain comme de l'homme

---

1. *Parallèle,* 4ᵉ dial., p. 256. Et Perrault, qui a sur le cœur le
vers de Boileau relatif à Cassagne et à Cotin, ajoute : « Pour M. de
Cassagne... on ne peut avoir plus d'esprit qu'il n'en avait. » Il
prétend ensuite que le sonnet du *Misanthrope* est bon, qu'Alceste
ne le trouve mauvais que parce qu'il a la rage de contredire, et
que « si Molière avait parlé de son chef, il se serait exprimé
autrement (qu'Alceste)... Quand on fait des vers pour une maîtresse,
c'est qu'on veut lui faire voir qu'on a de l'amour et de l'esprit, et
ce n'est pas un mauvais moyen de lui plaire. Il faut encore remarquer que les poésies qui ne sont que passionnées blessent la
pudeur de beaucoup de personnes, et qu'elles sont mises par les gens
raisonnables au nombre des choses dangereuses ». Il faut, selon
lui, y joindre le badinage « qui évente le poison ». On voit que
si Perrault parle d'ailleurs en bons termes de Molière (mort, il est
vrai, depuis près de dix ans), il est par son goût aux antipodes de
celui dont sa thèse même, la supériorité des modernes sur les
anciens, l'oblige pourtant à reconnaître la supériorité.

« qui avait le goût le meilleur et le sens le plus droit pour toutes les matières dépendant des belles-lettres ». Chapelain mourut un an après Molière. On s'imagine que, du vivant de ce dernier, l'aristarque reconnu et respecté, pour Colbert au moins, l'autorité critique officielle, c'était Boileau? Pas du tout : c'était Chapelain. Et longtemps après sa mort, Perrault protestait encore contre les railleries dont Chapelain avait été l'objet, et les attribuait à des sentiments de basse envie, fondés sur la cupidité[1].

Si Chapelain était mort, l'école dont il était le chef lui survivait. Elle dominait à l'Académie, où Boileau ne fut admis que grâce à l'intervention personnelle de Louis XIV. Perrault remarque aigrement que « les hommes célèbres » attaqués par Boileau étaient de l'Académie[2]; il a raison, et ceux qui les remplacèrent étaient en général animés du même esprit. De là l'appui que Perrault y trouva

---

1. « Comme M. Chapelain faisait une grande figure parmi les gens de lettres, et qu'il avait même 3,000 livres de pension du roi, outre celle de 4,000 livres que M. de Longueville lui faisait toucher tous les ans, circonstances aggravantes et difficiles à digérer à des poëtes qui n'en avaient point encore ; ce fut contre lui qu'on dressa les plus fortes et les plus cruelles batteries : on commença par le défigurer dans cinq ou six satires lâchées l'une après l'autre, où l'on n'omit rien de ce qui peut couler à fond un auteur, et on alla jusqu'à donner *des oreilles d'âne* à quiconque pouvait souffrir ses poésies. Personne ne voulut avoir des oreilles d'âne, et il fallut trouver la *Pucelle* détestable. » CH. PERRAULT, *Parallèles*, 4ᵉ dial., p. 213.

2. Ce fut là ce qui rendit l'admission de Boileau si tardive et si difficile, et lui-même y fit allusion dans son discours de réception. Voici ce que Bayle écrit dans son journal à propos de ce discours : « L'endroit où il dit que l'entrée de l'Académie *lui devait avoir été fermée par tant de raisons*, a renouvelé le souvenir de cette

dans sa querelle au sujet des anciens. On a tenté de nos jours une sorte de réhabilitation de Perrault; on l'a considéré comme un esprit indépendant; sur ce point, il faudrait bien s'entendre : l'indépendance de Perrault consiste à répéter, en prose et en vers, que Louis XIV étant le plus grand roi du monde, la littérature de son temps doit être aussi la plus grande de toutes, et naturellement cette littérature est celle des amis de Perrault. Il a eu l'art de mêler à la question littéraire une question fort étrangère et qui a suffi pour le faire déclarer un homme d'initiative : c'est celle du progrès des sciences, de l'industrie, etc., toutes choses qu'avait dites Pascal, et Sénèque bien avant Pascal, et qui n'ont jamais, que je sache, été contestées. Le domaine de la science va toujours en s'accroissant: rien ne s'y perd, et il est clair qu'un savant assez ordinaire aujourd'hui en sait plus que les inventeurs les plus méritants des temps passés. Il n'en est pas de même en poésie : il ne suffit pas d'être venu le dernier pour être le plus inspiré, et l'inspiration est bien quelque chose dans l'art. Tout ne s'y apprend pas; la science est un capital accumulé

multitude d'académiciens morts ou vivants, qu'il a maltraités dans ses satires. Les Chapelain, les Cassagne, les Cotin, les Desmarets, les Scudéry et les Quinault se sont présentés d'abord à l'esprit de tout le monde, et on croit que si le roi, qui est au-dessus des lois, ne se fût pas mêlé de la chose, l'Académie s'en fût tenue à ses statuts, qui l'obligent, dit-on, à avoir un ressentiment d'exclusion pour tous ceux qui la diffament en la personne de ses membres. Mais sa complaisance pour le souverain lui a fait tenir une conduite tout à fait chrétienne; ceux qui aiment cette Académie la louent d'avoir oublié généreusement les injures qu'elle avait reçues. » (*Nouvelles de la République des lettres*, juillet 1684.)

et collectif; le génie dans l'art est une création individuelle et un perpétuel recommencement. Il n'est pas même très-sûr qu'en poésie ce ne soit pas un avantage d'être venu des premiers, avant que le sol ait été fécondé et aussi épuisé; qu'il n'en soit pas du génie humain en général comme de chaque génie en particulier, et que, plus mûr, il n'ait perdu en partie ce don de la jeunesse, cette faculté incomparable

De répandre à grands flots
Sur des œuvres de grâce et d'amour couronnées
Le frais enchantement de ses jeunes années.

Ce qu'il y a de certain, c'est que dans cette querelle entre Boileau et son adversaire, c'est Perrault qui a le goût vieillot, timide, routinier; c'est lui qui se montre le plus amoureux des petites règles, de la correction, de la symétrie; opposant fièrement et en propres termes le parc de Versailles aux paysages homériques; trouvant le secret, même chez ceux des modernes qu'il vante avec raison, de les admirer par le plus petit côté, et de les compromettre par son admiration; cherchant toujours dans cette question générale à intéresser, par un manége répété et agaçant, l'orgueil du roi et l'amour-propre de ses confrères académiques, déjà très-suffisamment disposés en faveur de Perrault par leur goût détestable et par cette façon de poser la question qu'il décide en leur propre faveur. On conçoit, en le lisant, l'exaspération de Boileau, qui, après avoir entendu Perrault lire ses vers sur le *Siècle de Louis le Grand*, sortait furieux de l'Académie et disait qu'il fallait changer la devise et les emblèmes de la compagnie, pour y substituer une troupe de singes se mirant et s'admirant dans un baquet, avec cette légende : Charmants pour eux-mêmes, *Sibi pulchri*¹!

Le pis, c'est que, dans un pays où le goût officiel trouve toujours des gens fort disposés à s'incliner en tout devant l'autorité, et où on l'a longtemps chargée de décider ce qui est beau, ce qui est bon, ce qui est vrai, ce faux goût, représenté par l'Académie, avait bien des chances pour devenir le goût général. C'était bien le rôle que dans sa pensée Richelieu avait assigné à cette compagnie naissante, quand il lui avait demandé un arrêt contre le *Cid*; c'est ainsi qu'il faisait condamner par des commissions ses adversaires politiques, qu'il aurait pu laisser juger par la justice régulière. En littérature, la justice régulière, c'est celle du public, qui salua *le Cid* de ses acclamations :

> L'Académie en corps a beau le censurer,
> Le public révolté s'obstine à l'admirer.

Ce fut Richelieu qui imposa les trois unités au théâtre : il y était intéressé lui-même comme

---

1. Il paraît bien que Racine avait sur ses confrères la même opinion que Boileau. Qu'on se rappelle sa prière pour le roi, au sujet des compliments académiques qu'il reçut pour sa convalescence, en 1686 :

> Grand Dieu! conserve-nous ce roi victorieux
> Que tu viens de rendre à nos larmes.
> Fais durer à jamais des jours si précieux :
> Que ce soient là nos dernières alarmes!
> Empêche d'aller jusqu'à lui,
> Le noir chagrin, le dangereux ennui,
> Toute langueur, toute fièvre ennemie,
> *Et les vers de l'Académie!*

auteur, car il avait, dans sa pièce des *Tuileries*, poussé le respect de l'unité de lieu jusqu'au ridicule. Pour ne pas violer cette unité sainte, un amant désespéré et déterminé au suicide n'osait sortir du jardin et se jeter à la Seine : il se décidait à se noyer dans le bassin des Tuileries; ce qui n'eût pas été commode. Mais Aristote, disait-on, le voulait ainsi.

Ce fut par la même disposition à intervenir en tout, même en littérature, que le grand cardinal *commanda*[1] à l'abbé d'Aubignac sa poétique du théâtre, dont Corneille subit les règles : c'était par son exemple les imposer à tout son siècle[2]. Bien longtemps après, Perrault proclamait l'abbé d'Aubignac « l'homme du monde qui a le goût le plus fin et le plus délicat pour toutes choses[3] ».

---

1. C'est l'expression dont d'Aubignac se sert.
2. Il y eut pourtant des protestations. Scarron prête cette critique des règles nouvelles à un personnage qu'il introduit dans le *Roman comique* : « Ce jeune conseiller dit entre autres choses que les sujets connus dont on pouvait faire des pièces régulières avaient tous été mis en œuvre; que l'histoire était épuisée, et que l'on serait réduit à la fin à se dispenser de la règle des vingt-quatre heures; que le peuple et la plus grande partie du monde ne savaient point à quoi étaient bonnes les règles sévères du théâtre; que l'on prenait plus de plaisir à voir représenter les choses qu'à ouïr des récits; et, cela étant, que l'on pourrait faire des pièces qui seraient fort bien reçues, sans tomber dans les extravagances des Espagnols, et sans se gêner par la rigueur des règles d'Aristote. » — Scarron, *Roman comique*, t. 1er, ch. xxi. La première partie est de 1651, la deuxième de 1657. Éd. Jannet. Ce qu'il y a de prodigieux, c'est qu'on ne s'avisait même pas de regarder dans Aristote, et de s'assurer que les trois unités y fussent réellement.
3. *Recueil de divers ouvrages*, par M. Perrault, de l'Académie française, 1676.

On pouvait craindre que l'Académie ne prît au sérieux le rôle de juge suprême que lui avait conféré Richelieu; heureusement, sous Louis XIV, elle ne tarda pas à regarder comme sa principale, comme son *unique* occupation le soin de louer le roi, et de faire célébrer en détail et successivement toutes les vertus qu'il avait et toutes celles qu'il aurait pu avoir, par les aspirants aux prix qu'elle décernait; ce fut pour elle une utile distraction, qui prévint d'autres empiétements funestes et qui suffit à employer son temps d'une façon au moins inoffensive. Un de ses directeurs le disait solennellement[1]: « Si le travail en général distingue *l'homme des animaux...*, travailler pour la gloire du Prince, consacrer *uniquement* toutes ses veilles à son honneur, ne se proposer point d'autre but que l'éternité de son nom, rapporter là toutes nos études, voilà l'âme et la vie de nos exercices : *voilà ce qui nous distingue de tous les autres gens de lettres*; voilà ce qui nous met au-dessus de l'envie; voilà le comble de notre joie. Malheur à nous, si nous y manquons! »

L'Académie s'était chargée de fixer la langue en écrivant son Dictionnaire, et Racine, hélas! Racine lui-même, qui « dans cette occasion ne manqua pas moins de goût que de dignité[2] », allait jusqu'à écrire : « Ce Dictionnaire qui de soi-même semble une occupation si sèche et si épineuse, nous y travaillons avec plaisir; *tous les mots de langue, toutes les syllabes nous paraissent précieuses, parce que nous les*

---

1. Réponse de M. l'abbé de La Chambre, curé de Saint-Barthélemy, au discours de réception de La Fontaine.
2. M. Paul Mesnard, *Hist. de l'Académie*, p. 31.

regardons comme autant d'instruments qui doivent servir à la gloire de notre auguste protecteur. » On sent bien, toutefois, que tous les mots, sans parler des syllabes, ne pouvaient pas servir d'*instruments* de ce genre, même parmi ceux que l'Académie admit au droit de cité; et on trouva d'ailleurs qu'elle en avait exclu beaucoup trop; ce fut du moins, dès lors, l'opinion de deux académiciens, de La Fontaine et de Fénelon. Ceci, du reste, n'est qu'un tort littéraire. Ce qui est plus grave, c'est l'incroyable prétention de l'Académie de se faire assurer le privilége exclusif du Dictionnaire de la langue, avec défense à tout autre écrivain d'en publier un avant l'apparition du sien, qui mit cinquante ans à paraître. Telle fut l'origine de sa querelle avec Furetière, coupable d'avoir, seul et en bien moins de temps, publié un dictionnaire beaucoup meilleur. Le seul tort réel de Furetière était d'être de l'Académie au moment où il lui joua ce mauvais tour; il en fut exclu.

Cette juridiction à laquelle l'Académie soumettait les mots, elle avait pourtant parfois la velléité de l'étendre aux ouvrages mêmes, et bien des gens l'y conviaient. Chappuzeau, qui n'a garde de manquer une occasion de s'incliner devant les puissances, écrit en 1674 (et il s'agit ici des œuvres de théâtre):

« Comme dans tous les ouvrages en prose et en vers le bon sens et la belle expression doivent soutenir les matières que l'on traite, il faut, pour bien faire, les soumettre nécessairement à la censure des Maîtres de l'art, et prier quelqu'un de Messieurs de l'Académie française d'y jeter les yeux. C'est elle seule qui doit juger souverainement de toutes les productions qui paraissent en notre langue, quand

elles ne sont pas tout à fait indignes de voir le jour;
et je ne crois pas qu'il y en ait guère de bien achevées que celles que l'on a soumises à sa critique. *Si les libraires étaient bien sages, ils n'imprimeraient de livres qu'à cette condition...* C'est le seul oracle que le poëte doit consulter, il ne rend point de réponses qui ne soient claires, et l'on marche en sûreté sous les auspices de cette célèbre compagnie [1]. »

Et Chappuzeau, pensant que la prose est insuffisante pour exprimer les transports qu'excite dans son âme le nom seul de l'Académie, saisit sa lyre et s'écrie :

> Pour moi je la révère, et reconnais qu'en tout
> Chacun se doit soumettre à ce qu'elle résout,
> Et que pour bien parler et que pour bien écrire
> A nul de ses arrêts il ne faut contredire, etc., etc.

Nous aimons à croire que Chappuzeau, se conformant à son précepte, avait soumis son livre à quelqu'un de *Messieurs de l'Académie*, et qu'il avait eu lieu de s'en féliciter, tant pour sa prose que pour ses vers. Mais tout le monde n'était pas alors aussi docile que Chappuzeau.

La liste seule des membres composant l'Académie du temps de Perrault aurait suffi pour tenir les gens de goût en méfiance, et les préserver de cette docilité excessive. Elle est curieuse à consulter, et suffit à expliquer les opinions littéraires qui y trouvaient aide et faveur.

On comprend que des académiciens aient entrepris la réhabilitation de l'hôtel de Rambouillet et

---

1. *Le Théâtre-Français*, p. 71.

des précieuses : l'Académie, en effet, en est la suite et en recueille la succession. Pellisson, Perrault, Fléchier et Fontenelle même, avant d'arriver au mérite plus sérieux de l'*Histoire des oracles* et de ses *Éloges*, Fontenelle, quand il est encore le *Cidias* de La Bruyère, voilà ceux qui représentent véritablement l'esprit de l'Académie à la fin du xviie siècle, la littérature futile, galante, ou platement adulatrice. L'Académie est fidèle au même esprit, quand elle inaugure l'usage des prix académiques en couronnant Mlle de Scudéry, puis Mme Deshoulières, Fontenelle, Pellegrin, Lamothe-Houdard, etc. Les sujets pour les prix de poésie roulent uniformément sur l'éloge du roi. En 1692, l'Académie propose pour matière : « Plus le roi mérite de louanges, plus il les évite. » On voit que décidément il n'y avait pas moyen pour lui de s'y soustraire ; les éviter même, comme on prétend qu'il le faisait, était un prétexte à de nouveaux transports. Cette littérature a un appui et un écho d'un côté chez les jésuites, de l'autre dans la presse du temps, toute officielle ou complaisante. La *Gazette*, pendant la dernière moitié du règne, ne parle plus du théâtre et ne donne absolument d'autres nouvelles littéraires que les réceptions académiques et les discours « éloquents » (l'épithète est invariable), qui s'y prononcent. Quand elle suspend un moment l'énumération des cérémonies, naissances, mariages et morts de grands personnages, pour jeter un coup d'œil sur les choses de l'esprit, c'est pour annoncer que M. l'abbé A... a remplacé à l'Académie M. l'abbé B..., et que M. l'abbé C... lui a répondu ; car c'est une chose prodigieuse à cette époque que l'envahissement de l'Académie par les ecclésiastiques. En tête du Recueil des harangues prononcées par l'Académie, publié en 1709, on donne la liste des académiciens d'alors : sur quarante académiciens, il y a vingt-trois ecclésiastiques! parmi les dix-sept laïques, il y a un duc, trois marquis, un comte, des conseillers du roi, etc. Les simples gens de lettres sont Boileau, Thomas Corneille, Fontenelle, Tourreil, Dacier, de Sacy, Campistron, c'est-à-dire, à l'exception de Fontenelle, des gens de lettres qui n'écrivaient point ou qui n'écrivaient plus, et un enfin, Campistron, qui écrivait trop. Cette date doit rester, pour bien des gens, l'idéal suprême. On comprend à la rigueur alors la présence des grands seigneurs à l'Académie. Tallemant des Réaux, pour une époque antérieure, dit en parlant de Conrart et de Chapelain : « La politique de ces messieurs était de mettre des gens de qualité dans la compagnie. » C'était aussi celle de Richelieu, et elle se conçoit : c'était une pensée libérale de faire aller de pair le mérite avec la naissance. Tant que la supériorité du premier sur la seconde n'était pas reconnue, et elle était loin de l'être alors, on ne saurait reprocher à à l'Académie cette tendance à *s'enducailler*, que Duclos put justement lui reprocher dès le xviiie siècle. Mais quelle nécessité pour l'Académie d'admettre tant d'ecclésiastiques, et quel mérite littéraire les désignait à ses choix?

Outre l'Académie française, on avait été au commencement du règne menacé d'en avoir une autre, en tout semblable à la première par l'esprit qui y dominait. C'était l'académie fondée par l'abbé d'Aubignac; De Visé en parle dans sa *Défense de Serto-*

rius (1663); elle subsista encore quelques années; elle se tint d'abord à l'hôtel de Matignon, puis chez l'abbé de Villeserain, depuis évêque de Senez; Guéret, dont nous avons remarqué l'antipathie pour l'école nouvelle, en était le secrétaire. Les femmes y étaient admises; Mme Deshoulières en faisait partie. D'Aubignac avait fait des démarches pour obtenir que son académie, qu'on appelait l'Académie des *allégoristes*, reçût du roi une sorte d'investiture officielle; il ne put y réussir. Elle n'eût fait que doubler l'Académie française, avec quelques grands noms de moins[1].

CHAPITRE IV.

LE PUBLIC AU THÉATRE, APRÈS MOLIÈRE ET RACINE.

Nous venons de le voir, l'Académie résiste jusqu'au bout à la réforme littéraire tentée par Boileau, et à la prédominance de la nouvelle école. Mais au théâtre, dès 1680, le public s'est formé, et, s'il tolère, faute de mieux, d'indignes successeurs de nos grands tragiques, son admiration s'attache définitivement à nos trois grands poëtes, et leur fait un succès retentissant et soutenu.

Molière et Corneille sont morts, Racine n'écrit plus pour le théâtre; mais jamais leurs chefs-d'œuvre n'ont été plus représentés et plus applau-

---

[1]. Le *Mercure galant*, 1672, t. I, donne la liste de ceux qui la composaient.

dis. Le *Mercure* de septembre 1693 [1] fait remarquer que le parterre interrompt souvent la représentation des pièces nouvelles pour demander « du Corneille, du Racine, du Molière ». Cette assertion du *Mercure* est confirmée par les registres de la Comédie : dans les dernières années du règne, le public est toujours nombreux aux représentations de nos trois grands poëtes, et l'on ne peut attribuer aux acteurs ce succès de pièces dont l'intérêt semblerait épuisé, car Baron s'est retiré du théâtre, Mlle de Champmeslé est morte, et Mlle Lecouvreur n'est pas venue. Il se passe même alors un fait remarquable; c'est que le public dégage les vrais chefs-d'œuvre de nos grands poëtes de cette admiration un peu confuse qui admettait *Œdipe* et *Attila*, aussi bien que *Cinna* et *Nicomède*; il les fixe au répertoire et élimine les autres : le triage qui s'opère alors a été presque en tout ratifié par la postérité. L'admiration qu'on prodigue aux trois grands poëtes prouve qu'on eût accueilli avec empressement leurs successeurs, s'il s'en était trouvé [2]. Mais le temps n'est plus, ni

---

1. P. 42 à 47.

2. Comme en pareil cas on ne saurait être trop précis, nous allons mettre sous les yeux du lecteur la liste des pièces de Molière, de Corneille et de Racine jouées pendant un mois peu favorable, octobre 1714 :

		Livres.	Sous.	Deniers.
	1. *Amphitryon*............	903		
	2. *Plaideurs*............	1,179	6	
	3. *Mithridate*............	989	16	
	4. *École des maris*......	1,369	0	
	6. *Fâcheux*............	1,296	13	
Dimanche,	7. *Britannicus*............	1,820	17	
	9. *Étourdi*............	1,233	1	
	10. *Médecin malgré lui*....	878	13	

aux inspirations mâles et héroïques de Corneille, ni à la poésie des passions comme dans Racine ; la franche et saine comédie de Molière a fait place à une foule de pièces charmantes, pleines de grâce et d'esprit, où ces crudités, qui alarmaient les précieuses, sont remplacées par une immoralité décente dans les termes, révoltante pour le fond. Cependant ce sont si bien les écrivains élevés qui font défaut alors, plus que les juges capables de les apprécier, que quand les tragédies de Crébillon, plus énergiques au moins et d'un accent plus fier, viennent enfin succéder aux platitudes de Campistron et de Péchantré, le public les accueille avec transport.

On voit donc qu'à cette date ce sont les poëtes qui ont manqué au public, non le public aux poëtes.

	Livres.	Sous.	Deniers.
11. *Festin de pierre*........	1,249	3	
16. *Georges Dandin*........	58:)		
18. *Scapin*	1,082	»	6
19. *Mithridate, G. Dandin*.	1,080	16	
23. *Étourdi, G. Dandin*....	900	1	
26. *Britannicus*...........	1,304	3	6
27. *École des maris*.......	1,310	5	
Dimanche 28. *Le Cid*..............	2,150	14	

Il y a le 24 une première représentation d'une pièce de Dancourt, *le Vert galant*. Elle n'a que neuf représentations. Si l'on observe qu'indépendamment des nouveautés, le théâtre avait augmenté son répertoire des pièces comiques de Regnard, Dufresny, Dancourt, Le Sage, et aussi de plusieurs tragédies de Crébillon (je ne parle que des pièces dont le mérite est incontestable), on reconnaîtra que la part qu'on faisait encore aux pièces de Corneille, de Racine et de Molière, et le succès qu'elles obtenaient après tant d'années marque bien les prédilections du public pour nos grands poëtes.

Il demande mieux que ce qu'on lui donne, et, de guerre lasse, se rabat sur les œuvres des grands hommes, non remplacés. Il sent que quelque chose lui manque; il a au moins le mérite de le regretter, et personne ne lui offre à cet égard une suffisante compensation. Les sévérités même qu'on reproche au parterre d'alors font son éloge; il a été élevé à un autre régime. Il a le droit d'être exigeant; il apprécie les vieux chefs-d'œuvre, et, par son admiration intelligente, il en mériterait de nouveaux. Au moins prouve-t-il plus de tact que les coteries littéraires du temps.

Et c'est précisément parce qu'ailleurs qu'au théâtre le public, ayant le temps de la réflexion, n'ose juger par lui-même et subit plus aisément l'influence des beaux esprits et de ceux qui croient l'être, c'est pour cela que le public qui lit, peu nombreux alors et assez indifférent, reste moins juste à l'égard des écrivains et de leurs œuvres, plus sujet aux égarements de goût que le public du théâtre. Au théâtre, le public jugeant d'instinct, d'après son impression immédiate et rapide, s'égare d'autant moins que là il n'a plus de guides; il y trouve cette espèce de clairvoyance collective, et aussi cette assurance en son propre sens, que chacun de ceux dont il se compose va perdre au sortir de là; et c'est ainsi qu'il ose y faire souvent bonne et sévère justice des auteurs qui trouvent ailleurs l'approbation et les faveurs, et qu'il consacre définitivement par une admiration intelligente et inépuisable les vieux chefs-d'œuvre, tant de fois applaudis, ceux de Corneille, de Racine et de Molière, qui n'ont jamais obtenu, du vivant de ces grands hommes, une admiration plus passionnée et plus soutenue.

Grâce à son goût formé à cette grande école, grâce à l'intérêt le plus souvent intelligent et équitable qu'il porte aux œuvres de la scène, le public constitue d'abord au théâtre un tribunal littéraire, plus indépendant et moins sujet aux erreurs que le monde lettré; il y crée en même temps la seule protection qui maintienne la dignité de l'écrivain, en servant ses intérêts, celle qui lui assure, avec une renommée d'un retentissement incomparable, la juste rémunération de son travail. Et si nous insistons sur ce point, c'est qu'il ne s'agit pas seulement en ce cas du bien-être de l'écrivain, il s'agit aussi de l'émancipation des lettres mêmes, échappant peu à peu au système des protectorats officiels et arrivant à ne plus relever que de l'opinion. La question d'honneur, par exception, touche de près ici à la question d'argent. C'est le rachat des captifs, et c'est le théâtre d'abord qui paye leur rançon. Plus tard, le fait se généralisera, et la littérature affranchie trouvera au xviii° siècle une puissance inconnue jusqu'alors. Toutefois ce sera encore à la scène que la propriété littéraire sera d'abord formellement reconnue et consacrée : elle ne le sera ailleurs qu'au temps de la Convention. C'est le théâtre qui, dès le temps de Louis XIV, commence l'affranchissement de l'homme de lettres; c'est la Révolution qui l'accomplit.

APPENDICE

NOTE PREMIÈRE.

OU ÉTAIT SITUÉE LA SALLE DE LA COMÉDIE A L'HÔTEL DU PETIT-BOURBON?

Nous avons dit que le terrain sur lequel était bâti l'hôtel du Petit-Bourbon formait le long de la Seine, entre le vieux Louvre et le cloître Saint-Germain-l'Auxerrois, un carré presque régulier qui comprenait à peu près l'espace suivant : le côté *sud* de la rue du Louvre actuel, entre la place Saint-Germain-l'Auxerrois et la rivière, et la partie correspondante du jardin de l'infante, du musée égyptien, et même une partie de la cour du Louvre actuel.

Les deux principaux corps de bâtiment de l'hôtel sont visibles dans toutes les gravures anciennes. L'un, allant de l'ouest à l'est, et que nous désignerons par les lettres O E, était le plus considérable, soit par sa dimension, soit par sa hauteur; l'autre, allant du nord au sud, et que nous désignerons par les lettres N S, touchait, par son extrémité nord, au corps de bâtiment précédent, et se terminait à la rivière par son extrémité méridionale, formant façade sur la Seine.

Ce dernier bâtiment n'a été démoli qu'en 1755, et nous en avons un plan régulier donné par M. Berty (*Topographie historique du vieux Paris, région du Louvre*, 1864, 1er volume, p. 32). C'était un édifice rectangulaire. Dans toutes les vues du vieux Louvre et du Petit-Bourbon, sa façade sur la rivière est facile à distinguer.

Elle est remarquable par un petit balcon couvert, que

nous trouvons ainsi décrit par *André Favyn* : « Au faîte du pavillon... qui regarde sur la rivière de Seine, on voit encore à présent un petit corridor ou petite galerie d'avance et hors d'œuvre [1]. » A ce balcon se rattachait, comme nous l'avons dit, une tradition fort douteuse, mais très-répandue au xviii° siècle : ce serait de ce balcon que Charles IX aurait tiré sur les huguenots le matin de la Saint-Barthélemy [2]. Ce corps de bâtiment, perpendiculaire à la Seine, était depuis la fin du xvii° siècle le garde-meuble de la couronne.

C'était dans ce bâtiment que M. Berty avait placé d'abord la salle des États de 1614, et plus tard de la Comédie. Dans son second volume, il déclare qu'il a changé d'avis (Appendice, note 2) en lisant une description de la salle des États dans le *Mercure français,* sur laquelle M. J. Cousin avait appelé son attention; mais il ne dit pas bien clairement ni quelle est son opinion définitive, ni quelles sont les raisons qui l'ont fait renoncer à son opinion précédente. Voici celles qui nous déterminent à placer la salle de la Comédie dans le bâtiment O E.

D'abord, nous devons rappeler que, dans la description que Sauval fait de la salle de la Comédie (voir page 24 de

---

1. *Le Théâtre d'honneur et de chevalerie,* Paris, 1620, 2 volumes in-4°, t. Ier, p. 781.
2. Voir notamment Saint-Foix, *Essais sur Paris,* t. III. p. 25, et le *Journal de l'avocat* Barbier, septembre 1738. Sans nous prononcer ici sur la question si controversée, de savoir si Charles IX a tiré ou non sur les huguenots, nous remarquerons que la légende qui rattache ce fait au balcon dit de Charles IX est récente. Brantôme dit que ce fut *de sa chambre* (laquelle était dans l'angle formé par le jardin de l'infante et la galerie d'Apollon) qu'il tira « tout plein de coups » aux huguenots. Les deux plus anciens témoignages, tous deux protestants (*Mémoires de l'estat de France sous Charles IX,* et le *Réveil-matin des Français,* reproduits dans les Archives curieuses de l'*Histoire de France,* t. VII, p. 129 et 187), en rapportant le fait comme un *on-dit,* ajoutent que le roi était aux fenêtres de *sa chambre.* A. d'Aubigné (*Histoire universelle,* l. Ier, ch. iv) dit que Charles IX « giboyait de la fenêtre du Louvre aux corps passants », sans dire où était cette fenêtre. On ne voit, en tout cas, dans ces divers textes, l'origine d'aucune des deux traditions, ni de celle qui place le fait au balcon de la galerie d'Apollon, ni de celle qui le place au Petit-Bourbon.

notre volume), il dit, pour donner une idée de la hauteur
de cette salle, qu'elle paraît aussi élevée que la voûte de
Saint-Germain-l'Auxerrois. Or, dans les gravures qui représentent le Petit-Bourbon, le corps de bâtiment OE domine,
en effet, tous les autres; et, en outre, l'idée de comparer la
hauteur de ce bâtiment avec la voûte de Saint-Germain-
l'Auxerrois, dont ce bâtiment était voisin par son extrémité
orientale, était beaucoup plus naturelle que s'il s'agissait du
bâtiment NS, voisin de la rivière, et éloigné de Saint-Germain-l'Auxerrois[1].

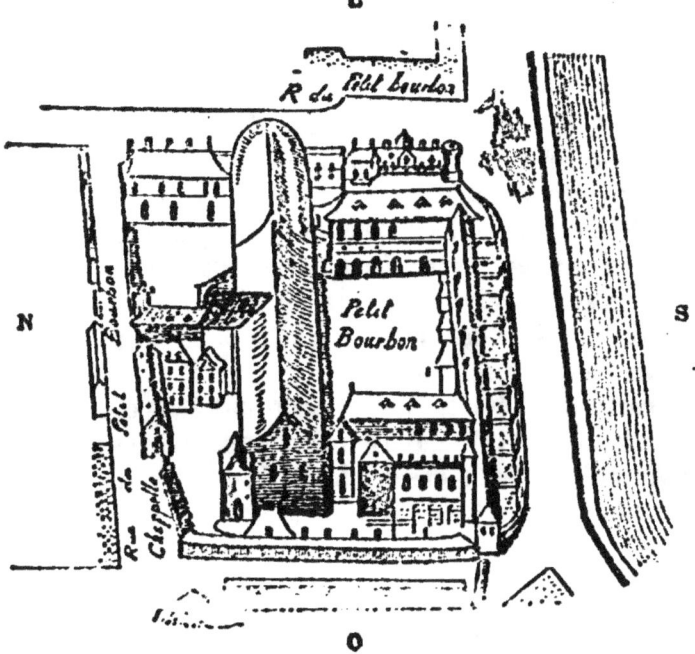

De plus, le plan de Gomboust (1652) donne à l'extrémité
orientale du bâtiment OE une configuration qui concorde
parfaitement avec la description minutieuse de la salle des
États et de la Comédie, contenue dans le *Mercure français*

---

1. Dans le plan de Gomboust que nous reproduisons ici, le corps de bâtiment que nous désignons par les lettres N S est celui qui a cinq arcades au rez-de-chaussée et quatre fenêtres au-dessus.

de 1614[1], et surtout avec une seconde description que ce recueil en donne encore en 1615, à l'occasion d'un ballet dansé « le 19ᵉ mars » devant le roi (Louis XIII). Elle concorde, de plus, avec la gravure représentant la première séance des États, et qu'on peut trouver reproduite, comme nous l'avons dit, dans Piganiol de la Force et dans le *Magasin pittoresque*.

Le *Mercure* dit que la salle se termine par un *demi-rond*, ou abside, et ce *demi-rond* se remarque, en effet, dans la vue intérieure dont nous venons de parler.

Or ce *demi-rond* est aussi très-visible extérieurement à l'extrémité du bâtiment OR dans le plan de Gomboust, du côté de Saint-Germain-l'Auxerrois.

Au contraire, dans le plan de la salle NS, reproduit par M. Berty, cette salle est rectangulaire et ne présente pas la moindre apparence d'abside.

Enfin le *Mercure* de 1614 dit que le roi se plaça sous un dais dans ce *demi-rond*, « en haut de la salle, *du côté de Saint-Germain-l'Auxerrois* ». Que signifierait encore ici cette indication, s'il s'agissait de la salle NS, plus éloignée de Saint-Germain-l'Auxerrois?

Il nous paraît donc évident que la salle des États et aussi de la Comédie est bien celle qui a été démolie sous Louis XIV, et non celle qui, devenue ensuite le garde-meuble du roi, ne fut détruite que sous Louis XV.

NOTE 2.

MISE EN SCÈNE DES PIÈCES DE CORNEILLE, DE RACINE ET DE MOLIÈRE (DE 1673 A 1684).

Il existe à la Bibliothèque nationale (Man. fr. 24, 330) un registre qui a pour titre : « Mémoire de plusieurs décora-

---

[1]. Troisième continuation, p. 47.

tions qui servent aux pièces contenues en ce présent livre, commencé par Laurent Mahelot et continué par Michel Laurent en l'année 1673. »

La première partie se compose d'indications sur la mise en scène de chaque pièce, avec un dessin au lavis représentant la décoration, en général très-peu compliquée. Les pièces nommées dans cette première partie, et dont quelques-unes ne sont pas mentionnées par les frères Parfaict, appartiennent toutes à l'époque de Louis XIII, et il m'a semblé qu'aucune de ces pièces n'était postérieure à l'année 1636. Ce sont des pièces de Scudéry, de Mairet, de Rotrou, etc. Corneille n'y figure que pour sa première pièce, *Mélite*.

La seconde partie, d'une autre écriture et d'une écriture très-défectueuse, d'une orthographe déplorable, ne contient pas de dessins; ce sont seulement des indications succinctes sur le décor de chaque pièce et sur les accessoires qu'il faut tenir prêts pour la représentation.

La première partie me semble avoir appartenu à la troupe de l'Hôtel de Bourgogne, et, ce qui me le fait croire, c'est l'absence des premières pièces de Corneille, jouées presque toutes sur le théâtre du Marais.

La deuxième doit être de la plume d'un employé du même théâtre, passé ensuite lors de la réunion avec l'Hôtel Guénegaud à la Comédie-Française. Ce dernier point n'est pas douteux : plusieurs indications relatives au Théâtre-Français après la réunion, et la mention même de cette réunion à la date de 1680, en font foi. Ce qui me fait croire que ce registre a été commencé, pour cette seconde partie, à l'Hôtel de Bourgogne, c'est que la première pièce de Corneille mentionnée après 1673, date où commence cette seconde partie, est *Suréna,* joué en 1673 à l'Hôtel de Bourgogne.

Voici maintenant les diverses indications que cette seconde partie contient pour la mise en scène des pièces de Corneille, de Racine et de Molière.

CORNEILLE.

« *Le Cid*. — Le théâtre est une chambre à quatre portes. Il faut un fauteuil pour le roi.

« *Horace*. — Le théâtre est un palais à volonté; au cinquième acte un fauteuil.

« *Cinna*. — Le théâtre est un palais. Au second acte, il faut un fauteuil et deux tabourets, et au cinquième il faut un fauteuil et un tabouret à la gauche du roi (*sic*).

« *Polyeucte*. — Le théâtre est un palais à volonté.

« *Pompée*. — Palais à volonté. Acte premier, à l'ouverture un trône et trois chaises. Une urne pour le cinquième acte.

« *Le Menteur*. — Le théâtre est un jardin pour le premier acte; et pour le second acte, il faut des maisons et bâtiments et deux fenêtres. Au premier acte, un billet. Au deuxième acte, deux billets. Au quatrième acte, des jetons.

« *Rodogune*. — Le théâtre est une salle de palais. Au deuxième acte, il faut un fauteuil et deux tabourets; au cinquième acte, trois fauteuils et un tabouret. Une coupe d'or.

« *Héraclius*. — Le théâtre est une salle de palais à volonté. Trois billets.

« *Don Sanche d'Aragon*. — Le théâtre est un palais. Il faut au premier acte un trône et trois fauteuils, et six sièges ou deux bancs; une bague.

« *Nicomède*. — Le théâtre est un palais à volonté. Une bague pour le cinquième acte.

« *Œdipe*. — Le théâtre, un palais à volonté.

« *Sertorius*. — Le théâtre est un palais à volonté. Au premier acte, deux lustres; au troisième acte, deux fauteuils; au cinquième, un flambeau et deux lustres.

« *Othon*. — Le théâtre est un palais à volonté. Pour le troisième acte, il faut un fauteuil et une chaise; autant au cinquième.

« *Bérénice* (de M. Corneille). — Le théâtre est un palais.

Suréna. — Le théâtre est un palais à volonté. »

APPENDICE.

RACINE.

« *La Thébaïde*. — Est un palais à volonté.

« *Alexandre*. — Le théâtre est des tentes de guerre et pavillons. Il faut deux fauteuils et un tabouret.

« *Andromaque*. — Le théâtre est un palais à colonnes, et dans le fond une mer avec des vaisseaux.

« *Les Plaideurs*. — Il faut deux maisons, un soupirail; deux maisons à côté du théâtre. Il faut une trappe, une échelle, un flambeau, des jetons, une batte, le col et les pattes d'un chapon, un fauteuil, des robes, des petits chiens dans un panier, une écritoire, du papier.

« *Britannicus*. — Le théâtre est un palais à volonté. Il faut deux portes, deux fauteuils; pour le quatrième acte, des rideaux.

« *Bérénice*. — Le théâtre est un petit cabinet royal où il y a des chiffres, un fauteuil et deux lustres.

« *Bajazet*. — Le théâtre est un salon à la turque. Deux poignards.

« *Mithridate*. — Le théâtre est un palais à volonté; un tabouret, deux fauteuils.

« *Iphigénie*. — Le théâtre est des tentes, et dans le fond une mer et des vaisseaux. Un billet pour commencer.

« *Phèdre*. — Le théâtre est un palais[1]. Une chaise pour commencer. »

MOLIÈRE.

« *L'Étourdi*. — Le théâtre est des maisons et deux portes sur le devant avec leurs fenêtres. Il faut un pot de chambre, deux battes, deux flambeaux.

« *Le Dépit amoureux*. — Le théâtre est des maisons. Il faut une cloche, des billets.

---

1. Ici un mot peu lisible qui doit indiquer l'éternel palais *a volonté*.

« *Les Précieuses*. — Il faut une chaise de porteurs, deux fauteuils, deux battes.

« *Le Cocu imaginaire*. — Il faut deux maisons à fenêtre ouvrante, une boîte à portrait, une grande épée, une cuirasse et un casque. Un écu.

« *L'École des maris*. — Le théâtre est des maisons et fenêtres. Il faut un flambeau, une robe longue, une écritoire et du papier.

« *Les Fâcheux*. — Il faut un jeu de cartes, un flambeau, des jetons; la décoration est de verdure.

« *L'École des femmes*. — Le théâtre est deux maisons sur le devant, et le reste est une place de ville. Il faut une chaise, une bourse et des jetons. Au troisième, des jetons, une lettre.

« *La Princesse d'Élide*. — Le théâtre est une forêt. Il aut un grand arbre au milieu; quatre dards, un soufflet.

« *Le Festin de pierre*.

« Premier acte. Il faut un palais.

« Deuxième acte. Une chambre, une mer.

« Troisième acte. Un bois, un tombeau.

« Quatrième acte. Une chambre, un festin.

« Cinquième acte. Le tombeau paraît. Il faut une trappe, de l'arcanson, deux fauteuils, un tabouret.

« *Les Médecins*. — Une écritoire, du papier, une bague, des jetons, une bourse, quatre chaises.

« *Le Misanthrope*. — Le théâtre est une chambre. Il faut six chaises, trois lettres, des bottes.

« *Le Médecin malgré lui*. — Il faut du bois, une grande bouteille, deux battes, quatre chaises, un morceau de fromage, des jetons, une bourse.

« *Tartuffe*. — Le théâtre est une chambre. Il faut deux fauteuils, une table, un tapis dessus, deux flambeaux, une batte.

« *Amphitryon*. — Le théâtre est une place de ville. Il faut un balcon, dessous une porte; pour le prologue, une machine pour Mercure, un char pour la Nuit. Au troisième acte, Mercure s'en retourne, et Jupiter sur son char. Il faut une lanterne sourde, une batte.

APPENDICE.

« *L'Avare.* — Le théâtre est une salle et sur le derrière un jardin. Il faut deux chiquenilles (*souquenilles*), des lunettes, un balai, une batte, une cassette, une table, une chaise, une écritoire, du papier, une robe, deux flambeaux sur la table au cinquième acte.

« *Pourceaugnac.* — Il faut deux maisons sur le devant, et le reste du théâtre est une ville. Trois chaises ou tabourets. Une seringue. Deux mousquetons. Huit seringues de fer-blanc.

« *Le Bourgeois gentilhomme.* — Le théâtre est une chambre. Une ferme. Il faut des siéges, une table pour le festin et une pour le buffet. Les ustensiles pour la cérémonie.

« *Trissotin ou les Femmes savantes.* — Le théâtre est une chambre; il faut deux livres, quatre chaises et du papier.

« *Le Malade imaginaire.* — Le théâtre est une chambre et une alcôve dans le fond. Au premier acte, une chaise, table, sonnette, et une bourse avec jetons, un manteau fourré, six oreillers, un bâton.

« Premier intermède. Une guitare ou luth, quatre mousquetons, quatre lanternes sourdes, quatre bâtons, une vessie.

« Second acte. Il faut quatre chaises, une poignée de verges, du papier.

« Second intermède. Quatre tambours de basque.

« Troisième intermède. Il faut la chaise du *præses* et les deux grands bancs, huit seringues, quatre échelles, quatre marteaux, quatre mortiers, quatre pilons, six tabourets. Les robes rouges...

« Il faut changer le théâtre au premier intermède, et représenter une ville ou des rues, et la chambre paraît comme l'on a commencé. Il faut trois pièces de tapisserie de haute lice et des perches et cordes. »

FIN.

TABLE

LIVRE PREMIER.

**EMPLACEMENT,
RÉPERTOIRE SPÉCIAL ET DESTINÉS
DE CHACUN DES DIFFÉRENTS THÉATRES DEPUIS 1633
JUSQU'EN 1715.**

	Pages.
THÉATRES FRANÇAIS	1
CHAPITRE PREMIER. — Hôtel de Bourgogne	3
CHAPITRE II. — Théâtre du Marais	10
CHAPITRE III. — Troupe de Molière	18
CHAPITRE IV. — La Comédie-Française	50
CHAPITRE V. — Comédie italienne	55
CHAPITRE VI. — Comédie espagnole	70
CHAPITRE VII. — L'Opéra	77
CHAPITRE VIII. — Petits théâtres, troupes de campagne	83

LIVRE II.

LE THÉATRE ET LES COMÉDIENS FRANÇAIS.

CHAPITRE PREMIER. — Situation matérielle des comédiens	99
CHAPITRE II. — Prix des places	105
CHAPITRE III. — Impôts, charges, pensions de retraite	111
CHAPITRE IV. — Disposition du théâtre; mise en scène; décors; dépenses générales	114
CHAPITRE V. — Dépenses particulières. Le costume	133
CHAPITRE VI. — L'orateur, l'affiche. — Jours et heures de représentation	140
CHAPITRE VII. — Réception des pièces, distribution des rôles, partage des bénéfices	147

TABLE.

	Pages.
Chapitre VIII. — Police du théâtre.	154
Chapitre IX. — La censure.	163

LIVRE III.

LES AUTEURS.

Chapitre premier. — De la profession d'homme de lettres au temps de Louis XIV.	169
Chapitre II. — Droits d'auteur au théâtre.	189
Chapitre III. — La décadence	202

LIVRE IV.

LES COMÉDIENS, LEUR SITUATION DEVANT LA SOCIÉTÉ DU TEMPS.

Chapitre premier. — Les comédiens et le clergé.	214
Chapitre II. — Tribulations de la Comédie-Française en 1687.	227
Chapitre III. — Polémique au sujet du théâtre.	246
Chapitre IV. — Le théâtre et le monde.	271

LIVRE V.

LE THÉATRE A LA COUR.

Chapitre premier. — Louis XIV et les grands poëtes de son temps.	284
Chapitre II. — La légende de l'en-cas de nuit	311
Chapitre III. — L'opéra et les ballets. — Lulli, Benserade et Quinault.	321
Chapitre IV. — La cour.	341

LIVRE VI.

LE THÉATRE A LA VILLE.

Chapitre premier. — De quoi se composait le public des théâtres.	350

TABLE.

	Pages.
Chapitre II. — Le goût public au début du règne.	373
Chapitre III. — Le goût des lettrés	383
Chapitre IV. — Le public au théâtre, après Molière et Racine.	401

APPENDICE.

Note première. — Où était située la salle de la comédie à l'hôtel du Petit-Bourbon?	407
Note deuxième. — Mise en scène des pièces de Corneille, de Racine et de Molière (de 1673 à 1684).	410

BOURLOTON. — Imprimeries réunies, A, rue Mignon, 2, Paris.

LIBRAIRIE HACHETTE & Cⁱᵉ
BOULEVARD SAINT-GERMAIN, 79, PARIS

LES

GRANDS ÉCRIVAINS DE LA FRANCE

NOUVELLES ÉDITIONS

Publiées sous la direction de M. Ad. REGNIER, membre de l'Institut

SUR LES MANUSCRITS,
LES COPIES LES PLUS AUTHENTIQUES ET LES PLUS ANCIENNES IMPRESSIONS

*Avec variantes, notes, notices, lexiques et albums
contenant des portraits, des fac-similé, etc.*

Publication qui a obtenu à l'Académie française le prix Archon-Despérouses, en 1877

ENVIRON 200 VOLUMES IN-8, A 7 FR. 50 LE VOLUME

150 à 200 exemplaires numérotés tirés sur grand raisin
vélin collé, à 20 fr. le volume

Depuis longtemps déjà on a publié avec une religieuse exactitude, en y appliquant les procédés de la plus sévère critique, non seulement les chefs-d'œuvre des grands génies de la Grèce et de Rome, mais les ouvrages, quels qu'ils soient, de l'antiquité, qui sont parvenus jusqu'à nous. A ce mérite fondamental de la pureté du texte, constitué à l'aide de tous les documents, de toutes les ressources que le temps a épargnés, on a joint un riche appareil de secours de tout genre: variantes, commentaires, tables et lexiques, tout ce qui peut éclairer chaque auteur en particulier et l'histoire de la langue en général. En voyant cette louable sollicitude dont les langues anciennes sont l'objet, on peut

Avril 1880.

s'étonner que jusqu'ici, à part quelques mémorables exceptions, les écrits de nos grands écrivains n'aient pas été jugés dignes de ce même respect attentif et scrupuleux, et qu'on ne les ait pas entourés de tout ce qui peut en faciliter, en féconder l'étude. Réparer cette omission, tel est le but que nous nous sommes proposé.

Pour la pureté, l'intégrité parfaite, l'authenticité du texte, aucun soin ne nous paraît superflu, aucun scrupule trop minutieux. Les écrivains du dix-septième siècle, et c'est par les plus éminents d'entre eux que nous avons commencé notre publication, sont déjà pour nous des anciens. Leur langue est assez voisine de la nôtre pour que nous l'entendions presque toujours et l'admirions sans effort. Mais déjà elle diffère trop de celle qui se parle et qui s'écrit aujourd'hui; le peuple, et plus encore peut-être la société polie, l'ont trop désapprise pour qu'on puisse encore dire que nous la sachions par l'usage. Pour la reproduire sans altération, il ne suffit point que l'éditeur s'en rapporte à sa pratique quotidienne, à son instinct du langage : il faut, au contraire, qu'il se défie d'autant plus de lui-même que les nombreuses analogies, mêlées aux différences de la langue d'à présent et de celle d'alors, l'exposent au danger de ne point veiller assez au maintien de ces dernières. C'est peut-être là la cause principale des altérations qu'a subies le texte de nos grands écrivains. C'est contre elle surtout que nous nous tenons en garde. En ce qui touche l'œuvre même des auteurs, le fond comme la forme de leurs écrits, notre devise est : *Respect absolu et sévère fidélité.*

Quant à la seconde partie de la tâche, aux notes, aux secours, aux moyens d'étude qui accompagnent le texte des auteurs, deux mots peuvent résumer nos intentions et la nature du travail : *Utilité pratique et sobriété.* D'une part, rien n'est omis de ce qui peut aider à mieux comprendre et connaître l'auteur, rien de ce qui peut en faciliter l'étude et permettre d'en tirer parti, soit pour les recherches historiques et littéraires, soit pour dresser ce que nous pouvons appeler la statistique de notre langue, et pour en montrer les variations, en dégager la grammaire, la constitution véritable, de tout ce que les grammairiens y ont cru voir et de tout ce qu'ils y ont introduit d'arbitraire et d'artificiel. D'autre part, est rigoureusement exclu tout étalage inutile de savoir, tout ce qui ne sert qu'à faire valoir le commentateur, tout ce qui ne tend pas directement à l'une des fins que nous venons d'énumérer.

Les *Lettres de M*^{me} *de Sévigné*, les *Œuvres de Corneille*, de *Racine*, de *Malherbe*, de *La Bruyère*, de *La Rochefoucauld*, ont déjà paru en entier ; — *le cardinal de Retz*, *Molière*, *Saint-Simon*, *La Fontaine*, sont en cours de publication. — Les noms des personnes dont nous nous sommes assuré le concours, et qui ont bien voulu se charger des diverses parties de cette grande tâche, sont une garantie de savoir, de bon goût et de consciencieuse exactitude.

Pour que la collection ait de l'unité, que toutes les parties de ce vaste ensemble soient conçues et exécutées sur un même plan, que l'esprit de l'entreprise soit partout et constamment le même, nous avons demandé à M. Adolphe Regnier, membre de l'Institut, et obtenu de lui, qu'il se chargeât de la diriger.

Nous ne nous arrêterons pas longuement ici aux détails du plan qui a été adopté, et nous ne ferons qu'indiquer en peu de mots les divers secours et avantages qu'offrent ces éditions nouvelles des grands écrivains de la France.

Leur principal mérite, nous le répétons, est la fidélité du texte, qui reproduit les meilleures éditions données par l'auteur, les manuscrits autographes, d'anciennes copies, enfin est pris toujours aux sources les plus authentiques et les plus dignes de confiance.

Au texte adopté ou ainsi constitué on joint les variantes, toutes sans exception pour les écrivains principaux ; pour les autres un choix sera fait avec goût.

Au bas des pages sont placées des notes explicatives qui éclaircissent tout ce qui peut arrêter un lecteur d'un esprit cultivé.

. Après la pureté et l'intelligence du texte, c'est l'histoire de la langue qui sera le grand intérêt de la collection. Nous marcherons dans la voie que nous a ouverte l'Académie française en proposant successivement pour sujets de prix les Lexiques de Molière, de Corneille et de Sévigné. A chaque auteur est joint un relevé, par ordre alphabétique, des mots, des tours et des locutions qui lui sont propres, soit à lui-même, soit à son époque, et en outre de tout ce qui peut servir à éclairer le vrai sens ou l'origine de nos idiotismes les plus remarquables. La réunion de ces Lexiques formera un tableau fidèle des variations de la langue littéraire et du bon usage, et chacun d'eux en particulier montrera, par la comparaison avec la langue que nous parlons et écrivons aujourd'hui, l'empreinte qu'ont laissée sur notre idiome les divers génies qui l'ont illustré.

Des Tables analytiques exactes et complètes facilitent les recherches. Des notices biographiques aident à mieux apprécier les écrits de chaque auteur, en les plaçant dans leur vrai jour et à leur vrai moment. En outre, des notices partielles font l'histoire de chaque ouvrage, et, s'il y a lieu, pour les pièces de théâtre, par exemple, le suivent jusqu'à nos jours.

Des notices bibliographiques et critiques indiquent, pour chaque auteur, les manuscrits existant dans les bibliothèques publiques ou privées, les copies dignes de mention et les éditions diverses, surtout celles qui ont été publiées ou par l'auteur, ou de son vivant, ou peu de temps après sa mort.

Enfin nous joignons au texte des portraits, des fac-similé, et, quand il y a lieu, des gravures diverses.

ÉTAT DE LA PUBLICATION

DES

GRANDS ÉCRIVAINS DE LA FRANCE

AU 1ᵉʳ AVRIL 1886

I. OUVRAGES COMPLETS

Corneille (P.) : *Œuvres*, nouvelle édition, par M. C. Marty-Laveaux. 12 volumes et un album.   97 fr. 50

Le prix de l'album est de 7 fr. 50 sur papier ordinaire.

Tome I : Avertissement. — Notice biographique. — Avertissements placés par Corneille en tête des divers recueils de ses pièces. — Discours de l'utilité et des parties du poème dramatique. — Discours de la tragédie et des moyens de la traiter selon le vraisemblable ou le nécessaire. — Discours des trois unités, d'action, de jour et de lieu. — Mélite. — Clitandre. — La Veuve.

Tome II : La Galerie du Palais. — La Suivante. — La Place Royale. — La Comédie des Tuileries. — Médée. — L'Illusion.

Tome III : Le Cid. — Horace. — Cinna. — Polyeucte.

Tome IV : Pompée. — Le Menteur. — La Suite du Menteur. — Rodogune.

Tome V : Théodore. — Héraclius. — Andromède. — Don Sanche d'Aragon. — Nicomède.

Tome VI : Pertharite. — Œdipe. — La Toison d'or. — Sertorius. — Sophonisbe. — Othon.

Tome VII : Agésilas. — Attila. — Tite et Bérénice. — Psyché. — Pulchérie. — Suréna.

Tome VIII : Imitation de Jésus-Christ.

Tome IX : Louanges de la sainte Vierge. — L'Office de la sainte Vierge. — Les sept Psaumes pénitentiaux. — Vêpres des dimanches et complies. — Instructions et prières chrétiennes. — Les Hymnes du Bréviaire romain. — Version des hymnes de saint Victor. — Hymnes de sainte Geneviève.

Tome X : Poésies diverses. — Œuvres diverses en prose. — Lettres. — Tables.

Tomes XI et XII : Lexique.

Il ne reste plus d'exemplaires grand vélin.

La Bruyère : *Œuvres*, nouvelle édition, par M. G. Servois. 3 v. et 1 album. 33 fr. 75

Le prix de l'album est de 7 fr. 50 sur papier ordinaire.

Tome I : Avertissement. — Notice biographique. — Les Caractères de Théophraste traduits du grec, avec les Caractères ou les mœurs de ce siècle. — Appendice. — Clefs et commentaires.

Tome II : Suite et fin des Caractères.

Tome III. 1re partie : Avertissement. — Table alphabétique et analytique. — Tableaux de concordance. — Notice bibliographique. — Additions et corrections. — Appendice aux lettres.

Tome III. 2e partie : Préface sur la langue de La Bruyère. — Introduction grammaticale. — Orthographe. — Lexique.

Chaque volume se vend séparément : les tomes I et II et la 2e partie du tome III, 7 fr. 50 ; la 1re partie du tome III, 3 fr. 75.

Il ne reste plus d'exemplaires grand vélin.

La Rochefoucauld : *Œuvres*, nouvelle édition, par MM. D. L. Gilbert et J. Gourdault. 3 vol. et un album. 35 fr.

Le prix de l'album est de 7 fr. 50 sur papier ordinaire.

Tome I : Avertissement. — Notice bibliographique. — Portrait du duc de La Rochefoucauld fait par lui-même. — Portrait du cardinal de Retz par La Rochefoucauld. — Réflexions ou sentences et maximes morales. — Réflexions diverses. — Appendices. — Jugement des contemporains sur les maximes de La Rochefoucauld. — Tables.

Tome II : Mémoires (1624-1652). — Apologie de Mr le prince de Marcillac. — Appendice. — Table alphabétique des Mémoires et de l'Apologie.

Tome III. 1re partie : Lettres écrites par La Rochefoucauld. — Lettres écrites à La Rochefoucauld. — Lettres de divers à divers.

Tome III. 2e partie : Lexique.

Chaque volume se vend séparément : les tomes I et II et la 2e partie du tome III, 7 fr. 50 ; la 1re partie du tome III, 5 fr.

Il ne reste plus d'exemplaires grand vélin.

Malherbe : *Œuvres*, nouvelle édition, par M. Ludovic Lalanne. 5 volumes et un album. 45 fr.

Le prix de l'album est de 7 fr. 50 sur papier ordinaire.

Tome I : Avertissement. — Notice biographique. — Appendice. — Vie de Malherbe par Racan. — Notice bibliographique. — Pièces attribuées à Malherbe. — Des portraits de Malherbe. — Poésies. — Pièces dont la date est incertaine. — Fragments sans date. — Appendice. — Traductions.

Tome II : Traduction du Traité des bienfaits de Sénèque. — Traduction des Epîtres de Sénèque.

Tome III : Préface. — Notice par M. Bazin. — Lettres. — Appendice.

Tome IV : Lettres. — Fragments. — Commentaire sur Desportes. — Tables alphabétiques.

Tome V : Lexique.

Il reste 12 exempl. grand vélin.

Racine (Jean) : *Œuvres*, nouvelle édition, par M. P. Mesnard. 8 vol., plus un volume de musique et un album. Prix. 72 fr. 50

Le prix du volume de musique est de 5 fr., et le prix de l'album de 7 fr. 50 sur papier ordinaire.

Tome I : Avertissement. — Notice biographique. — Mémoires contenant quelques particularités sur la vie et les ouvrages de Jean Racine. — La Thébaïde ou les Frères ennemis. — Alexandre le Grand.

Tome II : Andromaque. — Les Plaideurs. — Britannicus. — Bérénice. — Bazajet.

Tome III : Mithridate. — Iphigénie. — Phèdre. — Esther. — Athalie.

Tomes IV et V : Poésies diverses. — Œuvres diverses en prose, d'histoire, etc.

Tome VI : Lettres.

Tome VII : Lettres. — Tables.

Tome VIII : Lexique par Marty-Laveaux.

Musique des chœurs d'Athalie, d'Esther et des cantiques spirituels. 1 vol.

Il ne reste plus d'exemplaires grand vélin.

Sévigné (Mme de): *Lettres de Mme de Sévigné*, de sa famille et de ses amis, nouvelle édition, par M. Mommerqué. 14 vol. et un album.   120 fr.

Le prix de l'album est de 15 fr. sur papier ordinaire.

Tome I : Avertissement. — Notice biographique. — Lettres.

Tomes II à X : Lettres.

Tome XI : Avertissement. — Lettres inédites de Mme de Sévigné. — Lettres inédites de divers. — Notice sur Mme de Simiane. — Lettres de Mme de Simiane. — Table générale des sources manuscrites et imprimées. — Avertissements et préfaces des éditions originales et de l'édition de 1818. — Notice bibliographique.

Tome XII : Table alphabétique et table analytique des matières. — Appendice du tome XII : Additions et corrections. — Lettres inédites de la marquise de Sévigné et du comte de Grignan.

Tomes XIII et XIV : Lexique de la langue de Mme de Sévigné, avec une introduction grammaticale et des appendices, par E. Sommer.

Il ne reste plus d'exemplaires grand vélin.

II. OUVRAGES EN COURS DE PUBLICATION

La Fontaine : *Œuvres*, nouvelle édition, par M. Henri Regnier. Environ 8 vol. et un album.

Trois volumes sont en vente.

Tome I : Avertissement. — Notice biographique. — A Monseigneur le Dauphin. — Préface. — La vie d'Esope le Phrygien. — A Monseigneur le Dauphin. — Fables (Livres I à V).

Tome II : Avertissement. — Fables (Livres VI à IX). — Appendice.

Tome III : Fables (Livres X à XII).

Il ne reste plus d'exemplaires grand vélin.

Molière : *Œuvres*, nouvelle édition, par MM. Eug. Despois et P. Mesnard. Environ 10 vol. et un album.

Neuf volumes sont en vente.

Tome I : Avertissement. — Préface de l'édition de Molière de 1682. — Notice biographique. — Premières farces attribuées à Molière. — L'Etourdi ou les Contre-temps. — Le Dépit amoureux.

Tome II : Les Précieuses ridicules. — Sganarelle ou le Cocu imaginaire. — Dom Garcie de Navarre ou le Prince jaloux. — L'Ecole des maris.

Tome III: Les Fâcheux. — L'École des Femmes. — La Critique de l'École des femmes. — L'Impromptu de Versailles.
Tome IV: Le Mariage forcé. — Les Plaisirs de l'île enchantée. — La princesse d'Élide. — Le Tartuffe ou l'Imposteur. —
Tome V: Dom Juan ou le Festin de Pierre. — L'Amour médecin. — Le Misanthrope.
Tome VI: Le Médecin malgré lui. — Mélicerte. — Pastorales comiques. — Le Sicilien ou l'Amour peintre. — Ballet des Muses. — Amphitryon. — Georges Dandin ou le Mari confondu.
Tome VII : L'Avare. — Monsieur de Pourceaugnac. — Les Amants magnifiques.
Tome VIII: Le Bourgeois gentilhomme. — Ballet des Nations. — Appendice au Bourgeois gentilhomme. — Psyché. — Appendice à Psyché. — Les Fourberies de Scapin. — La comtesse d'Escarbagnas.
Tome IX: Les Femmes savantes. — Le Malade imaginaire. — La Gloire du dôme du Val-de-Grâce. — Poésies diverses. — Table alphabétique des œuvres de Molière et des noms propres qui s'y rencontrent.
Il ne reste plus d'exemplaires grand vélin.

Retz (le cardinal de): *Œuvres*, nouvelle édition, par MM. A. Feillet, J. Gourdault et R. Chantelauze. Environ 8 vol. et un album.

Six volumes sont en vente.
Tome I : Avertissement. — Notice biographique. — Notice sur les Mémoires. — Mémoires, 1re partie (1613-1613); — 2e partie (1613-1648). — Appendice. — Additions et corrections.
Tomes II à IV : Mémoires, suite et fin de la 2e partie.
Tome V : Mémoires, 3e partie. — Pamphlets. — Appendice. — La conjuration du comte de Fiesque. — Notice.
Tome VII : Lettres et mémoires sur les affaires de Rome. — Pièces justificatives.
La réunion des pièces qui doivent composer le tome VI demandant beaucoup de temps, les éditeurs se sont décidés à publier le tome VII avant le tome VI.
Il ne reste plus d'exemplaires grand vélin.

Saint-Simon : *Mémoires*, nouvelle édition, collationnée sur le manuscrit autographe et augmentée des additions de Saint-Simon au *Journal de Dangeau*, et de suites et appendices, par M. de Boislisle. Environ 30 vol. et un album.

Les quatre premiers volumes sont en vente.
Tome I: Avertissement. — Mémoires (1691-1693). — Appendice. — Additions et corrections. — Tables.
Tome II: Mémoires (1694-1695). — Appendice. — Additions et corrections. — Tables.
Tome III: Mémoires (1696). — Appendice. — Additions et corrections. — Tables.
Tome IV : Mémoires (1697). — Appendice. — Additions et corrections. — Table.
Il a été tiré 200 exemplaires sur papier grand vélin, à 20 fr. le volume, et il est fait en outre une édition dans le format in-4°, sur papier de luxe, ornée d'environ 500 gravures. Cette édition est tirée à 150 exemplaires seulement, savoir :

100 exemplaires sur papier Whatman, à 80 fr. le vol.; 40 exemplaires sur papier de Chine, à 100 fr.; 10 exemplaires sur papier du Japon, à 150 fr.

www.ingramcontent.com/pod-product-compliance
Lightning Source LLC
Chambersburg PA
CBHW070610230426
43670CB00010B/1480